DON BOSCO VERLAG

Albert Höfer

Ins Leben kommen

Ein gestaltpädagogisches Bibelwerkbuch

Mit Beiträgen von Franz Feiner
und Hans Neuhold
Bilder von Anne Seifert

Don Bosco Verlag

Die Deutsche Bibliothek – CIP-Einheitsaufnahme

Höfer, Albert:
Ins Leben kommen: ein gestaltpädagogisches Bibelwerkbuch /
Albert Höfer. Mit Beitr. von Franz Feiner und Hans Neuhold.
Bilder von Anne Seifert.
– 1. Aufl. – München: Don-Bosco-Verl., 1995
ISBN 3-7698-0793-6

verlags
gruppe
engagement

1. Auflage 1995 / ISBN 3-7698-0793-6

Umschlag: Alex E. Schmid
Batikbilder: Anne Seifert
Satz: Salesianer Druck, Ensdorf
Druck- und Bindearbeiten: Druckerei Gebr. Bremberger, München

Inhalt

Vorwort

Dieses Buch ist ein Werkbuch zur Bibelarbeit. Es wird somit angenommen, daß mit der Heiligen Schrift gearbeitet wird, was besagen will: Sie wird nicht allein still gelesen; es spricht auch nicht nur ein Ausleger von ihr her und über sie zu einer Gruppe, Klasse oder Gemeinde. Vielmehr erarbeiten alle Mitglieder einer Gruppe, Schulklasse oder Gemeinde den Inhalt der jeweiligen Bibelstellen mit eigener Aktivität. Wir sind im Glauben überzeugt, daß Gott seine Offenbarung einem jeden Christen auch in einer sehr persönlichen, gerade ihm geltenden Weise zuspricht, dies ihn aber vom Glauben der Gemeinde nicht weg-, sondern gerade in sie hineinführt.

Dieser Band versteht sich als *Werk*-Buch, weil wir neben den Gaben des Nachdenkens und -sprechens vor allem die kreativen Kräfte des Menschen einsetzen wollen. Viele Kräfte, die zunächst alle Sinneskanäle beanspruchen, sollen viele Fertigkeiten aus dem musischen und sozialen Bereich aktivieren und so auch die Quellen einströmen lassen, die aus dem unermeßlichen Reichtum unseres Unbewußten stammen. Das nachdenkliche Reflektieren folgt in der Regel dem kreativen Verarbeiten der biblischen Botschaft. Für den Religionsunterricht in der Schule ermöglicht dies alles einen ganzheitlicheren Unterricht, als er gewöhnlich praktiziert wird. Allerdings wird der Ruf nach einem ganzheitlichen Unterricht bereits unüberhörbar aus allen Schulfächern laut erhoben. Für die Gruppen- und Gemeindearbeit bringt diese Didaktik, deren Methoden zumeist aus dem Bereich der Gestaltpädagogik genommen sind, einen menschlichen und religiösen Tiefgang, der unmittelbar zu Meditation, Liturgie und Lebensveränderungen führen kann.

Die angegebenen Übungen und Verarbeitungsformen wurden bereits alle in Unterricht und Seelsorge vielfach praktiziert, ebenso auch in Beratung und Psychotherapie. Werden sie in diesem Umfeld und mit diesen Zielen eingesetzt, so bedarf es bei den Leitern einer speziellen Schulung, die natürlich auch rückwirkend dem alltäglichen Schulbetrieb sehr zugute kommt. Wer allerdings den Bereich der (pastoralen) Beratung und Psychotherapie betritt (auch im Gebrauch der Methoden für sich selbst alleine), sollte sich doch einer Ausbildung oder fallweisen Schulung unterziehen. Ich gebe darum im Anhang das Curriculum der von mir und meinen Mitarbeitern praktizierten Lehrerschulung an.

Die angeführten und mit Arbeitsanleitungen versehenen Bibelstellen beziehen sich durchwegs auf jene Bildreihen zur Bibel, die Anne Seifert aus Wolfsberg in Kärnten in jahrelanger Zusammenarbeit mit mir geschaffen hat. Mein Dank gilt dem Katholischen Schulkommissariat in Bayern (Schrammerstraße 3, 80333 München), das die Filme für die Folien kostenlos zur Verfügung gestellt hat. Die Folienpakete umfassen zehn Einzelnummern, die auch in den Bildangaben dieses Buches gleich verwendet werden. Die Bildangaben in diesem Buch beziehen sich auf diese Reihe und ihre Einzelbilder.

Die Serien lauten:

1. Adam und Noah – so ist der Mensch
2. Der Glaubensweg Abrahams
3. Der Bekehrungsweg Jakobs
4. Mose und der Weg in die Freiheit
5. David – Bilder biblischer Partnerschaft
6. Gottes Seherinnen und Propheten
7. Das Buch Tobit und Frauengestalten der Bibel

8. Jesusbegegnungen
9. Jesu Passion einst und heute
10. Die Verklärung Jesu auf dem Berg (zwei Bilder einer Ikone)

Ich habe die Bildreihen 1, 2, 3, 5, 8, 9 und 10 bereits in meinem früheren Buch „Gottes Wege mit den Menschen. Ein gestaltpädagogisches Bibelwerkbuch. Don Bosco Verlag München 1993“ vorgelegt und bearbeitet. Ich versehe nicht jede Bildreihe mit allen möglichen Verarbeitungsformen, sondern verteile diese Übungen exemplarisch, das heißt: ich ordne einen gewissen Typ von Übungen (z. B. Zeichnen, die Poesietherapie, das Tonmodellieren usw.) einer bestimmten Bildreihe zu und bespreche sie dort; sie werden nur in einem der beiden Werke genau beschrieben.

Herzlich danke ich Frau Inge Seher für das emsige Schreiben des Manuskriptes und für die Korrekturarbeit an den Druckfahnen. Franz Feiner danke ich für die umsichtige Betreuung des Manuskriptes und Robert Michor für die kritische Begleitung, wenn es galt, therapeutische Übungen zu erproben.

Graz, am Fest Mariä Geburt, der Geburt des neuen Menschen *Albert Höfer*

Einleitung: Bibelunterricht und Offenbarung

Der Vorrang des Gotteswortes

Wir gehen nun folgender Frage nach: Was geht alles vor, wenn ein Bibelunterricht *vor*geht? Was alles ereignet sich im Ereignis der biblischen Unterweisung? Womit muß der Bibellehrer rechnen, ob es ihm bewußt ist oder nicht? Wie beeinflußt das seinen Unterricht und dessen Gelingen, wenn er vieles von den vielerlei Vorgängen kennt und weiß, es berücksichtigt und miteinplant? Was bleibt bei aller Planung und Fertigkeit unserem Wissen und unserer Absicht entzogen?

1) Ich, der Lehrer, die Lehrerin wende mich an die Schüler
Die äußere Voraussetzung ist zunächst einmal die schulische oder kirchliche Situation, in die ich mit meinen Schülern gemeinsam zusammengeführt und eingebunden bin. Inhaltlich wird sie durch den vorgegebenen Lehrstoff bestimmt, eben die ausgewählten Bibeltexte. Angetrieben wird das ganze Unternehmen durch meine Lehrabsicht und durch mein Können, die von mir gewählte Didaktik und die eingesetzten Methoden. Alles gemischt ergibt dann den jeweiligen Unterrichtsprozeß einer konkreten Stunde.

2) Die Schüler in ihrer jeweiligen Lernbereitschaft
Sie sind die Adressaten meiner Absicht, bestimmt von ihrer jeweils persönlichen Verfaßtheit und Geschichte; eingebunden in die Dynamik der Klassengruppe, mit ihrem Wollen und Können.

3) Die Tiefendimension
Sie bringt jeder Lehrer und jeder Schüler durch seine jeweilige Verfaßtheit und sein sehr persönliches Schicksal mit, ist jedem aber weitgehend unbewußt. Das Un(ter)bewußte drängt und bestimmt aber alle Vorgänge nachhaltig und unausweichlich – in ihm ereignen sich aber auch die nachhaltigsten Wirkungen.

4) Gottes gegenwärtiges Wirken
Was wir als letztes anführen, liegt als Grund allem vorher Aufgezählten voraus und umgreift alles. Es ist mehr als nur das Vierte in einer Reihe. Gott ist als Schöpfer immer schon gegenwärtig: mir und jedem Schüler. Er teilt sich auf jeden Fall mit: geschichtlich

über den geschichtlichen Weg der Offenbarung und der Bibel (um die es in diesem Unterricht eben geht) und immer schon unmittelbar, direkt und mystisch jedem Anwesenden: sichtbar durch das Medium Bibelunterricht und unsichtbar durch seinen Geist, sein Pneuma in allem und jedem.
Weil der Bibelunterricht von diesen vier Faktoren unausweichlich bestimmt wird, tut der Lehrer der Schrift gut daran, sie immer im Auge zu behalten, das heißt: Bevor ich an den Schüler Gottes Wort herantrage, ist ER mit seinem WORT immer schon beim Schüler am Werk (wie das den Lehrer entlastet!). Außerdem: Alle bewußten, geplanten und beabsichtigten Vorgänge werden immer schon vom Unbewußten mitgetragen und mitgestaltet. Ein kluger und erfahrener Lehrer wird die tiefenpsychologische Dimension also miteinkalkulieren. Sie ist weniger ein Problem der Exegese als eine Hilfe oder ein Hindernis für den Vorgang der Unterweisung. Je sensibler ein Lehrer auf sein und auf der Schüler Unbewußtes, Schicksalhaftes hört und reagiert, um so „tiefer" geht sein Unterricht. Die praktischen Beispiele, die diesem Ansatz folgen, haben die Dimension des Unbewußten im Auge und Methoden, aus diesem heraus und in dieses hinein Gottes Wort zu vermitteln, zum Ziel. Weil Gott zugleich durch sein Wort und im Menschenherzen wirkt (das „Herz" als die weitgehend dem Bewußtsein entzogene Tiefenschicht der Person), achten diese vorgelegten Beispiele und Modelle speziell auf diese Vorgänge in der Tiefe.

Ein lebendiger Bibelunterricht

Wir alle, Lehrer wie Schüler, sind vor Gott Schüler und Hörer seines Wortes. Was wünschen wir uns und unseren Schülern für diese Bibelarbeit? Wir wünschen unseren Schülern, daß sie am Umgang mit der Bibel Freude bekommen und daß sie erfahren, wie hinter den Wörtern der Schrift es Gott selbst ist, der sich uns in seinem WORT mitteilt. Wie lebendig und umfassend muß so eine Bibelarbeit sein?
Wir wollen die Prinzipien eines möglichst ganzheitlichen Lernens auf die biblische Unterweisung anwenden (vgl. dazu Hubert Temel, Erlebnisdimensionen, in: M. Thanhoffer, R. Reichel und R. Rabenstein, Kreativ unterrichten, Münster 1992).
Der biblische Lehr- und Lernstoff soll für den Schüler und die Schülerin Erlebnisinhalt werden, was durch die Beteiligung der ganzen Person ermöglicht wird.
Dabei geht es zunächst darum, daß die Schüler möglichst ganzheitlich *wahrnehmen*, was ihnen aus der Heiligen Schrift begegnet, und das sehr sinnesbezogen: lesen und hören, schauen und entdecken, begreifen und betasten. Dies ist möglich, weil ihnen die Bibel bereits in den vielfältigen Transformationen begegnet: in unserer Nacherzählung wie in Bildern, im Spiel wie im zeichnerischen Tun. Die verschiedenen Sinneskanäle sind die Hände, mit denen der Schüler nach der Botschaft greift.
Das Bibelwort kann für den Schüler dann zum Erlebnisinhalt werden, wenn er an dem Lehrvorgang möglichst aktiv beteiligt ist. Die Energien des Schülers können geweckt werden, wenn ihm Aufgaben gestellt werden, die sein Interesse wecken, seine Phantasie in Bewegung setzen und sein Mittun fordern. Seine Energien wecken wir aber auch

durch die Konzentration nach innen: durch Stillewerden, nach innen horchen und schauen, durch das Aufmerksamwerden auf das, was hier und jetzt den Schüler innerlich bewegt und berührt.

Das *handelnde* Lernen ist die Voraussetzung sowohl für besseres intellektuelles Begreifen, wie auch für die persönliche Betroffenheit. Weil Gottes Wort den Schüler persönlich meint, darf er darauf aufmerksam werden, was ihn jeweils persönlich betrifft. Seine Gefühle machen ihn darauf aufmerksam, wie er den jeweiligen biblischen Text erlebt. Er soll sich in die einzelnen Personen, Ereignisse und Gedanken hineinfühlen, sie gleichsam von seinem eigenen Inneren heraus abtasten und merken, womit er sich identifizieren kann und will. Er denkt sich in verschiedene biblische Rollen hinein, spielt sie durch und läßt sie zu Metaphern seines eigenen betroffenen Ichs werden. So entsteht zwischen dem biblischen Lerninhalt und dem Schüler ein innerer Dialog und eine sehr subtile Auseinandersetzung, die nicht immer in Worte zu fassen, wohl aber gestalterisch auszudrücken ist. Ein vorsprachlicher Ausdruck durch Zeichnen, Pantomime oder Spiele verhilft dazu, daß das Thema in Fleisch und Blut übergeht. Erst wenn sich die Schüler bewegen, kommt etwas in Bewegung. Werden die motorischen Gehirnbahnen mit einbezogen, dann wird das Gelernte erst richtig verankert. Das in den Schüler eingegangene Gotteswort wird vielfältig von ihm ausgedrückt, er erkennt dadurch seinen persönlichen Bezug zum Thema und ist so motiviert und befähigt, über den Text *nachzudenken*. Das Gespräch und die Reflexion gehen gleichsam von zwei Polen aus: vom Text und von der persönlichen Anteilnahme, die Zustimmung oder Kritik hervorruft. Allein schon daran, ob der Schüler den Bibelunterricht langweilig oder lebendig erlebt, beginnt sich zu entscheiden, ob er dessen Inhalte annehmen oder ablehnen wird. Seine aktive Mitarbeit im Unterricht setzt jene Energien frei, die er benötigt, um sich zur Botschaft zu *bekennen*, insofern er sie als wertvoll erlebt. Wertvoll wird für ihn aber nur, was ihn selbst mit einbezieht und auch seinen eigenen Wert fördert.

In der Art und Weise des Unterrichts muß er erfahren, was Gott ihm sagen will: „Du bist mir persönlich viel wert!" Da dies im Verband einer Klasse oder Gruppe geschieht, ist der Schüler in ein Geflecht von Gesprächen und Zusammenarbeit, in Kommunikation und Kooperation eingebunden. Ein und dieselbe biblische Erzählung wird jeden Schüler je nach seiner Art treffen, ein und derselbe Text kommt bei jedem verschieden an und doch bindet er alle zu einer Gemeinsamkeit zusammen. So wird ein und derselbe Glaube von vielen auf vielerlei Weise erlebt, erfahren und verwirklicht. Darin wird schon spürbar, daß sich Gott durch sein WORT einem jeden ganz persönlich mitteilt.

Die „ganze" Bibel in den Bilderreihen?

Als ich von Anne Seifert die ersten Batikbilder bekam (es war der Jakobszyklus), wußte ich anfangs nicht, ob ich sie wie einen Fries oder einen Kreis zusammenordnen sollte. Da stiegen vor meinem inneren Auge die Radfenster von Chartres auf und ich hatte die Symbolgestalt vor mir: Rund um ein Bild der Mitte sollten die weiteren acht Bilder wie kleinere Radfenster kreisen, wie Planeten, die um eine Sonne tanzen. Natürlich schenkte ich diesem Bild in der Mitte eine besondere Aufmerksamkeit, sollte es doch wie eine Knospe alles enthalten, was sich dann in den äußeren Bildern wie in Blättern entfaltet. Welche sind nun die Bilder der Mitte in all den zehn Zyklen, die inzwischen entstanden sind? In welchen Blättern entfaltet sich jeder Zyklus?

1. Von Gottes Hand geformt

Die Mitte des ersten Zyklus zeigt einen töpfernden Mann, wie er dem Jahwisten tagtäglich im Zweistromland vor Augen war. Dieser Töpfer wurde zum Symbol des Schöpfers, aus dessen großen und warmen Händen wir nicht nur hervorgegangen sind, sondern der unentwegt an uns weiterformt und modelliert, bis wir jene Gestalt erreicht haben, die er immer schon von uns entworfen hatte. Um diese tröstliche Mitte herum mag sich dann getrost das schicksalsschwere Los der Menschen gruppieren: zum Glück erschaffen und doch des Paradieses verlustig; durch die eigenen Untaten in den Chaoswassern untergehend und doch von Gott wunderbar gerettet – so ist der Mensch!

2. Gott bei uns zu Gast

Der Altvater Abraham wurde von Gott besucht, heimgesucht, zärtlicher noch, als Engel uns besuchen. Gottes Kommen ist voller Hoffnung und kann alle erstorbenen Leiber und alle liebeskargen Herzen wieder beleben. Dem sitzenden und in sich hinein horchenden Abraham zeigte sich bei seinem Aufblicken das Wunder der göttlichen Gegenwart, deren Gastgeschenk die Verheißung für eine Zukunft ist, die nur mit dem Leuchten des Sternenhimmels verglichen werden kann. Diesem Anfang der Gottbegegnung ist die herrliche Vollendung schon eingepflanzt – wie einem neugeborenen Kind (Isaak).

3. Im Traum berührt und verwandelt

Die Geschichte Jakobs ist die Erzählung, wie eine Familie an der Schuld der Menschen zerbricht, an ihrer eigenen Schuld. Es ist nicht irgendeine Familie, sondern die Segensträgerin für die Menschheit. Gott läßt dem Unheil nicht jenen Lauf, den es nehmen will, sondern stoppt es und wendet es zum Heil. Dieses aber stellt sich dem fliehenden Sünder Jakob in der Nacht ein, als er im Traum (im Bereich seines Unbewußten) von Gott berührt und mit Vergebung und Verheißung überschüttet wird. Diese Mitte, die wir in unserem eigenen Herzen spüren können, ist die Quelle immer neuer Verwandlungen, ein „Gericht“, eine Gerade-Richtung unserer krummen Wege. Da diese Brüdergeschichte wie die Vorwegnahme des Gleichnisses vom verlorenen Sohn und seinem guten Vater ist, offenbart sich uns hier die Heilsgeschichte in einem konkreten Beispiel. Ist dieses Bild vom schlafenden Jakob nicht wirklich tröstend?

4. In die Freiheit geführt und geleitet

Der Durchzug durch das Schilfmeer ist eine lange Geschichte, sie ballt sich aber in dem Bild des Mose wie in einem Brennpunkt zusammen: Der gute Hirte Jahwe führt in diesem Berufenen selbst sein Volk in die Freiheit, hindurch durch die Mächte des Todes, der Zerstörung und der Angst. In der kreisrunden Lichtscheibe ist Jahwe aufleuchtend, in dem gütigen aber starken Hirten leuchtet schon Jesus auf. Wer dieses Bild der Mitte in seinem Herzen trägt, mag sich durch alle Höhen und Tiefen seines Lebens sicher geführt wissen. Er ist noch innerhalb der Ängste nicht alleingelassen.

5. Vor Gott spielen und tanzen

Die anmutige Gestalt Davids ist die Mitte des fünften Zyklus und erscheint wie eine Antwort auf alles Heilshandeln Gottes. Wer sollte da nicht tanzen und singen, wenn er von Gott so wunderbar durch alle Gefahren des Lebens geführt wird? Wer sollte vor Gott nicht voll Zuversicht in allen Leiden und Sünden das Herz ausschütten, wenn dieser Gott uns immer hört? Wer wird nicht tanzen, wenn er von Gottes Verheißung überschüttet wird? Der Davidszyklus und das Davidsbild sind eine Ermutigung zu einem lustvollen spirituellen Leben.

6. Von Gott selbst vollendet

Die Propheten Israels hatten eine Aufgabe: immer an Gott zu erinnern und ihn der Vergessenheit nicht anheim fallen zu lassen. Sie wetterten und klagten an, wenn es anzuklagen galt. Sie trösteten und halfen auf, wenn es zu helfen und aufzurichten galt. Sie wußten mehr von Gott als die offiziellen Führer Israels. Sie hatten ihr Ohr an Gottes Mund. So konnten sie auch das rechte Wort in die Zeit hinein sprechen. Und sie durften an ihrer eigenen Existenz vordemonstrieren, wie Gott den Menschen begleitet, wie er ihn formt und schließlich mit seiner eigenen Herrlichkeit vollendet. Die Himmelfahrt des Elija ist ein wunderbares Zeugnis der Freundschaft Gottes zum Menschen und der Freundschaft zweier Menschen zueinander (Elija – Elischa). Wer ein solches Bild der Vollendung vor Augen hat, dem wird das eigene Sterben nicht als ein Abbruch erscheinen, sondern als eine Krönung des Daseins.

7. Den Reigen der Liebe tanzen

Der Weg des jungen Tobit und seiner späteren Frau Sara war ein Weg des Leidens, weil beide sich zunächst selbst finden und zur Liebesfähigkeit heranreifen mußten. Da aber keine Dämonen der Liebesunfähigkeit das letzte Wort haben, ist Erlösung spürbar gerade auch im Alltag der Männer und Frauen, die ihren Lebensweg miteinander gehen. Jede „Hochzeit" vollendet sich in der messianischen Zeit in den Erfahrungen und Beglükkungen der Liebe, wie sie gerade die Frauen um Jesus zu spüren bekamen. Die Liebenden tanzen ihre Erlösung. Dieses Bild der Mitte mag keinen unbewegt lassen.

8. Vom trommelnden Christus bewegt

Dieses Bild der Mitte überrascht: ein schwarzer Christus! Ein bewegter Auferstandener, der die Völker und Rassen der ganzen Welt zu bewegen versteht. Sein Wort trommelt er heute noch durch alle Urwälder dieser Welt. Wer mag da nicht mittanzen? Um dieses Heilandsbild herum gruppieren sich dann die typischen Bilder der Heilungen, in denen sein Wirken von damals und von heute so hilfreich erscheint.

9. Die Liebe läßt sich kreuzigen

Das gekreuzigte Kind als ein erschütterndes Bild der Mitte – und doch zeigt es uns die Wehrlosigkeit, die Hilflosigkeit der Liebe unseres Gottes, der sich uns so auslieferte, wie ein Kind den Großen ausgeliefert ist. Um dieses Bild der Hingabe in die Hände der Menschen wie ein Kind ist die Passion Jesu mit ihren acht Bildern gruppiert, von denen jedes zeigt, wie sich die scheinbar so schwache Liebe Gottes mit allen Schwachen dieser Welt verbündet und darin ihre alles überwindende Kraft offenbart.

10. Den wiederkommenden Christus schauen

Die (vorläufig) letzte Serie bringt eine altrussische Ikone von der Verklärung Jesu. Der kosmische Christus wird uns vor Augen geführt. Er, den alle Völker suchen, der die Mitte des Weltalls und der Menschheit ist: Zu ihm blicken wir auf, wie es die Jünger taten. Sein Anblick gibt unserem Glauben Stärke.

Diese zehn Reihen sind wie ein gebetetes Glaubensbekenntnis: von der Schöpfung bis zur Vollendung, von der Unerlöstheit bis zum Tanz der Erlösten – die ganze Fülle des Glaubens wird in Bildern vorgeführt und ausgebreitet. Zehn große Radfenster von Batikbildern, zehn Bilder der Mitte mit acht Rundfenstern um sie herum, die die Knospe in ihren Blättern entfaltet – das Rad mit acht Speichen als das Rad mit der wunderbaren Mitte und ihren trostreichen Entfaltungen, das ist gestaltgewordener Glaube.
Wer in der Bibel nur die Summe aneinandergereihter Gedanken und Erzählungen sieht, muß auch diese Bilderreihen als willkürliche Auswahl verstehen. Das Gestaltdenken jedoch geht von dem *hinter* den Teilen liegenden Ganzen aus und kann darum wahrnehmen, wie sich das Ganze in jedem Teil widerspiegelt: Der „ganze und ungeteilte" Gott funkelt in jedem Detail. Die Bilderreihe wird so zu einem tausendfach blitzenden Edelstein, der seine Herrlichkeit nach allen Seiten hin versprüht. Weil nach Kardinal Newman die Quelle der Offenbarung „höher" liegt als der aus ihr entspringende Strom ihrer Entfaltung in Kult und Lehre, hat die Bibel ihren eigenen „Katechismus", längst schon vor allen von Menschen gemachten Katechismen, in sich!

1. Von der Heilkraft der Psalmen

Das Klagegebet im Alten Testament: Die Klage der Hanna

(1 Sam 1,1–18/1. Bild; Bildübersicht S. 28f. Alle im folgenden besprochenen Bildnummern beziehen sich jeweils auf diese Übersichten (S. 20f., 24f., 28f.) und damit auch auf die entsprechenden Folien)

Zu Beginn des ersten Samuelbuches ist uns eine der schönsten Erzählungen des Alten Testamentes überliefert: Die unfruchtbare Hanna erbittet vom Herrn einen Sohn, und nach der Erfüllung dieser Bitte weiht sie ihren kleinen Samuel dem Dienst Gottes. Die Erzählung trägt zunächst „den Charakter eines Idylls" (H. W. Hertzberg, Die Samuelbücher, ATD 10, ^{2}1960, S. 14) an sich, das sich so einmalig zugetragen haben kann. Hinter dieser einmaligen Begebenheit steht aber mehr: Sie verrät uns, wie die Israeliten in der Richter- und Königszeit zu ihrem Gott zu beten pflegten. Die Erzählung hat für uns eine typische Bedeutung; nicht daß es nur einmal so geschah, sondern daß man oft und regelmäßig so zu Jahwe betete, ist für uns aufschlußreich. Wir können nämlich dabei die Situation des Beters betrachten, ehe er vor Gott hintrat. Wir erleben, wie sich seine Not in ein Gebet umsetzte und wie ihm von Gott her Hoffnung und Zuversicht zuwuchs. Diese Erzählung erschließt uns den Hintergrund und den Raum, in dem das formulierte Gebet steht, den existenziellen Boden, aus dem es herauswächst.
Hanna erlebt ihre Unfruchtbarkeit als ein großes Leid, ja als die größte Schande, die eine Frau im alten Israel befallen konnte. Zu ihrer persönlichen Betrübnis kommt also noch, daß sie auch mit ihrer Umwelt im Unfrieden leben muß, wie die Sticheleien ihrer Nebenfrau Peninna deutlich genug zeigen. Bei der alljährlichen Wallfahrt wendet sie sich in ihrer Not an Gott. Sie geht allein in das heilige Zelt und klagt ihr Leid. Sie betet zunächst still, nur ihre Lippen bewegen sich. Und weil das stille Gebet damals anscheinend ungewöhnlich war, muß sie vom Priester Eli den Vorwurf der Trunkenheit hinnehmen. Aber nachdem sie ihr Leid auch ihm geklagt hat, da antwortete Eli und sprach: „Geh in Frieden! Der Gott Israels wird dir die Bitte erfüllen, die du an ihn gerichtet hast" (1 Sam 1,17). Hierauf kehrte Hanna getröstet und aufgerichtet nach Hause, sie hatte nicht mehr ein so „trauriges Gesicht" (1,18).
Die Erzählung hat drei Teile: Die Klage der Frau, den Zuspruch des Priesters und die frohe Heimkehr Hannas. Den drei Szenen der Handlung entsprechen drei existenzielle Gestimmtheiten, drei Seelenhaltungen: die Not der Frau, das aus dem Glauben kommende Wort des Priesters und die Erfahrung des Trostes. Jede dieser Seelenhaltungen spricht

Mose und der Weg in die Freiheit

7. Wasser aus dem Felsen – Mose betet: Ex 17,1–16	8. Mose bringt die Offenbarung Gottes: Ex 32,1–20	9. Kundschafter bringen die Trauben – Mose stirbt: Num 13,1–33; Dtn 34,1–12
4. Das Paschamahl: Ex 12,1–51	5. Der Durchzug durch das Schilfmeer: Ex 13,17–14,31	6. Mirjam tanzt und singt: Ex 15,1–21
1. Das Kind Mose wird gerettet: Ex 2,1–10	2. Gott ruft Mose am Dornbusch: Ex 3,1–22	3. Mose und Aaron vor dem Pharao: Ex 5,1–4; vgl. Ex 7–11

sich in einer ihr gemäßen Sprachgestalt aus: Das Gebet Hannas ist eine Klage: „Hanna war verzweifelt, betete zum Herrn und weinte sehr" (V. 10); „ich habe dem Herrn mein Herz ausgeschüttet" (V. 15); „aus großem Kummer und aus Traurigkeit habe ich so lange geredet" (V. 16). Was sie in ihrem Herzen empfindet, das ist in ihr Wort eingegangen. Ihrem Wort ist es gelungen, das Leben ihrer Seele mit all dem aufgespeicherten Leid einzufangen.

Auch Eli, der Priester, drückt seine seelische Haltung in Worten aus. Aus der Erfahrung seines Glaubens heraus spricht er der Klagenden Friede und Hoffnung von Gott her zu. Sein Wort ist ein Zuspruch und eine Aufmunterung aus dem Glauben heraus; ist ein Verkündungswort des Glaubens, das an einen einzelnen Beter gerichtet wurde. Er gibt gleichsam stellvertretend für Gott die Antwort auf die Klage Hannas. Das Wort der Frau muß so nicht im leeren Raum verhallen. Sie braucht ihr Gebet nicht als einen Monolog zu sprechen, sondern darf es kraft des Priesterwortes als Dialog erfahren.

Auch die gewandelte Situation der Frau hat ein Wort: Ihre Klage wird in Lobgesang verwandelt, wie das großartige Lied im zweiten Kapitel zeigt. Ihr frohes Angesicht und ihr Lied sind Ausdruck einer getrösteten Seele. Wie die Gebetsklage dem Leid entspricht, so der Lobpsalm der Zuversicht und Freude. Das jeweilige Gebetswort ist von einer jeweiligen Erfahrung getragen. Die Erfahrung des Leides und des Trostes bleiben nicht stumm, sondern können sich aussprechen.

Die Erzählung vom Gebet der Hanna läßt uns die Entstehung der Klagepsalmen beobachten, die für die Bibel so charakteristisch sind. Bedeutsam ist zunächst, daß diese Gebete aus echten menschlichen Erlebnissen und aus echt emfpundenen existentiellen Situationen entstanden sind. Bedeutsam ist aber auch, daß sie diese in eine zutreffende und sprachlich geprägte Form fassen. In den vielen Klagepsalmen sind uns zwar nicht mehr die Ereignisse, die ihre Entstehung bedingten, mitüberliefert, wohl aber ist an den Strukturen der Psalmen der Ablauf des Geschehens und die innere Struktur des Glaubensvorganges abzulesen. Wenn wir also auf die literarische Gestalt dieser Gebete achten, dann entdecken wir zugleich eine geistliche Struktur. Die innere Gliederung der Gebete entspricht einem Vorgang des Glaubens: dem Wandel von der Klage zum Lob, von der Verzweiflung zur Hoffnung, ja vom praktischen Unglauben oder Nicht-mehr-glauben-Können zum getrosten Glauben. Darauf hat Claus Westermann in dem großartigen Büchlein „Das Loben Gottes in den Psalmen" hingewiesen (1968). „Als ein Geschehen vom Menschen zu Gott hin ist jeder Psalm ein Ganzes. Von daher läßt sich seine Struktur erkennen, die Struktur eines lebendigen Vorgangs" (a.a.O., S. 117). Wir wollen nun diesen Beziehungen, die zwischen der existentiellen und der sprachlichen Struktur der Psalmen bestehen, nach den Darstellungen Westermanns nachgehen (a.a.O., S. 48 ff.).

Die Psalmen haben kein starres Schema, weisen aber doch eine innere, immer wiederkehrende Struktur auf, und diese liegt, wie wir oben sahen, mehr im Leben des Beters als in den Gesetzen der Literatur begründet. Der Psalm beginnt mit einer Anrede, in der sich der Beter an Gott wendet; oft ist diese Anrede ein Hilfeschrei. Ihr folgt die Klage: Der Beter schüttet sein Herz aus und beklagt seine Situation, in der er ein Dreifaches heraushebt: die Feinde, die ihn bedrängen, seine eigene Einsamkeit und Verlassenheit und den Umstand, daß Gott ihm praktisch so ferne ist. Nach der Klage erfolgt aber nicht, wie wir erwarten möchten, gleich eine Bitte um Abwendung der Not, sondern ein Stimmungsumschwung: Der Beter bekennt plötzlich seine Zuversicht auf Gott oder spricht von der Gewißheit, daß Gott ihn hören wird, und erst nach dieser Wendung von der Klage zur Hoffnung bittet der Beter. Die Bitte entspricht gewöhnlich der umgekehrten Reihenfolge der Klage: daß Gott nahe sei, daß er den Beter rette und die Feinde vernichte. Manchesmal nennt der Beter auch Motive, warum Gott eingreifen möge. Der Psalm wird schließlich durch ein Lobgelübde abgeschlossen. Der Beter verspricht Gott seinen Dank und fängt damit bisweilen schon am Ende des Klagepsalmes an, so daß mit einem Loben endet, was mit einem Klagen begonnen hat. Wir sehen also daß der Psalm den gleichen Weg durchläuft, den der Beter selbst – wie etwa Hanna – durchlaufen hat. Kein Psalm ist bei aller gleichbleibenden Struktur schematisch, doch könnte man den „typischen" Klagepsalm so darstellen:

1) Anrede:	Gott, höre mein Gebet!
2) Klage	
(über die Feinde):	Denn meine Feinde bedrängen mich,
(über sich selbst):	ich bin elend und verlassen,
(über Gott):	und du bist mir so ferne!
3) Zuversicht:	Ich aber will auf dich vertrauen!
4) Bitte	
(Gott):	Wende dich mir zu;
(ich):	rette mich
(Feinde):	und vernichte meine Feinde.
5) Lobgelübde:	Dann will ich dich loben und dir danken!

Das Heilswort und die Verwandlung der Klage

Das Bedeutsame an diesen Psalmen ist, daß wir es nicht nur mit Literatur zu tun haben, sondern mit dem Niederschlag von Erfahrung und mit dem Ausdruck einer echten Glaubensgeschichte. Diese Geschichte ist dadurch gekennzeichnet, daß sich in ihr etwas ereignet hat. Es ist eine Verwandlung eingetreten, die Geschichte des Glaubens hat einen Prozeß durchgemacht (denken wir an Hanna): vom Leid zur Freude, von der Klage zum Lob, vom schwachen zum zuversichtlichen Glauben. Erregender als die literarische Struktur der Texte ist demnach die dahinterstehende Glaubensgeschichte mit ihrem tatsächlichen Schicksal und Wandel. Wie aber ist diese Verwandlung zustande gekommen? Was vermochte aus dem Leid ein Lob, was „aus Stroh Gold zu spinnen"?

Auch hierauf weiß die Exegese des Alten Testamentes bereits eine Antwort. Man kann sie in der Hannageschichte nachlesen und muß sie in den Psalmen rekonstruieren: Es war offensichtlich so, daß die Beter ihre Klage selbst im heiligen Zelt „vor Jahwe", am Kultort also, laut vorgetragen haben. Die Priester, die dort den Dienst versahen, hörten auf die Gebete der Klagenden und sprachen ihnen ganz offiziell von Gott her ein Trostwort zu. Dieses Heilswort (oder Heilsorakel, wie es in der Fachsprache heißt) begann mit jenen Wendungen, die uns aus der Bibel so vertraut sind: „Der Friede sei mit dir!

Gottes Seherinnen und Propheten

7. Die Erweckung des Knaben und das Ölwunder: 2 Kön 4,8–37; 4,1–7	8. Die Heilung des Feldherrn Naaman: 2 Kön 5,1–27	9. Elischa stiftet Frieden: 2 Kön 6,8–23
6. Elischa entgiftet die Gemeinschaft: 2 Kön 2,13–22; 4,38–41	5. Die Himmelfahrt des Elija: 2 Kön 2,1–13	4. Gott im leisen Windhauch: 1 Kön 19,8–18
1. Der Seher Bileam auf dem Weg: Num 22,1–24,25	2. Saul bei der Seherin von En-Dor: 1 Sam 28,3–25	3. Elija will sterben: 1 Kön 19,1–8

Fürchte dich nicht! Sei getrost! Der Herr hat dein Gebet erhört! Gott wendet sich dir zu! Der Herr wird dir gewähren, was du von ihm erbittest!“ usw. Die Fülle dieser oder ähnlicher Wendungen verrät uns, daß für den alttestamentlichen Gottesdienst der Zuspruch des Heilsorakels an den Beter eine gebräuchliche Sache war. Das mag zunächst verwundern, aber man denke nur an das Bußsakrament: Auch hier klagt ein einzelner sein Leid, seine Sünden zu Gott; auch hier hört ihm ein Priester zu und spricht ihm ganz offiziell ein Trost- und Heilswort zu. Und wenn der Büßer dann nach Hause geht, dann hat er nicht mehr ein so „trauriges Gesicht“. Seine Verwandlung von einem Büßenden zu einem Lobenden ist durch ein Heilswort geschehen. Auch dieses Heilswort redet sehr bestimmt davon, daß Gott den Beter erhört und ihm das Erbetene, die Verzeihung der Schuld, gewährt hat.
Die Klagepsalmen offenbaren uns also den Weg, wie die Verkündigung Zugang zur Glaubensgeschichte des einzelnen Menschen gewinnt und sie verändern kann. Niedergeschlagen hat sich dieser Existenzumschwung im Text der Psalmen: „Innerhalb dieser Psalmen ist etwas Entscheidendes geschehen; etwas, was das Reden des hier Redenden verwandelt. Dieser Wandel wird in den betreffenden Psalmen bezeugt“ (Westermann, a.a.O., S. 51). Wenn nun der Beter einen solchen Psalm nachspricht, so besteht die Hoffnung, daß er nicht nur Texte wiederholt, sondern sich betend in dieses existentielle Geschehen miteinläßt. Daß er also nachvollziehend den Weg des ersten Beters zu seinem eigenen macht. Der Text des Psalmes ist jenes Geländer, an dem der Beter sich von Stufe zu Stufe einer Glaubensgeschichte leiten läßt. Er betet zwar einen Text, vollzieht aber die Geschichte eines Glaubens. Der Psalm wird einerseits rückübersetzt in die ursprüngliche Wirklichkeit und andererseits werden die Erlebnisse und Abläufe des eigenen Glaubens widergespiegelt.
Wenn wir daher oben in aller Kürze die Struktur der Klagepsalmen betrachtet haben, wollen wir nun deren einzelne Momente untersuchen und uns fragen, wie sie in eine heutige Sprachgestalt gebracht werden können.

Die Klage

Die Klage ist eine ursprüngliche Weise menschlichen Existierens. Wer in Not und Leid leben muß, kann von seinem Schicksal so erdrückt werden, daß er darunter verstummt. Er kann aber auch ausbrechen, die Last, die auf ihm liegt, wegschieben und klagend sein Leid herausschreien. Er durchbricht dann nicht nur den Bann und die Last seines Schicksals, sondern auch seiner Einsamkeit. Denn klagend wendet sich der Mensch immer an einen Zuhörer; ich klage jemandem mein Leid. Greifbar ist das, wenn der Klagende mit einem wirklichen Menschen reden kann, wenn er einen hat, der ihm zuhört. Es gilt aber auch dann, wenn der Mensch einfachhin klagt, in einem monologischen Aufschrei sich befreien will, denn auch hier klagt er im weiten Horizont der Mitmenschen und mit der oft unbewußten Hoffnung, daß ihn doch einer hören werde.
Die Klage ist zunächst keine Bitte. Die Bitte hat einen konkreten Gegenstand; man bittet um dieses oder jenes. Der Klagende will zunächst nur, daß man ihm zuhöre und ihn so wenigstens ernst nehme und bejahe. Die Klage will nicht ein Etwas, sondern hält Ausschau nach einem Jemand. In der Klage wendet sich der Mensch mit der Hoffnung an einen Mitmenschen, daß dieser nicht nur seine Anliegen, sondern ihn selbst wahrnehmen möge. Der Klagende will gehört werden; es wäre ihm zu wenig, wenn nur seine Wün-

sche erfüllt würden. Der Bittende will Hilfe; der Klagende sucht einen Menschen, der ihn anhört und annimmt und gerade dadurch aus seiner Not und Einsamkeit befreit.

Die Psalmen sind Klagelieder und keine Bittgebete. Sie unterscheiden sich dadurch stark von unseren Gebetsgewohnheiten. „Wir verstehen unter einem Bittgebet (Tautologie!) weithin die Aneinanderreihung mehrerer Bitten. Das gibt es in den Psalmen überhaupt nicht. Es kommt (selten) vor, daß einem Psalm eine einzelne Bitte um etwas (so z. B. Fürbitte für den König) angefügt wird; ein aus mehreren Bitten summiertes Bittgebet gibt es niemals“ (Westermann, a.a.O., S. 27).

Die Klagen der Psalmen beziehen sich nicht auf Gegenstände, sondern auf Personen. Der Beter spricht sein bedrängtes Geschick in der Relation zu seiner Mitwelt aus. Ja, sein Schicksal wird eben darin als ein bedrängtes und leidvolles erfahren, daß in ihm diese Beziehung zu den Mitmenschen gestört erscheint. Wir erfahren höchst selten, wie das eigentliche Leid oder die eigentliche Lage des Beters ist: ob er krank, verarmt oder verstoßen und dergleichen ist. Wir erfahren aber immer, daß er sich einsam und verlassen weiß. Seine Beziehung zur Mitwelt ist gestört, und das heißt im weiteren, daß seine Mitmenschen zu Feinden geworden sind. Wir müssen das Wort „Feinde“ eher als einen stereotypen denn als einen konkret beschreibenden Ausdruck ansehen. Gewiß, manchmal klagt der Beter über persönliche Feinde, die ihm nach dem Recht oder Leben trachten. Den Mitmenschen als „Feind“ bezeichnen besagt aber für den Klagenden in erster Linie: Meine Geborgenheit in der Umwelt ist gebrochen; ich bin von den Mitmenschen nicht mehr getragen und nicht mehr in die Gemeinschaft aufgenommen; mein Leben ist von keinen Freunden mehr gehalten. Das Leid isoliert den Beter und macht ihn einsam. „Feind“ ist damit das Korrelat zur „Einsamkeit“, denn diese ist das Fehlen von Menschen. Wir können daher das Anliegen der Psalmen, deren Sprache, gerade was die Bezeichnung von „Feind“, „Feindeshaß“, und „Feindesklage“ angeht, vielfach formelhaft ist, am ehesten verstehen, wenn wir diese Klage über den Feind als Klage über die zerbrochene Mitmenschlichkeit erkennen. Und das steht so im Vordergrund, daß wir darüber hinaus kaum etwas über die äußere, beschreibbare Lage des Klagenden erfahren. Der Klagende erfährt sein Leid gerade im Fehlen der Mitmenschlichkeit – und in diesem Mangel wird ihm erschreckend inne, daß ihm auch Gott ferne ist. Die dritte Klage – die Klage zu Gott hin – steht nicht neben den beiden anderen (Einsamkeit und Feinde), sondern ist deren Vertiefung. Weil der Beter von keinen Freunden mehr umgeben ist, weil er Leid und Einsamkeit in dieser Welt ertragen muß, darum wähnt er sich auch von Gott verlassen. Er erfährt und interpretiert seine Vereinsamung als eine Abwesenheit Gottes. Er klagt nicht aus einem theoretischen Atheismus, sondern aus einer konkreten Bedrängnis heraus. Sein Gottesproblem ist nicht die Frage, ob es Gott überhaupt gibt, sondern wo er für ihn zu treffen sei. Die brüchig gewordene Geborgenheit in der Mitwelt offenbart sich ihm zugleich als gestörte Beziehung zu Gott. Seine Lebensprobleme werden zu praktischen Glaubensproblemen. Allerdings verzweifelt im letzten gerade der nicht, der noch zu Gott schreien kann, warum er fern sei. Denn er bringt damit seine Glaubensnot zur Sprache und wendet sich selbst auf Gott hin. Die Klage erscheint so tatsächlich als die ursprünglichste Art, wie der Mensch die Not seines Lebens in ihrer ganzen Tiefe auslotet und aus ihr in einen Schrei der Hoffnung ausbrechen will.

In diesem Ineinander von Lebensnot und Glaubensnot liegt die große Bedeutung der Klagepsalmen für die heutigen Menschen. Auch für sie ist das Gottesproblem nicht primär ein Problem des Denkens, sondern der Erfahrung. Nicht die theoretische Möglichkeit oder Unmöglichkeit der Existenz Gottes, sondern die faktische Gottlosigkeit, die

Das Buch Tobit und Frauengestalten der Bibel

7. Die Heilung der blutflüssigen Frau: Mk 5,25–34	8. Die Salbung in Betanien und die Samariterin am Jakobsbrunnen: Mk 14,3–9 Joh 4,5–42	9. Daniel rettet Susanna: Dan 13,1–64
6. Die makkabäische Mutter und die syrische Frau: 2 Makk 7; Mt 15,21–28	5. Die Erlösung von Sara und Tobias: Tob 8,1–14,15	4. Die Bedrängnis der Sara: Tob 7,1–17
1. Das Klagegebet Hannas: 1 Sam 1,1–18	2. Tobias nimmt Abschied: Tob 1–5	3. Tobias und der Fisch: Tob 6,1–9

„Gottesfinsternis“, wie Martin Buber sagt, macht die allgemeine Glaubensbedrängnis unserer Zeitgenossen aus – und darin ist der heutige Mensch dem Gottesproblem der Bibel sehr nahe. Auch unsere Zeitgenossen fragen Gott, wo er angesichts des unendlichen Leides in der Welt sei. „Sie empfinden die Heillosigkeit unserer Welt und ihre eigene Unsicherheit nicht als Folge aufweisbarer Sünden, sondern als Schweigen Gottes“ (Klaus Meyer zu Uptrup, Gestalthomiletik, Stuttgart 1986, S. 15). Das zeigt uns wieder sehr deutlich die Verbindung zwischen Gebet und Glaubensleben. Unsere liturgischen Gebete müßten die bewußte oder unbewußte Klage über die Abwesenheit Gottes in der Welt zur Sprache bringen. Unsere Orationen müßten also die Form der Klagepsalmen haben, sie müßten selbst Klagepsalmen sein! Denn die Frage nach der Glaubensmöglichkeit heute verweist auf jenes existentielle Geschehen, das, wollte man es in einen sprachlichen Vollzug umsetzen, von der Sache her einen Klagepsalm ergeben muß.
Fragen wir nun: Wie sollen Gegenstand und Sprache der Klagegebete heute beschaffen sein? – Der Gegenstand der Klagen und damit der erste Inhalt der Gebete hat das Leben der Menschen zu sein. Es geht nicht um den „religiösen“ Bereich, auch nicht um allgemein Menschliches, das in abstrakter Darstellung eine Immergültigkeit beanspruchen könnte, sondern um die konkreten Probleme des Lebens, wie die Menschen sie heute erfahren. Schon dieser Grund erhellt, daß die Gebete um der Aktualität willen ständig im schöpferischen Fluß gehalten werden müssen. Die Klage hat das Leben und jene Probleme in Worte zu fassen, über die die Menschen selbst klagen wollen.

Das Heilswort

In den Klagepsalmen erfolgt ein Umschlag von der Klage zum Lob, der sich am Heilswort und Zuspruch des Priesters entzündet: „Fürchte dich nicht! Habe Mut! Glaube nur! Der Herr ist mit dir! Der Herr hat dich gehört! Geh hin in Frieden!“ Wenn ein Mensch einem anderen sein Leid klagt, wird er oft mit solchen heilenden Worten getröstet, wie sie in der Alltagssprache eben verwendet werden. Schreiben wir unser Leiden in Klagepsalmen nieder, dann können Worte des Heiles, die wir von der Bibel her kennen, so einfließen, daß sie den Gang des Gebetes verändern: „Du aber hast gesagt ...“
Das Wort des diensttuenden Priesters: „Fürchte dich nicht, der Herr ist ja bei dir“ zählt als Wort Gottes zu den Urworten der Bibel. Die Engel grüßen in den Vätererzählungen die Menschen: „Fürchte dich nicht, der Herr ist mit dir.“ Die Propheten treten mit dem gleichen Gottesspruch an die Menschen heran, und vor allem der zweite Jesaja baut seine ganze Trostbotschaft im Exil auf diesen Zuspruch Gottes auf: „Gehst du durchs Wasser, gehst du durchs Feuer, fürchte dich nicht, ich bin bei dir“ (vgl. Jes 43,2–5).
Das Heilswort des Alten Testamentes wird in den Briefen des Neuen Testamentes zu einem Gruß, von dem auch unsere Liturgie lebt. Folgerichtig müßte man darum das „Dominus vobiscum“ übersetzen: der Herr *ist* mit euch. Im Englischen Gruß: „Good bye“ haben wir eine Verformung des ursprünglichen „God be with you“ vor uns, das auch in unserem „Grüß Gott“ noch mitschwingt. In der Liturgie lateinamerikanischer Basisgemeinden grüßt der Priester: „Der Herr ist mit euch!“, und die Gemeinde antwortet: „Ja, er ist mit uns!“

Zuversicht und Lob

Die große Wende von der Klage zum Lob wird durch das Heilswort gewirkt, das der Priester von Gott her dem Beter sagen darf. Das Gebet ist also ein echter Dialog zwischen Gott und Mensch. Der Inhalt der Heilszusage ist dabei denkbar einfach und kann in aller Kürze zusammengefaßt lauten: „Gott ist mit dir, er hat dein Klagen gehört!" An diese Zusage klammert sich der Beter. Sein Flehen wird von einer Gewißheit getragen, die ihn über alles Leid und alle Verzweiflung hinaushebt: Wenn Gott mit mir ist und mein Flehen gehört hat, dann ist eigentlich die große Wende bereits eingetreten. Denn dann wird er auch mein Schicksal wenden. Ja, eigentlich ist mein Schicksal schon geändert, weil ich mich von ihm nun nicht mehr verlassen, sondern getragen weiß. Das, was den Beter zutiefst verwandelt, ist also die Erfahrung der Nähe Gottes. Er weiß sich nicht mehr allein, sondern getragen und geborgen.

Die Wende drückt sich in den Psalmen durch das Wörtlein „aber" aus. Es kann in der Anrede an Gott auftreten: „Aber du bist heilig ... Du aber bist voll Erbarmen ... Du aber bist mir nahe ... Du aber bist der Schild um mich ..." Es kann sich aber auch im Ich des Beters finden: „Aber ich – auf deine Gnade traue ich ... aber ich – ständig bin ich bei dir ... aber ich – dauernd will ich harren ..." (Westermann, a.a.O., S. 52). Mit diesem „aber" setzt sich der Beter der Klage und Verzweiflung entgegen. Dieses „aber" ist im Geschehen zwischen Gott und Mensch die Behauptung aus einer Glaubensgewißheit heraus, die Aufrichtung des Menschen aus der Klage und seine zuversichtliche Hinwendung zur Zukunft. Die Wende, die sich damit im Gebet anzeigt, kann an verschiedenen Stellen des Psalmes stehen: nach der Klage, vor dem Lobgelübde, nach der Bitte, ja sogar innerhalb der Bitte oder der Klage, immer aber ist sie als Wende im Sprachprozeß auch Ausdruck der Wende im existentiellen Glaubensprozeß.

Das Bedeutsame an dieser Wende liegt darin, daß sie sich ereignet, während das Leid des Beters noch andauert. Das Lob wird gewagt, die Zuversicht keimt auf, während der Grund zur Klage scheinbar noch gegeben ist. Die Änderung geschieht also nicht auf der Ebene der Fakten, sondern auf der Ebene des inneren Einvernehmens mit Gott. „Das Leid, das der Betende eben klagte, um dessen Fortnahme er eben Gott anflehte, besteht noch. Es ist während des Betens dieser Psalmen kein Mirakel geschehen. Aber es ist das andere geschehen: Gott hat gehört, Gott hat sich zu ihm geneigt, Gott hat sich seiner erbarmt ... Damit ist das Entscheidende geschehen. Das noch Ausstehende, die Wende der Not, muß nun notwendig folgen. Darum kann sie jetzt schon als behoben bekannt werden" (Westermann, a.a.O., S. 59).

Die Gewißheit der Erhörung, die Zuversicht wegen der Zukunft seines Geschickes, das er nun in Gottes Hand geborgen weiß, treibt den Beter zum Lob. Es gibt keine alttestamentlichen Psalmen, die bei der Klage oder Bitte verbleiben. Alle reichen über die Klage in die Zuversicht hinaus, und viele von ihnen schlagen geradezu in Lobpsalmen um. Bei diesen kann man also streng genommen gar nicht mehr von reinen Klagepsalmen sprechen; sie sind zum Lob verwandelte Klagen. Und nochmals sei es gesagt: Das Loben bricht auf, während das Leid noch fortbesteht, es ist ein Zeugnis des Glaubens, der die Wirklichkeit innerlich bereits verändert hat. Es ist ein Lob aus der Tiefe und Nacht des Leidens, „ein starkes Zeugnis für die Erfahrung des Eingreifens Gottes, das im Klagenden, während sein Leid materiell noch besteht, das jubelnde Lob Gottes zu wecken vermag, der den Flehenden gehört und sich zu ihm geneigt hat" (Westermann, a.a.O., S. 60). Diese Psalmen sind einerseits von einem Realismus der Welt und ihrer Lebens-

bedingungen, andererseits aber von einem noch größeren Realismus der Erfahrung Gottes getragen und geprägt.
Diese Psalmen enden gewöhnlich in einem Loben oder im Versprechen an Gott, ihn loben zu wollen. Man nennt dies das „Lobgelübde", das seinen Ursprung im Opfergelübde der Gottesdienste hat. Es ist der Ausdruck dafür, daß das Loben nicht nur eine Stimmung der Freude ist, sondern das Festhalten an der gewandelten Existenz. Es ist ein Versprechen des Glaubens und ein Ausdruck der Treue. „Wer wirklich aus der Tiefe zu Gott schreit und wer in diesem Schreien nicht seine Not, sondern Gott meint (vgl. die Zweiheit der Bitte: Höre! – Rette mich!), weiß, daß das Moment des Gelobens, des Versprechens zu solchem Schreien gehört. Ich weiß dann, daß es mit meinem Bitten und Gottes Erhören nicht getan ist, sondern daß dann noch etwas kommen muß. Ich weiß, daß ich dann Gott etwas schulde. Es ist völlig falsch, hier von einem Handel, einem abschätzigen „do ut des" zu sprechen. Im Gegenteil: durch das Versprechen, das ich mit meiner Bitte verbinde, bekommt sie gerade erst Gewicht und Würde. Ich weiß: Mit dem Versprechen, das ich der Bitte anfüge, beginnt eine Geschichte zwischen mir und Gott" (Westermann, a.a.O., S. 58).

Klage und Zuspruch heute

Urworte der Menschheit

Dreitausend Jahre trennen uns von der Geschichte Hannas. Vielleicht mag es schon viele Jahrhunderte zuvor den Brauch an den Wallfahrtsorten des Vorderen Orients gegeben haben, daß zuhörende Priester auf die Klagenden warteten, um ihnen ein Wort des Mutes im Namen ihres Gottes zu sagen. Möglicherweise ist dieses Ritual ein Gemeingut der Menschheit, das es in verschiedensten Formen zu entdecken gilt. Man denke nur an die katholische Beichtpraxis mit ihrem Beicht*stuhl:* Auch dort wartet immer noch ein diensttuender Priester auf Menschen, die ihr Herz vor ihm ausschütten wollen; war er ihnen sagt, ist letztlich das Wort der Sündenvergebung als Gottes Wort. An unseren großen Wallfahrtsorten ist besonders deutlich zu spüren, daß die Beichte für viele Pilger die große Hoffnung darstellt, endlich einmal sich die bedrückenden Lasten von der Seele zu sprechen. Die Entwicklung vom Beichtstuhl zum Beicht*zimmer* und zum Beicht*gespräch* zeigt überdies deutlich, daß es nicht nur um eine Anklage der Sünden wegen geht, sondern um die Möglichkeit des Klagens überhaupt: sein Herz auszuschütten und Rat, ermutigende Hilfe und ein Heilswort von Gott zu erhalten.
Was in der Beichtpraxis ein liturgisches Ritual ist, findet sich im Alltag der Menschen ebenfalls. Einem Schwerkranken oder einem Sterbenden hilft oft die nur in Worten oder in stummer Gegenwart versicherte Zusage: „Hab keine Angst, denn ich bin bei dir!" Freunde und Liebende nehmen voneinander die Angst, indem sie sich gegenseitig ihrer Nähe versichern. Vor allem aber brauchen die Kinder die Hilfe der Erwachsenen, die ihnen die Angst nimmt und das Urvertrauen stiftet. Die allabendliche Prozedur des

Schlafengehens erscheint auf diesem Hintergrund in einem neuen Licht und wird zu einem wichtigen Ritual.

Der Ritus des Schlafengehens

Das Schlafengehen ist für die Kinder ein tägliches Erlebnis von tiefenpsychologisch großer Tragweite. Durch die Finsternis der Nacht tritt das Kind aus dem angstfreien hellen Licht in das Ungewisse und Unheimliche. Durch den Schlaf wird es von den Mitmenschen abgesondert und ist sich selbst überlassen. Jedes Einschlafen ist darum eine Probe aufs Exempel, ob das Kind sich angstfrei den Armen des Schlafes überlassen kann oder aus Angst vor dem Sich-selbst-überlassen-Sein gegen den Schlaf ankämpft. Das Kind ruft in dieser abendlichen Situation nach der Mutter. Jeder, der einige Erfahrung mit Kindern hat, staunt über den Reichtum ihrer Phantasie, wenn es gilt, das Schlafengehen hinauszuzögern, die Erwachsenen wieder ans Bett zu rufen oder unter irgendeinem Vorwand wieder in ihre Mitte zurückzukehren. All diese Versuche sind in dem einen Ruf an die Mutter am typischsten zusammengefaßt: „Bleibe bei mir!“
Aufschlußreich ist auch das Verhalten der Mutter, die dem Kind hilft, die Brücke vom Tag in die Nacht und von der Gemeinschaft in die Einsamkeit zu überqueren. Sie sichert dem Kind mit Vertrauen schaffenden Worten die Nähe zu: „Fürchte dich nicht, ich bin ja bei dir! Ich lasse das Licht brennen. Ich lasse die Tür einen Spalt weit offen. Ich bin im Nebenzimmer und bügle die Wäsche.“ Schließlich setzt sich die Mutter auf das Bett des Kindes, steckt ihm die Bettdecke rund um den Körper, so daß das Kind ganz eingehüllt und geborgen ist. Durch den Gutenacht-Kuß verspürt das Kind mit Wärme und Feuchtigkeit den Kontakt und die Nähe zur Mutter.
Man kann die Prozedur des täglichen Schlafengehens als einen Ritus bezeichnen, dessen Aufgabe es ist, Angst zu überwinden. Man kann ihn auch einen Lernprozeß der Angstbewältigung durch positive Verstärker bezeichnen. Das Ziel dieses Lernprozesses ist es, daß das Kind sich vor der Einsamkeit nicht mehr fürchtet, weil es sich trotz des Alleinseins nicht alleingelassen weiß. Man könnte dies den ersten großen Schritt zum Vertrauen hin bezeichnen, wenn Kinder angstfrei sich dem Schlaf übergeben, sich fallenlassen, weil sie sich trotz Abwesenheit der Eltern von ihnen getragen wissen. Freilich ist die Aufgabe der Angstbewältigung nicht mit dem Ritus des Schlafengehens allein geleistet. Aber an ihm wird deutlich sichtbar, worum es in vielen anderen unscheinbaren Aktionen geht. Dieser Ritus ist gleichsam das Symbol eines ganzen Lebensabschnittes.

Klagepsalmen und Therapieverlauf

Bevor die Psychotherapie die Angelegenheit der Psychologie wurde, hatte sie immer schon ihren Platz innerhalb der Religionen. Denn diese vermitteln dem Menschen auf vielfache Weise Heil und Heilung. Ein unübersehbares Zeugnis dafür sind im Alten Testament die Klagepsalmen, in denen sich Menschen aus vielfacher Not vertrauend an ihren Gott wenden und von ihm auch Hilfe bekommen.
Es ist nicht zu verkennen, daß die Abschnitte des Klagepsalmes den Phasen des therapeutischen Prozesses weitgehend entsprechen. Zwar gibt es verschiedene psychotherapeutische Richtungen, dennoch dürfte der Prozeß, der in der menschlichen Psyche

abläuft, weitgehend denselben Weg nehmen. Wenn es im Klagepsalm und in der Therapie um die Aufrichtung und Heilung eines niedergedrückten und vom Leid verschütteten Menschen geht, dann ist es in der Tat nicht verwunderlich, daß die Prozeßabläufe so ähnlich sind. Mit „Bitte, helfen sie mir!“ wendet sich der Klient an den Therapeuten und der Beter an Gott. Dann geht es darum, daß der so Sprechende Vertrauen gewinnt und sein Klagen zu fließen beginnt. Er darf die Masken ablegen, mit denen er sich sonst vor der Gesellschaft schützt, und seine erstarrten Haltungen tauen auf. Er bekommt Kontakt zu den wirklichen Vorgängen in seiner Seele und vermag sie immer treffender zu äußern. Es ergibt sich die interessante Parallele, daß der klagende Patient wie der klagende Beter bei seinen „Feinden“ beginnt: Er lastet zunächst alle Schuld an seinem Mißgeschick seinen Mitmenschen an. Erst allmählich beginnt er diese Projektionen zurückzunehmen und den Balken in seinen Augen zu entdecken. Nun erst ist es ihm endgültig möglich, seine wirklich eigene Situation durchzuarbeiten. Und es wird kaum einen Klienten geben, der sich in der Einmaligkeit seines Leides nicht auch zugleich in der Einsamkeit seines Schicksals gefangen weiß. Die unerbittliche Frage nach Sinn oder Unsinn von Leid führt wohl viele Patienten zur Frage nach dem Sinn des Lebens überhaupt. Es ist zu begrüßen, daß viele Therapeuten heute ihre reservierte Haltung gegenüber der Sinnfrage und damit gegenüber der Religion überhaupt aufgeben und den so „um Gott“ Klagenden in seinem Suchen unterstützen. Wie der klagende Beter dem klagenden Patienten ähnlich ist, so besteht die Ähnlichkeit zwischen der Haltung des Therapeuten und jener des zuhörenden „Priesters“. In der Gesprächstherapie wird der Klient vorbehaltlos bejaht, er fühlt sich verstanden und ist mit menschlicher Wärme umgeben. Ja, der Zuhörende scheint die Tiefe seines Leides besser als er selbst zu verstehen und formulieren zu können. In der analytischen Therapie stellt sich der Therapeut rückhaltlos als zuhörender Partner zur Verfügung und nimmt alle Projektionen auf sich, die sich der Patient von der Seele redet.

In der Gestalttherapie hat der Therapeut die Aufgabe, alle Äußerungen des Klienten als nicht zufällig und darum als wichtig zu nehmen. Sie bekommen als Figuren auf dem Lebenshintergrund dieses Menschen jenes Gewicht, das dem Leben und Leiden des Klienten innewohnt. Ob in Worten ausgesprochen, in Bildern phantasiert, in Zeichnungen, Spiel oder Tanz ausgedrückt – alles ist Offenbarung der einmaligen Seelentiefe dieses Menschen. Und indem der Patient dies selbst zu sehen lernt, lernt er auch, dieses Material aus seiner Tiefe zu bearbeiten und zu verändern.

Wenn der Patient geheilt die Therapie verläßt, dann hat nicht der Therapeut sein Leiden verändert, sondern dieser hat ihm geholfen, es selbst zu verändern. Er hat ihm keine Ratschläge erteilt und schon gar nichts unternommen (wie könnte er auch!), die reale Außenwelt des Patienten zu verändern. Eines aber hat er gewiß getan, er hat dem Leidgeprüften die Gewißheit vermittelt: „Du bist in deinem Leiden nicht allein. Wenigstens jetzt ist jemand bei dir, nämlich ich. Wenn dich auch niemand versteht, überprüfe selbst, ob du dich nicht von mir verstanden fühlst. Wenn niemand an dich glaubt, dann zeige ich dir durch mein bedingungsloses Akzeptieren, Zuhören und menschlich warmes Verstehen, daß ich noch an deine guten Möglichkeiten in dir glaube!“ Geschieht die Therapie in einer Gruppe, dann wird diese Zusicherung von menschlicher Nähe nicht nur von einem einzelnen Therapeuten gegeben, sondern von der ganzen Gruppe.

Das „Heilswort“, das der Therapeut dem Patienten sprechend oder schweigend zu verstehen gibt, lautet: „Fürchte dich nicht, ich bin bei dir!“ Ist der Therapeut ein gläubiger Mensch, so verkörpert er allein schon durch seinen Glauben die Gewißheit, daß nicht

nur er, sondern gerade Gott den Klagenden bedingungslos akzeptiert. Von da her ist es nur noch ein Schritt, diese Heilsgewißheit auch durch Worte, Gebärden und gemeinsames Gebet auszudrücken. Wenn die Kirche das Heil nicht nur erwartet, sondern auch erwirkt, dann haben alle ihre heilsamen und heilbringenden Begegnungen diesen therapeutischen Charakter, der sich gleicherweise im Verlauf der Klagepsalmen wie des Therapieprozesses ausdrückt. Und es ist nur zu hoffen, daß der Patient weggeht und sein Gesicht nicht mehr so traurig ist wie früher. Und weiter, daß er Gott lobt, indem er seinen Mitmenschen erzählt, daß Gott ihm durch diesen oder jenen Menschen heil gemacht hat. Die Veränderung geschah im Menschen, und der so Veränderte kann nun seine Situation verändern.
Aber nicht nur der, der durch eine Psychotherapie geschult ist, kann im (Religions-)Unterricht helfen und heilen; er kann dies auch an den Klagepsalmen und am Beispiel Jesu lernen. Solche Hilfe widerfährt dem Schüler aber nicht nur durch die Zuwendung des Religionslehrers, sondern ebenso durch die Hinwendung zum biblischen Text. Wer nämlich Klagepsalmen betet, läßt sich auf die beschriebene Bewegung von der Not zum Heil ein. Und wer sich um Hilfe an Jesus wendet, erfährt an sich die Verwandlung, die er verheißt. Im Unterricht kann also auch durch den „Lernstoff" Heilung vermittelt werden, wenn die biblischen Zeugnisse von der hilfreichen Nähe Gottes erlebnisgerecht und lebensgesättigt vermittelt werden.
(Vergleiche dazu: Erich Fromm, Ihr werdet sein wie Gott, Stuttgart 1980, 2. Kap., und Helmut Jaschke, Aus der Tiefe rufe ich, Herr, zu Dir, Psychotherapie aus den Psalmen, 1989, Herder-Taschenbuch 1603).

Übungen zu den Psalmen

Einen Psalm sich aneignen

Das Ich eines Psalms war ursprünglich eine bestimmte Person. Wenn wir heute einen Psalm beten, dann erlauben wir uns wie selbstverständlich, das Ich des Psalmenbeters zu unserem eigenen Ich zu nehmen und uns mit ihm zu identifizieren, wobei die Worte und Inhalte des Gebetes mit unserer Erfahrung gefüllt und mit unseren Assoziationen gefärbt werden. Was jeder Beter bei der Übernahme eines Psalmes halb bewußt persönlich einfärbt, kann man Schülern bewußt machen lassen, in dem sie einen Psalm sprachlich bearbeiten und so zu ihrem eigenen persönlichen Psalm machen. Allein wenn man das Wort „Feinde" mit dem Wort „Probleme" ersetzt und noch weitere kleine Änderungen vollzieht, entsteht, wie gleich am Psalm 3 gezeigt wird, ein sehr zeitgemäßes Gebet:

> Herr wie zahlreich sind meine Probleme,
> so viele stehen gegen mich auf.
> Viele Stimmen gibt es in mir; die sagen:
> „Du findest keine Hilfe bei Gott."
> Du aber Herr bist ein Schutz für mich,
> du gibst mir Selbstbewußtsein und richtest mich auf.
> Ich habe laut zum Herrn gerufen;
> da spürte ich, daß er mich hörte.

So leg ich mich ruhig nieder und schlafe ein,
denn er, mein Gott, beschützt mich.
Und werde ich auch von tausend Problemen bedrängt,
ich brauche sie nicht zu fürchten!

„Ich" in der Bibel

Viele biblische Rettungsgeschichten haben die Struktur des Klage- bzw. Rettungspsalmes mit seinen drei charakteristischen Strophen:
a) „Ich ...": die Ausbreitung der Not in der Klage.
b) „Du aber ...": die Hinwendung zu Gott, die ihn als hilfreich beschreibt.
c) „Darum Herr ...": die Folgerung aus dieser Zuversicht als Bitte an Gott oder als Lobpreis.
Die einfachste Form der Identifikation mit einer biblischen Gestalt ist darum die *Um*-Schreibung eines Textes von der Er- bzw. Sie-Form in die Ichform. Ich fordere die Teilnehmer auf, die Geschichte von der Rettung Hagars in der Wüste wörtlich in schöner Schrift von der Bibel abzuschreiben – nur mit dem einen Unterschied, daß überall dort, wo von dieser Frau die Rede ist, die Pronomina „ich" statt „sie", „mich" statt „sie" usw. verwendet werden.

Ich zog fort
und irrte in der Wüste umher.
Als das Wasser im Schlauch zu Ende war,
warf ich das Kind unter einen Strauch,
ging weg und setzte mich in der Nähe hin,
etwa einen Bogenschuß weit entfernt;
denn ich sagte:
Ich kann nicht mit ansehen,
wie das Kind stirbt.
Ich saß in der Nähe und weinte laut.
Gott hörte den Knaben schreien:
da rief der Engel Gottes vom Himmel her mir zu und sprach:
Was hast du, Elisabeth (Karin ...)?
Fürchte dich nicht,
Gott hat den Knaben dort schreien gehört, wo er liegt.
Steh auf, nimm den Knaben,
und halte ihn fest an deiner Hand!
Gott öffnete mir die Augen,
und ich erblickte einen Brunnen.
Ich ging hin,
füllte den Schlauch mit Wasser
und gab dem Knaben zu trinken. *(vgl. Gen 21,14–19)*

Wenn dann dieser neue, auf das persönliche Ich *um*-geschriebene Text von jedem Schüler oder von jeder Teilnehmerin murmelnd gelesen oder laut vorgetragen wird, dann klingt in jedem an, was ihn selbst betrifft.

Gott einen Brief schreiben

Es bereitet wenig Schwierigkeiten, Schüler anzuleiten, sehr persönliche und durchaus schöpferische Klagepsalmen zu schreiben, wenn man in ihnen die Vorstellung weckt, daß sie Gott einen Brief schreiben können. Auch dieser Brief wird die drei charakteristischen Teile eines Klagepsalmes beinhalten, was wir den Schülern so vermitteln können:
a) Du kannst dir alles von der Seele schreiben, Gott erzählen, was dein Herz bedrückt.
b) Wenn du dein Herz vor ihm ausgeschüttet hast, dann denk an Gott, indem du dich daran erinnerst, wie er einmal jemanden in der Bibel geholfen hat und erinnere ihn daran: Du aber mein Gott, hast damals den Daniel aus der Löwengrube gerettet; du aber Jesus, hast die gekrümmte Frau aufgerichtet ...
c) Aus der Erinnerung an Gott fließt auch unser Gebet, unsere Bitte an ihn: Darum rette auch mich; richte auch mich auf, damit ...
Es ist gut, wenn der Lehrer mit den Schülern, vor allem in der Grund- und Hauptschule, einen solchen Psalmbrief zunächst gemeinsam erarbeitet und an die Tafel schreibt. Wenn Schüler es erlauben, können ihre Briefpsalmen von ihnen auch als Gebet zu Beginn oder zum Ende einer Stunde vorgelesen werden.

Die Erzählung in der Ichform als Glaubensbekenntnis

Man kann eine einzelne biblische Perikope wählen oder eine biblische Person, von der in mehreren Perikopen erzählt wird (z. B. Abraham), und eine freie Nacherzählung verfassen, die ebenfalls in der Ichform niedergeschrieben wird. Wichtig ist dabei, daß der erste Satz zugleich Überschrift und Identifizierung ist und sofort auf das Blatt geschrieben und unterstrichen wird.

> Ich bin Abraham auf der Wanderung ...
> Ich bin die gekrümmte Frau in der Synagoge

Auch solche Nacherzählungen verlangen wie eine musikalische Partitur nach „Aufführung", daß heißt nach einer Transformation und damit nach einer Steigerung des nur geschriebenen Wortes zur gesprochenen Sprache. Wer seine Nacherzählung laut vorliest, wird selbst spüren, daß sie im Rahmen der biblischen Gestalt viele persönliche Anteile beinhaltet und dadurch sowohl als biblisches wie auch persönliches Glaubensbekenntnis verstanden werden kann.
Auf der Grundlage dieser Ich-Identifizierung kann nun sehr kreativ weitergearbeitet werden: Der Lehrer kann den Schüler in ein Gespräch verwickeln: „Wenn du Abraham bist, kannst du mir dann auch sagen, woher du kommst und warum du von zu Hause fortgezogen bist?" Die Identifizierung bringt den Schüler dazu, sich in die gewählte Person hineinzuversetzen, was viel von seinen gehörten Informationen und Eindrücken mobilisiert, so seine Erinnerungskraft steigert und sein Wissen erweitert. Gesteigert wird dadurch auch die Bereitschaft des Schülers, sein Wissen im Gespräch auszubreiten, was wiederum eine schülerfreundliche Möglichkeit einer Art „Prüfung" ist, durch die der Schüler spielerisch und kreativ sein gespeichertes Wissen mit-teilt.

Das Bild in einen Psalm verwandeln

Statt von einem Text kann man aber auch unmittelbar von einem Kunstbild ausgehen und dieses in einen persönlichen Psalm verwandeln. Dabei achte man darauf, daß man in den beiden Strophen a)„Ich“ und b) „Du aber“ mit einer genauen Bildbeschreibung beginne, in der der Schüler zunächst das genau in Worte umsetzt, was seine Augen sehen, um erst allmählich in freiere Sprache überzugehen. Das setzt die Übung in der Bildbetrachtung voraus, ebenso das Um-Schreiben biblischer Texte in die Ichform. Man wird erstaunt sein, zu welcher sprachlichen Leistung auch weniger begabte Schüler in der Lage sind; vor allem bei diesen muß man sich hüten, Rechtschreib- und Syntaxfehler zu korrigieren! Zu besonders ergreifenden Texten können Erwachsene sich dann steigern, wenn bei ihnen die Gottes- und die Selbsterfahrung ineinanderschwingen. (J. Heinel, Der König ruht im Klassenzimmer. Gestaltpädagogik zum Kennenlernen, Frankfurt a. M. 1993.)

Hymnen

Dem siegreichen Retter

Für die Apokalypse ist die Befreiung aus Ägypten das Bild für die Erlösung: Moses besiegte Pharao, Christus den Satan. In der 2. Str. wird das Volk Gottes wie in Apk 12 als die bedrängte Frau in der Wüste gesehen. Der Hymnus bittet um jene Errettung und Erlösung, die in der 5. Str. gleich dem Siegeslied im Exodus besungen wird. Wer sich auf die Bilderwelt der Heiligen Schrift einläßt, läßt sich auf viele Perspektiven der Erlösung ein.

1. Mächte, Herr, hast du entmachtet,
und den Fürsten dieser Welt
in des Todes Staub gestoßen.
Jubel, dir o großer Held,
der im Sterben und Erstehen
Satans Übermacht gefällt!

2. Siehe, die Gewalten drängen
nun auf deine Treuen ein.
Hör das Klagen deiner Kirche,
neig dich ihrem bangen Schrei'n:
in die Wüste ausgestoßen
trinkt sie deines Todes Wein.

3. Säume nicht, du starker Retter,
und verkürze diese Zeit.
Gib dein Wort uns statt der Lüge,
die in allen Lüften schreit.
Deine Liebe, Herr, alleine
vor des Bösen Haß uns feit.

4. Mag der Mörder sich des Menschen
kleiden in des Lichtes Schein;
mag ihm jedes Reich verfallen,
alle Welt ihm dienstbar sein:
du, Getreuer, wirst die Deinen
bald aus diesem Trug befrein.

5. Steige auf zu deinem Throne,
schleudere die Feinde, Herr,
in die Fluten des Verderbens!
Wir, entronnen wehem Meer,
rühmen laut mit hellen Harfen,
Christe, deine Wiederkehr.

6. Dir, der ist und der gewesen,
der auch wiederkommen wird
und der alles, was da lebet,
aus dem Nichts heraufgeführt:
Dir die Weisheit, Macht und Ehre
in die Ewigkeit gebührt!

Dem Richter über Gottes Haus

Das Ereignis von der Tempelreinigung durch Jesus wird zum Bild für sein gegenwärtiges richterliches und reinigendes Wirken in der Kirche. Das Gericht soll ja über dem Hause Gottes beginnen, damit die Kirche je und je zur Wohnstätte Gottes werde. Der Hymnus ist ein Bußlied, das um die endzeitliche Reinigung schon für heute bittet.

1. Preist die Hand, die Gottes Ehre
aufzurichten nie geruht:
Nicht die Sünder, Bruder Jesus,
traf die Geisel deiner Wut,
doch die Schänder heil'gen Hauses
schlugest du mit grimmer Glut!

2. Gottes Wille war alleine
deine Speise, treuer Knecht.
Dich verzehrte heil'ger Eifer;
du alleine warst gerecht,
du der Sohn des Wohlgefallens
unter störrischem Geschlecht!

3. Nicht zu Händlern laß uns werden,
Herr, und auch zu Heuchlern nicht,
wenn um dich wir uns versammeln.
Laß zu Gottes Angesicht
uns mit reinem Munde reden,
der nicht mit Trug und Lüge spricht!

4. Fege, Christus, rein die Tenne
vom Geworfel tauber Spreu!
Mach die Höfe deiner Kirche
von der Macht der Satten frei:
Liebe nur und Dienst der Brüder
deiner Jünger Sinnen sei.

5. Rufe unser Herz zur Umkehr
und vom stein'gen Pfad der Schuld
wende uns zu Gottes Wege.
Fülle, Bringer der Geduld,
leere Hände träger Knechte
mit dem Brote deiner Huld.

6. Dir, der ist und der gewesen,
der auch wiederkommen wird
und der alles, was da lebet,
aus dem Nichts heraufgeführt:
Dir die Weisheit, Macht und Ehre
in die Ewigkeit gebührt!

Melodien für jeden Hymnus
(Sätze: Wolfgang Pichler)

Im 1., im dorischen Ton

Im 3., im phrygischen Ton

Im 5., lydischen Ton

Im 7., mixolydischen Ton

(Vgl. A. Höfer, Gottes Wege mit den Menschen, S. 80–82.)

2. Mose und der Weg in die Freiheit

(Franz Feiner)

Dieses Kapitel bringt zu jedem Bild des Mose-Zyklus (Bildübersicht S. 20f.):
a) Eine Bildbetrachtung (darauf liegt der Schwerpunkt). Diese Bildbetrachtung dient als Anregung, auch die Bilder der anderen Reihen nach diesen formalen Kriterien sehen und interpretieren zu lernen.
b) Biblische Impulse und
c) Gedanken zur (tiefen)psychologischen Betrachtungsweise.

Das Kind Mose wird gerettet

(Ex 2,1–10 / 1. Bild)

a) Das Bild ist wie durch eine Diagonale von links unten nach rechts oben in zwei Teile geteilt: Den rechten Teil bilden drei Gestalten: eine hochrangige Frau Ägyptens, die sich schon durch ihre Größe von ihren zwei Dienerinnen abhebt. Dargestellt sind sie in der Tradition ägyptischer Kunst, von der Seite, das Gesicht im Profil, gekleidet mit bunten Gewändern, geschmückt mit typischer Haartracht und Kopf-, Fuß-, Ohr- und Handschmuck des Nillandes; die Prinzessin – mit bloßem Oberkörper, mit Umhang und Schulterschmuck – hält das Ankh-Kreuz in der Rechten.
Die linke Seite des Bildes ist bestimmt von vier Menschen in sehr einfacher Kleidung, ohne Schmuck (lediglich das Mädchen im Vordergrund hat eine Blume auf ihrem Kleid und die Frau in der Mitte eine einfache Kette um den Hals), drei sind zum Teil hinter Schilfstauden versteckt. Ihre Blicke sind auf das Kind im Körbchen in der Mitte des Bildes gerichtet. Die vierte Gestalt, ein Mädchen im Vordergrund, schaut auf die Frauen aus dem ägyptischen Königshaus und weist mit der Hand auf das Körbchen mit dem Knaben. Die Farben auf der linken Bildhälfte sind geprägt vom Grün und Braun des Schilfes, die rechte Seite mehr vom hellen Blau des Wassers. Die Menschen links: die Mutter des Knaben, die Schwester und die Hebammen Schifra und Pua. Die Hebammen stehen mit verschränkten bzw. gekreuzten Armen da, als wollten sie ihre Genugtuung ausdrücken: wir haben alles in unserer Macht Stehende getan und sind zuversichtlich, daß nichts mehr passieren kann; während die Mutter des Knaben ihn mit gesenkten Blick gleichsam aus der Hand gibt. Sie kann das Kind nicht länger verstecken, denn

Pharaos Befehl wird streng kontrolliert. Sie vertraut den Knaben dem Wasser an und hofft, daß er bei den Frauen des Königshauses Mitleid findet, während die Männerwelt des Pharao das keimende Leben der Unterdrückten töten läßt. Der Knabe in der Mitte spielt die Hauptrolle. Nichts ahnend, was vor sich geht, hat er die Beine angewinkelt; die Finger der linken Hand im Mund, liegt er mit offenen Augen in seinem rettenden Körbchen. Dieser Mose, der jetzt aus dem Wasser gezogen, vor den Befehlen der Machthaber gerettet wurde, wird einst gegen die Mächtigen auftreten.
Zwei Welten prallen aufeinander: die Welt der Herrschenden und die Welt der Unterdrückten. Die Machtlosigkeit der Unterlegenen, das Angewiesensein auf Hilfe auf der einen Seite, die Macht und Fähigkeit zu helfen und Not zu wenden auf der anderen Seite. Und wie der Mose-Knabe mit offenen Auge und offenen Ohren im Körbchen liegt, so wird er offen werden für die Not seiner Brüder und Schwestern. Er wird ein offenes Auge und ein offenes Ohr haben für die Klage und das Leid seines Volkes, um dem Willen und Handeln Gottes selbst zum Durchbruch zu verhelfen. Denn Gott selbst ist Auge und Ohr für die Not seines Volkes: „Ich habe das Elend meines Volkes in Ägypten gesehen, und ihre laute Klage über ihre Antreiber habe ich gehört“ (Ex 3,7). „Ich bin gekommen, um mein Volk zu befreien“ (vgl. Ex 3,8).

b) Aus dem Buch Exodus erfahren wir, wie die Kinder Israels in Ägypten siedeln, und Fremdländer, Hebräer genannt werden. Sie sind fruchtbar. Der Pharao sagt zu seinem Volk, was im Laufe der Geschichte noch viele Herrscher tun werden: „Gebt acht! Wir müssen überlegen, was wir gegen sie tun können, damit sie sich nicht weiter vermehren!“ (Ex 1,10). Nun folgen zuerst Unterdrückung und Vernichtung durch Zwangsarbeit, dann der Befehl, alle neugeborenen Knaben sogleich zu töten. Dem Vernichtungswillen des politischen Machthabers steht aber der Rettungswille Gottes entgegen. Faszinierend ist, wie Gott seine Rettungsabsicht in die Tat umsetzt. Er handelt durch Menschen, er selbst bleibt im Hintergrund.
Gott handelt hier ausnahmslos durch Frauen. Viele Frauenrollen werden aufgeboten, um das Kind zu retten:

- Die Hebammen Schifra und Pua sind mit Namen genannt (Ex 1,15) – sie üben politischen Widerstand, indem sie Partei für das Leben ergreifen. Sie weigern sich, die Neugeborenen umzubringen – eine mutige Form des politischen Widerstandes, bei dem sie ihr eigenes Leben aufs Spiel setzen.
- Zunächst ist von einer Geliebten die Rede, die ein Mann, der Vater des Mose, zur Ehefrau nimmt.
- Sie wird Mutter, liebt das Kind, und beschließt seine Rettung durch List. Das Binsenkörbchen, das sie formt, ist wie ein zweiter Mutterschoß. Sie vertraut Kind und Korb dem Nil an.
- Als nächste Frauengestalt beobachtet die Schwester, was mit dem Kind geschieht.
- Dann taucht eine hohe Frau auf, die Tochter des Pharao, wie eine Fee aus einer anderen Welt. Das weinende Kind weckt ihr Mitleid. Sie wird zur Adoptivmutter des Sklavenkindes und das Kind damit zum Königssohn im fremden Land.
- Eine ihrer Dienerinnen übernimmt das Kind und die leibliche Mutter wird als Amme eingeschmuggelt.

Gott wird gar nicht genannt in der Erzählung, ist aber ständig da, ständig handelnd. Er handelt indem er Menschen zum Handeln veranlaßt. Gott erscheint in dieser Wanderlegende als einer, der gegen den Todeswillen der Mächtigen Partei ergreift für das Leben.

Sichtbar und konkret wird dies im Handeln der Frauen: der Geliebten, der Gattin und Mutter, der Hebammen und der Amme, der Schwester, der hohen Frau und der Dienerinnen. Frauen erbarmen sich. Sie handeln warmherzig, barmherzig.
„Erbarmen, Barmherzigkeit“ sind im Hebräischen von dem Wort „Mutterschoß“ (rehem) abgeleitet. Der „Mutterschoß“ Gottes ist also der Ursprung seiner Barmherzigkeit.

c) Und wenn ich dieses Kind hier wäre? Welchen Menschen, welchen Frauen verdanke ich Leben, Überleben und Rettung? Bleibst du, Gott, anonym und ungenannt, und bist dennoch stets bei mir, um mir zu helfen? In welchen Menschen warst du mir schon rettend nahe? Das Bild mag mich auch an die Taufe erinnern, als man mich in deine Hände wie in eine rettende Arche legte. Auf welchen Wassern des Unbewußten schwimmt mein Kindheits-Ich jetzt? Welches Körbchen, welcher Delphin trägt es?

Gott ruft Mose am Dornbusch

(Ex 3,1–22 / 2. Bild)

a) Im Zentrum des Bildes steht der leuchtende Dornbusch, in einem Kreisrund von goldgelbem Feuer und Licht, das sich vom Braun abhebt. Im Vordergrund, wie wenn das Licht des Dornbuschs sich spiegeln würde, ist ein goldgelber Kreis, als Halbkreis, zu sehen. Steine umschreiben den heiligen Kreis der Gottesgegenwart auf Erden, in die der junge Mose hineingerufen ist. Der Bereich Gottes hebt sich von den Disteln und Steinen, vom Braun, von der Leblosigkeit der Wüste ab.
Von rechts unten tritt eine Gestalt heran, auf dem Boden sich herantastend, das linke Bein fast ausgestreckt, das rechte abgewinkelt, wie ein Läufer beim Start; die Hände vorsichtig nahe am Halbkreis, am heiligen Boden, den Kopf erhoben; mit offenen Augen, das Ohr ist nicht durch die Haare verdeckt. Denn man braucht ein offenes Ohr, um die Stimme des feurig-leuchtenden Gottes zu vernehmen, der ihn aufrichtet und mit seinem Glanz zu seinem Volk schickt. Das Gesicht des Mose aber ist hineingenommen in den Kreis des Lichtes und Feuers, in den Bereich Gottes. Er hat schon angenommen vom Gold des brennenden Strauchs. Er hört die Stimme: „Ich bin der Ich-bin-da ... Ich bin mit dir; Ich habe dich gesandt“ (Ex 3,14.12).
Oberhalb des Dornbuschs – von der Helle des Himmels und einem gelb-orangen Bogen sich abhebend – schwebt ein Adler ist stilisierter Form: Er deutet an, was Gott für das Volk Israel sein wird: er wird der Befreier sein, der sein Volk auf Adlersflügeln in die Freiheit trägt. Im Lied können wir Jahwe loben, weil er uns „auf Adelers Fittichen sicher geführet“.

b) Ex 3,1–22 ist eine der stärksten mystischen Erzählungen: Mose erlebt Gott als Feuerbrand und Licht (vgl. auch Zeus und Jupiter, was übersetzt „Lichtvater“ heißt). Der brennende und doch nicht verbrennende Dornbusch will vom Verfasser gewiß als wunderbares Zeichen verstanden sein. Die Ausleger denken bisweilen an ein Elmsfeuer, an eine elektrische Aufladung, die an den Pflanzen blaue Flämmchen hervorbringt (dieser

Hinweis mag für Kinder im realistischen Alter verständlich sein), doch besteht das eigentliche Wunder in der Gegenwart und Selbstoffenbarung Gottes.
Jahwe ist einer, der den Menschen durchglüht, aber ihn nicht verbrennt. Gottes Licht und Wärme sind nicht zerstörend für den Menschen.
Gott teilt sich dem Mose selbst mit; die Gegenwart Gottes wird hier im Menschen als unüberbietbar erfahren. Gott erweist sich als einer, der bei uns ist, wenn wir ihn brauchen, der uns begleitet und sich in uns selbst auslegt als einer, der „dasein wird, als der er dasein wird" (Ex 3,14).
Mose erbittet gegenüber seinem Volk eine Legitimation. Er fragt nach dem Namen Gottes. Weiß er ihn nicht zu nennen, so war seine Gottesbegegnung nicht glaubhaft. Der Name steht für das Offenbar- und Bekanntsein einer Person. An dieser Stelle wird einzig im ersten Testament der Gottesname Jahwe erläutert. Der Name meint nicht eine philosophisch-theologische Definition, sondern eine heilsgeschichtliche Ansage. Die Stelle will sagen, daß Gott mitteilen will, wie er sich Israel erweisen und zeigen will, und nicht, wie er an sich ist. In diesem geschichtlich erfahrbaren Sein Gottes liegt etwas Dynamisches: Jahwe ist da, er ist zur Stelle, um von außen her in die Welt einzubrechen, um die Geschicke seines Volkes zu lenken. Jahwe will sich mitteilen und zeigen als einer, dem die Menschen ein Anliegen sind, der Interesse (lateinische Übersetzung des Jahwe-Namens) für sie hat, der Auge und Ohr ist für Leidende, der Unterdrückte befreit und Menschen zum Befreien ruft. In großartiger Steigerung wird diese Zuwendung Gottes beschrieben: Gott hat die Not gesehen, das Klagen gehört, er kennt das Leid, er ist herabgestiegen, um zu retten, herauszuführen, das Land zu geben (vgl. Ex 3,7f.). Gott gibt sich zu erkennen als einer, der die Menschen mündig macht (vgl. Ex 4,11.15), der Unmündigen Begleiter an die Seite stellt: „Er (Aaron) wird für dich der Mund sein, und du wirst für ihn Gott sein!" (Ex 4,16). Gott verleiht den Mut, die Vergötterung von Menschen zu durchbrechen. Pharaonen verlieren ihre göttergleiche Vormachtstellung für den, der dem mutmachenden, befreienden Gott begegnet ist.

c) Der Hirte Mose wird von Gott zur Befreiung des Volkes herausgerufen. „Ist es da nicht zu verständlich, daß jener sagt: ‚Wer bin ich denn, daß ich das könnte? Ich, der Schafhirte, zum gottähnlichen Pharao gehen? Das kann ich nicht!' Der minderwertige Dornstrauch, den Gott zum Leuchten bringt, wird zum Bild für Mose und uns Heutigen selbst: Gott erwählt das Minderwertige und bringt es zum Leuchten. Moses einzige Versicherung ist Gottes Name: Ich bin der mit dir. Die Fähigkeit des Vertrauens und Glaubens wird herausgefordert – der einzige Weg in die Freiheit." (H. Neuhold, in: F. Feiner und H. Neuhold, Mose und der Weg in die Freiheit, München 1993, S. 5.)

Gebet

Ich bin Mose,
bin dein Geschöpf, du Heiliger.
Gerettet hast du mich schon als Kind, gerettet,
denn getötet sollte ich werden durch die Schergen des Pharaos.
Frauen hatten Mitleid mit mir,
Frauen, die von deinem mütterlichen Erbarmen ergriffen waren.
In der Wüste weide ich Schafe,
es ist mein Beruf.

Etwas läßt mich aufschauen, ein Licht, ein Feuer,
ein Dornbusch, der brennt und doch nicht verbrennt.
Sehen das meine Augen oder träume ich?
Bin ich selbst wie ein Dorngestrüpp?
Verwundern würde es mich nicht: meine Härte, meine Dürre ...
Doch dein Feuer durchglüht mich,
du willst mich nicht vernichten,
du nicht!
Dein Brand wirft einen Schatten, der leuchtet:
Er gibt meinem Leben einen heiligen Grund.
Ich bin eingetreten in deine Heiligkeit,
du hast mich ja gerufen!
Unendlich weit bin ich von dir entfernt,
doch unendlich nahe bist du mir geworden.
Was sage ich „mir"?
– Uns allen *drängst* du entgegen:
Du siehst unser Elend, du hörst unser Schreien.
Du kommst vom Himmel herab,
du steigst in das Elend der Sklavenhütten, der Slums.
Du willst uns herausführen,
und brauchst dazu mich?
Du hast für uns Menschen ein besseres Leben vor Augen.
Geht es nach deinem Willen,
ginge es nach deinem Willen, hätten wir ein gutes Land,
ein Land voll Milch und Honig,
genug, um zu leben.
Soll ich der Sprecher deiner Absichten sein?
Soll ich eine Hoffnung verbreiten,
an die keiner mehr glaubt?
Wer bist du, daß wir dir glauben?
Wer soll mir glauben,
wenn ich dir nicht glaube?
Wer soll auf eine Befreiung hoffen, wenn er dich nicht kennt?
Du glühst in mir, damit ich gehe.
Du sprichst mich an, damit ich rede.
Dich darf ich erkennen, schauen, hören,
andere sollen aufatmen, hoffen und sich aufmachen,
aufmachen in die Freiheit, in ein neues Land,
in ein neues Leben.
Heiliges Licht, heiliger Name:
brenne in mir! *(Albert Höfer)*

Der Gottesname Jahwe

Jene, die die hebräische Bibel ins Griechische übersetzt hatten, übertrugen das Wort „Jahwe" durch „Kyrios: der Herr". Wir können (mit Martin Buber) auf den Ursprung zu-

rückgreifen und übersetzen: Ja-Er (Jahwe!) oder Ja-Du (Ja-Hu!); das Wort „Herr" klingt in unseren Ohren zu herrschaftlich.
Nehmt schöne Textstellen aus der Bibel, z. B. Psalmen, und setzt überall dort, wo von Gott als dem „Herrn" die Rede ist, die Worte Ja-Er oder Ja-Du ein. Wie verändern sich so die Texte? Wie kommt dir so Gott näher, wenn Du seinen ursprünglichen Namen nennst und er auch in den deutschen Wörtern und Silben nachklingt?

Mose und Aaron vor dem Pharao

(Ex 5,1–4; vgl. Ex 7–11 / 3. Bild)

a) Den Hauptteil des Bildes macht der Bereich des Pharaos aus. Er sitzt auf einem zierlichen goldenen Stuhl auf einem Podest, hält mit der Rechten sein Zepter umklammert, die Linke leicht abgewinkelt nach vorn gestreckt, den Kopf mit ägyptischem Königsschmuck bekleidet, den Blick nach vorne gerichtet, so daß sein Profil sichtbar ist. Bekleidet mit hellem, durchsichtigem, mit Gold besticktem Gewand, geschmückt an Füßen, Handgelenk und Schulter, sitzt er steif und fest da – wie eine Statue, unerreichbar. Bewegung bringen Tiere hinein, fünf Frösche zu Füßen des Stuhles, einer klettert auf einem Stuhlbein hoch, Insekten und Heuschrecken fliegen um einen Blumenstock, eine Heuschrecke sitzt sogar auf dem königlichen Kopfschmuck des Pharao. Die Frösche in Grün, Heuschrecken in Weiß und andere Insekten in Schwarz tragen stark sichtbar das Rot des Blutes an ihren Körpern – nehmen sie schon etwas von den Plagen vorweg, die die Ägypter heimsuchen werden? Das Rot haftet auch am Blumenstock, am Ornamentstreifen, der sich vorne über die ganze Bildbreite zieht und sogar am Pharao, der ob seiner Steif- und Sturheit die Plagen heraufbeschwört. Sein Bereich ist in kühles, lebloses Blau und Schwarz gehüllt. Selbst das Gold und Gelb wirken wie lebloser Schmuck.
Zwei Männer treten von links zum Pharao hin, mit entschlossenem Blick sehen sie ihm direkt in die Augen. Sie wissen, was sie wollen, was sie fordern. Der linke ist mit festem Hirtenstab gekommen, gewandet mit grauem, knöchellangem Kleid, der rechte steht nahe dem Pharao, den Mund halb geöffnet; die Zierzacken des Kleides des einen an Hals, Handgelenk und Bodensaum haben die helle Farbe des wadenlangen Kleides des Mannes vor dem Pharao; die Zierstreifen seines Kleides haben die graue Farbe des Kleides des Mannes im Hintergrund. Sie, die beiden, stehen auf festem, grünem Boden der Hoffnung und des Lebens für ihr Volk. Der Pharao ist auf einem Podest erhoben auf der rechten Seite des Bildes, das diagonal von rechts unten nach links oben durch einen güldenen Zierstreifen markiert ist – die beiden von Gott gesandten Brüder stehen auf der linken Hälfte. Sie fordern mit Vehemenz: „Laß mein Volk ziehen!" Die die Ägypter plagenden Tierschwärme rütteln am stets wiederholten Nein des Pharao. Sie scheinen ihn nicht aus seiner ablehnenden Ruhe zu bringen. Doch die Dunkelheit schlimmster Plagen und Not bricht von rechts oben auf die Ägypter herein, so daß der Pharao aufgrund des Leidensdrucks des ägyptischen Volkes doch nachgeben muß.

b) Sehr ausführlich, nämlich von Kapitel 5–11 des Buches Exodus sind die Verhandlungen Aarons und Moses mit dem Pharao beschrieben. Manche Exegeten bezweifeln, ob Sprecher eines Sklavenvolkes bis zum Pharao vorgelassen wurden, andere aber meinen: Wenn Mose inzwischen auch viele Jahre aus dem Nilland fort war, wird er sich als adoptierter Königssohn zum Palast des Königs gewagt haben. Die Bibel jedenfalls stellt dem gottähnlichen Pharao den Gott der Hebräer gegenüber. Pharao ist ein Sklavenhalter, Jahwe ein Sklavenbefreier. Die Frage: „Wer ist stärker?" wird zur Rechtsfrage: Israel schreit um Recht gegen Ägypten – Jahwe kehrt das Schreien Israels in das der Ägypter um.
Oft sind machtlose Propheten in Israel gegen ihre baalshörigen Könige aufgetreten und haben ihnen alles Unrecht vorgehalten. Die altisraelitische Auseinandersetzung zwischen Königtum und Propheten ist hier nach Ägypten verlegt und ins Übergroße, Grundsätzliche gesteigert worden. Der Kampf der Propheten geht um die zwei Säulen der Religion Israels: um die Anerkennung Jahwes als alleinigen Gott („Gottesfurcht" genannt) und um die fundamentalen Menschenrechte (von der Sklavenbefreiung bis zu den Zehn Geboten).
Die Erzählung von den Plagen will die Macht und Stärke Jahwes deutlich machen. Die Verhärtung des Pharaos (in menschlicher Vorstellung läßt die Bibel Gott selbst das Herz Pharaos verstocken) hat zur Konsequenz, daß immer neue Plagen über ihn und die Ägypter kommen. In diesem zähen Ringen wird sichtbar, wie wenig die Mächtigen der Erde etwas einsehen, umdenken und neu lernen. Erst nach dem Tod der Erstgeburt von Mensch und Tier ist der Pharao schließlich bereit, die Israeliten aus der Knechtschaft ziehen zu lassen.
Ursprünglich, d. h. in der jahwistischen Grundschicht, ist von fünf Plagen die Rede. Drei Plagen kamen aus anderer Überlieferung dazu; zwei Plagen stammen aus priesterschriftlichen Überlieferungen.
Wie aktuell sind doch die sogenannten 10 ägyptischen Plagen! Wenn sich der Mensch gegen Gott erhebt, dann erhebt sich die Natur gegen den Menschen. Die Plagen könnten ein Zukunftsszenario aus unserer Zeit sein: Das Wasser wird zu stinkendem, ungenießbarem, faulen Blut; die Ernte wird vom Hagel zerstört und von Heuschrecken aufgefressen; Insekten, Schädlinge beherrschen die Erdoberfläche und plagen die Menschen; die Luft verwandelt sich in Staub und Finsternis. Die Naturelemente des Lebens bringen dem Menschen den Tod. Kein Schreiber der Bibel konnte damals ahnen, daß sich die Weltzerstörung und die Herzensverhärtung heute ins Gigantische steigern.

c) Pharaonen trägt jeder Mensch in sich: Die Mächtigen der Kindheit, die gottähnlichen Elternbilder und Erziehungsgrößen, die in seinem Unbewußten hausen, können den Menschen ein Leben lang in Sklaverei halten, als Gewissen peinigen, ihn ohnmächtig und depressiv werden lassen, ihm Religion und Autorität verdämonisieren und seine Lebenswelt ständig vergiften. Die Auseinandersetzung mit dem inneren Pharao ist ein Befreiungskampf, der jedem Menschen von der Pubertät an aufgetragen ist, und der häufig wie Plagen erlebt wird. Diese treten sowohl auf der Ebene der inneren Phantasie als auch der Wirklichkeit auf. Sie können uns als Alpträume verfolgen, als Angstphantome in Depressionen halten, als Vampire das Leben aussaugen. Der psychische innere Befreiungskampf wird sich oft jahrelang hinziehen und eine Kette von Aufständen und Niederlagen sein. Das Lebenswasser und jede innere Nahrung mag einem ausgehen und Lebensekel zum Grundgefühl machen. Jeder Regung des Lebendigen, des lusthaft Li-

bidinösen (Froschähnlichen) mögen die Gewissensbisse wie Heuschrecken folgen. Wie vom Hagel niedergewälzt mögen Ereignisse über uns unsere Regungen in Ohnmacht verwandeln und eine ägyptische Finsternis ist genügend Ausdruck für alle Rat- und Orientierungslosigkeit. Denn der Pharao *in* uns ist letztlich ein Bestandteil unserer Seele: unser Über-Ich, unser falsches Gewissen, *unsere* Projektion auf andere.
Gegen diesen Pharao sich wehren heißt auch: endlich erwachsen werden. Doch das erste ist der Gang zur Autorität. Man möchte den Weg der Freiheit gehen, doch man sucht Kompromisse. Konfrontation, Ablösung, Trennung werden nicht gewagt. Zu mächtig sind noch die alten Autoritäten, zu schwach scheint man selbst. Es muß „alles noch schlimmer kommen, ehe die Herrschaftsstrukturen ihre Macht verlieren und weder ein innerer Pharao noch ein äußerer Pharao um Rat" (H. Fischedick, Von einem, der auszog, das Leben zu lernen. Glaube und Selbstwerdung, München ²1988, S. 61) und Erlaubnis gefragt werden muß. Solange man um Erlaubnis bittet, solange erkennt man die fremde und verinnerlichte Instanz an. Doch der Kampf ist unausbleiblich. Das alte System, die Vergangenheit, die alten Autoritäten holen uns ein. Sind nicht auch die Plagen geheime Wünsche, Projektionen: Gott möge es den Pharaonen endlich heimzahlen!? Wie ohnmächtig erscheint ein stammelnder Mose, der vor Angst nicht reden kann, als ein Kind vor seinen Über-Ich-Größen! Wunderbar ist gerade hier die Hilfe, die Jahwe ihm und uns gibt: Er läßt uns nicht allein, sondern gibt uns einen Freund, Aaron, einen Bruder oder eine Schwester, eine(n) Begleiter(in) an die Seite. Das schwache Ich wird gestärkt durch das in Liebe verbundene Du. Verstummt das Ich aus Angst vor den Machthabern in der Seele, so wird mein Du für mich sprechen und zu mir halten. Daß Gott auf unserer Seite steht und Freunde uns begleiten, mag uns Mut und Hoffnung auf die Erlösung geben.

Das Paschamahl

(Ex 12,1–51 / 4. Bild)

Das Bild ist geprägt vom dunklen Rot des Blutes: Fast die ganze obere Bildhälfte mit der Wand und der halboffenen Tür in der Mitte ist rot, der Türrahmen hebt sich ab vom Rot der Wände und der Tür. Ein mittlerer Streifen ist schwarzbraun und ein vorderer ist grün. Darauf steht ein großer Tisch mit rotem Tischtusch, roten Hockern (drei sind nicht besetzt), das Rot ist sogar auf dem Grünstreifen und hat auf die grauen und grünen Gewänder der Menschen abgefärbt.
Eine achtköpfige Familie sitzt um den Tisch, der Vater hält das kleinste Kind auf seinem Schoß, sein Arm schützt das Kind; ein Mädchen hält sich die Hände vors Gesicht, ein junger Mann den Kopf nach vorne geneigt.
Das Paschalamm in der Mitte auf einem silberfarbenen, aber blutrotem Tablett, rundherum angeordnet sind sieben ungesäuerte Brote und Bitterkräuter. Die Familie ist zum Aufbruch bereit. An der sich öffnenden Tür steht ein Soldat, ein Gewehr an der Hüfte. Seine rotbraune Uniform hebt sich kaum vom Hintergrund ab; nur die dunklen Stiefel, Helm und das Gewehr, die hellen Hände und das Gesicht.

Exodus wurde für die jüdischen Bürger besonders aktuell in der NS-Zeit. Stets mußten sie „zum Aufbruch bereit" sein. Verstecke wurden aufgespürt, KZs waren Endstation für viele Juden. Die Künstlerin hat das Geschehen des Aufbruchs in das 20. Jahrhundert versetzt, wo nicht nur die Türrahmen mit Blut beschmiert werden mußten und dies einen Schutz geboten hätte, sondern Wände, Tische, Stühle, Kleider, Gesichter blutdurchtränkt wurden. Nicht den Erstgeborenen der Tiere und Menschen ging es ans Leben, sondern ganze Familien wurden ausgerottet – ca. 6 Millionen Menschen. Es halfen den Juden keine blutbeschmierten Türpfosten – sie fragten sich: Gibt es einen gerechten Gott? Sind wir sein Volk? Warum rettet er uns nicht?
Erschütternd ist das Gedicht von Theodor Cramer aus der Nazizeit in Wien: „Wer läutet draußen an der Tür?"

Wer läutet draußen an der Tür,
kaum daß es sich erhellt?
Ich geh schon, Schatz. Der Bub hat nur
die Semmeln hingestellt.

Wer läutet draußen an der Tür?
Bleib nur; ich geh, mein Kind.
Es war ein Mann, der fragte an
beim Nachbar, wer wir sind.

Wer läutet draußen an der Tür?
Laß ruhig die Wanne voll.
Die Post war da; der Brief ist nicht
dabei, der kommen soll.

Wer läutet draußen an der Tür?
Leg du die Betten aus.
Der Hausbesorger war's; wir solln
am Ersten aus dem Haus.

Wer läutet draußen an der Tür?
Die Fuchsien blühn so nah.
Pack, Liebste, mir mein Waschzeug ein
und wein nicht: sie sind da.

E. Chvojka, aus: Theodor Kramer, Gesammelte Gedichte

b) Die Ursprünge des Paschafestes gehen auf ein Frühlingsfest wandernder Hirten zurück. Wie haben sie es gefeiert? Der Frühlingsvollmond steht am Himmel, milde erleuchtet er mit seinem Licht die weiten Steppen, die das zartgrüne Gras des erwachenden Jahres überzieht. Die Schafe und Ziegen haben ihre ersten Jungen geworfen. Nun sitzen die Leute in der heiligen Nacht um die Lagerfeuer, an dem sie den Erstlingswurf der Herde braten, um ihn ihrem Gott in Dankbarkeit als Opfer darzubringen. Neues Jahr und neues Leben, Aufbruch zu den neuen Weideplätzen und das magische Licht des heiligen Gestirns. Heute noch feiert man bei uns Ostern am ersten Sonntag nach dem Frühlingsvollmond.
Im Sklavenhaus Ägyptens gab es keine Weidegründe und kein Frühlingsfest. Nicht

Lämmer wurden geschlachtet, sondern Pharao hat die Kinder der Hebräer schlachten lassen, all ihre Knaben – und nun waren seine Erstgeborenen dran.
Mose konnte auf dem Fest der Nomaden aufbauen. Das ursprüngliche Fest wurde umgedeutet auf das barmherzige Vorübergehen Jahwes an den Häusern der Hebräer. War das Paschafest zunächst ein Familienfest, wurde es unter König Hiskija (um 700 v. Chr.) auf dem Tempel Jerusalems zentralisiert (vgl. LThK Bd. 8, S. 135 f.).
Ex 12 besteht aus jahwistischen und priesterschriftlichen Elementen: Der *Jahwist* (Ex 12,21–23.27b.29–34.37a) enthält mehr Erzählgut, die *Priesterschrift* hingegen mehr rituelle Anweisungen. Als Gegensatz fällt auf: Die Erstgeburt der Ägypter wird getötet, jede Erstgeburt der Israeliten ist geheiligt (vgl. Ex 13,1–2). „Denn mit starker Hand hat uns der Herr aus Ägypten herausgeführt“ (Ex 13,14.16). Der Gott Israels erweist sich als Gott des Lebens und der Freiheit für sein Volk.

c) „Der unterdrückte Mensch kann sich im geschlachteten Lamm wiederfinden – wie ein Lamm, das zur Schlachtbank geführt wird. Der Schmerz der Unfreiheit ist nicht mehr auszuhalten. Das Blut schreit zum Himmel. Der Würgeengel möge vorübergehen! Der Schmerz ist am Höhepunkt. So kann es nicht mehr weitergehen. Der Aufbruch steht bevor und erfolgt fluchtartig. Das einzige, was bleibt, ist die Zusage Gottes: Ich bin, der mit dir ist“ (Neuhold, a.a.O., S. 6).

Der Durchzug durch das Schilfmeer

(Ex 13,17–14,31/5. Bild)

a) Eine breite Straße durch das Meer der wilden Tiere und Bedrohung zieht sich von der Mitte oben nach unten durch das ganze Bild. Eine große, helle Gestalt schreitet voran, ein Lamm auf den Schultern und ein Kind an der Hand. Rechts vorne gehen zwei Kinder, das größere mit einem tänzelnden Schritt. Rechts neben der hell gekleideten Person hat eine Frau ein Kind auf dem Arm, inmitten von Schafen, Ziegen, Widdern.
Menschen und Tiere bilden einen langen fröhlichen Zug auf dieser Straße durch das Wasser, ein Hirte spielt mit einer Harfe. Im Hintergrund, in der Mitte oben, begleitet die goldene Wolkensäule die ziehenden Menschen; Gott ist stets ihr guter, schützender Begleiter. Wenn manche Tiere im Wasser auch gefährlich ihre offenen Rachen gegen die Menschen richten – es kann ihnen nichts geschehen, denn Gott ist mit ihnen.
Es fällt auf, daß nicht alle Tiere Wassertiere sind, z. B. Wildschwein, Schlange, Ratte, Wolf, Pavian – Tierisches bedroht das Menschsein. Durch das Animalische muß durchgegangen werden. Die Tiere sind wohl auch Bilder für die erschreckende Angst, die den Menschen in vielen Träumen in Form wilder Tiere und Fabelwesen überfällt. Wie sehr das Rot des Blutes und des Todes an den Tieren haftet!
Hingegen hat das Gold der Wolkensäule auf Mensch und Tier des wandernden Volkes Gottes abgefärbt. Soll damit angedeutet werden, daß Gott ganz bei seinem Volk ist? Uns fällt bei diesem Bild das Motiv des guten Hirten aus der griechischen Kunst ein, die den Orpheus darstellt als jemanden, der durch seinen Gesang wilde Tiere zu zähmen ver-

mag. Und dieses Motiv wurde im Christentum auf Jesus übertragen, der von sich sagt: „Ich bin der gute Hirt" (Joh 10,11). Mose, der sein Volk in die Freiheit führt, läßt uns in dieser Darstellung an Orpheus und Jesus denken. Und ist der Hirtenjunge David mit seiner Harfe nicht auch ein Vorbild Jesu?
Unterwegssein des Volkes Israel, seine Flucht aus der Unterdrückung wird so zu einem Bild des wandernden Volkes Gottes, das als zentrales Kirchenbild des II. Vaticanum uns vor Augen geführt wird. Wir dürfen uns auf dem Weg finden, inmitten aggressiver Bedrohung, inmitten von tierisch-animalischer Bestialität, aber begleitet von Gott. Dieser Gott ist aber im Unterschied zu Ex 13 und 14 nicht als Krieger dargestellt, sondern nach der Botschaft des Deuterojesaja als der gute Hirt: „Wie ein Hirt führt er seine Herde zur Weide, er sammelt sie mit starker Hand. Die Lämmer trägt er auf dem Arm, die Mutterschafe führt er behutsam" (Jes 40,11). Für Nomaden ist Gott als Hirte besonders leicht vorstellbar. Eine Fülle biblischer Stellen bezeugt Gott als den „guten Hirt" (vgl. Ez 34,11–15.17–22; Jer 31,10f.; Ps 23), der seine Schafe zu wasserspendenden Ruheplätzen führt; ja selbst im Wandern durch finstere Schluchten brauchen die Schafe kein Unheil zu fürchten.

b) Die Textstelle Ex 13,17–14,31 beinhaltet das Urcredo Israels, nämlich daß Gott sein Volk aus der Knechtschaft befreit hat. Wenn auch das Untergehen der Ägypter im Schilfmeer als grausam erscheint, so will doch der Text zum Ausdruck bringen, wie Jahwe mit seinem Volk ist: „Fürchtet euch nicht! Bleibt stehen, und schaut zu, wie der Herr euch heute rettet" (Ex 14,13). Die Kriegssprache, die dem alten Israel auch theologisch vertraut war, ist für uns, wenn sie im Zusammenhang mit Gott gebraucht wird, ein großes Problem. Gewiß: Der Eingottglaube wird gern als ein „Sieg" des einzigen Gottes über alle Götzenvorstellungen verstanden. Aber allzuleicht wird und wurde Gott so zu einem kriegerischen Gewaltherrn, der mit der Ohnmacht einer göttlichen Liebe (wie wir sie seit Jesus kennen) nichts mehr zu tun hat. Die Kriegsvorstellung ist relativierbar, wenn man bedenkt, daß der Text aus allen drei Quellsträngen gewoben ist, wobei der Jahwist und die Priesterschrift vollständig erhalten sind. Die überlieferten Geschichten stellen das Ereignis je verschieden vor.
Die Vorstellung des *Elohisten:* Nach dem Elohisten hätte Gott die Israeliten wegen der Philister vom normalen Reiseweg fort durch die Wüste und zu Schilfmeer gewiesen. Die Philister kamen indessen erst *nach* der Landnahme Israels in jene Gegend. Es ist auch nicht mehr auszumachen, wo sich der Elohist das Meer konkret vorstellt. Er hat jedoch die vielleicht sehr alte Überlieferung von einer Flucht Israels aus Ägypten bewahrt.
Die Vorstellung der *Priesterschrift:* Nach ihr ziehen die Israeliten auf göttliche Weisung hin in die Gegend östlich der Nilmündungen: Auf dem Weg der von ägyptischen Reitern verfolgten Israeliten liegt plötzlich ein See. Da das unpassierbare Wasser – dort die Verfolger! Gott rettet aus dieser ausweglosen Lage, indem er das Meer spaltet, es wegbar macht und die Verfolger vernichtet. Die Frohbotschaft von der Rettungstat Gottes ist großartig:
Die ausgestreckte Hand des Mose und die gestauten Wassermassen sind sehr anschaulich. Der Sinn des ganzen Geschehens: Gott hat sich selbst verherrlicht (vgl. Ex 14,18).
Die Vorstellung der *Jahwisten:* Die Israeliten brechen von Sukkot, wo sie in der Paschanacht die ungesäuerten Brote aßen, nach dem heute unbekannten Etam am Rande der Wüste auf. Der Jahwist dürfte an das Seengebiet nördlich von Suez denken, wo dann

das Meerwunder stattfand. Er stellt sich das so vor: Die Verfolgerstreitmacht der Ägypter soll die Israeliten nicht erreichen, darum kommt die Wolkensäule von der Spitze des Zuges zurück und stellt sich zwischen die beiden Lager, diesmal in der Nacht, vermutlich ganz finster bleibend. In derselben Nacht läßt Jahwe durch einen gewaltigen Ostwind das Lagunenmeer austrocknen und wieder zurückgehen.
Die Wolken- und Feuersäule ist ein kerygmatisches Symbol und bedeutet die Führung Israels durch Gott – als Rauchsäule bei Tag und als Feuersäule bei Nacht eine sichtbare Führung an der Spitze des Zuges. Der Pharao ändert seinen Sinn und schickt den Israeliten seine Streitwagen nach. Bei dem Anblick dieser todbringenden Militärmacht überfällt den losen Haufen aus jung und alt Furcht und Entsetzen. In diese Situation hinein ergeht der Ruf des Mose: „Fürchtet euch nicht!“, mit dem die Ankündigung des mächtigen Eingreifens Jahwes zugunsten seines Volkes auch sonst eingeleitet wird. Die Furcht und Panik und damit die Umkehr und Flucht der Ägypter wird durch einen Gottesschrecken ausgelöst. Jahwe braucht sie aus der finsteren Wolke nur anzublicken und schon werden sie verwirrt und zurückgeschlagen. Auf der Flucht werden ihre Räder gehemmt und sie geraten in das Sumpfmeer, von dessen Weggang und Rückkehr sie ja nichts wissen und kommen um. Von einem Durchzug durch das Meer von seiten der Israeliten ist nicht ausdrücklich die Rede. Das Volk sieht die angeschwemmten Leichen der Feinde und erkennt darin Gottes überlegenen Sieg, er hat ihn ganz allein und ohne ihr Zutun gewirkt. Entscheidend ist der Gottesschrecken, das Meer vervollständigt nur den Sieg, könnte aber fast entbehrt werden. Die Erzählung nach dem Jahwisten zeigt das Ereignis als eine Zusammenfügung verschiedener Wunder.
Der gemeinsame Überlieferungskern sieht die Errettung eindeutig als Wunder an, das heißt, er schreibt sie allein der Macht und dem Einschreiten Gottes zu. Dieses Wunder ist unlöslich in die Geschichte hineingestellt als ein echtes historisches Ereignis. Alle weiteren konkreten Vorstellungen des Geschehnisses sind aber kerygmatische Gestaltungen, die den theologischen Inhalt des Geschehens nach verschiedenen Seiten hin innerhalb der Erzählung selbst entfalten. Es handelt sich dabei um eine Neuinterpretation aus der jeweiligen Zeit des Schreibers heraus. Das Urevangelium wurde in den Psalmen besungen und von den Propheten verkündet, und auch das in immer neuen Variationen der Phantasie und Vorstellung.
Vielleicht ist die Kriegsmetapher nur im Bereich des Mythos ertragbar: Der „Kampf“ des Guten, Jahwes, des alleinigen Gottes, gegen das Böse, gegen alle Machtanmaßung des Menschen. Das Bild der Künstlerin zeigt folgerichtig auch *nicht* die ertränkten Ägypter, sondern mythische Fabelwesen, wie sie in den Fresken und Kapitellen der Romanik zu finden sind. Alpträume und Angstphantasien begegnen uns hier, durch sie müssen wir hindurch. Hier hilft es dann tatsächlich, sich vorzustellen, daß Gott stärker ist als sie, und daß er wie ein Held die Ungeheuer des Schreckens vernichtet. Wird Jahwe die wirklichen Ägypter als seine Geschöpfe nicht auch geliebt haben? Die Parteinahme für die Armen umschließt auch jene „Armen“, die ein hartgewordenes Herz haben und demnach glauben, sie müßten gottlos sein. Gott ist nur in seiner Liebe allmächtig und sie allein kennt einen Weg über alle Kriege und Greuel hinaus. Das wäre der ersehnte Exodus: von Gott aus allen Kriegsabsichten herausgeführt zu werden. So braucht auch Gott keine Kriege mehr zu führen, um sich groß zu erweisen.
Eine Vorstellung, die das Bild des Kriegsherren Jahwe weit hinter sich läßt und allein seine Liebe zu Gestalt bringt, ist das Bild des Hirten, der seine Herde aus dem Elend in ein Land des Friedens führt:

Seht, Gott, der Herr, kommt mit Macht,
er herrscht mit starkem Arm.
Seht, er bringt seinen Siegespreis mit:
Alle, die er gewonnen hat, gehen vor ihm her.
Wie ein Hirt führt er seine Herde zur Weide,
er sammelt sie mit starker Hand.
Die Lämmer trägt er auf dem Arm,
die Mutterschafe führt der behutsam. *(Jes 40,10f.)*

c) „Woher kommen diese Ruhe und Sicherheit, die dieses Bild ausstrahlt? Die Situation am Schilfmeer treibt die Menschen in die Enge: vor sich das Meer, hinter sich die Verfolger – eine Entscheidungssituation. Zurück kann ich nicht mehr und vor mir liegt der Tod (die wilden Tiere). Es wird zunächst kein Aus-weg gesehen" (Neuhold, a.a.O., S. 6f.). Die Mächte der Vergangenheit holen mich ein. Der Pharao erscheint in seinen Truppen mächtiger denn je (14,7.9) „und erzeugt Panik und Todesangst (14,11). Es ist in ihrem Kern die alte Trennungsangst ... Der Schritt in die Freiheit wirkt wie eine unerlaubte Trennung, die den Tod zur Folge haben kann" (Fischedick, a.a.O., S. 80).
Nur wer im Vertrauen in das gefährliche Wasser hineinsteigt, erfährt: Gott ermöglicht einen Weg. Sich fallen zu lassen führt nicht zum Tod, sondern zum Leben. Eine befreiende Erfahrung ist es, Vertrauen in die guten und wohlwollenden Mächte des Daseins zu entwickeln. Wasser, der Lebensstoff schlechthin, ist verschlingend und gebärend zugleich. Im Wasser liegen Leben und Tod eng beieinander. Die alten unterdrückenden Lebensmuster „ägyptischer Streitwagen" müssen sterben. Die Wassermassen der Trauer, des Schmerzes, der Angst treten zur Seite und geben einen Weg frei für den, der seine Sicherheit und Freiheit in Jahwe sieht. Mit Gott schafft er den Durchbruch, er kann aus der Tiefe der Fluten als Veränderter, ja als Neu-Geborener auftauchen.

Mirjam tanzt und singt

(Ex 15,1–21/6. Bild)

a) Das Bild ist geprägt von fünf tanzenden und musizierenden Frauen, die mit den Händen, mit dem ganzen Körper ihrer Freude Ausdruck verleihen. In der Mitte, auf einem gelben Kreis mit konzentrischen Kreisen, wie er uns in ähnlicher Form bei Mose vor dem Dornbusch begegnet ist, tanzt eine Frau mit ausgebreiteten Armen und flatterndem, orangerotem Kleid mit goldenen Wellenlinien. Vier Frauen im Hintergrund unterstützen sie mit ihren eigenen Bewegungen und mit Musikinstrumenten: Trommeln und Tamburinen. Ihre Kleider, gelb, orange und rot, sind gemustert und haben Goldverzierungen; die Ohrringe dreier Frauen, Arm- und Fußreifen und die Musikinstrumente sind ebenfalls mit Gold behaftet. Der Oberkörper einer Frau ist fast nackt, nur mit Schultertuch bekleidet. Das Tanzen führt sie zur Mitte, sie tanzen auf dem Lichtkreis, dem Widerschein der Gegenwart Gottes.

b) Mit ihrem Tanz danken sie Gott, der sie befreit hat. Mit ganzer Seele und mit ganzem Körper tanzen sie und singen Gott ein Lied: „Ich singe dem Herrn ein Lied, denn er ist hoch und erhaben. Rosse und Wagen warf er ins Meer. Meine Stärke und mein Lied ist der Herr, er ist für mich zum Retter geworden. Er ist mein Gott, ihn will ich preisen; den Gott meines Vaters will ich rühmen“ (Ex 15,1–2). Die Rettung ist ein Grund zum Singen und Feiern. Die Größe, Macht und Stärke Jahwes werden im Lied des Mose und der Mirjam gelobt (Ex 15,1–21).
Wenn in der frühen Zeit Israels die Männer von Kriegszügen heimkehrten, dann zogen ihnen die Mädchen und Frauen singend entgegen, um ihren Sieg zu feiern und die Stärke der Männer zu preisen. Sie trugen Handpauken und wiegten sich rhythmisch schreitend im Tanz. Siegesfeiern und Freudengesänge, das Lob der Helden und der Dank an Gott, aber auch Klagelieder und Trauergäste hatten die Mädchen und Frauen in Israel und wohl auch in den benachbarten Völkern zu singen. Sie drückten damit die Stimmung aus, die in den Herzen der Leute war. Sie brachten Leib und Seele in Bewegung. Sie erhoben das, was geschehen war, in ihre Sprache, ihren Gesang und ihren Tanz. So, als würde alles noch einmal geschehen – diesmal aber in der sprachlichen und musischen Darstellung der Frauen. Was geschehen war, wurde zum Lied. Das Ereignis der Geschichte wurde zum Gegenstand der Erinnerung, des Ausdrucks und der Huldigung: gehuldigt wurde den Männern, gehuldigt wurde aber auch Gott. Indem Gott durch das Lied als der Spender des Sieges und als der Geber der Gaben gerühmt wurde, wurde die Essenz des Geschehens öffentlich vor allem Volke ausgebreitet. Das Singen war wie eine Opfergabe, eine Opfergabe aus Worten, Gesang und Tanz. Die Seelen der Singenden schwangen sich zu Gott auf und in ihn hinein. Im Singen kehrt der Sinn des Geschehens zu Gott zurück und die so Singenden mit ihm.
Von Gott singen heißt von Gott so erzählen, daß sich die eigene Freude über ihn mitteilt. Von Gott singend verkündigen bedeutet, die Ermächtigung dazu von Gottes Berührung im eigenen Herzen zu leben. Eine singende Frohbotin fragt nicht nach Amt und Sendung, wenn sie von Gott selbst gesendet ist.
Vielleicht können wir den Sieg Jahwes über seine Feinde heute mehr symbolisch verstehen – ein Sieg der Liebe? Ein Sieg der Liebe kennt aber keine Feinde und wird sie nicht vernichten. Wenn wir die Personifizierung des Liedes abstrakt formulierten, müßte es heißen: „Die Gottlosigkeit warfest du ins Meer, aller Haß sank in die Tiefe, Du begrubst allen Zwiespalt und alle Feindschaft unter den Menschen.“ Erst wenn man das bedenkt, mag man das Siegeslied singen, wie es dasteht, und seine Worte als Bilder nehmen und als Symbole verstehen für jene gottwidrigen und menschenfeindliche Anteile, die in einem jeden von uns ebenfalls sind und die Gott gnädig von uns nehmen und begraben möge.

c) „Wer hindurchfindet durch das Meer, dessen Leidensgeschichte wird in einen Lobgesang verwandelt. Die Rettung wird nicht den eigenen Kräften zugeschrieben. Befreiung wird im Letzten so erlebt, daß es nicht unsere eigene Tat ist, sondern sich Gott selbst verdankt. Ihm gebührt der Tanz und das Hallel-Jahwe. Das Bedrückende weicht der Lebensfreude und der Ekstase. Die Menschenfurcht (Pharao) wurde überwunden, die Gottesfurcht des Vertrauens in ihn ermöglicht Freiheit“ (Neuhold, a.a.O., S. 7).

Wasser aus dem Felsen – Mose betet

(Ex 17,1–16/7. Bild)

a) Das Bild zeigt eine Wüstenlandschaft: hellbraune und graugrüne karge Hügel, einen Strauch, Felsen. Aus dem Felsen aber strömt Wasser, das zu einem Wasserfall wird und sich über die ganze Bildbreite ausweitet. Menschen finden sich auf beiden Seiten des Wasserstromes, um daraus in Krüge und Schüssel zu schöpfen; einer beugt sich über das Wasser, um daraus zu trinken.
Auf einem Hügel hingegen – und vor dunklem Hintergrund – steht ein Mann, die Arme gen Himmel erhoben, zwei Jungen stützen ihn.
Wasser mitten in der Wüste – aus einem Felsen! Welch ein Wunder! Am Himmel eine Sonnenscheibe, die sich vom dunklen Hintergrund abhebt, in der Mitte Gold. Der betende Mann mit ausgebreiteten Armen, sein Gewand ist weiß mit Gold. Das Wasser ist nicht nur blau, seine Wellen sind aus Gold. Bei genauerem Hinsehen fällt auf, daß die Früchte des Strauches gülden sind, zwei Menschen halten eine solche Frucht zu ihrem Körper. Und nahe dem Strauch drei Wachteln, auch mit goldenen Federn.
Sollte damit ausgedrückt werden, daß Wasser, Wachteln und Manna ein Geschenk des Himmels sind?
Und daß Mose, der Betende und Bittende, ein Mann Gottes ist?
Daß er mit seiner Bitte, seinem Gebet Nahrung und Trinken von Gott für sein Volk erbeten hat?
Daß das Volk mit seinem Murren: „Wären wir doch bei den Fleischtöpfen Ägyptens geblieben?“ ein Zeichen von Gott erhalten hat?
Daß Gott einer ist, der für sein Volk gerade in der Wüste sorgt?
Daß Gott sein Volk in der Wüste nicht umkommen läßt, sondern ihm lebenspendende Nahrung schenkt, solange es solche Beter gibt?
Daß gnadenhaftes Geschenk Gottes leben läßt, Kraft gibt und auch Menschen zusammenführt?
Will dieses Bild zeigen, was Fürbitte bewirken kann?

b) Gott sagt Mose in Ex 17,1–16 zu, vor ihm zu stehen („Dort drüben auf dem Felsen am Horeb werde ich vor dir stehen. Dann schlag an den Felsen! Es wird Wasser herauskommen, und das Volk kann trinken“, (V. 6). Daß das Volk lebendiges Wasser in lebloser Gegend, Leben in der Wüste erhält, wird zum Zeichen, daß der Herr in ihrer Mitte ist (V. 7).
Das Volk murrt und begehrt auf – ein sichtbarer Ausdruck seines Unglaubens. Gott sorgt aber gerade für die Zweifler: Brot und Wasser als die notwendigsten Lebensmittel stehen stellvertretend für die schöpferische Erhaltung des Lebens durch Gott.
Im zweiten Teil der Erzählung ist Israel so lange stärker als die Amalekiter, als Mose betend die Hände erhoben hat. Solange es Beter gibt, die gestützt werden und einander stützen, wird Gott seine Macht und Güte den Menschen erweisen.
Läßt uns dieses Bild nicht auch an eine neutestamentliche Stelle denken: die Begegnung Jesu mit der Samariterin am Jakobsbrunnen, in der Jesus sich als das lebendige Wasser bezeichnet? (Joh 4,1–42). Denken wir nicht beim Manna an die Aussage Jesu vom „Brot des Lebens“ ? (Joh 6,35).

c) Befreiungsprozesse führen nicht ins Schlaraffenland (Bild für Regression), sondern in die Wüste. Freiheit ist kein Honiglecken, sondern Wüstenerfahrung: Wer in der Wüste lebt, kommt leichter zum Zentralen und Wesentlichen. Was für uns unentbehrlich scheint, wird in der Wüste völlig nebensächlich. Die Ziele werden bescheidener, man erlebt die eigene Ohnmacht und ist froh, daß man trotz der Kargheit lebt. Man lebt von dem, was einem geschenkt wird. Einzelne Brocken werden wie gütige Grüße vom Himmel aufgelesen. Mit der Konzentration auf das Wesentliche, konzentriert man sich auch auf die Gegenwart. Nichts darf bevorratet werden. Der Gott der Befreiung sorgt selbst für den Menschen. Es gilt im Vertrauen auf ihn leben zu lernen, seinem Namen zu trauen. Dieses Vertrauen führt heraus aus den falschen Sicherheiten und Unterdrückungen durch die verschiedensten Pharaonen. Die Gefährdung und Versuchung bleibt: Wären wir doch in Ägypten geblieben (Verherrlichung der unterdrückenden Vergangenheit und Ausdruck der Angst vor der Unsicherheit der Freiheit).

Gebet

Mein Gott,
wie ist unsere Familie doch zur Wüste geworden!
Voll Hoffnung haben wir als Jungverliebte unsere Ehe begonnen und jetzt weicht einer dem anderen aus. Jede Berührung tut weh und jede Nähe führt zu einem Vorwurf! Sind die Quellen unserer Liebe ganz versiegt? Oder entspringt ihnen nur noch Argwohn und Überdruß? Wie können wir das wieder zum Fließen und Strömen bringen, wovon sich unsere Gemeinsamkeit einmal ernährt hat?
Hätten wir nicht einige Freunde, jeder von uns für sich diesen und jene ... Könnten wir ohne sie es dann überhaupt noch aushalten? Glauben sie mehr an uns als wir selbst? Sind sie vielleicht wie der Mose in der Wüste, der die Hände einen ganzen Tag lang erhoben hatte um zu beten, während das Volk kämpfte? Wer betet für uns? Wer hebt für uns die Hände zum Himmel, um wie das Mädchen „Sterntaler" das Manna von oben aufzufangen?
Sie gibt es, die verborgenen Liebhaber unserer Familie. Sie heben ihre Hände zu dir, mein Gott, auch wenn ich sie nicht kenne ... die betenden Frauen in den Altersheimen ... die Freunde unserer Kinder im Kindergarten ... die Nachbarn, die uns mögen ...
Laß einige für uns die Hände zu dir hinaufhalten, damit wir daran gehen, nach den Quellen zu graben. Mag unsere Ehe auch hart wie ein Felsen geworden sein – du kannst ihn aufschlagen, dann wird daraus wieder das *Wasser des Lebens* und der Liebe strömen. Ich nehme wenigstens ein Schöpfgefäß mit, vielleicht sprudelt ein Rinnsal, wenn ich zu meiner Frau, meinem Mann gehe ... Ich klopfe ungeduldig an die Felsen wenn ich mit meinen Kindern zu tun habe ... Du verwandelst ja unsere Wüste in ein Quellenland! Du schaffst die Quellen und wir können aus ihnen trinken! Du selbst, Gott, bist wie strömendes Wasser: dein Gefälle geht immer nach unten, zu unseren Niederungen. In alle Ritzen und Winkel sickerst du ein ... du sprengst alle Engen auf ... du selbst bist immer weich und anschmiegsam ...
O Gott, du Quelle des Lebens, du Wasser der Liebe! Daß es dich gibt!!!
(Albert Höfer)

Mose bringt die Offenbarung Gottes

(Ex 32,1–20/8. Bild)

a) Zwei dynamische Gestalten bestimmen dieses Bild: eine menschliche Lichtgestalt, die vom Berg heruntereilt – und quer zu ihr im Vordergrund ein wildes Tier. Mindestens drei Viertel der Hintergrund-Bildfläche wird von einem zerklüfteten Berg eingenommen, in dunklem Rotbraun und Schwarz. Das Tier im Vordergrund, ein Stier mit großen Augen, offenem Maul, stehenden Hörnern und Ohren und wehendem Schwanz. Mit wilder Energie springt er vorwärts. Kraftvoll und doch fast schwebend kommt Mose vom Berg herunter. Der Gipfel ist mit Licht erfüllt: eine Sonne aus weißen, gelben, goldenen und roten konzentrischen Kreisen geht im Hintergrund des Berges auf. Die Mitte der Sonne ist fast weiß. Das Gesicht des Mose hebt sich einerseits mit den Haaren vom hellen Zentrum der Sonne ab, andererseits sind seine Gesichtszüge, seine Stirn, sein Haar, sein Kleid, seine Arme und Beine von diesem Gold erfüllt. In der Linken trägt Mose zwei Tafeln mit einem Herzen in der Mitte; er drückt die Tafel des wegweisenden Gottes, der Zehn Gebote, an sein Herz. Will uns durch dieses Bild deutlich gemacht werden: Gott will uns seine Weisung ans Herz legen? Seine Herzensangelegenheit, daß das Leben glückt und Menschsein im Miteinander gelingt, soll uns zu Herzen gehen? In der ausgestreckten Rechten trägt Mose den siebenarmigen Leuchter, der gleichsam an der Sonne entzündet wurde. Mit diesem Leuchter bringt er seinem Volk die Selbstmitteilung Gottes, die er als Feuerbrand im eigenen Herzen erfahren hat. Der Gottesmann bringt seinem Volk Licht und Weisung, damit der (Lebens-) Weg gangbar wird und gelingt. Dabei tritt er den Stier mit Füßen, denn Gott ist kein Stiergott, kein Baal, der sich als goldenes Kalb anbeten läßt, sondern einer, der den Menschen Licht und Recht bringt, um das Leben zu erhellen und das Miteinander mit Herz, mit Liebe, glückend zu gestalten.

b) Das Bild bezieht sich auf Ex 31,18–34,35 u. a. „Der Herr, dein Gott, wird dein Herz und das Herz deiner Nachkommen beschneiden. Dann wirst du den Herrn, deinen Gott, mit ganzem Herzen und mit ganzer Seele lieben können, damit du das Leben hast ... Der Herr, dein Gott, wird dir Gutes im Überfluß schenken ... Er wird dir Gutes tun, wenn du auf die Stimme des Herrn, deines Gottes, hörst und seine Gebote und Gesetze achtest ... Dieses Gebot ... geht nicht über deine Kraft und ist nicht fern von dir ... Nein, das Wort ist ganz nah bei dir, es ist in deinem Mund und in deinem Herzen, du kannst es halten ... Wähle also das Leben, damit du lebst, du und deine Nachkommen. Liebe den Herrn, deinen Gott, hör auf seine Stimme, und halte dich an ihm fest; denn er ist dein Leben" (aus: Dtn 30, 6–20). „Ich lege mein Gesetz in sie hinein und schreibe es auf ihr Herz. Ich werde ihr Gott sein und sie werden mein Volk sein" (Jer 31,33). „Ich schenke euch ein neues Herz und lege einen neuen Geist in euch. Ich nehme das Herz von Stein aus eurer Brust und gebe euch ein Herz von Fleisch" (Ez 36,26). Wenn wir Mose mit der Thoratafel zusammen mit Jeremia sehen, dann spiegelt sich dort auch die Spannung der Versteinerung der Wegweisungen und das Ziel wider, das die Propheten anstreben, daß sie ins Herz verinnerlicht werden, lebendig werden.
Die Sinaierzählungen sind spätere Einfügungen. Sie sind nicht in der Exodustradition vorhanden. Die Anbetung des goldenen Stieres ist Abfall vom Glauben an Jahwe, als König Jerobeam I. zwei Baalstiere aufstellen ließ und zum Volk sagte: „Ihr seid schon zu-

viel nach Jerusalem hinaufgezogen. Hier ist dein Gott, Israel, der dich aus Ägypten heraufgeführt hat." (1 Kön 12,28).
Vielleicht dürften wir in Mose auch Christus sehen, der in der Bergpredigt sein Programm den Zuhörern ans Herz legen will?

c) Die Erzählung zeigt, wie schnell der Mensch versucht ist, statt Gott zu vertrauen, einen angstmachenden Stier anzubeten (vgl. G. Baudler, Erlösung vom Stiergott. Christliche Gotteserfahrung im Dialog mit Mythen und Religionen, München-Stuttgart 1989). Der Stier tritt an die Stelle des Pharao. Es ist anscheinend leichter, sich einem angstmachenden Stiergott zu unterwerfen, als einem befreienden, liebenden Gott in Freiheit zu vertrauen, und in seine Befreiungsbewegung einzuschwingen.
„Am Anfang war nie der Glaube an Gott, am Anfang waren immer Erfahrungen seiner Präsenz ..." Mose am Horeb ist der Mensch, der „offen ist für eigene Erfahrungen, die sich von den Erfahrungen anderer unterscheiden. Würde sich die Dunkelheit unseres Zeitalters vielleicht aufhellen, wenn sich mehr Menschen getrauten, Einzelne zu sein, sich als Einzelne ungeschützt, doch erwartungsvoll neuen, eigenen Erfahrungen zu öffnen?" (K. Marti, Bundesgenosse Gott. Versuche zu 2 Mose 1–14, Zürich [2]1992).

Kundschafter bringen die Trauben – Mose stirbt

(Num 13,1–33; Dtn 34,1–12/9. Bild)

a) Der Hintergrund des Bildes besteht aus hellem Blau, der obere Rand ist dunkel- und schwarzblau, der untere hell- und dunkelgrün und -blau. Im Zentrum des Bildes ist eine Riesenweintraube. Sie wird von zwei Männern an einer Stange, die auf ihrer Schulter ruht, getragen. Mindestens zwei Drittel des Bildes sind von dieser Handlung ausgefüllt. Die zwei Männer schreiten von rechts nach links, gekleidet in knielange blaue Gewändern mit grünem und goldenem Muster. Die Riesenweintraube reicht von der Schulter der Männer fast auf den Boden. Sie gehen durch ein fruchtbares Tal, in dem in sattem Grün Pflanzen wachsen. Rechts von ihnen rankt sich ein Weinstock hinauf und wölbt sich in einem Bogen über sie.
Im Hintergrund ist ein großer hellblauer Hügel. Auf ihm hockt ein Mann. Er schaut in die untergehende Sonne. Die Sonne ist rechts oben in goldenem Abendrot, verschiedenen Blau- und Grüntönen in konzentrischen Kreisen gemalt. Die hockende Gestalt ist Mose. In seinem Glauben an Gott als Licht – vom Gold der Sonne erfaßt – stirbt er in dieses Licht Gottes hinein.
Die zwei Männer im Vordergrund sind Kundschafter. Sie bringen Gaben aus dem Land mit, das „von Milch und Honig fließt".

b) Folgende Stellen sind ins Bild gesetzt: Num 13,1–33 und Dtn 34,1–12. 40 Tage lang – wie die 40 Jahre Wüstenwanderung eine symbolische Zahl – erkunden Männer das Land Kanaan. Bei ihrer Rückkehr berichten sie: „Wir kamen in das Land, in das du uns geschickt hat. Es ist wirklich ein Land, in dem Milch und Honig fließen: das hier sind sei-

ne Früchte. Aber das Volk, das im Land wohnt, ist stark, und die Städte sind befestigt und sehr groß" (Num 13, 27–28).
Mose singt vor der Versammlung Israels das große Lob- und Danklied, segnet die Stämme und stirbt, das versprochene Land schauend. „Das ist das Land, das ich Abraham, Isaak und Jakob versprochen habe mit dem Schwur: Deinen Nachkommen werde ich es geben. Ich habe es dich mit eigenen Augen schauen lassen" (Dtn 34,4). Mose kann sich in Gott hineinfallen lassen, er scheidet – am Leben satt geworden – von dieser Erde, da die Zukunft des Menschen Gott selbst ist.

c) Der Befreiungsweg geht auf das Gelobte Land zu. Dort wird Vollendung und Leben in Fülle geschenkt: wir werden Trauben essen, die wir nicht gepflanzt haben. Wer die Freiheit voll Vertrauen wagt, wird reichlich ernten, denn Gott selbst garantiert dafür. Gott will dem Menschen Vollendung schenken. Übergroß ist die Verheißung, sind die Gaben, Geschenke und Gnade Gottes. „Aus seiner Fülle haben wir alle empfangen, Gnade über Gnade" (Joh 1,16).

Gebet

Mein Gott,
was für ein Wüstenzug ist doch der Weg der Menschheit! Heiß brennt die Sonne auf uns hernieder. Die Quellen gehen der Austrocknung entgegen. Die Ressourcen erschöpfen sich ... Der Hunger plagt die Völker wie eine apokalyptische Plage. Und da sollen wir noch auf eine Zukunft für diese Erde setzen? Da sollen wir noch auf Kundschafter hoffen, die uns eine Vorstellung von einer Veränderung bringen? Eine Vorstellung, eine Vision, so groß wie eine Riesentraube, die nur zwei zusammen auf einer Stange tragen können? Braucht es vielleicht immer zwei, damit *eine* Hoffnung entsteht?
Und wenn die Phantasie doch ein wenig zu großtuerisch ist? Wendet sich unser Blick dann vielleicht doch deinem Himmel zu? Ist die Abendsonne eines Lebens tröstender als seine Morgensonne? Ob satt am Leben oder abgehungert – wie Mose wollen wir, wie Mose will ich aus dem Berggipfel meines Lebens hinüber in dein Land schauen ...
Kann ich so auch die Hoffnung für die Welt aufrecht erhalten? Braucht es Menschen die in dein Abendlicht blicken, damit andere im Morgenlicht der Hoffnung die Arbeit an dieser Welt angehen? Dürfen uns einige getrocknete Trauben genügen, damit wir die Hoffnung auf eine Riesentraube nicht aufgeben?
Die in dein Abendlicht hinüberschauen, sie geben mir den Mut, anderen vom gelobten Land und von der Zukunft zu erzählen, die auch diese Erde hat ...
Als vergängliche Wesen laß uns in deine Unvergänglichkeit hineinsterben, dann fällt das Abendlicht der Verklärung doch auch auf diese Welt!
(Albert Höfer)

Übungen zum Mosezyklus

Mein Lebensweg – mein Weg in ein „Gelobtes Land“

Geh in Gedanken dein Leben durch: In welche Welt wurdest du als Kind hineingeboren? Wer/was hat dich am Leben erhalten? Mit wessen Hilfe bist du groß geworden? Wo hast du Abhängigkeiten, Knechtungen erlebt; wo führte dein Weg durch Wüsten, wo hast du gespürt, daß du Geschenke vom Himmel erhältst, die dich nähren, wo stehst du jetzt auf deinem Weg in ein verheißenes Land?
Lege diesen deinen Weg mit Wollfäden oder zeichne ihn!
Wem kannst du deinen Weg zeigen? Wer ist dir ein besonders guter Weggefährte? Von wem wünscht du, daß er dich begleitet?

Der Weg des lateinamerikanischen Volkes – der Weg Israels:

Knechtschaft in Ägypten: Ziegelbrennen, Vorratsstädte bauen ...	Ausbeutung durch Weiße, 500 Jahre Leid ..
Hebräer erfahren Gott als den „Ich-bin-da“.	Gott ist da, auch für und mit uns.
...	Gott, sieht das Elend, hört die Klage, und befreit.
...	Wir haben kein Wasser. Aber alle helfen zusammen und wir bauen Brunnen. Es ereignet sich für uns ein Wasser-Wunder.
...	Verheißung von Land/Landreform

Geschichten, Berichte und Lieder aus Lateinamerika

Sucht Beispiele aus Zeitungen, Geschichten aus der „Dritten Welt“ und vergleicht sie mit den Exodus-Erfahrungen der Hebräer (vgl. P. Wesely (Hrsg.), Niños del mundo – Kinder dieser Welt. Geschichten und Berichte aus Lateinamerika, Mödling – Wien 1991).
1992 kamen aus dem Anlaß „500 Jahre Eroberung Amerikas“ eine Liedercassette und ein Heft heraus (vgl. missio – Päpstliche Missionswerke (Hrsg.), Povo a caminho – Volk auf dem Weg, Wien o. J.). Diese Lieder in portugiesischer und deutscher Sprache verknüpfen die Erfahrungen des Volkes Israel mit denen des lateinamerikanischen Volkes.

Ich finde mich in der Exodus-Geschichte wieder

Auf ein Blatt zwei Spalten machen – Auf der linken Spalte stichworthartig die wichtigsten Stationen der Exoduserzählung notieren. Dann versucht jede/r entsprechende Ich-Sätze zu formulieren, z. B. könnte ein Teil-Ergebnis wie folgt aussehen (H. Kurz, Mehrdimensionale Schriftauslegung. Ein Überblick für Religionslehrer, in: KatBl 111 (1986) S. 580):

Das äußere Geschehen	**Das innere Geschehen: Marksteine auf meinem Lebensweg.**
Ägypten – Haus der Knechtschaft	Ich habe Angst, lebe in Abhängigkeit und Unfreiheit.
Herrschaft des Pharao	Welche Menschengötter beherrschen mich?
Ägyptens Fleischtöpfe	Äußerlich geht es mir gut, ich habe viel, doch wer bin ich?
Gott beruft Mose	Ich werde erst dann frei, wenn Gott mir begegnet.
„Plagen“	In unserer Unfreiheit werden wir anderen und uns selbst immer mehr zur Plage.
Aufbruch zur Freiheit	Wage ich mein Leben?
Streitwagen des Pharao	„Vergangenheit“, die mich einholt, Schuldgefühle; die innere Polizei, die mich zurückpfeift.
Rettung am Schilfmeer	Ich kann auf den herausführenden Gott vertrauen.
Kämpfe und Mühsal im Neuland	Ich muß um die neugewonnene Freiheit kämpfen, ich sehne mich nach den Fleischtöpfen Ägyptens zurück.

Wegerfahrungen machen

Wie kann diese große Weggeschichte für mich erfahrbar werden, wenn ich mich nicht selbst auf den Weg mache? Mit einer Gruppe gemeinsam ein Ziel wählen, das nach mehrtägiger Wanderung erreicht wird. Jeder Tag soll einem Thema gewidmet sein: z. B. „Abschied von Abhängigkeiten“, „In der Wüste“, „Wegweisungen“, „Auf das gelobte Land zu“.

Was „plagt" mich? Was fällt über mich her?

Formuliert in Stichworten, welches Verhalten Plagen nach sich zieht. Für manche Plagen sind wir als einzelne oder als Gesellschaft insgesamt verantwortlich.
Wenn ich ... tue, wird das Leben zur Plage ...
Wenn ich mich weigere, ... Plage, z. B. Härte ... Tötung des Kindheits-Ichs (Erstgeburt) in mir ...
Spalten: links: Verhalten (individuell, gesellschaftlich) ..., rechts: Plage als Konsequenz.

Malen eines Fastentuchs

Folgende Schritte sind vor dem Malen eines Hungertuches zu beachten und zu entscheiden:
a) Welche Inhalte wollen wir ins Bild setzen?
• Stellen aus der Bibel (AT und NT), die uns besonders (be)treffen
• Evangelien der Fastensonntage
• Einen größeren biblischen Zyklus behandeln und bildnerisch gestalten
• ...
b) Wie wollen wir es technisch umsetzen?
Ein Hungertuch kann man aus einem Stück Leinen anfertigen, das mit Stoff-Farben bemalt wird. Man kann so vorgehen, daß man gemeinsam ein großes Stoffstück bearbeitet, oder man kann in Einzelarbeit nach Aufteilung der Themen kleinere Flächen gestalten und dann diese Stoffteile zusammennähen.

Die Schatten/Streitwagen meiner Vergangenheit – meine Lichtsäule auf dem Weg in die Zukunft:

Finde ein Symbol für dein Unterwegssein. Was sind deine „pharaonischen Streitwagen", die dich verfolgen, und die Schatten deiner Vergangenheit, die dich einzuholen drohen? Wo entdeckst du in deinem Leben eine Lichtsäule, die dich begleitet? Wie wird dein Weg in die Zukunft weitergehen?

Zum Bild 8: Welche gute Kunde bringe ich als Mose/Musa vom Berg der Gottesbegegnung mit?

Beispiel:
Ich – N. Mose,
berufen als Künder
möchte euch sagen:
Ich darf euch Kunde bringen von Ihm, der da ist für uns, für euch, für Menschen aller Zeiten:
Er ist einer, der Inter-esse hat an euch, dem ihr nicht gleichgültig seid und der euch kennt.
Er sagte es dem Volk Israel und spricht es heute zu uns:
„Gesehen, ja gesehen habe ich euer Leid und eure Sorgen,
gehört, ja gehört habe ich eure Klagen und euer Jammern.
Ich bin für euch da – ich führe euch heraus mit Hilfe von Menschen,

heraus aus euren Sorgen, Nöten, Problemen und Konflikten.
Und wenn ihr unterwegs seid, bin ich bei euch.
Ich bin bei euch, wenn ihr Wüsten durchwandert –
ich nähre und labe euch, wenn eure Lebensquellen zu versiegen drohen.
Ich schicke euch Menschen, die wie Hirten euch behüten und Schutz bieten.
Ich selbst will lebendes Wasser und Brot für euch sein,
wenn ihr zu verdursten und verhungern glaubt.
Ich bin Licht auf eurem Weg, wenn ihr in der Finsternis nicht ein noch aus wißt.
Ich bin euch Weg und Weisung auf eurem Weg –
ich lege euch die Weisung ans Herz,
denn sie kommt von meinem Herzen.
Denn ich will, daß ihr das Leben habt, und zwar in Fülle,
weil ich ein Gott des Lebens bin und nicht des Todes.
Ich bin nicht einer, den ihr fürchten müßt wie einen Baal, wie einen Stier,
sondern einer, der euch an der Hand nimmt,
der euch nährt, wie eine Mutter ihr Baby stillt,
der euch trägt, wie ein Adler seine Jungen auf seinen Flügeln aus Gefahren herausfliegt."
Von diesem „Da-Für-Euch" bin ich gerufen und darf diese Kunde bringen:
„Bleibt nicht bei den Fleischtöpfen Ägyptens.
Sagt nicht: ‚Es ist so', ‚man kann nichts ändern', ‚allein bin ich zu schwach', ‚wir sind abhängig von der Macht der Mächtigen'.
Beharrt nicht auf dem ‚status quo',
Wagt einen neuen Aufbruch!
Ihr werdet sehen und erfahren: du bist nicht allein, es sind viele, die auch so fühlen, sie brauchen einen Ruck.
Schließt euch zusammen – haltet zusammen, dann erreicht ihr etwas. Dann kann sich etwas verändern.
Verschließt nicht euren Blick, indem ihr sagt: die Welt ist so.
Ich führe euch in ein neues Land,
ihr werdet Wüsten durchstehen,
aber sie durchzustehen gibt euch Kraft und Hoffnung.
Ihr werdet Hunger- und Durststrecken überwinden.
Dann aber werdet ihr frei sein.
Seid füreinander da, wie ich für euch da bin.
Und weil ihr wißt, daß ich euch befreie und daß ihr frei seid,
könnt ihr füreinander da sein.
Dann wird euch euer Leben vorkommen wie ein ‚Land, das von Milch und Honig fließt'.
Das wird sein wie eine neue Erde,
an der ihr selbst mitwirkt und mitbaut,
und ein neuer Himmel, der euch zu-fällt,
den ich euch schenke."

Mein Mose-Weg

7) Meine Wüste(n) Ich erlebe Durststrecken, wenn ... Eine Quelle ist mir ... Nahrung ist mir ... Ich habe Mut, denn ich weiß: Im Hintergrund betet für mich ...	8) Mein „Gipfelerlebnis" Damals bin ich dir, meinem Gott begegnet ... Von dieser Begegnung nehme ich mir ... Mit deiner Kraft traue ich mir ...	9) Mein Honigmilchland Mein Traum von Zukunft ... Visionen meines Lebens ... Hoffnung macht mir, daß .. Wenn ich daran denke, einmal in dich hineinzusterben ...
4) Ich erlebe Leid ... Ich klage ...	5) Geführt durch Bedrängnis Geführt von einem guten Hirten können wir ... Angstmachende Ungeheuer – wie gehe ich durch sie hindurch, wenn mich N. begleitet ...	6) Ich juble Ich tanze aus Freude, weil ...
1) Ich als Kind Ich, N. als Kind, hineingeboren in eine Welt, die ... Daß ich so geworden bin, verdanke ich ...	2) Mein Dornbusch-Erlebnis Daß Du ein Gott bist, der für mich da ist, spür(t)e ich ...	3) Mein Auftritt gegen „Pharaonen" Wie kommt mir Pharao vor, wenn auf seiner Kappe ein Frosch sitzt ... Ich traue mich ... Mir zur Seite steht ...

Spiele zum Mosezyklus *(Hans Neuhold)*

Schwer war hier das Los der Fremdem

Zum Lied „Schwer war hier das Los der Fremden" werden gemeinsam mit den Schülern Bewegungen und Körperhaltungen gefunden, die den Text und die Melodie darstellen:
„Schwer war hier das Los ..." (gebückt und niedergedrückt durch den Raum gehen).
„Städte baun sie mit den Händen" (Ziegel heben und schleppen).
„Herr und Gott, es ist zu viel" (verzweifelt die Hände nach Gott ausstrecken).
Ebenso kann die zweite Strophe dargestellt werden. Während der Bewegungen wird das Lied gesungen.

Das Lied von den Hebräern

Text und Musik: Kurt Finger

2. Kinder sterben, Mütter weinen,
denn der König fordert viel.
Und die Fremden sind verzweifelt.
„Herr und Gott, hörst du uns nicht?“

3. Zwischen Halmen schwimmt ein
Körbchen
drinnen weint ein kleines Kind.
Wenn die Fremden jetzt nur wüßten,
daß sie nah der Rettung sind.

4. Jetzt lebt er am Königshofe:
Mose, Prinz und Fremdenkind.
Zur Prinzessin sagt er er Mutter,
weiß auch, was Hebräer sind.

5. Du schlägst meine Brüder, Wächter?
Das ruft Mose, rot vor Zorn.
Er erschlägt den Menschentreiber
und muß ihn im Sand verscharrn.

6. Auch der König hört den Vorfall,
läßt Soldaten aufmarschieren.
Diese sollen Mose fangen,
der muß in die Wüste fliehn.

7. Mädchen kommen an den Brunnen,
Mose hilft mit starker Hand.
Wird von Jitro aufgenommen,
Gast ist er im fremden Land.

8. Mose weidet seine Schafe
am Berg Horeb ganz allein.
Da schlägt Feuer aus den Dornen.
Er kann Gottes Stimme hörn.

9. „Geh zu deinen Brüdern, Mose,
führ sie aus dem Sklavenland.
‚Ich bin da‘, so ist mein Name.
Ich nehm euch in meine Hand.“

10. Der Ägypterkönig weigert
sich, auf Gott, den Herrn, zu hörn:
„Ihr ertragt noch viel zu wenig!
Ich will euch jetzt Achtung lehrn!“

11. Aber Gott, der Herr, ist stärker
als der harte Pharao,
führt die Fremden aus dem Kerker,
läßt beim König Not und Tod.

12. Wasser vorne, Feinde hinten
und Verzweiflung überall.
Wie da einen Ausweg finden
vor der Krieger Überzahl?

13. Gott ist nahe, teilt das Wasser,
läßt die Stürme wehn.
Die Hebräer sind gerettet,
die Ägypter, die vergehn.

14. „Preist den Herrn, er ist gewaltig.
Er ist unser Gott und Herr.
In die Flucht schlägt er die Feinde,
wirft die Reiter in das Meer."

15. Hart drückt Hunger in der Wüste,
Durst brennt heiß, groß ist die Not.
Gottes Hilfe ist doch näher,
er gibt Wasser, Fleisch und Brot.

16. Und der Herr nimmt sich zu Freunden
die Hebräer alt und jung.
Der Berg Horeb steht in Flammen,
Gott besiegelt seinen Bund.

17. Von der Ferne winken Reben,
Wiesen, grün und wassereich.
„Dieses Land will ich euch geben.
Bleibt mein Volk, ich bin bei euch."

18. Gott, wir loben deine Stärke,
deine Freundschaft, deine Kraft.
Wir bewundern deine Werke,
alles das, was du gemacht.

Das Lied von den Hebräern „Schwer war hier das Los der Fremden ..."

Knechtschaft und Befreiung darstellen

Wir finden Wörter, Sätze und Bewegungen für die Unterdrückung der Hebräer. Wir bewegen uns durch den Raum und rufen die Wörter durcheinander (leise, lauter ...).
Wir beten singend im Stehen, Sitzen oder Liegen: „Befrei uns, Herr! Befreie uns!"
Wir jubeln, singen und tanzen als Befreite: „Singt dem Herrn und lobt ihn!"
(Körperinstrumente: klatschen usw.). Hier darf ausgelassene Freude ihren Platz haben.

Wir haben einen Traum ...

Text: Alois Albrecht
Musik: Peter Janssens

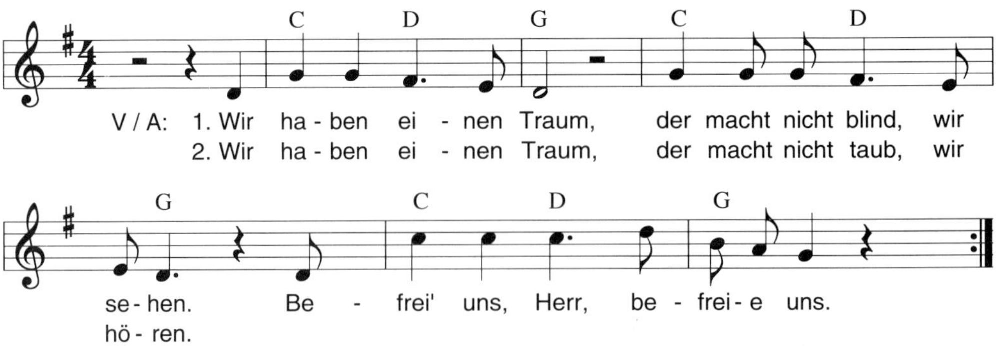

Aus: Wir haben einen Traum, 1972

Singt dem Herrn und lobt seinen Namen

Text und Musik: The Messengers
(Textbearbeitung: Kurt Zisler/Hans Neuhold)

Streitgespräch: Mose/Aaron – Pharao

Pharao auf dem Thron (etwas erhöht: Thronsessel auf den Bänken, purpurrotes Tuch auf dem Sessel, Zepter usw.). Mose und Aaron kommen und fordern die Freiheit für ihr Volk. Mose und Aaron vertreten die Interessen der Hebräer, der Pharao die Interessen Ägyptens. Hier ist es wichtig, einige Sätze vorher durchzubesprechen. Es kann auch mit einem „Hilfs-Ich“ gespielt werden. Andere Schüler können in das Gespräch als Helfer (Hebräer, Fronvögte ...) an der Seite der Kontrahenten eingreifen.
Wichtig ist auch, die Rollen genau durchzusprechen (Wie bewegt sich Mose? Wie thront der Pharao? Wie verhalten sie sich zueinander? Welche Stimmlage? Welche Gefühle?) und für jede Person eine für die Rolle geeignete Körperhaltung zu finden.

Experiment: Um Freiheit bitten (Pantomime)

a) Wir richten den Thron des Pharao. Er thront hoch und erhaben. Er ist Gottkönig und bestimmt über Leben und Tod.
Wir nähern uns ihm ängstlich und ehrerbietend. Wir betteln um unsere Freiheit.
Der Pharao verneint.
Wir betteln noch mehr.
Er verneint wieder.
b) Wir gehen erhobenen Hauptes und sind uns unseres Wertes bewußt.
Wir fordern unsere Freiheit.
Er verneint.
Wir gehen.
c) Gespräch: Wie ist das, um seine Freiheit und sein Recht zu betteln? Wie ist das, wenn der berechtigte Wunsch abgelehnt wird?
Wie ist das, mit Selbstbewußtsein sein Recht einzufordern?
Wo liegen die Unterschiede? Wie wird das spürbar?
d) Abschlußgedanke: Freiheit kann nicht erbettelt werden. Freiheit wird durch Entscheidung und durch Handeln gewonnen.

Mosewiederholung mit Orffinstrumenten

Dazu gibt es zwei Möglichkeiten:
a) Immer wenn in der wiederholenden Lehrererzählung eine bestimmte Person vorkommt, wird das zur Person passende Instrument angeschlagen (hohe Konzentration; Verbindung von Person, Name und Klang).
b) Das szenische Spiel oder die pantomimischen Darstellungen (Skulpturen stellen etc.) oder die Lehrererzählung wird von Instrumenten begleitet bzw. die Handlung wird musikalisch ausgedrückt.

Pantomimisches Bibliodrama

Möglicher Ablauf:
- die Moseerzählung wird in mehrere Akte aufgeteilt
- jede Gruppe übernimmt einen Akt, der pantomimisch dargestellt werden soll
- in den Gruppen werden die benötigten Rollen verteilt (auch Gegenstände etc. können Rollen sein)
- das Spiel wird durchgesprochen (nicht durchgespielt)
- Religionslehrer/in (RL) richtet inzwischen Bühne und Beleuchtung
- die Personen treten auf die Bühne und stellen sich vor (1. Gruppe)
- Licht aus/Licht an
- pantomimisches Spiel
- Spielende: klatschen
- Nachbesprechung des Spiels (Reflexion)
- nächste Gruppe mit gleichem Ablauf

Erlebnisspiel: Aus der Unterdrückung in die Freiheit

Dieses Spiel benötigt einen größeren Raum. Es umfaßt die Teile Unterdrückung – Dornbusch – „Gespräch“ mit dem Pharao – Pessach – Schilfmeer – Gang durch die Wüste – Bundesschluß – Gelobtes Land.
Alle Schüler spielen gleichzeitig mit: RL ist Regisseur, Erzähler und Vorspieler.

Beginn: Trommelschlag – „Das Spiel von der Unterdrückung und der wunderbaren Befreiung der Hebräer.“

„1. Akt: Die Unterdrückung“
- Lied und Bewegung: Schwer war hier das Los der Fremden (1. u. 2. Str.)
- „Die Unterdrückung ist nicht mehr auszuhalten und die Hebräer rufen, schreien ihre Not hinaus: Hörst du nicht, wie wir unterdrückt werden? Hörst du nicht ...“ (Schüler sammeln Sätze, Wörter und rufen sie durcheinander im Gehen durch den Raum)

„2. Akt: Mose beim leuchtenden Dornbusch“
- Schüler bilden einen Kreis in der Mitte (Mittegestaltung mit Kerze) des Raumes, knien nieder, Gottesworte durch RL
- Überleitung: „Schwer war hier ...“ (8. u. 9. Str.) oder ein zur Thematik passendes Lied

„3. Akt: Mose geht zum Pharao“
- Wir gehen durch den Raum (während des Liedes) zum Palast des Pharao (kann vom RL mit Worten begleitet werden)
- Wir rufen gemeinsam: „Laß mein Volk doch ziehen“ (leise – lauter – verzweifelt – bittend – ...)
- Lied: „Schwer war hier ...“ (10. Str.) oder ein anderes passendes Lied

„4. Akt: Wir feiern Pessach“
- Die Kräfte der Gemeinschaft werden gesammelt (Kreis um feierlichenTisch)
- RL: „Heute Nacht geschieht es ... Unsere Not schreit zum Himmel ... Heute werden wir befreit ...“
- Flucht: In der Nacht schleichen wir aus Ägypten. Niemand hört und sieht uns.

„5. Akt: Rettung am Schilfmeer“ (Wasser durch Tücher kennzeichnen)
- Schüler rufen die Angst der Hebräer aus
- RL / Mose fordert sie auf, im Vertrauen auf Jahwe durch das Meer der Angst durchzugehen: „Wer durchgeht, wird spüren: Jahwe ist mit uns“
- Loblied Mirjams: Singt dem Herrn und lobt ihn (mit klatschen und tanzen)

„6. Akt: Die Wüste bestehen“
- Wir gehen als müde Wüstenwanderer, durstig und hungrig ...
- Lied: „Schwer war hier ...“ (15. Str.) oder ein anderes passendes Lied

„7. Akt: Bundesschluß“
- Kerze, Gebotstafeln in die Mitte. Wir reichen einander die Hände: Gott schließt einen Bund – damals und heute.
- Lied: „Schwer war hier ...“ (16. Str.) oder ein anderes passendes Lied

„8. Akt: Das Gelobte Land erträumen"
- Wir liegen in der Wüste, entspannen uns. In der Nacht träumen wir vom Gelobten Land: Wie sieht es aus? Was wächst dort? ...
- Am Morgen nimmt jeder einen großen „Pinsel" (Ast o.ä.) und zeichnet das Erträumte in den Sand.

Weitere Spiele

- Skulpturen bauen („gestellte Dias")
- Szenenspiel
- Tanz der Mirjam
- „Wir gehen durch das Meer der Angst" (Ängste der Hebräer vor dem Schilfmeer auf Zeitungspapier schreiben, über „Packpapiermeer" legen – durch Zeitungspapier verdeckt, steht am „Meeresgrund": „Ich bin Jahwe. Fürchte dich nicht. Ich bin mir dir". Beim Durchgehen durch das Meer der Angst wird der Zuspruch Jahwes sichtbar. Nur wer durchgeht durch die Angst spürt: Ich bin mit dir.)
- Unterdrückung und Freiheit durch Klatschrythmus darstellen
- Figurentheater
- Fingerpuppen

(Zu diesem Kapitel siehe auch die Ausführungen in 9., Das Bibliodrama, S. 215ff.)

Exodus: Theologie, Therapie und Politik

(Albert Höfer)

Die älteste Überlieferung des Exodusgeschehens liegt in dem kleinen Lied der Mirjam vor, und dieses führt die Tat eindeutig auf ein Handeln Jahwes zurück, drückt also ein religiöses Bekenntnis aus. Das Ereignis spielte sich aber im Raum dieser Welt, und zwar als ein *politisches* Geschehen ab: Ein flüchtender Haufen von Zwangsarbeitern wurde von den Soldaten eines Großkönigs eingeholt. Das Aufjubeln dieser Frau wiederum ist ein Zeugnis dafür, wie ein einzelner Mensch von diesem religiös-politischen Geschehen berührt und in seiner Seelenstimmung verwandelt wurde. Anders ausgedrückt: ein politisches Ereignis wird auf Gott zurückgeführt, ist jedoch in der Veränderung einzelner Menschen greifbar – Theologie, Politik und Therapie sind untrennbar ineinander verwoben. In der Geschichte der Auslegung dieses Textes wurden nun die einzelnen Akzente unterschiedlich gesetzt. Jahrhunderte lang wurde das Ereignis nur allegorisch-mystisch etwa auf die Taufe oder auf den Weg des Menschen durch diese Welt hindurch in das verheißene Land des Himmels gedeutet. Jüdisch-messianische Bewegungen und Befreiungspolitik konnten bisweilen vom religiösen Aspekt abstrahieren und sich (wie etwa im politischen Zionismus) auf die politische Symbolkraft der Aussage beschränken. Heute dagegen wird der Weg des Exodus mit seinen Stationen bisweilen nur als psychotherapeutischer Vorgang gedeutet, der sich in den Stationen der Befreiung innerseelischer Zustände wiederfindet. Eine wahre Auslegung wird dem Text nur gerecht, wenn sie *alle* Komponenten ins Spiel bringt. An der jahrhundertelangen Traditionsgeschichte, die den Text erweitert, vertieft und symbolisch überhöht hat, können wir ebenfalls die verschiedenen Akzentsetzungen ablesen.

Das Bild 4 im Anne-Seifert-Zyklus rückt die Brutalität politischer Fakten unmittelbar vor Augen: Das Bangen vor der Gefangennahme und Vernichtung wird sowohl ins alte Ägypten wie auch in die Nazizeit verlegt, was vom ergreifenden Gedicht Theodor Kramers noch unterstrichen wird. Daß Jesus ebenfalls vor seiner Gefangennahme und Hinrichtung auf dieses Mahl zurückgriff, verankert es einerseits in ein geschichtliches Geschehen, transzendiert aber andererseits diese Geschichte in die Hoffnung auf die Auferstehung. Geschichtlich ist allemal, wenn Christen dieses Abendmahl feiern und ihre oft ebenfalls politisch ausweglose Situation (Lateinamerika) in den religiösen Verwandlungsprozeß mit hineingezogen wissen. Diese Veränderung des einzelnen und der Gruppe wird sowohl mystische Tiefe wie therapeutische Qualität aufweisen.

Das Bild 5 als das Zentralbild des Auszugs ist sehr symbolisch verdichtet, es will sagen: Wo immer Menschen im Vertrauen auf Gott durch ausweglose Situationen „hindurchgehen" müssen, sind sie zwar von grauenhaften Mächten und Gewalten umlagert (Alpträume, todbringende Krankheiten, Schicksalsschläge, Neurosen, politische Katastrophen ...), aber Gott geht als rettender Gott mit ihnen: als starker Kriegsherr, als guter Hirte, als innere Kraft ... Die geschichtliche Not und die greifbare Veränderung in Form von Trost und Freiheitserlebnis sind menschlich wahrnehmbar, das Handeln Gottes darin ist jedoch nur dem Glauben zugänglich oder wird von ihm überhaupt erst als Glaubensdurchbruch auf Jahwe hin erlebt. Auffallend ist, daß die Schrecknisse der Not erst vom Standpunkt der Rettung aus erzählt werden, der immer schon ein religiöser ist.

Das Bild 1 geht ähnlich vor: Im Hintergrund lauern Henkersknechte des Pharao (auf heute bezogen könnte man von überaus tristen Familienverhältnissen sprechen), lebensbestimmend wurden aber die Kräfte der Rettung. Eine nur psychotherapeutische Auslegung würde dem Text die Grundlage der Hoffnung nehmen, die ihn als Zukunftsbild für uns Menschen heute auch zugänglich macht. Wenn eine rein tiefenpsychologische Auslegung von der religiösen Komponente absieht, dann muß die Frage erlaubt sein: Auf welche Kräfte stützt sich diese Aussage? Auf die Kraft der Therapeuten allein?

Die Bilder 2 und 8 zeigen Mose als den zum Handeln Berufenen. Wiederum wäre eine Beschränkung auf Identitätsfindung oder auf ein politisches Sendungsbewußtsein allein eine Verkürzung. Umgekehrt brächte eine nur spirituelle Deutung die Aussage um die Absicht der Botschaft, wirklich Zustände auf dieser Erde zu verändern und zum Handeln auch im politischen Bereich aufzurufen.

Bild 3 zeigt diese Widerstandskraft gegen politische, todbringende Autoritäten gerade als unerklärliche Kraft schwacher Menschen, die selbst noch als Märtyrer, wie Dietrich Bonhoeffer und Franz Jägerstätter, ein echter Widerstand gegen jeden Pharao sind, unbeschadet ihrer Hinrichtung.

Die Bilder 6, 7 und 9 zeigen die Bewegung an, die ins Leben der Gruppe und des einzelnen kommt, wenn auf die Ressourcen zurückgegriffen wird, die wiederum aus der Tiefendimension von Gott her kommen. „Hoffen gegen alle Hoffnung" ist ihre wirkliche Aussagekraft; eine Hoffnung, die durchaus verifizierbare Folgen hat: wie Mirjam gegen den Tod antanzen, Lebensquellen in den Wüsten einer Familie entdecken, in Gott hinein sterben lernen, für die Welt eine Zukunft sehen ...

Die großartigen Texte und Bilder wollen das Heil immer in allen drei Dimensionen gleichzeitig ausdrücken: irdisches Geschehen wird durch das Eingreifen Gottes verwandelt und zeigt sowohl für den einzelnen wie für die Gruppe wirklich eine Veränderung der psychischen wie der politischen Situation an. Verkürzungen sind unangebracht und berauben die Botschaft ihrer Zusage.
Die Geheime Offenbarung des Johannes will die Gegenwart im Lichte dessen deuten, was als apokalyptisches Ende und als eschatologische Erfüllung von Gott und seinem Christus her zu erwarten ist. Johannes greift dabei auf die Exodustradition zurück und schildert diese Glaubensvision mit der Symbolsprache der Moseerzählungen. Der auferstandene Christus ist dann der wahre Mose, die ägyptischen Plagen werden von den Zornesschalen in unerhörter Übersteigerung auf die ganze Erde ausgeschüttet; die erwählten Stämme des neuen Israel kommen aus allen Völkern; sie waschen ihre Kleider im Blut des Christuslammes weiß; sie durchschreiten in der Taufe die Wasser des Todesmeeres; sie pilgern auf das himmlische Jerusalem wie auf das verheißene Land zu; ihr Glaube bewährt sich so in der Wüste der Zeit gegenüber allen Anfechtungen.
Wir greifen diese Übertragung der Exodusbilder auf Christus, auf die Kirche und die Weltzeit in Hymnen und Gebeten auf, um so Kontakt mit Christus, dem gegenwärtigen Herrn herzustellen, einen Kontakt, den er selbst immer schon zu uns hergestellt hat.

Hymnen

Dem Befreier der Menschen

Die Apokalypse des Johannes schaut das ganze Erlösungswerk Jesu im Bild des Exodus aus Ägypten:
Christus ist die Auferstehungsposaune, die Feuersäule und das apokalyptische Lamm. Die seinen sind das gerettete Israel, die Menschen, die durch sein Blut von aller Schuld „weiß“ gewaschen wurden (Apk 7,14). Die Bitte um den weiteren Schutz des Auferstandenen wird in der 5. Str. durch den Adlerspruch aus Ex 19,4; Dtn 32,11 ausgesprochen. Der Hymnus bittet um die dauernde Befreiung kraft der Auferstehung Jesu.

1. Herr, wie der Posaune Dröhnen,
wie des Herzens heller Schrei
stiegst du aus der Erde Kammer,
Ketten brachest du entzwei;
uns, in Todesangst Gebeugte,
machtest du vom Joche frei.

2. Leuchtend wie die Feuersäule
ziehst du, Christus, uns voran.
Führ dein Volk den Pfad des Sieges!
Ihm, das alter Frohn entrann,
stürzte sich das Heer der Feinde
in die Fluten Mann für Mann.

3. Du bist uns zum Heil geworden,
zu der Freiheit großem Fest!
Lamm, geschlachtet für die Völker
das uns wieder jauchzen läßt:
wie hast du die sieben Siegel
unsres Schicksals aufgelöst!

4. Sieh, in deinem roten Blute
waschen wir die Kleider weiß.
Sagen dir in Festgesängen
und in Siegeshymnen Preis:
denken dein und deines Todes
stets nach heiligem Geheiß.

5. Breite wieder deine Schwingen
über uns, du großer Aar,
und beschirm in ihrem Schatten
deine auserwählte Schar.
Rette deine Herde, Christus,
aus Bedrängnis und Gefahr!

6. Dir, der ist und der gewesen,
der auch wiederkommen wird
und der alles, das da lebet,
aus dem Nichts heraufgeführt:
Dir die Weisheit, Macht und Ehre
in die Ewigkeit gebührt!

Dem Spender des Brotes

Der Hymnus schildert das Heilswerk als das große Mahl, das der Messias seinem Volke gewährt. 1. Str.: Er sorgt als König für Knechte, als Hirt für die Herde, als Henne für ihre Jungen. Nach diesen Bildern der Anrufung geht die 2. Str. auf die Mahlgleichnisse Jesu und seine Mahlgemeinschaft mit den Sündern ein. In der 3. Str. ist die Brotvermehrung das Gleichnis für die Erlösung, in der 4. Str. die Mannaspendung in der Wüste. Das Heil gipfelt nach Apk 2,7 in der Speise der Unsterblichkeit. Das Lied weitet den Hunger der Welt aus zu einem Hunger nach Gott und zu einem Dank für seine Stillung.

1. Wie hast du, o guter König,
Knechten deinen Tisch gedeckt:
Hirte, der zu stiller Stunde
Sorge für die Herde trägt;
Glucke auch, die ihre Kücklein
unter weiten Schwingen hegt!

2. Menschensohn, aus allen Winden
riefest du dein Volk herbei,
festlich deinen Saal zu füllen.
O du trugest keine Scheu,
an der Sünder Tisch zu sitzen:
Weizen unter dürrer Spreu.

3. Tag des Heiles, da zu Mahle
der Gesalbte Gottes lädt
und die Spende seines Brotes
nimmer uns zu Ende geht!
Lasset, Arme, satt uns essen,
ernten, was wir nicht gesät!

4. Preis dem Brote, das uns Pilger
tröstet in der Zeiten Haft!
Süße Labe du der Kranken
und der Müden neue Kraft:
breite deiner Hoffnung Schimmer
über harte Wanderschaft.

5. Einmal aber sei die Speise
bei der Himmel großem Fest,
die gekrönte Sieger sättigt.
Kraft der Auferstehung west
heute schon in unserm Leibe,
ewig sie uns jauchzen läßt.

6. Dir, der ist und der gewesen,
der auch wiederkommen wird
und der alles, was da lebet,
aus dem Nichts heraufgeführt:
Dir die Weisheit, Macht und Ehre
in die Ewigkeit gebührt!

3. Gottes Seherinnen und Propheten

(Bildübersicht S. 24f.)

Der Seher Bileam

(Num 22,1–41; 23,1–12/1. Bild)

Wir sehen vor uns einen Reiter, der seinen Esel schlägt, und einen Engel, der mit einem gezückten Schwert vor ihm steht, offensichtlich um ihm den Weg zu versperren. Welche Geschichte soll uns hier nahe gebracht werden?

Uns spricht hier ein Erzählstück aus der Urzeit Israels an, das schon vor dem Jahr 1000 vor Christus entstanden ist.

Wir haben den heidnischen Seher Bileam vor uns, der im Auftrag des Amoriterkönigs Balak die aus dem Ostjordanland eindringenden israelitischen Stämme verfluchen soll, was Gott nicht will, denn er hat sie gesegnet. Den Hintergrund bilden die kriegerischen Auseinandersetzungen Israels mit seinen östlichen Nachbarstämmen, die fürchten, von Israel aufgefressen zu werden, „wie die Rinder das Gras auf den Weiden abgrasen"; sie, denen von alters her dieses Land gehörte. Wir können die Kriegsziele Israels nicht mehr so ohne weiteres mit dem Willen Jahwes verknüpfen, schon gar nicht seit der Friedensbotschaft Jesu. Wir müssen uns von ihr her fragen, was diese Erzählung uns heute sagen will. Es mag die israelitischen Stämme getröstet haben, daß sie Gott auf ihrer Seite wußten. Das bedeutete auch, daß nicht ein Fluch, sondern der Segen auf ihnen ruhte. Keineswegs dürfen wir mit diesem Segen ihre kriegerischen Absichten rechtfertigen, denn aus dem Segen Gottes muß Frieden erwachsen. So wird der Sinn dieser Geschichte wohl in der Polarität zwischen Fluch und Segen zu suchen sein. Darf ein Mensch fluchen, wenn Gott segnet?

Darf ein Mensch überhaupt, in welcher Absicht auch immer, sich eines Fluchs bedienen oder selbst für andere zum Fluch werden? Was können wir tun, damit sich die Segensabsicht Gottes auch in uns durchsetzt und damit wir selbst in unserer Person zu Segensträgern für andere werden? Gehen wir mit dieser Frage an die Erzählung heran, dann kann sie uns Wege eröffnen, die vom Fluch weg und zum Segen hin, vom Tod zum Leben führen.

Zwei Menschengruppen stehen einander feindlich gegenüber; es können Völker, Familienmitglieder oder einzelne Personen sein. Dabei geht es um Macht und ums Überleben. Jeder möchte sich auf Gott und seinen Schutz berufen, denn wer Gott auf seiner Seite hat, der hat den Sieg und das Leben auf seiner Seite. Nun gibt es Menschen, die anscheinend den Fluch oder den Segen Gottes auf besondere Weise auf die anderen legen können.

Dieser Menschen muß man sich vergewissern, sie buchstäblich kaufen, damit sie in den Dienst der eigenen Interessen treten. Alte Kulturen, die Magier und Seher kannten, hatten das Wissen darum, daß in der Welt Fluch und Segen tatsächlich durch Menschen verbreitet werden. Wenn ich selbst auch so ein Mensch bin – oder anders formuliert: Muß ich nicht auch an mich selbst die Fragen richten, inwieweit ich für andere ein Segens- oder Fluchträger bin? Wenn Gott, wie wir von Jesus wissen, niemanden fluchen will, sondern seine Sonne über Gute und Böse aufgehen läßt, so kann uns diese eigenartig anmutende Erzählung einen Weg zeigen, wie man Fluch in Segen verwandelt. Wir dürfen dann annehmen, daß wir mit jeder Person dieser Geschichte selbst etwas zu tun haben; jede spiegelt einen Aspekt von uns wider: *Balak* mag die Instanz in uns sein, die gerne herrschen und Macht ausüben will – das auch auf Kosten anderer, ja sogar zu deren Fluch und Verderben. Wie Balak eine Königsfigur ist, mag sie in uns durchaus auch dunkle Elternbotschaften verdichten oder unser dunkles, feindseliges Über-Ich symbolisieren: unseren Willen zur Macht.
Was ist *Bileam* in uns? Ist er unser Ich, das denkt und handelt, das Fluch und Segen verbreitet, wenn die Umstände oder die inneren Absichten es so verlangen? Was muß dieser „Bileam in uns" lernen, um für andere Segensbringer zu werden?
Ein Reiter auf einem Pferd oder Esel stellt ein Menschenbild dar, das uns auch in der menschenköpfigen, aber löwenleibigen Sphinx begegnet: der geist- und leibbegabte Mensch.
Wie geht Bileam mit seiner Eselin, mit seinem Leib um? Welche Rolle spielt der Leib in seiner Verwandlung zum Segensbringer?
Der *Engel* mit seinem gezückten Schwert: Ist er die helle Instanz in uns, die der schattenhaft dunklen gegenübersteht? Ist er unser Gewissen oder symbolisiert er das Einfallstor Gottes in unsere Seele? Ist er der innere Meister? Im ersten Teil der Erzählung (V. 1–21) bringt Gott selbst in der Nacht Bileam von seiner Fluchabsicht ab – vielleicht ein Wirken Gottes im Unbewußten des Menschen. Unser Erzählstück (V. 22–34) sieht Bileam schon auf dem Weg zum Fluchen, und Gott handelt hier durch die Symbolfigur des Engels. Wie nun, wenn ich mich selbst als all das sehe: Balak als meine schattenhaften, dunklen Absichten zur Macht und zum Verfluchen anderer; die Eselin als meine Leibhaftigkeit, als mein Leib, der mich buchstäblich durchs Leben trägt; Bileam als mein bewußtes und absichtsvoll handelndes Ich; der Engel als die Vorsehung und Führung Gottes, die in meinem Unbewußten und in meinem Gewissen spricht und wirkt? Ich will die Geschichte nun so erzählen, wie sie eine Geschichte eines jeden von uns sein kann.
Ich wandere auf meinem Lebensweg dahin, getragen von meinem Leib, und bin für andere (ob ich will oder nicht) zum Fluch oder zum Segen; den einen mehr zum Segen, den anderen auch manchmal zum Fluch. Denn ich werde von einem Willen zur Macht, von dunklen Trieben und Absichten angeleitet und oft auch von ihnen mit Geld und Vorteilen verlockt. Ich lasse mich von äußeren und noch mehr von inneren Machenschaften einspannen, auch wenn ich schon ahne, daß dies gegen den Willen Gottes ist. Frage ich mein Gewissen nach dem Willen Gottes, mag es mir vermutlich sehr klar antworten; wenn nicht, dann werden mich wohl oft die Verlockungen von Macht und Geld leiten und mein Weg wird zum Unheilsweg. Wie finde ich einen Ausweg? Wie kann ich auf so einem Weg kehrtmachen? Auf meinem Unheilsweg stellt sich mir Gottes Wille entgegen: als sein Wohlwollen in der Gestalt des Engels und als sein Nein in der Gestalt des gezückten Schwertes, doch ich merke von all dem nichts. Nur meine Eselin, mein Leib, nimmt diese Gestalt wahr, und mein Leib ist es auch, der nicht mehr weiter kann. Bin ich

krank geworden, zur Arbeit unfähig oder einfach müde? Mein Ich nimmt auf den Leib keine Rücksicht, im Gegenteil, ich schlage ihn und zwinge ihn zum Weitergehen. Der Leib, die Eselin, kann nichts anderes tun, als auf das Feld hinaus auszuweichen. So komme ich gegen meine Absicht zunächst vom eingeschlagenen Weg ab. Doch das alles ist nur ein Zwischenspiel von kurzer Zeit, denn ich zwinge mich auf den zuerst eingeschlagenen Weg zurück, bis der Engel mir wieder in den Weg tritt. Wieder wird er nur von meinem Körper, von meiner erdhaft chtonischen Hälfte wahrgenommen. Der Engel tritt mir diesmal auf einem schmalen Weg zwischen zwei Weinbergmauern entgegen. Wenig Platz habe ich zum Ausweichen: wieder schlage und traktiere ich meinen Leib. Eingeklemmt zwischen Engel und Mauer wird mir der Fuß zerquetscht – schon trage ich eine bleibende Behinderung. Mein Fort-schritt ist gehemmt, weniger gehemmt ist mein Wille, den nun einmal eingeschlagenen Weg des Unheils aufzugeben. Ich treibe meinen Leib auf meinen Weg zurück.
Der letzte Versuch des Engels treibt mich buchstäblich in die Enge, in die Enge eines Engpasses, wo es nun für meinen Leib kein Ausweichen, sondern nur noch ein Zusammenbrechen gibt. Die Wörter „Enge“ und „Angst“ sind miteinander verwandt, ja auch das lateinische „angina pectoris“ klingt an. Muß das Herz etwa durch einen Herzinfarkt in die Enge getrieben werden, bis ich auf meinen Leib höre?
Denn in letzter Ausweglosigkeit beginnt mein Leib zu sprechen, beginne ich auf seine Botschaft endlich zu hören. Wie Bileam gehe ich nun selbst vor Gott, der statt Fluch den Segen will, in die Knie, um vor seinem Willen zu kapitulieren.
So altertümlich diese Erzählung mit ihren märchenhaften Zügen einer sprechenden Eselin erscheint, so aktuell ist sie, wenn man auf ihre Botschaft hört. Wer von uns wäre nicht ein Gemisch von einem Heilsbringer und einem Unheilsstifter? Jeden von uns muß Gott von den krummen Wegen abbringen und auf den Weg des Heils lenken, damit wir unseren Mitmenschen zum Segen und nicht zum Fluch gereichen. Erst wenn wir die einzelnen Bildelemente wie Symbole auf uns wirken lassen, wird die ganze Erzählung zu einer Metapher, die uns den aktuellen Heilswillen und die Heilsbotschaft Gottes zuträgt. Faszinierend ist, welche Bedeutung hier dem Tier (dem Animalischen in uns), dem Leib als Organ der Erkenntnis zugemessen wird. Faszinierend auch, daß Krankheiten und Schwächen des Leibes zur Stärke und Umkehr führen können, und den dunklen Flucher in uns entmachten.
Diese Erzählung führt uns zu einer Begegnung mit dem Tod. Denn hätte Bileam nicht auf die Stimme der Eselin gehört, hätte ihn das Schwert des Engels getötet. Doch auch dieser dreifache Zusammenbruch des Leibes vor dem gezückten Schwert Gottes ist eine Todeserfahrung – eine Minderung des Lebens. Diese Minderung haben wir selbst schon gewählt, als wir den Weg des Fluchs einschlagen wollten. Die Nähe des Todes kann manchem die Augen öffnen und ihn zum Seher und Heilsboten für andere machen.

Bileam heute

Die Erzählung von der Verwandlung des Fluchs in Segen mag die Zusammenfassung visionärer Hoffnungen gewesen sein, an die die Leute im alten Israel glaubten. Es mögen sich in ihr auch Erfahrungen widerspiegeln, die von segenbringenden Menschen ausgegangen sind. Als ein Beleg des Hoffens und des Glaubens ist diese Erzählung auch ein Wort Gottes an uns, das sich wohl zuerst an den einzelnen richtet, damit es durch ihn in der Gemeinde und in der Gesellschaft wirksam werde. Darin liegt auch die Begründung, daß der einzelne von uns heute sich in der Erzählung wiederfinden kann und daß die einzelnen Elemente der Erzählstruktur nun Metapher dessen werden, was sich in uns und mit uns ereignet. Wenn wir nun diese Geschichte als ein Psychogramm unserer selbst betrachten, skizzieren und ausmalen, dann vollziehen wir den Prozeß der Aneignung dieses Gotteswortes wie im Zeitlupentempo mit. Jedes Element wird auf die je verschiedenen Hörer verschieden wirken, und diese verschiedenen Wirkungen wird der Hörer des Wortes je nach seiner Art verschieden ausgestalten und ausmalen. Doch alle finden sich gleichsam unter dem gleichen Dach dieser Erzählung ein.

Übungen zu Bileam

Die Bileamgeschichte als Psychogramm meiner selbst

1) Skizziere einen Rhombus, ein auf die Spitze gestelltes Quadrat, und trage darin wie folgt die Personen und Elemente der Erzählung ein:

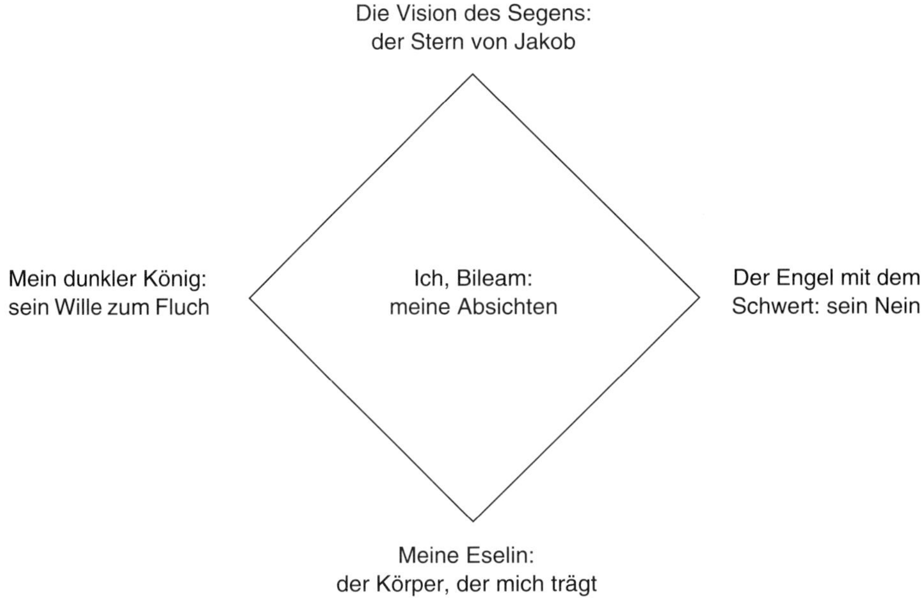

2) Übermale die in den Rhombus geschriebenen Bezeichnungen mit einer Farbe und in einer Gestalt, wie es für dich und deine Seele paßt. Du darfst annehmen, daß du von allem etwas in dir trägst, so, wie es aus deiner Lebensgeschichte kommt: wie dunkel ist der König in dir? ... Wie stark oder schwach dein Bileam-Ich? ... Welche Hoffnung erwartest du dir vom Stern aus Jakob? ... Wie geschunden oder wie gestärkt ist dein Körper, der „Bruder Esel"? ... Wie begegnet dir der Engel als dein innerer Meister?
Wenn ihr die Zeichnungen fertig habt, zeigt sie einander und sprecht darüber, was es auf ihr zu entdecken gibt! Oder: Legt die Zeichnungen mit ihrem Gesicht nach unten (so, daß sie anonym bleiben) auf einen Stapel. Jemand zieht eine Zeichnung und legt sie offen sichtbar hin, wobei keiner weiß, wer sie gemalt hat. Nehmt in drei Stufen dazu Stellung:
a) Ich nehme wahr, mir fällt auf (eine reine Wahrnehmungsübung ohne Wertung).
b) Gebt eine Stellungnahme durch Identifizierung: wenn ich einen solchen König in mir trüge, dann ginge es mir wohl ... Wenn ich dieser Esel wäre ...
c) Ohne daß ihr den Eigentümer der Zeichnung kennt, wißt ihr jetzt über die Zeichnung so viel von ihm, daß ihr ihm oder ihr etwas wünschen könnt: Blicke ich auf den König, dann wünsche ich ihr ... Sein Stern der Hoffnung soll ihm sagen ...

Die Bileamgeschichte als Bibliodrama

1) Die Erzählung wird pantomimisch und im Zeitlupentempo gespielt, wobei auch die Eselin, das Schwert und der Stern von Personen dargestellt werden.
2) Das Bibliodrama als „Gerichtsszene" *nach* dem Spiel:
Stellt auf die fünf Positionen des Rhombus je einen Stuhl und besetzt diesen mit einer Person. Jeder übernimmt die Rolle, auf deren Stuhl er sitzt und stellt sich zunächst vor: Ich bin die Eselin, mir erging, mir ergeht es so ... Dann führen alle Partner ein Wechselgespräch, in dem sie auf das Geschehene zurückblicken und ihre Meinung über das Vorgefallene äußern. Dabei kann Bileam ganz gehörig ins Gespräch genommen und von den anderen Rollen kritisiert oder umworben werden ... Der Engel kann mit dem König ein Streitgespräch halten.

Einen Brief und Antwortbrief schreiben

Eine der fünf Rollen schreibt an eine andere einen Brief und diese schreibt zurück: z. B. Denk dich in deinen Leib hinein und schreib als dieser „Bruder Esel" an deinen Bileam, warum er dich so traktiert; fühle dich in deine einzelnen Glieder und Organe hinein und bring ihre Klage zur Sprache ... Was wird Bileam dir antworten?

Einen Segensspruch schreiben

Schreibe den Segensspruch über den Stern von Jakob nieder und erweitere ihn dichterisch im Hinblick auf die heutige Zeit.

König Saul bei der Totenbeschwörerin

(1 Sam 28,3–25/2. Bild)

In tiefem Blau, in der Farbe der Nacht gehalten, steht ein Bild vor uns: Eine Gestalt liegt vor einer Totenbeschwörerin und vor einem aus dem Totenreich heraufbeschworenen Greis auf dem Boden. So dunkel das Bild ist, so dunkel ist auch der Text der Botschaft. Samuel (so wird im 28. Kapitel des ersten Samuelbuches erzählt) war gestorben und das ganze Volk hatte für seinen großen Führer und Propheten die Totenklage gehalten. Es geht also um den großen Gottesmann und um Tod und Totenklage Israels. Gleichzeitig wird erzählt, daß König Saul alle Totenbeschwörer aus dem Land hatte vertreiben lassen, also all jene weisen Frauen und Männer, die mit dem Dahingegangenen noch den Kontakt aufrechthalten konnten. Sind für sie, die es in jedem Volke gibt, ihre Toten wirklich tot? Oder ist es ein jahrtausendelang tradiertes Wissen, daß auch die Toten irgendwo weiterleben? Bewahrt der Totenkult der Völker Chinas und Afrikas nicht so auf seine Weise eine Ahnung darum, daß der Schöpfer seine Geschöpfe nicht ins Nichts versinken läßt oder wie Jesus formuliert: Gott ist kein Gott der Toten, sondern ein Gott der Lebenden (vgl. Mk 12,27).
Was also mit dieser geheimnisvollen Legende anfangen? Will sie nur die Gottesferne Sauls unterstreichen, der vor seinem Untergang sogar zum heidnischen Aberglauben überläuft? Oder können wir ihr einen tieferen Sinn abgewinnen, wenn wir sie als Metapher lesen, die den Menschen selbst in der Erfahrung der Gottesferne Hoffnung geben will und kann?
Was von mir ist in dieser Geschichte gemeint, wenn alle Personen und Ereignisse auch Aspekte von mir sind? Findet sich im „König" mein Ich, mein Ego mit all seiner Selbstbehauptung und seinem Lebenswillen wieder? Und wenn dieses Ego von Todesahnung oder von Gottesferne erschüttert ist, darf es dann nicht seine Zuflucht zu seinem tieferen Wissen, zur „weisen Frau", zur Seele, zur Anima nehmen, damit mir diese den Weg zum „inneren Meister und Propheten", Freund und Seelenführer weise? Kann ich dessen Worte: „Morgen schon wirst du bei mir sein" (vgl. „Heute noch wirst du mit mir im Paradies sein", Lk 23,43) nicht als die Worte eines wahren Totengeleiters hören, der mir den Heimgang zu Gott ermöglicht, so daß ich mich nicht in das eigene „Schwert der Verzweiflung" stürzen muß? So gedeutet sind Bild und Text dieser Geschichte ein Tor zum Tod und ein Tor zum Leben. Sie schenken eine Hoffnung, die sich an die Weisheit weiser Seelen und an den Zuspruch wahrer Gottesmänner hält.
Diese sind in ihrem „Jenseits", in ihrer Ruhe bei Gott auch noch von mir in meiner Angst anzurufen und zu beschwören. Wenn alles auf diesem Bild Aspekte meiner selbst sind, so kann ich mich in diesem Bild auch wiederfinden.
Man darf auch die Auffassung ernst nehmen, daß die Toten im Gedächtnis ihres Volkes weiterleben. Vor allem haben sich die persönlichen Ahnen mit ihren Botschaften im Gehirn der Nachkommen eingeprägt und wirken so weiter. Weise Frauen und Männer sind demnach jene, die zu diesen im Unbewußten schlummernden Gestalten Zugang haben, damit sie diese uns ins Bewußtsein heben. Totenbeschwörung als eine Psychotherapie, die mit den Elterngestalten und ihren mächtig wirkenden Botschaften umgehen kann? Totenbeschwörung als eine Tradition der Weisheit, die sich weigert, die Toten einfach abzuschreiben?

Die Klage um den großen Gottesmann und die Ausrottung der kanaanäischen weisen Frauen und Männer erscheint als Einleitung dieser dunklen Erzählung, die wahrlich ein unheimliches Gewebe (was das Wort „Text" bedeutet) darstellt. Ein Grab, das Grab Samuels, bildet den Auftakt. Aber schon geht diese Erzählung in die Gegenwart über, die nicht weniger von Tod gezeichnet ist. Denn es geht um die Entscheidungsschlacht zwischen Israel und seinen Todfeinden, den Philistern.

Ihr Heer steht den Israeliten so übermächtig gegenüber, daß Sauls Herz vor Angst zu zittern begann. Die Todesangst befällt den König. Er nimmt seine Zuflucht zu Gott: er bekommt aber von ihm keine Antwort, weder durch Propheten, noch durch Träume (der Sprache der Nacht und des Unbewußten). Wenn er nun befiehlt, daß man ihm eine Frau suche, die Gewalt über einen Totengeist hat, nimmt er seine Zuflucht zu jenem Volksglauben, den er auszurotten versucht hatte. Was erwartet er sich von ihm? Eine Antwort auf die Frage nach seinem Tod? Er läßt sich von seinen verstörten Dienern nicht abbringen. Vermummt, nur von einigen Treuen begleitet, geht er den langen Weg in der Nacht zur weisen Frau. Zu Recht befürchtet diese eine Falle, doch gibt sie seinem Drängen nach, ihm den heraufzurufen, den er ihr nennt. Saul nimmt seine Zuflucht zu Samuel. Ist der Gottesmann, der ihn gesalbt hatte, über den Tod hinaus seine Hoffnung? An welche Tote, Heilige oder Götter wenden sich die Menschen, wenn es um ihr eigenes Sterben geht? In Ägypten war es der Totengott Osiris, bei den Juden und Christen der Seelengeleiter Erzengel Michael. Die Frau schreit in ihrer Angst auf und sieht als Geist einen alten Mann, der in den Prophetenmantel gehüllt ist, woran Saul Samuel erkennt.

Vor ihm breitet Saul seine Erschütterung aus, da er sich von Gott verlassen wähnt. Der König wirft sich vor dem Totengeist, der sich in seiner Ruhe gestört fühlt, auf die Erde nieder. Aus dem Mund des Gottesmannes muß der König erfahren, daß Gott ihm zum „Feind" geworden ist. Als Begründung gibt er an, daß der König sich geweigert habe, an den Amalekitern das Vernichtungswerk der Gottesrache im heiligen Krieg zu vollstrekken. Wer kann das heute noch nachvollziehen? Muß unsere Sympathie nicht gerade auf der Seite Sauls stehen? Drückt sich hier das Urteil eines religiösen Fanatismus aus, der noch nicht nachvollziehen kann, was ein „Gott mit uns" tatsächlich will? Und dann bekommt Saul das Prophetenwort zu hören: „Morgen wirst du samt deinen Söhnen bei mir sein" (1 Sam 28,19).

„Heute noch wirst du mit mir im Paradies sein" (Lk 23,43) wird Jesus zum rechten Schächer sagen, den er gleichsam am Kreuze umarmt.

In Ägypten nahmen die Menschen ihre Zuflucht beim Gott Osiris, um von ihm zu hören: „Heute noch wirst du mit mir im Reich des Jenseits sein und leben."

Saul fällt der Länge nach zu Boden, so sehr erschrickt er über die Worte Samuels. Hätte dieses Wort für ihn auch ein Wort der Hoffnung oder wenigstens des Glaubens sein können? Erschüttert, ermattet, zu Tode gehetzt geht der König seinen dunklen Gang. Am nächsten Tag werden alle seine Söhne (unter ihnen auch Jonathan) von den Pfeilen der Feinde erschossen sein. Als sein Schwertträger sich weigert, den König zu ermorden, stößt dieser sich selbst ins Schwert – einer der wenigen Selbstmorde in der Bibel. Das tragische Ende des ersten Königs Israels, auf den so viel Hoffnung gesetzt worden war!

Sowohl die Erzählung über Bileam wie auch diese über Saul stellen uns die Begegnung mit dem Tod vor Augen. Beide Male werden an uns Fragen gerichtet, wie wir dem Tod begegnen. Bei Bileam: Sind wir auf dem Todesweg des Fluches oder auf dem Lebensweg des Segens? Wie gehen wir dabei mit unserem Leib um? Spürt er als erster den Fluch?

Bei Saul: Wie gehen wir mit unserer Seele um? Verstrickt sie sich in Angst und Selbstbehauptung? Wehrt sie die Botschaften aus dem Jenseits ab, oder lassen wir uns von den Propheten und Totengeleitern, von den weisen Frauen und guten Mächten in das Licht der Hoffnung geleiten?

Elija will sterben

(1 Kön 19,1–8/3. Bild)

Wir sehen vor uns den völlig verzweifelten Propheten Elija weit in der Wüste Beerscheba unter einem Ginsterbusch sitzen. Er will sterben. Was war geschehen? Unter den Königen Saul und David hatten die Stämme Israels zu Beginn des ersten Jahrtausends vor Christus das heidnische Land Kanaan (den Südteil des Phönizierlandes) erobert und zu einem politischen Gesamtstaat unter ihrer Führung vereinigt. Die einheimische, unterworfene Bevölkerung war ihnen kulturell haushoch überlegen und weiterhin fest mit ihren Naturgöttern, vor allem dem mächtigen, fruchtbarkeitsspendenden Baal verbunden. Was nützt es schon, daß David die Tempel zerstören wollte und Saul die Totenbeschwörerinnen vernichten ließ: In den Herzen der Bevölkerung herrschten die Baale weiter. Schon unter Davids Sohn, dem König Salomo, wurden in Jerusalem wieder Hunderte heidnischer Götter angebetet und König Jerobeam ließ im Jahwetempel zwei Baalstiere aufstellen und sagte: „Hier ist dein Gott, Israel!“ (1 Kön 12,28). Die großen Verfechter und Retter des Jahweglaubens waren die Gottesmänner Samuel und Elija – „Elija“ ist dem Namen nach schon ein Programm: „Gott ist nur Jahwe!“ Sowohl am Königshof wie unter dem Volk herrschte ein erbitterter Glaubenskrieg, in dem es nicht nur um den Besitz von Heiligtümern und Priesterämtern ging, sondern um das Gottesbild überhaupt. Denn das Bild einer machtstrotzenden, fruchtbaren und lebensschäumenden Stiergottheit blieb und wurde immer attraktiver, selbst für die kulturell armseligen eingewanderten Israeliten. Stärker als um jeden Meter Tempelboden ging es um jeden Herzschlag. Wem schlagen die Herzen: dem lebenversprechenden Baalstier oder dem bildlosen und unsichtbaren Wüstengott Jahwe?

Das jahrhundertelange Ringen: „Hier Baal – dort Jahwe!“ wurde von den biblischen Erzählern zu einer einzigen Legende zusammengerafft und verdichtet – im Streit Elijas mit den Baalspriestern um den wahren Spender des Lebens, dem Gott, der regnen lassen kann (1 Kön 18).

In den von Wüsten umgebenen Ländern garantiert nur der Regen das Leben. Natürlich war (wie übrigens auch in Kreta) für die Phönizier der Stiergott der Fruchtbarkeitsspender, der Regen galt als sein Same, der die Erde befruchtet, der Gewittersturm als sein Brüllen und Daherstampfen, die Blitze als sein Schnauben und der Donner als sein Brüllen. Ein Gott zum Fürchten, aber ein Gott, den man lebensnotwendig brauchte. Und wenn man schon an Jahwe glaubte, mußte der nicht ebenso mächtig sein? Wieweit die Vorstellung vom Stiergott bereits in den Jahweglauben eingedrungen war, zeigt ein kleiner Baalshymnus, der in einen Jahwepsalm aufgenommen worden ist (Psalm 18, 8–16). Die Legende umfaßt viele Jahrzehnte und zahlreiche Ereignisse: Eine jahrelange Dürre

drohte alles Leben zu töten und galt bereits als Gottesbeweis dafür, daß der Glaube an Jahwe an allem schuld sei, denn nur Baal spendete Regen. Wie konnte man diesen wieder gnädig stimmen? Im waghalsigen Glaubensmut forderte der letzte in Israel übriggebliebende Prophet, nämlich Elija, den Königshof, die Baalspriester und das Volk zu einem Gottesurteil heraus. Auf dem Gipfel des Karmelberges ließ er zwei Altäre errichten: einen für Jahwe und einen für Baal. Die Baalspriester sollten beginnen: Opferstiere auf die Steine, und wilde derwischartige Tänze mit Selbstverstümmelung der Priester, um den Baalstier um Regen, um seinen Samen zu bitten – aber nichts geschah! So konnte Elija spotten: „Ruft lauter! Er ist doch Gott. Er könnte beschäftigt sein, könnte beiseite gegangen oder verreist sein. Vielleicht schläft er" (1 Kön 18,27).
Als nun Elija an der Reihe war, ließ auch er Stiere auf dem Altar opfern, doch über die Steine goß er Wasser, um es dem Feuer schwer zu machen, denn nur Jahwe ist wirklich mächtig. Und nach bangen Stunden des Wartens und Hoffens zog weit am Horizont eine kleine Wolke auf, die zu einem Sturm, zu Regen und so zu einem Gottesbeweis für den Gott Israels wurde. Nun hatte Elija Oberwasser und er ließ alle hundert Baalspriester mit dem Schwert ermorden.
Der König Ahab traute sich nun wieder auf die Seite Jahwes zu treten: Thron und Altar! Wenn wir diese Tat Elijas, dieses Priestermorden im Namen Jahwes lesen, packt uns das Grauen: Kann das wirklich im Namen unseres Gottes geschehen sein? Hier hilft es uns auch nicht, wenn wir bedenken, daß es sich „nur" um eine Legende handelt, denn auch solche Legendendichter sind ärger als die Inquisition. Kennt die alte Bibel wirklich nur einen baalsartigen Rachegott? Muß die Religion immer wieder zu Methoden des Fundamentalismus greifen?

Zur Bildbetrachtung

Wir sehen also einen völlig verzweifelten Propheten Elija weit in der Wüste Beerscheba unter einem Ginsterbusch sitzen, wo er nichts anderes als sterben will. Was hat den einst so glaubensstarken und mutigen, ja waghalsigen Mann so verzweifelt gemacht, und das so unmittelbar nach seinem großen Erfolg über die Baalspriester am Berg Karmel? Der König Ahab hatte seiner heidnisch-phönizischen Frau Isebel alles erzählt, was Elija getan hatte, daß er nämlich alle Baalspriester mit dem Schwert hatte umbringen lassen. Sie schwur nun bei ihren Göttern grausame Rache: „Die Götter sollen mir dies und das antun, wenn ich morgen um diese Zeit dein Leben nicht dem Leben eines jeden von ihnen gleich mache" (1 Kön 19,2). Todesangst überfiel nun Elija und er zog in die Wüste, wo er nichts anderes als sterben wollte. Todesangst schüttelte ihn, sein Prophetenmut hatte ihn verlassen, sein felsenfester Glaube war im Wanken, denn er gestand, daß er nicht besser wäre als seine Väter.
Nun fürchtete er, daß ihm geschehe, was er anderen angetan hatte: Genügt das schon, daß seine vermeintliche Sicherheit schwindet? Oder erlebt er nun in der Rolle des Opfers den Wahnsinn seiner fanatischen Täterschaft? Kann bei allem Glaubenseifer ein so selbstsicherer Eiferer nur zur Einsicht und zum Umdenken kommen, wenn er an sich selbst erlebt, was er anderen antut? In tiefster Todesangst, mit dem Wunsch zu sterben – das ist der Tod als Erlebnis, nicht nur als Faktum: So wird der Tod mit all seinen Schrecken ausgekostet, aber auch noch selbst wahrgenommen – so wird es einem Menschen ermöglicht, mit dem eigenen Tod umzugehen.

Wo die Not am größten, da ist die Hilfe am nächsten: Hinter dem Propheten steht bereits der Engel (ein Bild für die Erfahrbarkeit Gottes). Alles ist Elija genug, Gott soll sein Leben nehmen, jedoch dieser schickt ihm den Engel, im Schlaf (im Unbewußten) spürt er dessen Berührung. Elija wird aufmerksam, er hört die Aufforderung: „Steh auf!" Aber zunächst reicht es nur dazu aus, daß er sich wendet, sieht und wieder schläft – wieviele Jahre mag sich wohl bei einem Durchschnittsmenschen dieses Berührtwerden und sich Umsehen und dieses Wiedereinschlafen wiederholen. Langsam und von innen her wird der Todeskandidat genährt und gestärkt, bis er wieder auf den eigenen Füßen stehen und einen neuen Lebensweg einschlagen kann.

Gott im leisen Windhauch

(1 Kön 19,8–13a/4. Bild)

Elija hatte alle Selbstsicherheit, auch die religiöse, aufgegeben. Hat Gott darauf gewartet? Er hatte sich selbst bereits das Todesurteil gesprochen – konnte er jetzt erst Gottes wahres Wesen erspüren? Er war kraftlos geworden – konnte er jetzt erst Gottesstärkung annehmen? Nicht mit seiner, sondern mit Gotteskraft vermochte er den langen Weg zum Gottesberg Horeb zurückzulegen. „Horeb" – das ist jener Berg, auf dem sich einst Jahwe seinem Volk geöffnet hatte. Der Gottesberg gilt als Symbol für die wahre Nähe Gottes. „Vierzig Tage" – das Symbol für den ganzen Weg durch die Wüste, aber zurück zur schon einmal ergangenen Offenbarung des wirklichen Antlitzes Gottes. Und wie ist dieses?

Aus dem Schlaf und aus seiner Höhle, in die er sich verkrochen hatte, wird Elija wie aus einer Regression herausgeholt und auf dem Gipfel des Berges, auf die Höhe wahrer Gotteserkenntnis gerufen. Dort erfährt er: Jahwe ist nicht Baal! Er ist nicht Sturm, der alles niederreißt und in dessen Namen man alles niederreißen dürfte. Er ist nicht im Feuer, so daß man mit Feuer und Schwert die Andersgläubigen ausrotten könnte. Er ist nicht im Erdbeben, das den Menschen den Boden unter den Füßen wegzieht. Gott ist im „schwebenden Verschweigen" (so übersetzt Martin Buber), im sanften Windhauch, der wohltut; im leisen Säuseln, so daß man auf ihn hinhorchen muß. Mit einem Wort: Gott ist nicht ein Stiergott wie Baal! – Elija hat begriffen und verhüllt sein Haupt.

Wer hört diese Botschaft und wer nicht? Viele klammern sich gern an etwas „Festes", das vermeintlich mehr Sicherheit gibt als ein sanftes Säuseln, als ein Gotteshauch (ruach, pneuma!). Wer sich im Vertrauen nicht fallen lassen kann, mag dieses „leise" und scheinbar schwache Mysterium des Absoluten fürchten und statt dessen etwas Nicht-Absolutes absolut setzen, und wären es auch die „Dinge" der Religion. Wie schwer ein solcher Fundamentalismus, der immer noch auf irdische Fundamente baut, zur Umkehr kommt, kann uns der erschütternde und erschütterte Weg des Propheten Elija zeigen. Als Jesu Jünger, die nicht zufällig die „Donnersöhne" genannt werden gegen ungläubige Samariter Feuer vom Himmel (ganz nach dem Muster des Elija) herabfordern, bekommen sie von Jesu die eindeutige Absage auf eine solche Absicht zu hören (Lk 9,54f.).

Die Himmelfahrt des Elija

(2 Kön 2,1–13/5. Bild)

Als das zentrale Bild des Prophetenzyklus sehen wir das geheimnisvolle, großartige, aber wenig bekannte Bild der Himmelfahrt Elijas vor uns. Wer dieses Geschehen in sein Herz nehmen kann, der nimmt Gott selbst in sein Herz. Es ist die Geschichte zweier Freundschaften: die Freundschaft Gottes zu seinem großen Künder und die Freundschaft von dessen Schüler Elischa zu Elija, seinem Meister. Elija war wohl von Gott selbst gerufen worden, doch berief er *seinen* Jünger und späteren Nachfolger, wie im Vorbeigehen: Er sah auf dem Feld Elischa mit einem Gespann pflügen, als gerade mit zwölf Gespannen gepflügt wurde. Im Vorbeigehen warf Elija seinen Mantel über ihn, sogleich verließ Elischa die Rinder und eilte Elija nach und folgte ihm bedingungslos, nachdem er zuvor noch seinen Eltern den Abschiedskuß gegeben hatte (1 Kön 19,19–21). So fanden Meister und Jünger zu einer wundersamen, weil in Ewigkeit reichende Gemeinschaft zusammen. Es kam der Tag, an dem der Herr Elija im Wirbelsturm in den Himmel aufnehmen wollte – ja, es wird im ersten Testament von der Himmelfahrt dieses großen Gottesmannes erzählt. Er und sein Jünger befanden sich auf dem Berg Gilgal. Und nun wird von einem Geschehen erzählt, das sich an drei Orten wiederholte: auf dem Berg Gilgal, dann auf ebenem Land bei der Stadt Bet-El und zuletzt in der tiefen Senke des Jordangrabens. Es ist, als wäre das ganze Leben des Propheten zusammengefaßt, wie es von seinem Höhepunkt etappenweise bis in die Tiefe des Todes ging. Muß Elija wieder in die äußerste Tiefe des Todeserlebnisses steigen, um dann erst zu Gott erhoben zu werden?

Im Unterschied zu seiner ersten verzweifelten Todeserfahrung, wird diese zu einer Geschichte wunderbarer Freundschaft. Zwar will Elija sich zurückziehen und verschämt allein sterben, doch sein Jünger und Freund weicht nicht von ihm. Elischa geht treu an seiner Seite Etappe für Etappe dieses Abstieges mit: „So wahr der Herr lebt und so wahr du lebst: Ich verlasse dich nicht“ (Kön 2,2.4.6). Eine Treue, die sich auf Gott gründet und auf den Freund stützt: Das Leben Gottes umschließt ihrer beider Leben und bildet sie zu einer unaufgebbaren Einheit zusammen! Prophetenjünger aus der Stadt Bet-El meinen Elischa darauf aufmerksam machen zu müssen, daß der Herr seinen Meister heute über sein Haupt hinweg aufnehmen wird, doch er hüllt sein Wissen in Schweigen und verbietet sich das Reden, zu schmerzvoll, zu erschütternd ist dieses Wissen über das nahe Ende.

Am Tiefpunkt seines Lebens (versinnbildlicht in der unter dem Meeresspiegel liegenden Jordansenke) möchte sich der Meister wieder zurückziehen, doch wieder spricht die Treue seines Freundes: „So wahr der Herr lebt und so wahr du lebst: Ich verlasse dich nicht!“

So gehen beide an den Jordan – an den Grenzfluß zwischen Leben und Sterben, an den Totenfluß, den es zu überqueren gilt, um in das Jenseits Gottes zu gelangen. Wer diesen Fluß überschreitet, verläßt das Leben auf dieser Welt, durchquert wie Mose oder Jakob eine Schwelle, die in ein anderes Land führt, in Gott selbst hinein.

Nachdem Elija und Elischa den Totenfluß überquert haben, sagt Elija zu Elischa: „Was kann ich noch für dich tun, bevor der Herr mich von dir wegholt?“ Elischa bittet: „ Ich möchte doppelt so viel wie die anderen Propheten von deinem Geist erben und deinen Auftrag weiterführen!“

Elija gesteht seinem Freund und Jünger zu: „Du hast etwas Schweres erbeten“ und knüpft die Erfüllung des Wunsches an eine Bedingung. „Wenn du siehst, wie ich von dir weggenommen werde, wird es dir zuteil werden, siehst du es nicht, bekommst du auch meinen Geist nicht!“ Das will wohl heißen: Erkennst du, daß Gott selbst mich heimholt, daß ich in die Herrlichkeit des Himmels eingehe, dann mag auch der Geist des Himmels auf dich kommen. Siehst du in meinem Sterben aber nur das Verlöschen eines Menschenlebens, dann wirst du auch ohne Prophetengeist bleiben. Wie kannst du den Geist von Gott herbekommen, wenn du nicht wahrnimmst, daß ich zu Gott gehe?

Während sie miteinander gehen und reden (wie oft haben sie das im Leben schon getan!), erscheint ein feuriger Wagen mit feurigen Pferden und trennt beide voneinander. Jeder in der Antike kannte wohl diesen Wagen: Es war der Sonnenwagen, in dem Gott Helios mit seinen glühenden Strahlen(pferden) Tag für Tag über den Himmel jagte. Unbefangen hat das alte Israel noch von diesem mythischen Bild gesprochen und damit die Verbindung der Sterbenden zum Himmel offen gehalten. Sicher wird es im Sonnenwagen, in der Sonne nur ein Geschöpf gesehen haben, aber es war ihm doch Symbol für die Herrlichkeit Jahwes. Die Psalmen kennen nur noch ein Totenreich voller Schatten, fern von Jahwe, in dem keiner mehr Gott loben kann. Ist das die Folge davon, daß man diese herrlichen, lichtstrahlenden Jenseitsbilder verdrängt hatte?

War es den Jahwegläubigen zu gefährlich, die Bilderwelt der Ägypter und Mesopotamier zu teilen? Schützten sie damit zwar ihren Glauben, aber verloren sie damit auch seine strahlendste Hoffnung? Die Erzählungen von der Himmelfahrt Jesu greifen unbefangen diese Symbolsprache auf und besingen Christus als die unbesiegbare Sonne, deren Aufgehen in der Wintersonnenwende als die Geburt Christi und täglich wie am Ostermorgen gefeiert wird. Doch auch die Himmelfahrt des Elija steht in der Bibel!

Der Feuerwagen Gottes trennt beide voneinander, den Meister vom Jünger, den Freund vom Freund. Elischa sah es wirklich, wie der Prophet zum Himmel empor fuhr und ihm blieb nur der brennende Schmerz. Er zerreißt sein Kleid und klagt: „Mein Vater, mein Vater!“, wie ein Kind um den Vater weint. „Mein Vater“, nennt er ihn und „Wagen Israels und sein Lenker!“ (2 Kön 2,12).

Wer soll sie jetzt noch anführen, wer ihnen vorausziehen? Als er ihn nicht mehr sah – wie schier untröstlich ist so ein Verlust! Ist es der Schmerz, der uns Menschen der Erde entwöhnen kann? Zieht es unser Herz hinüber, wenn die Freunde hinüber gehen? Bringt die Himmelfahrt des einen die Einwurzelung des anderen in Gott? Wird erst für einen so sehend Gewordenen der Himmel Gottes zur glaubhaften Heimat? Sind unsere dahingegangenen Mütter und Väter, Meister und Freunde die Pfeiler jener Brücke, die wir den Jenseitsglauben nennen? So, daß dieser weniger im „voraus“ geglaubt, sondern von der Liebe geschaffen und von der Hoffnung festgehalten wird?

Nach der Zeit der Trauer und des Schmerzes bückt sich Elischa zur Erde und hebt den Prophetenmantel auf, der (es wird fast nur beiläufig erwähnt) Elija entfallen war. Lange mag er dem Davoneilenden in den Himmel nachgeschaut haben, bis er sich wieder zur Erde bückte und an das Ufer zurückkehrte. Sein Platz ist noch auf dieser Erde. Hat der Meister ihm auch das Herz in den Himmel mitgenommen, die Aufgabe hat er ihm auf der Erde überlassen.

Elischa entgiftet die Gemeinschaft

(2 Kön 2,13–22; 4,38–41/6. Bild)

Wir sehen ein Bild, das durch einen Fluß, den Jordan, in zwei Teile geteilt wird. Auf der rechten Seite befindet sich Elischa mit dem Prophetenmantel des Elija, auf der linken Seite eine Schar von Prophetenjüngern. Wie selbstverständlich, so als wäre es schon immer seine Art gewesen, rollt auch er den Prophetenmantel zusammen, schlägt auf das Wasser des Jordan, und der Fluß teilt sich, damit er hinüber zu den wartenden Prophetenjüngern kommt. Nun ist wohl er ein Vater Israels. Doch wie oft wird sein Geist im Gebet und im mystischen Heimweg den Jordan wieder zum „anderen“ Ufer überschreiten, um wieder und wieder mit Prophetengeist beschenkt, gestärkt zu den Wartenden herüber zu kommen! Diese wissen nichts davon, wollen nichts wissen, daß es eine Himmelfahrt gegeben hat, daß sich jenseits des Jordans etwas anderes abspielt als hier bei ihnen. Elischa läßt sie, die nicht begreifen, drei Tage lang nach dem Heimgegangenen suchen. Vielleicht war er darüber etwas traurig, vielleicht schmunzelt er auch. Was wissen schon jene, die keinen Freund, keine Freundin haben, die drüben beheimatet sind? Elischa kehrt als der über den Totenfluß zurück, der die Himmelfahrt seines Meisters gesehen hat. Er ist begabt mit dessen Geist und Auftrag – wie wird er all das seinen Landsleuten kundtun? Wie auf sie wirken? Schon kommen ihm aus der Stadt die Ältesten entgegen und klagen über Krankheiten und Fehlgeburten, weil das Wasser ihrer Quellen vergiftet ist – die Quellen des Lebens, das, wovon sich jede Gemeinschaft erneuert.
Statt neuer Geburten wird er mit dem Tod konfrontiert. Wie reagiert einer darauf, der die Rosse des Sonnengottes mit seinem Freund zum Himmel hat fahren sehen? Er verlangt von ihnen: „Bringt mir eine neue Schüssel, und schüttet Salz hinein!“ (2 Kön 2,20). Salz, das vor Fäulnis schützt und eine neue Schüssel, da es doch tatsächlich um neues geht. Seine Botschaft lautet: „So spricht der Herr: Ich mache dieses Wasser gesund. Es wird keinen Tod und keine Fehlgeburt mehr verursachen“ (2,21). Aus dem Wasser des Todes ist eine Quelle des Lebens geworden. Der Name „Elischa“ heißt: „Gott hilft“, er hilft vom Tod zum Leben.
Wenig Zeit später erscheint ein ähnliches Motiv (4,38–41): Er befiehlt seinen Jüngern zur Zeit der Hungersnot Früchte zu sammeln, um in einem gemeinsamen Topf für alle die Mahlzeit zu kochen. Als die Männer aber von der Speise essen wollen, schreien sie laut: „Der Tod ist im Topf!“ Das also, wovon eine Gemeinschaft lebt, bringt den Tod. Wieviele Familien, Gemeinschaften und Völker gibt es immer wieder, in deren Mitte der Tod regiert und so alle vernichtet! Nun streut Elischa Mehl in den Topf und jetzt ist nichts Schädliches mehr im Topf. Die Gemeinschaft lebt nun vom Leben.
Paulus sagt in Gal 5,22: „Die Frucht des Geistes aber ist die Liebe, Freude, Friede, Langmut, Freundlichkeit, Güte, Treue, Sanftmut und Selbstbeherrschung.“ Wenn in einem Menschen Gottes (den die Seligpreisungen „Kind“ Gottes nennen) die Frucht des Geistes Gottes aufgegangen und herangereift ist, dann wird er den Haß in Liebe, die Trauer in Freude und die Feindschaft in Frieden verwandeln können. Diese Verwandlung vom Tod, diese Erfahrung eines Friedensstifters mag die Botschaft der Elischa-Erzählungen sein, die uns heute genauso not tut und tröstet wie die Menschen damals, denen diese Symbolsprache noch sehr vertraut war.

Eine eigenartige Erzählung bestätigt dies von der negativen Seite her (2 Kön 2,23–25): Dorfburschen verspotten den Gottesmann als „Glatzkopf", denn er mag als Prophet einen mönchsartig geschorenen Schädel getragen haben. Schon kommen aus dem Wald zwei Bären und zerreißen die jungen Männer. Diese Erzählung gleicht einem Märchen und spricht auch dessen Sprache: Wenn man die Gottesmenschen einer Gemeinschaft verlacht und verjagt, dann kommen aus dem Unbewußten, dem Wald, die Kräfte der Aggression und Zerstörung, die nun die Täter und Spötter selbst vernichten.
Wie wohltuend ist hingegen wieder die Geschichte der Brotvermehrung (2 Könige 4,42–44): Ein Mann soll mit 20 Gerstenbroten hundert Männer speisen, so daß noch viel davon übrig bleibt, denn das verspricht Jahwe. Wenn ein Mensch („Kind") Gottes den Geist Gottes austeilt, dann wird dieser nicht weniger, sondern mehr, im Überfluß mehr. Deutlich ist hier zu erkennen, daß diese Erzählung auf Jesus übertragen wurde, von dem der Glaube bekennt: Von ihm geht der lebendig machende Geist in Fülle aus, und jede Gemeinschaft bedarf seiner.
Wer vom Erlebnis der „Himmelfahrt" herkommt, von der Gemeinschaft mit dem ewigen Gott, der kann auch das Totbringende in den Gemeinschaften zum Leben verwandeln, und das heißt: Auferstehung heute!

Die Erweckung des Knaben und das Ölwunder

(2 Kön 4,8–37; 4,1–7/7. Bild)

Wie selbstverständlich im alten Israel die Auferweckung von Toten geglaubt wurde, zeigt jene eigenartige Geschichte von 2 Kön 13,20:
Elischa war bereits gestorben und begraben. Als bei der Beerdigung eines Toten plötzlich Räuberscharen hereinfielen, warf man den Toten in das Grab des Elischa. Sobald aber der Tote allein schon die Gebeine des Propheten berührte, wurde er wieder lebendig und richtete sich wieder auf. Woher diese Hoffnung, daß selbst die toten Gebeine eines Gottesmenschen andere auferwecken können?
Wie formulierten die Ägypter ähnliche Hoffnungen? Sie setzten ihre Hoffnung auf den Totengott Osiris: Er, der selbst gestorben und auferstanden ist, begegnet (so die Sprache des Mythos) dem Toten, umarmt ihn und geleitet ihn in das Land der Auferstehung, in das Jenseitsland des ewigen Lebens. Wenn wir annehmen dürfen, daß der Glaube an eine göttliche Allmacht und Liebe sich dort an die Vorstellung einer Göttergestalt heftete und hier in Israel an einen Gottesmann, so hat Israel das, was es von seinen Gott erwartet, mit der Gestalt von gotterfüllten Menschen verbunden. Wenn schon die Gebeine des Propheten, der doch gestorben war, zum Leben erweckten, um wieviel mehr die Begegnung mit jenem Gottmenschen, der von sich sagt:
„Ich bin die Auferstehung und das Leben. Wer an mich glaubt, wird leben, auch wenn er stirbt" (Joh 11,25).
Die Bilder und die Sprache der Hoffnung mögen verschieden sein, begründet sind sie nur in Gott, dem einzigen. Vielleicht hat Israel das erhoffte Wirken Gottes auf Menschen übertragen und Ägypten auf die Phantasiegestalt von Göttern. Göttliches und Menschliches, Gottheit und Menschheit sind aber in Jesus vereint.

Wir sehen auf dem Bild zwei Ereignisse dargestellt: In dem Obergemach des Hauses bemüht sich der Gottesmann Elischa um die Wiederbelebung eines Knaben. Eine vornehme Frau aus Schunem hatte dem Propheten die Gastfreundschaft ihres Hauses angeboten und ihm ein Obergemach zum Verweilen errichten lassen. Ihr Kummer bestand in ihrer Kinderlosigkeit. Der Prophet konnte ihr die Verheißung zusagen, ein Kind zu bekommen, doch dieses starb auf dem Feld. Die Trauer der Frau war so groß wie ihre Entschlossenheit: Sie ließ einen Esel satteln, um zum heiligen Gottesmann zu reiten. Auf dem Karmel traf sie den Propheten, fiel vor ihm nieder und umfaßte seine Füße: „Habe ich nicht gesagt: mache mir keine falschen Hoffnungen?“ (4,28). Elischas Diener konnte mit dem Prophetenstab den Knaben nicht erwecken. Elischa betete zum Herrn, trat an das Bett und warf sich über das Kind. Er legte seinen Mund auf dessen Mund, seine Augen auf dessen Augen, seine Hände auf dessen Hände. Als er sich so über das Kind hinstreckte, kam Wärme in dessen Leib. Siebenmal nieste der Knabe, ehe er ganz erwachte, und Elischa gab ihn seiner Mutter.

Wieder eine Totenerweckung, so, als wäre es für das alte Israel das Selbstverständlichste. Mutter und Prophet erhofften dies von Gott.

Die Liebe streitet gegen den Tod. Wenn mich jemand liebt, so sagt er zu mir: „Es freut mich, daß es dich gibt, ich will, daß du bist und bleibst!“ Weil auch mein Schöpfer so zu mir gesprochen hat, bin ich. Weil der Liebende die Macht hat, mein Leben zu erhalten, existiere ich.

Daß die Liebenden gegen den Tod ankämpfen, erzählen die Mythen vieler Völker. Die Griechen berichten vom Sänger Orpheus, der durch seinen Gesang die wilden Tiere bezwungen hatte, daß er über den Tod seiner Geliebten Eurydike untröstlich war. Die Götter erlaubten ihm, sie aus der Unterwelt zu holen, allerdings unter der Bedingung, daß er sich nie umwende, wenn sie hinter ihm herginge – anders formuliert: daß er den Weg aus dem Totenreich im vertrauenden Glauben und nicht im sich vergewissernden Wissen gehe. Er war dem Ansturm der Geister des Zweifels nicht gewachsen und als er sich umwandte, verschwand die Geliebte für immer in den Tod.

Die Ägypter erzählen von dem Götterpaar Isis und Osiris, Geliebte und Geschwister zugleich. Als Osiris von seinem Bruder Seth (die Wüste) erschlagen und in Stücke zerrissen wurde, sammelte die liebende Isis die Stücke seines Leichnams ein und brütete sie wie ein Sperberweibchen zu neuem Leben aus – die Mutterliebe ist stärker als der Tod hier. Vielleicht ist die Hoffnung dieser Liebe gegen den Tod deswegen nicht vergeblich, weil sie in den Bereich des Göttlichen verlegt wurde.

Auf unserem Bild sehen wir eine Mutter, die sich mit dem Tod ihres geliebten Kindes nicht abfinden will, und einen Gottesmann, der auf die Macht Gottes vertraut, daß Gott der Liebenden das geliebte Kind zurückgeben will und kann. Auch hier vereinigt sich Menschliches und Göttliches: die Hoffnung menschlicher Liebe auf die göttliche Macht, die den Tod überwinden kann und will.

Im Unterschied zur griechischen Orpheussage ist diese biblische Erzählung vom Glauben und nicht von der Resignation getragen. Im Unterschied zu den Ägyptern wird hier die Hoffnung von liebenden Menschen und nicht von Gott erzählt, doch von dem in seiner Liebe allmächtigen Gott verwirklicht. So mag diese entschlossene und gegen den Tod ankämpfende Mutter selbst ein Symbol der göttlichen Schöpferliebe sein – die Schunemitin beinahe eine auf die Erde vom Himmel herabgezogene Isis. Und der Gottesmann: Legt er sich nicht so zweimal über das Kind, es von Mund zu Mund beatmend, als würde ein Vogel seine Eier ausbrüten? Will er es mit dem Lebenshauch und mit dem

Lebenswort Gottes neu beleben? Gehen wir zu weit, wenn wir in dieser biblischen Erzählung (wie vorher schon in der sonnenhaften Himmelfahrt Elijas) einen Einfluß ägyptischer oder gemeinmenschlicher Hoffnungsbilder sehen?
Wenn die Liebe gegen den Tod streitet und ihn nicht anerkennen will, dann führt wohl auch nur die zur Hoffnung gewordene Liebe zu einem Glauben an die Auferstehung oder an die Unsterblichkeit des Menschen, weil er sich von Gott geliebt und so absolut getragen weiß. Dann ist es wohl auch kein Zufall, daß dieser Auferweckungsgeschichte die Erzählungen von der Wiederbelebung der vergifteten Gemeinschaft der Prophetenjünger vorausgehen. Nur wer die Liebe erfahren hat und sich zu ihr auch bekennt, wird sich zu einem Glauben bekennen können, der – gestützt auf das Schöpferwort seines Gottes – weiß, daß der Tod überwunden wird. Weil die Liebe stärker ist, ist sie auch das letzte Wort über den Menschen.
Die Liebe gebiert die Hoffnung und die Hoffnung heftet sich als Glaube an Gott. Denn wer zu einem Menschen einmal absolut ja gesagt hat, der will, daß dieses Ja auch bleibe. Weil aber die Kraft des Menschen, den anderen im Leben zu halten, zu gering ist, wendet er sich vertrauend an Gott, der durch sein Schöpfungswort schon einmal und zwar endgültig Ja zum Menschen gesagt hat. Wenn aber beinahe alle Erzählungen um den Gottesmann Elischa Bilder der Hoffnung auf ein ewiges Leben entwerfen, so doch deswegen, weil es ihnen immer auch um Liebe, Freundschaft und Gemeinschaft geht.
Die Erzählung von 2 Kön 4,1–7 weist nun darauf hin, daß der Liebe auch der Tod durch die Habsucht der Menschen drohen kann. Eine der Frauen der Prophetenjünger wendet sich laut rufend an Elischa: Ihr Mann ist gestorben – nun kommt der Gläubiger, um sich beide Söhne als Sklaven zu nehmen! Mutter und Kinder sollen auseinander gerissen, die Kinder versklavt und ausgebeutet werden. Millionenfach ist dieser Tod, diese Entzweiung der Liebe praktiziert worden, man denke nur an die Ausbeutung, Versklavung und Vernichtung der Völker Lateinamerikas. Diese Erzählung ist wie ein Hilfeschrei von Millionen von Menschen und will als solcher gehört werden. Darum sagt Elischa auch zur Frau: „Was kann ich für dich tun?" (4,2). Man mag diese Erzählung wie eine Aufforderung zum Handeln und gleichzeitig wie ein Gebet lesen. Der Prophet fordert die Frau und ihre Nachbarn auf, alles an Gefäßen zusammenzutragen, was nur erreichbar ist – alles an Nachbarschaftshilfe und Solidarität der drohenden Ausbeutung und Versklavung entgegenzusetzen, damit eine Gegenbewegung der Liebe entstehe. Die Verheißung des Glaubens baut nun darauf, daß auch Gott das Seine tun wird.

Die Heilung des Feldherrn Naaman

(2 Kön 5,1–27/8. Bild)

Wer ist dieser Mann, der da in den geheimnisvollen Fluten steht, die voll beängstigender Fabelwesen sind? Ist es ein Menschenschicksal, das in die Tiefe abgesunken ist und sich hilfesuchend in die Höhe streckt? Wer wäre ich, wenn ich dieser Mensch wäre? Wie erginge es mir? Ich wäre ein siegreicher Feldherr mit großem Ansehen bei meinem König und vor dem Volke. Ich wäre ein Mann in der Blüte meiner Jahre und Kraft – aber an

Aussatz erkrankt; ein Mensch voll Leben, Kraft und Karriere, wenn ich nicht die Schrekkensmeldung erhalten hätte, daß ich an Aussatz (oder Krebs) erkrankt bin. Der Tod begegnet mir mitten im Leben.

Ein kriegsgefangenes Mädchen im Dienste dieser Familie sollte zur Frohbotin werden, zur Verkünderin der Hoffnung auch für mich: „Wäre mein Herr doch beim Propheten in Samaria, er würde seinen Aussatz heilen" (5,3). Ein anonymes Mädchen, eine Kriegsgefangene wird zur Verkünderin der Frohbotschaft!

So kommt Naaman mit seinen Pferden und Wagen vor das Haus des Propheten; als dieser zu ihm lediglich einen Boten hinausschickt und ihm sagen läßt, daß er sich siebenmal im Jordan waschen solle, wird dieser zornig: „Ich dachte, er würde herauskommen, vor mich hintreten, und den Namen Jahwes, seines Gottes, anrufen, seine Hand über die kranke Stelle bewegen und so den Aussatz heilen. Sind nicht die Flüsse von Damaskus besser als alle Gewässer Israels?" (5,11f). Er ist gekränkt und fühlt sich verspottet, denn seine Kategorien sind durcheinander gekommen: Vor dem Gottesmann nützen ihm weder Wagen noch Reichtum, weder das Schreiben des Königs noch dessen Macht. Wieviele Jahre braucht wohl im Durchschnitt ein Mensch, um diese Erkenntnis gewinnen zu können? Um zu erkennen, daß vor Gott nicht Reichtum, sondern Armut empfangsbereit macht?

Wieder ist es Liebe, nämlich die Zuneigung seiner Diener, die zum Umdenken verhilft; sie sagen: „Wenn der Prophet etwas Schweres von dir verlangt hätte, würdest du es tun? Wieviel mehr jetzt, da er zu dir gesagt hat: Wasch dich und du wirst rein!" (5,13). Wasch dich und tauch siebenmal im Flusse unter – im Wasser des Unbewußten, in den Tiefen der Seele und ihrer Vergangenheit: Ist die Tiefe des Vertrauens gemeint, das sich auf Gott einläßt? Tauch unter und du wirst rein, du wirst leben und nicht sterben! Sein Leib war „gesund wie der Leib eines Kindes" (5,14).

Schauen wir auf das Wasser: Welche Unwesen aus meiner Vergangenheit, Phantome der Bedrohung, Gestalten der Agression hausen in meinem Unbewußten? Wir sehen im Wasser ein Beil, es erinnert an eine andere Elischageschichte: Als Jünger im Jordangraben zum Hausbau Holz hackten, fiel ein Beil ins Wasser, doch Elischa holte es herauf (2 Kön 6,1–7) – kann ein Gottesmann Verdrängtes und Abgesunkenes wieder aus der Seele heraufholen?

Das Bild erinnert auch an die Taufe Jesu: Mit Jesus zusammen wurden auch wir begraben, eingetaucht, um mit ihm auch zu leben, ewig zu leben. Auch Naaman konnte nach dieser seiner Taufe bekennen: „Jetzt weiß ich, daß es nirgends auf der Erde einen Gott gibt außer in Israel" (5,15). Er nahm noch so viel Erde aus Israel mit, wie zwei Maultiere tragen konnten, um auch im heidnischen Land den wahren Gott auf Israels Erde anbeten zu können.

Ein neuer Boden unter unseren Füßen, ein Geschenk des neuen Gottvertrauens wird uns auch im Leben weiterhin tragen. Man kann sich nicht in dieses Bild teilnahmslos versenken, denn es spiegelt die eigene Geschichte des Lebens und Glaubens wider, in der die Erfahrung des andrängenden Todes zur Wiedergeburt wird.

Neben den Ausdrücken „Himmelfahrt" und „Auferweckung" tritt nun der neue Begriff „Wiedergeburt". Es ist erstaunlich, wie schon in der Frühzeit Israels der Glaube an ein ewiges Leben unbefangen in verschiedenen Bildern ausgedrückt wird – haben hier die Hoffnungsbilder der ägyptischen Mythologie Pate gestanden? Wenn auch das Bekenntnis und die Sprache des Glaubens verschieden sind, die Bilder der Hoffnung mögen allen Völkern gemeinsam sein.

Zunächst gehe ich meinen Rettungsweg mit der Hilfe von Protektion, Macht und Beziehung, denn mein „König“ schickt mich zum König Israels (vielleicht zu einem prominenten Arzt). Er gibt mir viel, viel Geld mit und sein Schreiben – er, mein Protektor.
Der König von Israel erkennt aber diese Versuchung und Anmaßung, denn er zerreißt seine Kleider und ruft verzweifelt: „Bin ich denn ein Gott, der töten und zum Leben erwecken kann?“ (5,7). Einer, der erkennt, worum es hier wirklich geht: um die Frage von Leben und Tod, die nicht mehr in der Hand eines Menschen, sondern nur noch in der Hand Gottes steht.
Aus der Sackgasse des Machbaren, der Macht und Ohnmacht führt der Gottesmann heraus. Als nämlich Elischa hört, der König habe aus Verzweiflung seine Kleider zerrissen, läßt er ihm sagen: „Warum hast du deine Kleider zerrissen? Naaman soll zu mir kommen, dann wird er erfahren, daß es in Israel einen Propheten gibt“ (5,8). Die Frage wird also dorthin verlegt, wo sie allein beantwortbar ist. Wenn es um Leben und Tod geht, um die Bewahrung vor dem Tod oder um das Leben nach dem Tod (ist das eine das Gleichnis für das andere?), dann kann nur von Gott her eine Wendung kommen.
Lehrreich ist der kurze Nachtrag um den Prophetendiener Gehasi: Er erschwindelt sich durch eine Lüge von dem dankbaren Naaman Kleider und Silber, Elischa durchschaut ihn von ferne und Gehasi wird wie zur Strafe mit dem Aussatz geschlagen. Vergleicht man Schuld und Strafe auf moralischer Ebene miteinander, dann mag die Strafe unangemessen groß sein. Sieht man alles aber systemisch, dann hat Gehasi mit Lug und Trug zum Reichtum gegriffen und die Armut vor Gott, die den religiösen, gottesfürchtigen Menschen allein auszeichnen sollte, verlassen. Er ist also selbst in das andere, das letztlich totgeweihte System eingetreten, wovor auch ein Prophetenjünger nicht gefeit ist.

Elischa stiftet Frieden

(2 Kön 6,8–23/9. Bild)

Die Elischaerzählungen sind von einer scheinbar naiven, doch hohen Erzählkunst: Sie werden in wunderbare Strukturen gegliedert, bringen historische Details und kulturelle Gegebenheiten bisweilen sehr exakt, geben die entscheidenden Aussagen in tiefen Dialogen wieder und sind andererseits dann wieder von wunderbaren Symbolen durchzogen, die so nur in der Sprache der Legende oder des Mythos vorkommen. Drei Elemente ergeben hier ein überzeugendes Ganzes: die hohe Erzählkunst, die hoffnungsstarken Bekenntnisse des Glaubens und die Sprache der Bildsymbolik. So auch in der uns vorliegenden Erzählung und Bilddarstellung:
Wir sehen das Bild als eine Art Mandala: die Mitte bildet der Gottesmann mit seinem verängstigten Diener, umgeben von einer schützenden Stadtmauer und wilden Rossen, die teils ein feindlich-dunkles, teils ein feuriges Heer andeuten wollen. Die Ausgangslage ist folgende:
Der König von Aram führt Krieg mit Israel. Der erste Satz versetzt uns in die große Welt der Politik und zwischen Könige und Reiche, Krieg und Frieden. Der berufene Gottes-

mann und Prophet soll über den Bereich der Familien und Jüngerschaft hinaus Gottes Wirken auch in der großen Welt der Mächtigen und ihrer Politik zeigen. Dieses Eingreifen und Wirken Gottes wird mit Hilfe des Symbols und der Metapher geoffenbart. Zunächst einmal schützt der Gottesmensch vor Feindschaft, Überfall und Schaden – so als sollte er den Zustand des Friedens aufrecht erhalten: Er tut es dadurch, daß er wie ein Hellseher seinen König und seine Leute von den Orten der Gefahr fernhält.
Der gottlose Mensch jedoch scheint ein Gespür zu haben, wer in der Kraft Gottes so handelt, daß sich die Opfer der Aggression vor ihr zu schützen wissen. Die Feinde des göttlichen Friedenswillens werden auch zu Feinden der Gottesmenschen. Der beunruhigte König von Aram tut alles, um den Friedensmenschen aufzuspüren und ihn festnehmen zu lassen. So werden die Friedensmenschen Gottes selbst zum Ziel und zum Opfer der Aggression.
Eine starke feindliche Heeresmacht erreicht den Ort der Gottesmenschen und umstellt die Stadt, so daß sich der Prophetendiener mit gewissem Recht ängstigt: „Wehe, mein Herr, was sollen wir tun?" (6,15). Die Antwort des Propheten ist die uralte Gottesantwort, wie dieser sie durch Engel oder Propheten seit Jahrtausenden schon verkündet: „Fürchte dich nicht! Bei uns sind mehr als bei ihnen!" (6,16). Und gleich darauf die weitere Aufgabe eines Propheten – er betet, er bittet um Erkenntnis des Glaubens: „Herr öffne ihm die Augen, damit er sieht" (6,17). Was soll der Diener sehen? Als Gott ihm die Augen öffnet, sieht er die Berge rings um Elischa „voll von feurigen Pferden und Wagen". Der im Glauben Sehende weiß sich von der Macht Gottes umgeben und darf sich mit den Worten des Psalmes sagen: „Du brauchst dich vor dem Schrecken der Nacht nicht zu fürchten noch vor dem Pfeil, der am Tag dahinfliegt. Dir begegnet kein Unheil, kein Unglück naht deinem Zelt" (Ps 91,5.10). Gott bewahrt ihn nicht nur vor diesem und jenem, sondern: Du bist mir „Zuflucht und Burg" – Gott selbst ist der Schutz des Menschen.
Wer im Glauben so wissend und sehend geworden ist, kann als Vermittler in Haß und Krieg dienen. Er kann sich nämlich zwischen die verfeindeten Parteien begeben, ohne daß er Angst hat, zwischen zwei Mühlsteine zu geraten und zermalmt zu werden. Das Wissen um die Gegenwart Gottes vermittelt Sicherheit, Mut und Handlungskraft. Dieses vermittelnde Handeln wird als bewirkte „Bewußtseinsveränderung" beschrieben, in der Sprache der Legende heißt das: „Herr, schlag doch diese Leute mit Verblendung!" oder „Öffne ihnen die Augen!" Das will besagen, daß die Menschen die Wirklichkeit anders zu sehen beginnen; damit sie mit geöffneten oder verschlossenen Augen zu Wissenden und Sehenden eigener Art werden. So gelingt es dem Propheten, daß er die feindlichen Heere, die verfeindeten Menschen zu einer Begegnung zusammenbringt, deren Wirklichkeitssinn sie zunächst nicht erfassen und wogegen sie sich darum auch nicht wehren können. Welcher Mühe bedarf es oft, Verfeindete an einen Tisch zu bringen, ehe sie überhaupt miteinander zu reden beginnen!
Als die feindlichen Scharen nun plötzlich ungeschützt im Hof des Königs von Samaria stehen, will dieser die Gunst der Stunde nützen: „Soll ich sie totschlagen?" Die Antwort des Propheten: „Töte sie nicht! Erschlägst du denn jene, die du gefangen nimmst? Setze ihnen Brot und Wasser vor, damit sie essen und trinken und dann zu ihrem Herrn zurückkehren" (6,21f). Den Feindesscharen hatte der Prophet gesagt: „Euer Weg ist nicht der richtige Weg!" und diesem König sagt er: „Tu deinen Feinden Gutes!" Die verfeindeten Scharen trennen sich und mit einem nur kurzen Satz wird das Wunder erzählt, das Gott durch seine Propheten gewirkt hatte: Seitdem kamen keine aramäischen Streitscharen mehr ins Land (vgl. 6,23).

Hier wird von einer „Totenerweckung“ eigener Art erzählt: Der Übergang vom Krieg zum Frieden, vom Haß zur aktiven Feindesliebe, vom Reich des Todes zum Reich Gottes auf Erden, das in Geschichte und Gesellschaft verwirklicht wird.

Verarbeitungsformen zu den Prophetengeschichten

Zeichnen und malen

Bildstreifen, Ablaufskizzen, Comics fangen die Erzählzyklen (vor allem die Elischageschichten) nachhaltig ein. Sprechblasen können Impulse zur Aktualisierung oder Verfremdung abgeben (Asterix ...).
Aus der Versenkung heraus kann man eine Person (Bileam vor dem Engel, Elija in der Wüste, Naaman im Wasser) als Figur auf dem jeweiligen (auch persönlich gefärbten) Hintergrund symbolisch als Farbflecke gestalten. Ein hohes „Kirchenfenster“ nach dem Beispiel von Chagall mit zwei Motiven übereinander gestalten: unten die düstere Todesgeschichte Sauls und allmählich, nach oben übergehend, die helle Himmelfahrt Elijas, oder Elija in der Wüste und darüber auf dem Berg der Gotteserfahrung: die Farbveränderung von unten nach oben löst im Maler einen Prozeß aus.
Die Wunder Elischas als Hinterglas- oder Votivbilder malen. Den ganzen Raum mit einem großen Freskenzyklus als Wandfries auf Packpapier schmücken (die einzelnen Erzählungen werden auf verschiedene Schüler verteilt) ...

Spielen

Einfache Rollenspiele (frei oder gelenkt) verleiblichen die Heilungserzählungen. Als Diskussionsrunde können die Beteiligten: Bileam, Saul und Elija (wie im Fernsehen) an einem Tisch sitzen und über das Ereignis rückschauend diskutieren. Dabei müssen sie Fragen aus dem „Publikum“ beantworten (ein Topmanager fragt Bileam ...). Das ersehnte Wunder (Entgiftung der Gemeinschaft, Heilung von dem eigenen „Aussatz“) selbst als Pantomime spielen.
Das große Bibliodrama des Sterbens von Saul und Elija gestalten: Der Besuch Sauls bei der Seherin ist wie eine Deutelegende vor seinem und seiner Söhne Tod in der Schlacht; die Totenklage Davids als vermutlich einziger authentischer Davidsgesang werden wie die Passion am Karfreitag mit verteilten Rollen und untermalt von einem Gong oder von Orffinstrumenten groß (in einer Kirche) aufgeführt; allerdings muß nach diesem tragischen Tod die Himmelfahrt des Elija unmittelbar folgen, weil damit jeder düstere Tod erlöst erscheint; Gebet oder betroffenes Schweigen dienen dazu besser als Diskussion (die allerdings in Selbsterfahrungsgruppen als Sharing unbedingt nötig ist). Die Himmelfahrt des Elija kann man als Geschichte einer Freundschaft und Sterbebegleitung auch in Altersheimen von Jugendlichen spielen lassen ...

Dichten und schreiben

Rundumgeschichten (d.h. einer beginnt, der andere erzählt weiter) als freie Nacherzählung zuerst mündlich, dann schriftlich festhalten.
Aktualisierungen: Bileam als ein überaktiver Politiker schreibt nach einem Herzinfarkt seiner Frau; ein Freund oder Therapeut schreibt einem Depressiven (man denke an den Brief Rilkes an einen lebensmüden jungen Mann); die Seherin von En-Dor erzählt als Seelsorgerin von ihren Haus- oder Krankenbesuchen; Elija erkennt seinen Weg von der Wüste bis zur Gotteserfahrung auf dem Horeb als seine „Schamanenreise“: manche Krisen aus dem eigenen Leben können so eine sinnstiftende Deutung erfahren. Die Elischa-Wundergeschichten können aus ihrer Vergangenheit und aus ihrem mythischen Kleid herausgenommen und in die heutige Zeit versetzt und niedergeschrieben werden, wobei man sich verschiedener literarischer Gattungen bedient (von der Zeitungsreportage bis zum Interview).
Eine Friedenskonferenz der UNO spielen und dabei den Friedensstifter Elischa auftreten und Rat geben lassen. Briefwechsel einer Freundschaft zwischen Elija und Elischa: die Briefschreiber können dabei durchaus zwei Personen sein. Eine Hymne an die Himmelfahrt des Elija verfassen, wodurch das eigene Sterben eine Sinndeutung erfährt. Einen Hymnus an Christus, den Erhöhten lesen und beten. Die Verklärung Christi auf dem Tabor als Gespräch mit Elija und Mose ausphantasieren, dabei mehr Fragen als Antworten stellen. Mit seiner eigenen Seele wie mit der Seherin von En-Dor sprechen.
Zu den einzelnen Bildern Fürbitten für die heutige Zeit formulieren: für die Todkranken, für jene, die sich zu Tode arbeiten; für die Selbstmordgefährdeten, für die Vergifteten ...

Gestaltkatechese – kritisch und rational

Mit Gestaltpädagogik und -katechese wird zumeist (und das mit Recht) musisches, kreatives und emotionales Arbeiten assoziiert. Daran heftet sich dann die Kritik, daß solches Arbeiten im Raum der Schule schwer und bei Jugendlichen höherer Klassen überhaupt nicht möglich sei, denn (so wird behauptet) der Raum der Freiheit wäre nicht gegeben; die Zeit der musischen Entfaltung fehle und überhaupt stünde der Leistungsanspruch der Schule gegen ein so schwer klassifizierbares – eben „außerschulisches“ – Lernverhalten. Wie sehr hier unsere gegenwärtige Anschauung von „Schule“ an dieser Kritik interesseführend ist, mag der Hinweis auf die peripatetische, also die „lustwandelnde“ Schule Aristoteles’ aufzeigen. Dennoch: das Musische ist *auch* rational – aber eben auf seine Weise, die wir nun darlegen wollen.

Wahrnehmung der jeweiligen Wirklichkeit: die Anschauung

Unter „Anschauung“ versteht die Tradition (Kant, Pestalozzi ...) die Wahrnehmung der jeweiligen Wirklichkeit („Gestalt“): *dieser* Baum wird angeschaut; *dieser* Vogelton wird

gehört; ein ganz bestimmter Geruch zieht von der Grillwiese herüber; die Schulbank fühlt sich so hart an; das kühle Wasser schmeckt meinem ausgedörrten Gaumen ... Wir nehmen hier jeweils eine bestimmte Wirklichkeit (Gestalt) mit unseren Sinnen in ihrer Qualität, in ihrer Tatsächlichkeit, aber auch (weil das begriffliche Wahrnehmen miteingeschlossen ist) in ihrer erkennbaren, noetischen Wesensart wahr.
Diese Art der konkreten Wahrnehmung gilt auch noch im übertragenen Sinn: dieses Wort schmeckt bitter; jene Einstellung sehe ich nicht gerne; die Sache stinkt nach etwas, ist anrüchig ... Wir übertragen Sinnesqualitäten auf geistige Tatsachen, Vorgänge, ja Vermutungen, beurteilen und bewerten sie mit den Erfahrungen aus der Sinneswelt.
Wenn die Gestaltarbeit in der Schule sehr bewußt auf dieser Ebene der Wirklichkeitsbegegnung verharrt, so bringt sie Schüler und Lehrer zum Kontakt und zur realen Begegnung mit den jeweiligen Wirklichkeiten (Gestalten). Diese werden sozusagen aus erster und nicht (wie oft durch die Massenmedien) aus zweiter oder dritter Hand vermitteln. Sie hinterlassen dann einen „Eindruck“, einen „Geschmack“ oder mit anderen Worten: sie stellen eine Beziehung zur Person des Schülers her und vermitteln ein persönlich bedeutsames Lernen.

Die Folgerung zum Begriff

Bevor wir nun in der Gestaltunterweisung auf die Verallgemeinerung, also auf die Abstraktion vom Konkreten, übergehen, erweitern wir die Erfahrung, vertiefen und übertragen sie auf andere Gebiete: Was fällt euch dazu noch ein? Was gehört hier noch her? Was führt über das hinaus und wohin? Wem fällt dazu eine eigene Erfahrung ein? Wer möchte dazu etwas sagen ... auch wenn es scheinbar gar nicht zur Sache gehört? Auf welchen Gebieten finden sich ähnliche Wahrnehmungen? – So und in vielen anderen Wendungen bleibt der Lehrer beim Konkreten, erweitert es aber auf das Umfeld, auf den Hintergrund von Sache und Schüler und auf andere Ebenen. Diese Assoziationen erweitern indessen ja nicht nur das „Sachfeld“ und den Einblick darin, sondern auch den Seelenhintergrund und mit ihm die Aufmerksamkeit und Aufnahmefähigkeit des Schülers. C. G. Jung nennt dieses Verfahren in seiner Traumarbeit das Amplifizieren.
Gewiß, diese geistige Arbeit ist ein Begreifen durchaus mit Begriffen; ein Verstehen kraft des Verstandes, doch es verbleibt „im Bild“, am Beispiel (an der „Gestalt“) und vollzieht sich oft in Metaphern – mit anderen Worten: vorzüglich mit der rechten Gehirnhälfte. Wir befinden uns dabei in der Nachbarschaft der Dichter, der Volksmärchen und eben auch der Kinder. Als den alten Ägyptern geistig ganz klar wurde, daß die Identität des Menschen mit der Auflösung des Leibes nicht gleichzeitig auch mitverschwindet, sondern auf irgendeine Weise erhalten bleibt, konnten sie diese Einsicht nicht mit abstrakten Begriffen ausdrücken, sondern in einem Mythos, in der Erzählung vom geheimnisvollen Vogel Phönix. Dieser verbrennt zwar, er hebt sich aber unversehrt aus der Asche und fliegt wieder zum Himmel auf. – So der Mensch: unter seiner materiellen Identität west seine immaterielle und diese ver-„west“ nicht. Ist ein solches anschauliches Denken nicht so exakt wie schön zugleich? Verrät es nicht höchste geistige Anstrengung und poetische Schau? Ist es nicht das Ergebnis sehr langer Denkprozesse und gleichzeitig immer neu zu Herzen gehend? Einen solchen Unterricht wünschen wir uns auch in der Gestaltkatechese!

Wir gehen noch einen Schritt weiter: Der Begriff abstrahiert von allen kategorialen Zufälligkeiten und von allen individuellen Merkmalen und gewinnt dadurch eine saubere Definition – definire heißt eben: abgrenzen und unterscheiden: „Dieses ist das und nichts anderes." Man weiß, woran man ist. Das Gemeinte bleibt aber im Gefängnis seiner Definition, denn wenn es dies und nichts anderes ist, dann kann es keine Metapher für „mehr", für einen Seinsüberhang sein. Ja, es kann nicht als Aufleuchten des Seins überhaupt verstanden werden. Es kann also nicht zum ontologischen Symbol des Seins werden. Dieser Sachverhalt kommt in der folgenden Skizze zur Darstellung: Der Kreis in der Mitte meint verschiedene Wirklichkeiten („Gestalten"), die man eben als Wirklichkeit oder als Begriff betrachten kann; (als Beispiele sind genannt: Vater, Baum usw.) Die Diagonale von links unten nach rechts oben betrachtet die Dinge als konkrete Wirklichkeiten, die als Ausdruck des Seins zum unendlichen Sein hin offen sind und darum für den Glauben zum Symbol werden können; die graphische Form der Glocke zeigt diese Offenheit an. Die Diagonale von rechts unten nach links oben betrachtet die Dinge als Begriff; die Grafik des Quadrats zeigt dessen Abgeschlossenheit genauso wie den Erkenntnisakt lediglich als logische Zustimmung (worin auch die Grenze der Theologie im Unterschied zum größeren Glaubensakt liegt). Das Gestaltdenken meidet nicht den Begriff, beschränkt aber die Dinge nicht darauf, damit sie symbolfähig für das Sein an sich bleiben. Wir explizieren das an einigen biblischen Legenden.

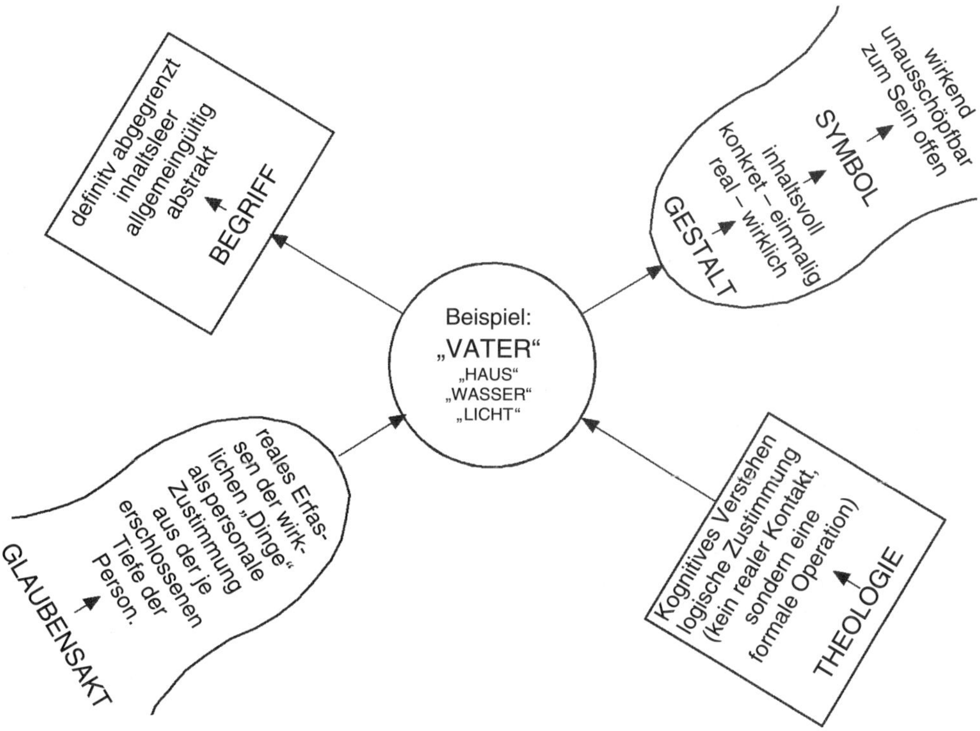

Der Unterschied zwischen Gestalt und Begriff
(vgl. F. Weinhandl, Über das aufschließende Symbol, Berlin 1929; W. F. Otto, Die Gestalt und das Sein, Darmstadt 1959; F. Prammer, Die philosophische Hermeneutik, Innsbruck 1988.)

Der Vogel Phönix in der Bibel

Natürlich erwähnt die Bibel den Mythos des Vogels Phönix nicht – aber sie tastet sich mit Bildern und Gedanken an die Hoffnung heran, daß die Identität des Menschen (durch Gott) bewahrt bleibt, auch wenn sein irdisches Kleid in Staub und Asche zerfällt.
Viele Erzählungen der Bibel kreisen um das Thema: Leben nach dem Tod, ewiges Leben, Leben bei Gott ... Antworten auf diese grundlegenden Fragen der Menschheit werden auf verschiedene Weisen zu geben versucht: König Saul geht in der Nacht vor seinem Selbstmord zu einer Totenbeschwörerin; es erscheint ihm Samuel, der ihm sagt, Saul werde morgen bei ihm im Totenreich sein. Der Prophet Elischa erweckt einen toten Knaben zum Leben – allerdings zu einem Leben wieder in dieser Welt, eine Rückkehr aus dem Totenreich sozusagen. Ganz geheimnisvoll ist die Erzählung, daß man einen Toten aus Angst vor Räubern in das offene Grab des Propheten Elischa wirft und dieser durch die Berührung mit den Prophetengebeinen zum Leben erweckt wird – so, als würde der Tote dem Totengott Osiris begegnet sein, der ihm zum Leben mit „hinüber" nimmt. Die großartigste Erzählung dieser Art des Ersten Testamentes aber bleibt: die Himmelfahrt des Propheten Elija – ein Heimgang zu Gott, zu Jahwe über dieses Leben hinaus. Wie muß doch das alte Israel die Frage nach dem Leben jenseits dieses Lebens beschäftigt haben!
Ich lege nun Denkvorschläge, Material und Zusammenschauen vor, die ein Lehrer, eine Katechetin mit kritisch denkenden Jugendlichen und Erwachsenen aufgreifen und zum Diskurs bringen kann – so jedoch, daß das Denken immer im Bilde und an den Gestalten bleibt. So mag sich die Gestaltkatechese durchaus von einem kritischen Niveau und von einem hohen denkerischen Anspruch zeigen.
Wir stellen uns die Frage, was aus den heidnischen Mythen wird, wenn sie mit dem Jahweglauben in Berührung kommen: lehnt dieser sie ab? Nimmt er sie auf und verwandelt er sie, etwa zu Legenden? Können heidnische Mythen Bilder für den biblischen Glauben werden? Leben diese Bilder in den Seelen weiter, damals wie heute? Welche Bilder nähren den Glauben?

Mythos – Glaube – Legende

Der Mythos

Die Sonne ist das lebenspendende Gestirn. Ohne sie gäbe es nur Kälte und Tod. Kein Wunder, daß sie von den Naturvölkern als eine Gottheit verehrt wurde. Selbst Jesus sieht sie als ein Symbol der allen Menschen geltenden Barmherzigkeit Gottes, der *seine* Sonne aufgehen läßt über Gute und Böse. Als Schulkind lief ich beinahe täglich den Hügel hinter unserem Haus hinauf, um den untergehenden Feuerball der Sonne zu bestaunen. Und als Jugendlicher schloß ich mich denen an, für die das faszinierende Erlebnis des Sonnenaufganges die Anstrengung einer Bergbesteigung noch zur Nachttiefe lohnte. Vielleicht können viele Menschen ihren Schöpfer auch deswegen nicht mehr finden, weil ihnen seine Geschöpfe in der Natur so wenig auf ihn selbst hin durchscheinend werden. Die japanischen Kurzgedichte nennen Gott nie mit Namen, lassen aber sein Mysterium (das Tao) stets erahnen – so wird die Natur zum Fenster auf den Ewigen hinaus.

Für die Naturvölker und für die Kinder ist es wiederum wie selbstverständlich, daß die Sonne, und mit ihr zusammen, Berge und Bäume, Pflanzen und Tiere menschliche Züge annehmen. Auch im Psalm 19 wird der Sonnenball mit einem Helden verglichen, der am Morgen wie in einer Rennbahn seinen Tagesablauf startet, oder wie ein Bräutigam jauchzend aus seinem Brautzelt tritt (Ps 19,6f.).

Verschmelzen nun die Dinge der Natur, die als Symbole für Gott geahnt werden, mit ihrer Vorstellung als Menschengestalten, so bevölkert sich der Kosmos mit Göttergestalten wie etwa dem Sonnengott Helios, Amun oder wie dem Meeresgott Poseidon, ein Vorgang, der von religiösen Weisen und Religionsphilosophen schon immer als Vielgestaltigkeit symbolischer Art für das *eine* Gottesmysterium betrachtet wurde.

Der Glaube

Der leidenschaftliche Monotheismus Israels hat den Götterhimmel in jahrhundertelangem Kampf entmythologisiert. Im Schöpfungsgedicht (Gen 1) sind Sonne und Mond von Gott nur als Leuchtkörper an den Himmel geheftet. Dennoch kann Gott, will man über ihn nicht nur schweigen, durch seine Geschöpfe hindurch erkannt werden (vgl. Röm 1,19f.). Er wird als „Licht"der Wahrheit genauso gepriesen, wie als „Quelle" des Lebens, als „Berg", der Schutz gibt und als „Atemhauch", der wiederbelebt.

Es ist spannend zu beobachten, daß dennoch manche Göttermythen in biblische Erzählungen eingeflossen sind. So ist die Erzählung über den Helden Samson durchaus eine Übernahme der Heraklessage oder sogar des Sonnenmythos. Der Kampf gegen die Philister wird wie zum Symbol für den Kampf gegen das Böse. Der Sonnenheld Samson verliert seine Kraft, wie die Sonne ihre Strahlen, das sind ihre „Haare", die sie – er – durch die Nacht (durch „Dalilah") verliert. Im Sinne des Eingottglaubens ist es aber folgerichtig, daß mythische Geschichten von Göttern als Geschichten von *Menschen* auf der Erde erzählt werden. Diese Entmythologisierung verzichtet aber nicht auf die Bildsprache, sondern dichtet die Symbole einfach den menschlichen Helden an – und so wird aus einem Mythos eine Legende, eine Erzählung von Menschen mit symbolischer Ausschmückung. Was wollen uns nun diese Geschichten ans Herz legen?

Die Legenden

Die Bibel holt die Göttergeschichten vom Himmel auf die Erde herab. Tut sie das auch mit den Symbolen? Was will der Bildüberhang, was will die Symbolsprache darüber hinaus noch sagen?

Halten wir fest: Die biblischen Legenden berichten von Menschen als Geschöpfe des einzigen Gottes, umhüllen diese aber mit wunderbaren Begebenheiten und symbolischen Zügen, welche die Heiden von ihren Göttern zu erzählen wußten. Will die Bibel die Menschen Gottes mit dem Glanz Gottes umhüllen? Die Bibel gibt durchaus Gott, was Gottes ist, und dem Menschen, was des Menschen ist – aber gibt sie nicht auch dem Menschen etwas von dem, was Gottes ist?

Die Ausschmückung von Menschengeschichten mit Gottessymbolen will in der Weise der Bildsprache wohl sagen: Gott gibt euch viel von seinem Licht, läßt euch trinken von seiner Lebensquelle, stärkt euch mit seiner Kraft, reinigt euch mit seiner Heiligkeit, erweckt euch zu seinem unzerstörbaren Leben, entgiftet eure Gemeinschaften durch seine Liebe und holt euch in seine ewige Heimat, die er selbst ist. Solche biblischen Legenden sind demnach Glaubensbekenntnisse in der Weise der symbolischen Erzählung. Sie schöpfen sowohl aus der Glaubenserfahrung Israels wie aus der Bildersprache der Völker.
Sie berufen sich auf die Glaubenserfahrung vergangener Geschlechter, der „Väter" und stellen sie als Hoffnungsgeschichten so vor jeden hin, daß sein Leben sich danach ausstrecken und darauf richten kann. Die historische Forschung mag Ereignisse von Menschen ausfindig machen; die Verkündigung des Glaubens schöpft deren Gotteserfahrung aus – und dies mit Hilfe urmenschlicher, archetypischer Bildersprache. Auch der Bibel ist diese Bildersprache bekannt, insofern sie die Natur als die „wortlose" Verkünderin der Herrlichkeit Gottes ansieht:

> Die Himmel rühmen die Herrlichkeit Gottes,
> vom Werk seiner Hände kündet das Firmament.
> Ein Tag sagt es dem anderen,
> eine Nacht tut es der anderen kund,
> ohne Worte, ohne Reden,
> unhörbar bleibt ihre Stimme.
> Doch ihre Botschaft geht in die ganze Welt hinaus,
> ihre Kunde bis zu den Enden der Erde.
> *(Ps 19,2–5)*

Betrachten wir so die Erzählung von der Himmelfahrt des Elija: Ein geschichtlich greifbarer Gottesmann, durch und durch ein Geschöpf Gottes, ein Eiferer für den Monotheismus, wird nun plötzlich (so bringt es die Erzählung, als gäbe es damit keine Probleme) vom Wagen und von den Pferden des Sonnengottes Helios (Amun, wie ihn die Ägypter nennen) in den Himmel heimgeholt: Soll aus Elija ein Sonnengott werden? Wird er vergöttlicht, oder will die Bibel in der religiösen Bildersprache der Völker sagen: Gott hat seinen Getreuen in sein ewiges Licht heimgeholt? Der Tod ist für ihn kein Abstieg in das Schattenreich der Toten, sondern ein Aufstieg in das Lichtreich des Schöpfers, des Spenders ewigen Lebens!
Am Gottesmann Elija, an seiner Glaubenstreue und Freundschaft mit seinem Schöpfer, hat sie die Hoffnung entzündet, an den Tod als Heimkehr zu Gott, an ein ewiges Leben bei ihm, an die Unsterblichkeit einer solchen Seele zu glauben. So gefestigt konnte die Erzählung den Generationen weitergegeben werden. Weitergegeben wozu? Doch wohl dafür, den Nachkommen diese Hoffnung weiterzugeben und zu nähren: Wenn ihr zu den Freunden Gottes gehört, dann gibt es für euch keinen Tod, der ein Abbruch des Lebens wäre, sondern nur einen Tod, der ein Heimgehen in das Lichtreich Gottes ist. Wenn ihr an diesen Gott glaubt, dann dürft ihr auf ein ewiges Leben bei ihm hoffen. Schade, daß sich diese Hoffnung und diese unbefangene Glaubenssprache so wenig in den Psalmen niedergeschlagen hat! Es mußte erst Jesus kommen, der Sohn dieses Gottes, der dann mit der Sprache des Glaubens und mit den Bildern der Religionen bekannt werden konnte als die unbesiegbare Sonne:

Einmal doch, oh hehre Sonne, sankest du von deinen Höhn
in die kalte Nacht des Todes; siegend aber, strahlend schön
stiegst du wieder auf am Morgen, nimmer wirst du untergehen!
(nach der Liturgie der Ostkirche)

Wir werden nun von der Bildsprache des Glaubens als Hoffnungsspenderin belehrt, die Erzählungen um den Gottesmann Elischa als Spiegelbilder *unserer* Hoffnung zu deuten. Vielleicht ist es sogar möglich, daß weder die Ereignisse noch Elischa selbst historisch verifizierbar sind, verifizierbar ist der Glaube, der sie trägt und geschaffen hat. Je mehr eine Erzählung Legende und nicht einmaliges Ereignis ist, um so mehr läßt sie sich auf andere Menschen und Zeiten übertragen, weil sie eben Bilder der Hoffnung für die kommenden Generationen sein will. Aus der Glaubenserfahrung der Väter schöpfend eröffnet sie uns eine Zukunft der Hoffnung, die Himmel und Erde umfaßt, das heißt, die das Leben auf Erden genauso verändert wie den Heimgang in das Jenseits Gottes. Alle Erzählungen um Elischa sind Begegnungen mit dem Tod mitten in unserem Leben, aber auch dessen Überwindung aus der Kraft des Schöpfergottes, der in Menschen nahe ist.

Elischa heute – Wunder heute

Wir fragen uns nun, welche Bedeutung und Hilfe diese wunderbaren Prophetengeschichten um Elischa für uns und unsere Zeit haben können. Wir suchen die Antwort aber nicht so, daß wir die Bedeutung der einzelnen Erzählung abstrahierend erheben, sondern daß wir Wege angeben, wie Betroffene oder Lehrer und Therapeuten je für den Einzelfall die Bedeutung und Hilfe erschließen, finden und erhoffen können. Denn es ist anzunehmen, daß jede Geschichte einen anderen Sinn vermittelt, dem jeweiligen Hintergrund heutiger Notsituationen entsprechend. Was kann etwa die Heilung des Feldherrn Naaman einem Taufbewerber in Afrika sagen? Was einem Haut- oder Aidskranken? Was einem seelisch verzweifeltem Reichen, der glaubte, das Glück und den Lebenssinn mit Geld kaufen zu können und nun plötzlich in Depression versinkt? Was einem Psychotherapeuten, dem das Geld (wie dem Diener Gehasi) letzten Endes wichtiger ist als die Heilung seiner Patienten? Es wird um eine wechselseitige Erschließung gehen: Einerseits werden wir Schülern und Erwachsenen die Geschichten so erschließen, daß sie mit heutigem Verstand *und* Glauben angenommen und auf das eigene Leben bezogen werden können. Andererseits werden wir einzelne Lebenssituationen dadurch erhellen, daß wir sie zu den Prophetenerzählungen in Beziehung setzen, damit sie die Not in einem neuen, hoffnungsvolleren Licht sehen lernen. Die Erzählungen werden so zum erschließenden Symbol, zur heilenden Metapher.
Wir dürfen davon ausgehen, daß die Elischageschichten folgende Schichten ihrer Entstehung aufweisen:

1) Die Erinnerungen an einen Gottesmann, der einfachen Leuten Hilfe in ihren Nöten brachte, wurde wachgehalten, indem man von ihm Geschichten erzählte.

2) Was dieser Mann den Menschen brachte, sprengte die üblichen Grenzen menschlicher Möglichkeiten: Er kam offenbar von Gott und wurde darum „wie ein Wunder“ erlebt und *als* Wunder wurden seine Taten erzählt.

3) Die symbolische Darstellung des Wunderhaften, des von Jahwe Kommenden, wurde aus dem Bildmaterial zeitgenössischer und fremdländischer (z. B. ägyptischer) Mythen und Archetypen bezogen.

4) Dieser geschichtliche Realismus und dieser religiöse Symbolismus nährten die Hoffnung auf Gott und auf Gottes Hilfe und gewannen so immer neue Überzeugungskraft. Wie können wir dies für uns und unsere Schüler umsetzen, beherzigen und auch gewinnen?

Die einfache Vergegenwärtigung

1) Wenn ein Lehrer seinen Schülern eine Elischa- (oder eine Jesus-) Geschichte erzählt, so wird diese vergangene Geschichte gegenwärtig, denn: Der erzählende Lehrer ist für die Schüler Gegenwart (sein Einfluß auf die Schüler, seine Sprechart, sein Kontakt mit den Schülern ...). Die Geschichte ist Gegenwart, weil sie hier und jetzt, so und nicht anders zu hören ist (in Gegenwarts- und Vergangenheitssprache, in direkter Rede, in Ausschmückungen mit heutigen Begriffen, in zu Herzen gehendem Tonfall ...). Sie ist gegenwärtig durch die Bilder, die in der Phantasie der Schüler kraft der Erzählung erzeugt werden; durch die Gefühle, die sie in den Zuhörern hervorruft (Spannung oder Langeweile, Angst oder Hoffnung, Phantasiereichtum der Vorstellungen oder Abschweifen in Assoziationen ...); durch Fragen, die sie in den Schülern weckt usw.

2) Die Geschichte wird den Schülern gegenwärtig durch deren verarbeitende Gestaltung: indem also die Schüler die Geschichte selbst nacherzählen, indem sie diese malen oder eine Ablaufskizze anfertigen; durch dramatisierendes Spiel, durch die Bildbetrachtung (dabei haben sie die Geschichte ja buchstäblich vor Augen).

3) Durch die kreative Verarbeitung wird die Geschichte ja zur Geschichte des Schülers selbst: Er hört heraus, was sein Hören selektiert; *sein* Bildmaterial aus der Phantasie arbeitet mit; *seine* Rolle spielt er beim Spiel; *seine* Fragen bringt er ein.

4) Die Erzählung verschmilzt noch in einem tieferen Sinn mit der Person: Es ist etwa nicht zufällig, sondern vielmehr aufschlußreich, was eine Person aus der Noahgeschichte malt und zeichnet: ob in violetten Farben den Untergang der Geschöpfe im Wasser, ob die Geborgenheit in der bergenden Arche mit fröhlichen Tieren, ob die nach der Taube sehnsuchtsvoll ausgestreckte Hand des wartenden Noahs, ob die Pflanzung des Rebstocks auf der neuen Erde unter dem Regenbogen ...
Die psychische Situation der malenden Person vergegenwärtigt sich durch die Zeichnung hindurch und verschmilzt mit dem biblischen Thema so, daß zwischen beiden Ebenen kaum mehr unterschieden werden kann. Kommen die biblischen Erzählungen so erst eigentlich beim Menschen an?

Die kritische Erkundung

Vom historischen Standpunkt aus sind die Wundergeschichten kritisch zu betrachten: Was ist an ihnen geschichtliches Ereignis, was symbolisch überhöht? Was erinnert an einstige wunderbare Heilungen und Geschehnisse, was ist Phantasie des biblischen Erzählers? Was ist menschliche Fabulierkunst, was religiöse Ergriffenheit? Besteht etwa die ganze Erzählung aus symbolischer Vergegenwärtigung und Veranschaulichung des unanschaubaren, aber wirkenden Gottes Jahwe? Kann man das Mythische der Geschichten vom Historischen trennen, das Glaubenszeugnis der Erzähler vom sich offenbarenden Gott? Diese und noch andere Fragen, die sicher kommen werden, wird man Schülern ab einem gewissen Alter und kritischem Verstand zubilligen können, ja man wird sie im vornherein informieren, mit welchen Erzählungen sie nun konfrontiert werden. Man wird sie einladen, selbst (doch mit Hilfe des Lehrers) auf Erkundungsfahrt zu gehen, um den verborgenen Reichtum dieser uralten Erzählungen zu entdecken. Das kann so geschehen:

1) Die Rekonstruktion der vermutlich geschichtlichen „Tatsachen“: ein natürliches, aber hilfreiches Ereignis, wie das Manna in der Wüste, das eine Blattlaussekretion auf einer Tamariskenstaude sein dürfte? Ein vielleicht aus Ägypten oder anderswoher importierter Mythos, der dann auf eine biblisch historische Person angewandt wurde (wie etwa die Himmelfahrt des Elija)?

2) Die Suche nach gegenwärtigen Beispielen: Wo könnte heutzutage Ähnliches geschehen sein (etwa die überraschende Heilung eines Menschen von einer Hautkrankheit)? Wie würden heute die Zeitungen darüber berichten? Welche Bilder würden die Fernsehregisseure auswählen?

3) Wie würden wir die wunderbare Tiefe heutiger Ereignisse zur Sprache bringen? Mit welchen Symbolen und sprachlichen Metaphern würden wir unsere religiöse Ergriffenheit innerhalb der Erzählung ausdrücken? Die alten Wundergeschichten können so heute „neu“ entstehen und erzählt werden.

Die therapeutische Metapher

1) Der diagnostische Wert der Gestaltung der Wundergeschichten ist offensichtlich: Die Hautkrankheit Naamans als die Kontaktunfähigkeit eines Feldherrn; die Friedensunfähigkeit zweier Volksgruppen im Krieg mit den Aramäern; die verborgenen Aggressionen in der Geschichte von den Bären, welche die Jugendlichen zerfleischen usw. Wir haben bereits oben gezeigt, daß jede Gestaltung der Geschichten durch die Schüler auch etwas, sogar sehr viel, über die Schüler selbst aussagt: Die Farben und gewählten Themen in der Noahgeschichte; die gewählte Rolle im Bibliodrama und ihre Darstellung; die kritischen und interessanten Fragen ... Aus allem hört der therapeutisch geschulte Lehrer und Seelsorger viel von dem heraus, was der Schüler ihm *eigentlich* sagen will.

2) Die Verlagerung vom Kopf in die Bildschicht des Gehirns und der Seele wird zunächst einmal dadurch bewirkt, daß die Phantasie mobilisiert und das sonst Unmögliche als Bild oder als Erzählung erscheint. Wie bei einem japanischen Koan (ein logisch widersprüchlicher, aber aufzulösender Satz) setzt das „logische“ Denken einmal aus und

stutzt. Neues Fragen wird möglich: Was soll das? Was ist wirklich los? Diese Verlagerung von der linken in die rechte Gehirnhemisphäre erschließt und aktiviert neue Seelenkräfte, neue Ressourcen.

3) Die Vorstellung einer neuen, positiven Zukunft wird möglich. Einem depressiven und wie gelähmten jungen Mann wurde gesagt: „Kennen Sie die Auferweckung des Lazarus? – Könnten sie sich vorstellen, daß auch Sie wie aus einem Grab herauskommen, wenn Sie jemand rufe oder zumindest sich an Sie wendet? – Würde es Ihr Leben ändern, wenn jemand da wäre (Familienangehörige oder Freunde), der Sie von Ihren Binden und Fesseln befreite?“ Vielleicht ist es nur möglich, eine Veränderung mit Hilfe einer solchen Geschichte zu initiieren, wird doch durch sie die Mauer des Unheils erstmals durchbrochen. Gerade das Phantastische der Erzählung, das man sich noch nicht als geschehen vorstellen kann, ermöglicht eine, wenn auch bildhafte Annahme: die Veränderung beginnt in der Phantasie!

4) Die Arbeit an der vorgestellten Lösung wird begonnen: „Wie würde es denn in Ihrer Familie weitergehen, wenn Sie sich nicht mehr (wie die Israeliten und die Aramäer) gegenseitig bekämpfen würden, sondern einer da wäre um zu vermitteln? Wenn Sie dieser Elischa wären, was würden Sie da in Ihrer Familiensituation tun? Das vorher Unmögliche wird möglich, wenn es wenigstens einmal in die Zukunft projiziert wird. Handlungen werden in der Vorstellung vorweggenommen. Neues wird eingeübt und alte Schemata werden ad acta gelegt. Das Wunder wird möglich – auch heute!

Die Sprache des Gebetes

Die intensivste Weise, jene alten Prophetengeschichten in unsere Gegenwart hereinzuholen, ist uns durch das Gebet gewährt.

1) Die Erinnerung: „Gott, du hast den kleinen Sohn jener Kanaanäerin mit der Hilfe des Gottesmannes Elischa wieder zum Leben erweckt ...“ Das Gebet erinnert schlicht und unkritisch an die Heilsereignisse, so wie sie geschrieben stehen und hält sie Gott vor. Das Gelesene und Gehörte wird so mit eigenen Worten nachgesprochen und in die Du-Anrede verwandelt. Nach Worten der Erinnerung können dann Fürbitten oder ein Lobpreis angeschlossen werden. Wie immer das Erzählte einmal „wirklich“ gewesen sein mag – seine Wirklichkeit und Wahrheit erhält es für den Beter dadurch, daß er Gott als Urheber anruft (der „schon selbst wissen wird“, wie es einmal war), mit anderen Worten: die historisch-kritische Sicht wird relativiert und rückt an die zweite Stelle.

2) Gott wird als ein Garant dafür angerufen, daß er so oder ähnlich auch heute wieder handeln möge. Die alten Erzählungen werden also als Metaphern für die Gegenwart ernst genommen. Wie immer und wo immer dieses Handeln Gottes im Heute ausschauen mag, weil *er* handelt, kann er auch heute noch seine Wunder tun. Der Blick der Aufmerksamkeit wendet sich dann von der Vergangenheit in die Zukunft, auf die verwandelte Situation, die wir erwarten. Die Ressourcen liegen vor uns und nicht hinter uns.

3) Indem der Beter Gott anspricht, weiß er, daß Gott selbst und nicht das eigene Ich das Wichtigste ist. Auch alles, was Gott uns gewähren mag, tritt hinter dem zurück, was er selbst für uns ist. Die Geschenke werden so zu weiteren Metaphern für Gott selbst: *Er* ist

die Entgiftung unserer Gemeinschaften. *Er* ist die Freiheit von Sklaverei und *er* das wahre, ewige Leben, zu dem er uns auferwecken wird. Er ist und er gewährt die Neuschöpfung, wenn wir wie Naaman aus dem Wasserbad steigen. Er ist der Vermittler, der Spender des Friedens und der Friede in Person. Wer so die alten Heilungsgeschichten in Gebete verwandelt, beginnt schon mit ihrer Verheutigung!

Elischa und Jeschua-Jesus

Die Elischaerzählungen sind an den Nahtstellen von Tod und Leben, von menschlicher Not und göttlicher Hilfe angesiedelt. Elischa ist wie eine Verkörperung dessen, was aus einem Menschen wird, wenn er Gott in sich und aus sich wirken läßt. Er wird darum zu Recht oft der „Gottesmann" genannt. Von solchen Leuten spricht die Bibel gewöhnlich als von „Kindern" Gottes, von solchen also, die von Gott her kommen, von ihm geschaffen und geprägt sind und an deren Gesinnung und Wirken die Gesinnung und das Wirken Gottes leibhaftig abzulesen sind. Sie sind die wahren „Stellvertreter" Gottes auf Erden, von denen die Seligpreisungen Jesu sprechen. Sie treten in ihrer Armut vor Gott mit leeren Händen hin. Sie wissen, daß sie vor ihm nur mit leeren Händen Empfangende sein können und das realisieren sie durch das Gebet! Sie trauern über die Zustände auf der Welt und ihre Trauer kann manchmal auch zum heiligen Zorn werden. Sie kennen und erleiden den Schmerz dessen, dem ein geliebter Freund oder das einzige Kind stirbt und zerreißen darüber ihre Kleider. Sie treten gegen alles Unrecht auf, das geschieht, und werden lieber selbst zu Verfolgten. Sie haben Gottes unaussprechliches Erbarmen kennengelernt und wollen dieses – und nur dieses – in der Welt verbreiten. Sie verzichten auf die Mittel der Macht, bleiben also wehrlos und sanftmütig, weil sie sich von Gott umgeben erfahren. Sie werden als „Shalombringer", die Friedens- und Heilstifter zu den wirklichen Gotteskindern und Gottesmenschen. Und da ihr Herz lauter, ohne Nebenabsichten und „rein" ist, können sie Gott „schauen", wahrnehmen und erfahren. Er wird für sie nicht nur ein „Gegenstand" des Glaubens bleiben, weil er ihnen zur Erfahrung, zum Du-Partner und Angelpunkt ihrer Hoffnung auf das Reich Gottes geworden ist.
Blicken wir auf die ganze Bildreihe mit ihren neun Bildern, dann ist so offensichtlich, daß es immer „über den Jordan" zu gehen heißt. Der Schritt aus dieser Welt in die Welt Gottes ist immer auch ein Bekenntnis zum „Himmel", zum Jenseits Gottes. Das bringt auch ein Vertrautsein mit dem Tod, den man nach langem Hin und Her nicht mehr als Abbruch, sondern als Aufbruch des Lebens begreift. (Man vergleiche das Sterben Sauls mit dem Sterben Elijas und die Einstellung Bileams zum Tod mit jener des Elischa!) Unbefangen wird dabei die Sprache der ägyptischen Mythologie in die Sprache der Hoffnung verwandelt.
Offensichtlich ist auch die Verwobenheit von Glaube, Hoffnung und Liebe, das aufeinander Verwiesensein von Lieben, Hoffen und Glauben. Man denke an die Freundschaft zwischen Elija und Elischa, die da sagt: „So wahr der Herr lebt und so wahr du lebst, ich verlasse dich nicht!" Aus dieser auf Dauer oder Ewigkeit hoffenden Liebe entsteht dann der Blick des Glaubens, der den Tod des Meisters als Heimgang zu Gott sehen kann.

Hilfsbereitschaft, Solidarität und Liebe sind es, die Elischa ständig mit den Menschen in Verbindung und die ihrerseits Verwicklungen in ihr Geschick bringen. Wiedergeburt, Friedensstiftung, Auferweckung zu einer neuen Existenz – das Reich Gottes auf Erden ist die Frucht dieses Wirkens!

Die wissenschaftliche Exegese hat schon sehr früh erkannt, daß Motive, ja ganze Erzählungen von Elischa auf Jesus übertragen worden sind: Das Ölwunder spiegelt sich im Weinwunder der Hochzeit von Kanaan wider; die Auferweckung des Jünglings von Naim erinnert an die Totenerweckungen Elijas und Elischas; der Hauptmann von Kafarnaum bittet wie der König von Damaskus um die Heilung seines heidnischen Knechtes. Die Erzählung von der Brotvermehrung Elischas ist in die verschiedenen Brotvermehrungsgeschichten von Jesus eingegangen. Der Auferweckung des Lazarus könnte die Auferweckung des Toten im Grabe Elischas zu Grunde liegen (2 Kön 13,20f.). Die Übertragung der Elischaerzählungen auf Jesus könnten einer sehr frühen Überlieferungsstufe angehören, doch dürfte ihr Grund nicht darin zu suchen sein, daß Jesus ähnliche Zeichen gesetzt hat.

Völker und Kulturen, deren Denken vorwiegend bildhaft (mit der rechten Gehirnhälfte) vor sich geht, wollen nicht nur Äußerlichkeiten beschreiben und vergleichen, sondern auch den inneren Sinn interpretieren. Man denke nur an die Gleichnisse Jesu, die überhaupt nicht direkt auf die Wirklichkeit wie eine Beschreibung zu übertragen sind, sondern den inneren Verwandlungsprozeß beschreiben, der dort einsetzt, wo der Mensch von der Herrschaft Gottes ergriffen wird.

Was könnte nun in der Parallelität Elischa–Jesus gewesen sein? Achten wir zuerst auf die Namen: „Elischa“ heißt „mein Gott hilft“ und „Jeshua“ heißt „Jahwe hilft“. Diese Grunderfahrung beider Männer dürfte auch ihr Wirken und ihre Wirkung bestimmen. Dazu kommt vermutlich sehr entscheidend, daß das Wirken beider Männer dem einfachen Volk und seinen Nöten gilt. Wenn auch die religiösen Eliten dem Volk die Verheißung rauben wollten: Nicht Asketen oder Kultpriester, nicht Gottesgelehrte, Amtsträger oder Charismatiker sind die alleinigen, ja nicht einmal die bevorzugten Träger der Verheißungen, sondern das einfache Volk. Weder die religiösen Eliten, noch die von Gott zu besonderen Aufgaben Erwählten haben irgendein Anrecht auf Gnade. Allen ist das Heil ausnahmslos geschenkt, und nach dem Gleichnis Jesu vom Pharisäer und Zöllner wird dieses Heil gerade nicht am elitären Pharisäer, sondern am armseligen Zöllner sichtbar. Jesus hat bewußt nach anfänglicher Zuwendung zum Täufer nicht dessen Gerichtspredigt, sondern seine eigene Heilsbotschaft verkündet. Auch bei all seiner Treue der Tora gegenüber, setzt er sich betont vom elitären Orden der Pharisäer ab, von den Mönchen von Qumran ganz zu schweigen.

Nicht ausschließlich die Sympathie für die Armen, sondern der reine Geschenkcharakter jeglichen Heiles bestimmt sein Handeln. Haben das auch jene verstanden, die Jesus als einen neuen Elischa gesehen haben?

Hymnen

Dem Sämann und Richter

Das Gleichnis vom Sämann wird auf Jesus selbst bezogen, und sein Wirken mit Psalmversen beschrieben, die von Gott Fruchtbarkeit für sein Volk und Land erbeten. In der 4. Str. wird um Helfer für die Ernte gebeten, in der 5. Str. wird ein Bezug zwischen dem Dreschen und dem Tag des Gerichts hergestellt. Alle Strophen durchzieht die Bitte, daß Gottes Wort in uns fruchtbar werde.

1. Herr und Heiland, Jesus Christus:
Sämann warst du, ausgesandt,
frohe Botschaft zu verkünden:
öffne deine milde Hand
und erfüll mit deinem Segen
wie mit Samen alles Land.

2. Hüt die Saat mit steter Sorge:
laß nicht Unkraut und Gestein
deines Wortes Kraft verderben,
denn wir sind der Garten dein,
sind dein Feld und deine Pflanzung,
wollest Leben uns verleihn!

3. Heimgesucht hast du die Erde
und mit Wachstum sie erfüllt:
Wüsten haben sich in Jauchzen
und Frohlocken eingehüllt,
denn am Saume deiner Wege
Blühens Pracht und Schönheit quillt.

4. Siehe, groß ist deine Ernte,
Frucht getragen hat die Saat.
Sende nun auch deine Knechte,
deine Schnitter uns zur Mahd,
daß sie die Erwählten sammeln,
eh der Tag des Zornes naht.

5. Wenn du Spreu und Weizen scheidest,
Menschensohn und unverwandt
zum Gericht die Schaufel schwingest:
laß uns nicht in Feuers Brand
nein, in Gottes Scheunen kommen,
als die Saat aus deiner Hand.

6. Dir, der ist und der gewesen,
der auch wiederkommen wird
und der alles, was da lebet,
aus dem Nichts heraufgeführt:
Dir die Weisheit, Macht und Ehre
in die Ewigkeit gebührt!

Dem Auferwecker von den Toten

In Phil 1,21 sagt Paulus, daß auch das Sterben ein Gewinn sei, weil Christus schon unser Leben ist (1. Str.). Auch die Auferweckung des Lazarus (2. Str.) weist uns auf das Ineinander von spiritueller und leiblicher Auferweckung hin. All dies zusammen läßt die Schöpfung (Strophe 3–5) ein Danklied über das ewige Leben anstimmen. Das Loben des ewigen Lebens führt auch dazu, daß wir das göttliche Leben, das uns jetzt schon gegeben ist, immer mehr erfahren und spüren.

1. Jauchzend lasset uns und singend
vor des Herren Antlitz ziehn:
Christus Jesus unser Leben
und das Sterben nur Gewinn!
Denn aus seines Grabes Tiefe
Hoffnung uns und Freude blühn.

2. Lazarus hast du, dem Toten,
neuen Lebens Tag geschenkt.
Einmal aber wird die Grube
allen Menschenvolks gesprengt:
weil du viele Frucht getragen,
Weizenkorn in Nacht versenkt.

3. O des Tag's, an dem ein Stürmen
alle Gräber öffnen wird!
Jedes Ohr, vom Schlaf erwachend,
der Posaune Dröhnen hört
und in deine ew'gen Tore
des Erbarmens Ruf uns führt.

4. Jeder greift in seine Harfe,
stimmet dir ein Loblied an:
Preis sei dir, denn du läßt sterben,
keiner dir entrinnen kann;
und du rufst zurück zum Leben,
wie dein Ratschluß es ersann.

5. Du bist unsres Lebens Leben,
du, das Leuchten unsrer Pracht.
Ohne dich wär Jubel Klage,
alle Herrlichkeit wie Nacht:
Dir sei Preis und Ruhm und Ehre,
dir die Herrschaft und die Macht.

6. Dir, der ist und der gewesen,
der auch wiederkommen wird
und der alles, was da lebet,
aus dem Nichts heraufgeführt:
Dir die Weisheit, Macht und Ehre
in die Ewigkeit gebührt!

4. Eltern – Kinder – Gott

Die makkabäische Mutter

(2 Makk 7/6. Bild der 7. Bildreihe, Bildübersicht S. 28f.)

Am Anfang der hebräischen Bibel steht groß, erschütternd groß, die Gestalt des Urvaters Abraham: Er sollte Gott sein Kind opfern – sollte er es wirklich? Fiel ihm nicht der Engel in den ausgestreckten Arm? Wollte es Gott oder wollte er es nicht? Spielte ein fratzenhafter Gott mit ihm? Wir merken dieser abgrundtiefen Erzählung noch an, wie sich der Verfasser müht, zweierlei auszudrücken: Nie und nimmer dürfen Kinder geopfert werden! Es ist ein entsetzlicher Irrtum der Kanaanäer, wenn sie ihren eigenen Sohn nicht schonen und ihn für den menschenfressenden Moloch-Gott durchs Feuer schikken. Andererseits gilt, was der Prophet zu den Eltern sagt: eure Kinder sind nicht eure Kinder, denn sie gehören Gott und er hat sie euch nur geliehen und anvertraut! (Khalil Gibran). Wenn wir ein Kind zur Taufe bringen, dann legen wir es in die Hände Gottes zurück, aus denen wir es empfangen haben. Immer wieder vertraut Gott uns Kinder an, immer wieder aber dürfen wir sie ihm überantworten in der Hoffnung, daß er ihr Leben lenken und leiten wird.
Am Ende der Zeit des Alten Testaments, etwa zweihundert Jahre vor dem Auftreten Jesu steht ebenso groß und erschütternd die makkabäische Mutter wie die Pieta Jesu vor uns: Die Juden werden in einem grausamen Verfolgungskrieg von den syrischen Königen zum Abfall von ihrem Glauben gezwungen. Diese Mutter aber stärkt ihre sieben Söhne darin, ihrem Gott treu zu bleiben, auch wenn es ihnen das Leben kostet. Und selbst die sieben Jungen ermuntern einander mit der Gewißheit auf die Auferstehung der Toten.

Vater Abraham und du, die makkabäische Mutter –
erschüttert schauen wir zu euch auf.
Ihr liebt doch eure Kinder über alles!
Ihr haltet sie aber nicht als euer Eigentum fest,
sondern legt sie in die Hände des Schöpfers zurück:
Könnt ihr die Liebe zu euren Kindern
und die Liebe zu eurem Gott so verbinden?
Wie groß muß euer Glaube sein,
daß eure Liebe so etwas, für uns Unvorstellbares tun konnte!

Mit der Gestalt der makkabäischen Mutter wird uns vor Augen und ins Bewußtsein geführt, was wohl viele Eltern bedrängt: Wie können wir unsere Kinder lieben? Wie drükken wir ihnen gegenüber diese Liebe im Alltag aktiv aus? Was fordert diese Liebe von uns? Wie können wir unsere Kinder zum Glauben erziehen, so daß sie in Gott ihren

Schöpfer und Vater sehen? Können wir sie überhaupt noch im Glauben erziehen? Wollen die Kinder das selbst auch? Welche Hoffnung gibt uns die Kraft, sie auch in schweren Stunden in Gottes Hände zu legen? Es werden kaum die Glaubensverfolgungen sein, die uns die Erziehung so schwer machen, eher ist es die unberechenbare Mitwelt unserer Kinder, sind es die Gefahren von Labilität, Verantwortungslosigkeit und Drogen, ja es genügt die alltägliche und allmähliche Entfremdung ... so gehen die Kinder von uns weg und wir sollen sie in die Hände Gottes legen? Oder ist das der einzig wirkliche Halt, der uns gegeben ist: die Hoffnung, die unsere Kinder in den Händen Gottes weiß, wenn sie unseren Händen längst entwachsen sind?
Die makkabäische Mutter und ihre sieben tapferen Söhne stehen uns vor Augen und halten zunächst uns Eltern und Erziehern einen Spiegel vor, in dem wir uns wohl nur sehr schwach erkennen können – doch zum Nachdenken wird er uns bringen, zu einer kleinen Hoffnung, die über die bittere Realität der Lage ein wenig hinausblickt in diese unvorstellbar große Welt des Glaubens. Was können wir, wir Eltern, für unsere Kinder sein und was tun, wenn wir selbst Gottes Kinder sind und sein wollen?

Die syrische Frau

(Mt 15,21–28/6. Bild der 7. Bildreihe)

Jesus ist aus seinem Volk nicht ausgezogen, sondern hat mit seiner Jüngerschar innerhalb von Israel eine Art Alternativgemeinschaft gegründet, so als würde jemand innerhalb seiner eigenen Familie Freunde und Freundinnen um sich sammeln, um den übrigen Familienmitgliedern ein neues Verhalten vor Augen zu führen. So ist wohl auch sein Ausspruch zu verstehen, daß er zunächst nur zu den Schafen des Hauses Israel gesandt sei, zu den ohnedies so verstreuten und verängstigten Schafen. Dennoch werden viele Nichtjuden, also sogenannte Heiden (von den Juden auch „Hunde" genannt) von seinem Wirken erfahren haben. Es ist nur zu verständlich, daß auch diese von ihm Hilfe und Hoffnung holen wollten. Wird Jesus sich diesen zuwenden? Wird er von seinem ursprünglichen Konzept abweichen und dazulernen? War Jesus lernfähig (vgl. Lk 2,52)?
Die syrische Frau wurde von einer großen Not geplagt, denn ihre Tochter hatte einen bösen Dämon. Sie war offensichtlich psychisch krank, nicht mehr Herrin ihrer Kräfte, sondern Unheilsmächten (was immer das ist) ausgeliefert. Dieser Tochter galt die ganze Liebe und Sorge der Mutter. In ihrer, in beider Ohnmacht wandte sie sich an Jesus, den Wunderrabbi. Es war nicht leicht, daß eine Frau, noch dazu eine heidnische, an Jesus herankam. Dies lag nicht an ihm, sondern an seinen typisch jüdischen Jüngern, dieser Männerwelt, die sich von Frauen fernzuhalten wußte ... Tagelang lief die Frau hinter ihnen her und schrie um ihr und ihrer Tochter Leben. Sie ließ sich durch diese Männer (später sollten diese Jünger Apostel und deren Nachfolger Bischöfe genannt werden) nicht von Jesus abhalten.
Jesu Wort an die Frau ist hart und für Notleidende kaum zu verstehen. Er nennt sie indirekt eine „Hündin", eben eine Heidin, denen man das Brot der Hausgenossen nicht zuwerfen soll (dachte Jesus wirklich so eng?). Sie aber greift den Ball auf und spielt ihn Je-

sus zurück. Ihr Argument war eine Alltagserfahrung von Juden und Heiden: Die Hunde ernähren sich ja auch von den Nahrungsresten, die von den Tischen ihrer Herren fallen. Das mußte Jesus ins Herz getroffen haben, denn er erkannte dahinter den großen und unbeugsamen Glauben einer heidnischen Frau an den heilenden Gott Israels. Nun hält Jesus nicht mehr zurück: Er lobt den Glauben der Frau und – er lernt von ihm! Eine heidnische Frau als Lehrmeisterin Jesu! Eine Frau brachte in ihm die große Wendung in Gang, daß er sein Wirken nicht mehr auf die Juden beschränkte, sondern über sie hinaus auf alle Menschen ausdehnte. Er tat in seinem Leben angesichts der Not zweier Frauen – der Mutter und ihrer Tochter – das, was seine Jünger nach seiner Auferstehung auf die ganze Völkerwelt ausdehnen würden.
Wer für seine Kinder um Hilfe bittet und schreiend hinter Jesus her läuft, vielleicht lange herlaufen muß, wird in dieser Frau eine ermutigende Aufforderung auch für seinen Glauben finden. Will Jesus auch von unserer Hartnäckigkeit lernen? Wenn er von einer heidnischen Frau ein neues Konzept der Heilsgeschichte akzeptierte, sollen dann seine hartherzigen Männerjünger nicht auch heute noch von den Frauen der dritten und auch heidnischen Welt etwas lernen? Müssen diese Frauen nicht selbst – durch die Not ihrer Kinder gezwungen – tagtäglich viel lernen, um zu überleben?

Poesietherapie

Unter diesem Namen werden Erfahrungen zusammengefaßt, die Menschen aller Kulturen gemacht haben: Dichten heilt. Dichtung heilt. In vielen Briefen haben sich Menschen Luft und damit auch Befreiung verschafft. Gedichte fassen Leid und Freude zusammen und ermutigen uns, den nächsten Schritt auf dem Lebensweg zu tun. Schreibend und dichtend können wir auch mit der makkabäischen Mutter und der syrischen Frau ins Gespräch kommen. Sie werden so zu Partnerinnen unserer eigenen Lage. In der (schriftlichen) Auseinandersetzung mit ihnen, werden wir uns unserer eigenen Probleme bewußt und zugleich aus ihrer Enge in eine Weite hinausgeführt, die diese Frauen für sich erreicht haben. Das Heilende besteht wohl darin, daß wir über diese Frauen nicht nur nachdenken, sondern mit ihnen wirklich in Beziehung treten: Sie anreden; zu uns sprechen lassen, ihre Erfahrung verdichten, mit ihnen ein Gespräch in der Form eines Briefes und Antwortbriefes führen, sie selbst von sich erzählen lassen (ich bin die syrische Frau ..., ich bin die Tochter der syrischen Frau ..., ich bin ein Makkabäerjunge ...), Fragen an sie richten; mit ihnen ein Bibliodrama machen, ein Interview; über sie einen Zeitungsbericht schreiben, ein Gedicht; auf sie eine Grabrede oder Grabinschrift verfassen; zu ihnen ein Gebet, über sie einen Hymnus gestalten (sie wurden von der alten Kirche ja als Märtyrer verehrt) ...
Erst wenn wir mit *ihnen* Kontakt aufgenommen und diesen in Sprache ausgedrückt und verdichtet haben, wird ein Gespräch *über* diese Gestalten und *über* unsere Lage auch uns gut tun und nichts mehr zerreden. Wollen die Teilnehmer nicht selbst schreiben und dichten, dann kann man ihnen von anderen Geschriebenes vorlesen; einige Beispiele folgen:

Brief an die Mutter der Makkabäer

Du schöne, junge, starke Mutter!
Ich schreibe Dir, weil ich Dich nicht verstehe, aber eine Antwort von Dir erhoffe.
Du schickst Deine Söhne in den Tod. Du ermunterst sie zu sterben, weil Du keine Angst vor dem Tod hast. In meinen Augen bist Du verrückt.
Du bist noch so jung, so schön – jeder Mann würde Dich begehren, wenn er Dich sieht. Deine schwarzen Haare wehen im Wind, Deine dunklen Augen versprechen leidenschaftliche Liebe.
Dein Körper ist schlank, fest und stark.
Mit Deinem linken Arm gibst Du Deinem jüngsten Sohn Halt. Geborgen scheint er sich in Deiner liebenden Umarmung zu fühlen. Er, der noch jung ist, wird alles tun, was Du ihm sagst, aus liebender Verehrung Dir gegenüber. Es scheint mir, als gäbe er seinem Bruder die strenge Anweisung: „Tu doch, was Mama sagt!"
Aber der Ältere? Er sieht Dich fragend an. Er hebt die Schultern und scheint zu sagen: „Warum? Wozu?"
Was sagst Du ihm? Was ist Deine Antwort?
Dein Blick schweift in die Ferne, fast meine ich, daß Du etwas siehst, das ich nicht sehen kann. Deine Augen lachen, Dein Mund aber wirkt streng und traurig. Du hebst die Augenbrauen. Mir scheint, Du denkst nach, wie Du sagen könntest, was Du weißt, aber mit Worten nicht fassen kannst.
Du siehst, daß der Tod etwas ist, das Deinen Söhnen nichts nimmt, sondern etwas Neues gibt, das hier nicht erlebbar ist.
Du möchtest sie ermuntern, nach diesem Neuen zu greifen, weil es besser, schöner, gehaltvoller ist als das, was jetzt und hier möglich ist.
Du glaubst, daß der Tod nicht das Ende des Lebens, sondern der Anfang, der Beginn, die Tür zu einem neuen Leben ist. Tod ist Geburt – so wie Geburt Tod ist.
Woher weißt Du das, makkabäische Frau?
Mir scheint jetzt, Dein Blick geht in Dich.
Du hast Gewißheit in Dir.
Das ewige Leben, der Wechsel von Tod und neuem Leben ist in Dir.
Mutter der Makkabäer! Deine Lebenseinstellung soll die meine werden!

An die Mutter der makkabäischen Brüder

Sei gegrüßt, Du erhabene, furchtbare, unmenschliche Frau!
Ich weiß nicht, ob ich Dir mit Furcht und Schrecken begegnen soll, oder mit Hochachtung und Respekt – beides verspüre ich beim Lesen des Berichts über Deine unbegreifliche Tat.
War es überhaupt eine Tat? Hast Du nicht nur gelitten, erduldet; gepeinigt bis zum Äußersten, mehr noch als Deine Kinder, die doch schon über das Menschenmögliche hinaus leiden mußten?
Aber es war viel mehr als ein passives Hinnehmen. Du hast in Deiner übermenschlichen Kraft diese grauenhafte Situation nicht hingenommen – Du hast, nur scheinbar ohnmächtig, aktiv eingegriffen. Aber nicht so, wie es die Folterknechte erwartet hatten. Hast

Du überhaupt einen Moment gezögert – oder warst Du die ganze Zeit sicher, der Versuchung nicht zu erliegen?
Du mußt doch gezögert haben, Du mußt den Wunsch gehabt haben, wenigstens einen zu retten.
Es ging doch um Deine Kinder!
Kinder – wenn sie auch alle, bis auf den Jüngsten, schon erwachsen waren. Aber ich weiß ja, daß die Söhne, auch wenn sie erwachsen, selbständig, unabhängig sind, doch für Dich wie für mich auch immer noch Deine/meine Kinder bleiben. Mit jedem von ihnen ist ein Stück von Dir gequält, gefoltert worden und gestorben. Aber sie waren eben nicht nur ein Teil von Dir – sie traten Dir gegenüber, zwar in Dir gewachsen, aber nun eigenständige Menschen, die Dir vorangingen, Dir sogar Vorbilder waren.
Vorbilder im unerschütterlichen Glauben an den „Ich bin da", der Euch alle auffangen würde, der Euch auferstehen lassen würde, von dem sich zu trennen *noch* schlimmer gewesen wäre als dieser furchtbare Foltertod.
Dieses unerschütterliche Vertrauen, aufgefangen zu werden – sie können es nur von Dir vermittelt bekommen haben. Wie sehr mußt Du in Verbindung mit dem All-Einen gelebt haben; wie sehr muß die „Zeit der Gnade", wenn Du mit Deinen Kindern wieder vereint sein würdest, in Deinem Leben schon aufgeleuchtet sein. Wie hättest Du sonst so sicher sein können?
Ja, ich denke, als sie in Deinem Leib gewachsen sind, siebenmal neun Monate, da mußt Du dieses unbegreifliche Wunder schon als Zeit der Gnade erlebt haben. Und dann, als Du sie gekleidet, gestillt, behütet hast, mit ihnen gespielt und gelacht hast – da haben sie immer mehr Dein Leben erfüllt, Dein Alltag war von ihren Schmerzen und Freuden voll. Und doch muß da noch etwas anderes gewesen sein – ein Raum in Dir für das Unbegreifliche, das Fortdauernde des Lebens, das hinausreichte über Deine geliebten Kinder, über Euer Leben hinaus.
Du mußt in Verbindung gewesen sein mit der Kraft des Schöpfers, an der Du im Gebären Anteil hattest, die Du aber nicht erklären und be-herr-schen konntest. Du hast gewußt, daß diese Kraft des Leben-Gebens auch der mächtigste Herrscher nicht beherrschen konnte und daß sie über den Tod hinaus wirksam war.
Trotzdem – sie müssen ja gezittert, geschrien, geweint haben in ihrem gräßlichen Leiden! Ich bin sicher, ich hätte alles getan, um meinen Söhnen eine solch gräßliche Folter zu ersparen.
Hast Du so genau gewußt, daß das Weiterleben dann nicht möglich gewesen wäre, wenn Du Dich der Herrschermacht gebeugt hättest? Wärest Du dann mit Deinen Kindern herausgefallen aus der Hand des Schöpfers?
Oder hast Du einfach daran gedacht, daß der Tod ein Teil des Lebens von jeder/jedem von uns ist, daß wir alle durch dieses Tor hindurch müssen?
Fast habe ich Angst vor Deiner Übermenschlichkeit – aber trotzdem glaube ich, daß Ihr, Du und Deine Kinder, für das Leben gestorben seid.
Du zeigst mir in einer Zeit meines Lebens, in der auch ich lernen muß, meine Kinder loszulassen, wie gerade im Loslassen auch eine tiefe Verbindung bestehen bleiben kann. Du mußt die schlimmste Form des Loslassens ertragen, durch Folter und Tod hindurch, aber Dein unerschütterliches Vertrauen hält die Verbindung aufrecht, mit ihnen und mit allem Leben.

Ich bin die syrische Frau

Wie lange laufe ich Dir schon nach,
Du, Jesus von Nazareth!
Du würdigst mich nicht eines Blickes.
Wer bin ich denn schon?
Ich weiß,
kein Mensch, mit dem Du in Kontakt kommen willst,
eine Frau,
schlecht, weil nicht aus Deinem Volk;
ich gehöre nicht zu Dir,
ich habe andere Vorstellungen als Du.
Deine Freunde sind anständige Menschen,
sie wissen, wie man sich benimmt,
mit denen kann man sich sehen lassen.
Aber mit mir,
mit der Anders-Denkenden spricht man nicht.
Dabei geht es nicht um mich,
es geht um meine Tochter.
Man sagt, sie sei verrückt,
sie spinnt, sie ist anders, anders als die anderen.
Ich leide darunter, daß sie aus der guten Gesellschaft ausgeschlossen ist.
Für sie bitte ich, nicht für mich
Ich will, daß sie dazugehört, daß sie akzeptiert wird.
Sie ist nicht schlecht, aber sie findet sich in
dieser Welt nicht zurecht.
Sie wird von den „anständigen" Menschen schief angesehen.
Dabei ist sie liebenswürdig, empfindsam, scheu, leicht verletzbar, wie ein Reh.
Sie ist so schnell gekränkt, daher auch krank – krank gemacht – manche sagen: besessen, beherrscht – durch wen? Durch was? –
Durch Rauschmittel? Durch Leistungsüberforderung?
Durch gesellschaftliche Ansprüche? Durch mich?
Jesus, wir haben denselben Vater, denselben Gott, Du und ich.
Auch wenn Du meinst, ich sei wie eine Hündin, nichts wert,
nur aggressiv und gierig nach Futter – ich sage Dir:
Jeder Herr gibt seinen Hunden von dem, was er selbst gegessen hat, weil er seine Hunde liebt, vielleicht liebt er diese noch mehr als die Gäste an seinem Tisch,
denn die Hunde lieben ihn und sind ihm treu ergeben.
Jesus von Nazareth!
Du staunst über meine Worte und gibst mir Recht?
Durch das Gespräch mit Dir weiß ich jetzt:
Gott liebt mich und meine Tochter, wie der Herr seine Hunde.
Auch wenn uns die Mitmenschen nicht verstehen, uns verachten, ausschließen und unser Tun mißbilligen – meine Tochter und ich,
wir können leben – denn wir fühlen uns von Gott geliebt.

Das Buch Tobit

Das Buch Tobit überliefert keine historische, sondern eine erfundene Erzählung mit lehrhaftem Charakter. Historisch daran ist die damalige Situation der Juden: Am Ende der alttestamentlichen Periode waren die jüdischen Gemeinden weit über die damaligen Reiche zerstreut und so den Einflüssen der heidnischen Religionen ihrer Gastvölker sehr ausgeliefert. In der Geschichte einer einzelnen Familie wird nun zusammengefaßt, was *allen* gläubigen Familien zur Bewahrung ihres Glaubens verhelfen sollte. In der Diaspora war es nämlich die jüdische *Familie*, die die Weitergabe des Glaubens an Jahwe garantierte. Somit rückt die Familie in den Mittelpunkt, wenn es gilt, den Glauben von Generation zu Generation weiterzugeben und ein Menschsein im Sinne des jüdischen Menschenbildes zu ermöglichen.
Auf diesem Hintergrund, der zur Entstehung dieses kostbaren Buches geführt hat , liegt nun auch seine brennende Aktualität: Einerseits fragen sich christliche Eltern heute, wie sie ihren Kindern den Glauben und christliche Lebenshaltungen vermitteln können, und andererseits sucht die junge Generation danach, wie sie authentisch und eigenständig *ihr* Leben verwirklichen kann, und welche Quellen der Kraft ihr dafür zur Verfügung stehen. Wie finden nun heute die Jungen zu einem Leben voll Liebe, Glaube und Glück? Und was können die Alten ihnen dazu mitgeben und wie ihnen dazu verhelfen? Die Heilsgeschichte liegt (wie bei den Vätererzählungen) in der Familiengeschichte und die Familiengeschichte will von einer vielfachen Unheilsgeschichte zu einer Heilsgeschichte werden.
Als Spätschrift des ersten Testamentes lebt das Buch Tobit von der jahrhundertealten Tradition und Fülle literarischer und spiritueller Möglichkeiten. Sein künstlerischer Wert liegt nun gerade darin, daß es diesen Reichtum einerseits in so einfache Formen gießt, daß sie jedes Kindergartenkind mit offenem Mund hören kann, und andererseits eine solche Hintergründigkeit an Symbolik und tiefenpsychologischer Weisheit aufweist, daß selbst Wissenschaftler und Fachleute es nie restlos ausschöpfen können. Gehen wir den inneren Motiven und ihrer äußeren Gestaltung nach.

Tobias nimmt Abschied

(Tob 1–5/2. Bild der 7. Bildreihe)

Das erste Bild versammelt eine Gruppe von Gestalten, die alle typische Repräsentanten sind:
Der *Vater:* Tobit ist ein religiös und sittlich rechtschaffener Mann, der in seinem Leben sowohl den Segen des Reichtums wie auch die bitterste Armut kennengelernt hat; nichts Menschliches ist ihm fremd. Seine Blindheit deutet an, daß sein Leben nicht mehr in die Zukunft gehen kann, weil die Zukunft seinem Sohn gehört. Er hat in der dauernden Glaubensverfolgung viel Schmerz und Leid erfahren, was einen gewissen traurigen Zug seines Charakters erklärt: Während der festlichsten Gelegenheit überfällt ihn Traurigkeit

und ein schlechtes Gewissen. Tote zu begraben wird zu seiner Leidenschaft, so als spürte er sein eigenes Ende kommen. Um so erstaunlicher ist, daß er der jungen Generation nicht um *ihre* Zukunft neidig ist, sondern ihr alles übergeben möchte, was er selbst bekommen hat, wovon er lebt.

Wie kann ich meinen Kindern meinen Glauben und meine Lebensgrundsätze überliefern – so mag sich heute mancher Vater und manche Mutter mit Tobit fragen. Wie tut er es?

a) Er gibt sein Kind frei, bindet es nicht an sich und schickt es selbst auf die Zukunftsreise; anders die Mutter, die sich vom Sohn nicht trennen will und voll Angst dem Vater Vorwürfe macht.

b) Er weiß, daß das Glück des Sohnes in dessen Zukunft liegt und er es sich selbst erwerben muß. Dieses wird in dem Schatz symbolisiert, der im „fernen" Medien liegt – das geistliche Erbgut der Eltern: „Was du ererbt von deinen Vätern, erwirb es, um es zu besitzen!" Er kann dem Jungen weder die Reise, deren Gefahren noch die eigene Verantwortung ersparen, welche Hilfen kann er ihm aber dennoch geben?

c) Der Vater „geht" gleichsam in dreifacher Weise mit seinem Sohn mit: sicher nicht äußerlich, aber sehr deutlich innerlich, als verinnerlichte Quellen der Kraft, als Mitgift und als Introjekt: Das ist das Bild, das der Sohn (die Tochter) vom Vater mitnimmt: Er spricht mit mir. Er ist an meiner Freiheit und Zukunft interessiert. Er gibt mich frei und gibt mir zugleich seinen Segen. Ich kann mich ohne Groll und Vorwurf an meinen Vater erinnern, die Mutter ist etwas ängstlicher und anhänglicher.

Die Weisheitsregeln und Ermahnungen des Vaters: Sie sind die Wertvorstellungen, die moralischen Ressourcen, die ich von ihm erhalten habe und die in mir verinnerlicht sind – gleichsam der Reichtum meines „Über-Ichs", auf dieses Gewissen kann ich immer wie auf verläßliche Orientierungen und Entscheidungshilfen zurückgreifen (Kap. 4). Schön ist, daß diese Mahnsprüche und Werthaltungen keine Gesetzesenge aufweisen, sondern zum ersten Mal in der Bibel die Werke der Barmherzigkeit in die Mitte des sittlichen Tuns rücken: Solidarität mit den Glaubensgenossen und Armen; Unterscheidung gegenüber den anderen Religionen, aber nicht Intoleranz; mehr Weisheit als Gesetz, dadurch auch viel eigene Entscheidungsfreiheit; Orientierung auf ein glückendes Familienleben hin, wobei Geschlechtlichkeit und Religion sehr eng zusammengehören (allerdings in der Form der Endogamie – Heirat unter Verwandten und Gleichgläubigen); ein von Liebe geprägtes Wertsystem läßt Gott auch als Liebe aufleuchten.

Der *Erzengel:* Er ist der, den der Vater mitgibt und anheuert, der aber mehr ist als der Vater selbst, denn er kommt unmittelbar von Gott. Der Engel ist der leibgewordene Segen Gottes als Begleiter in anonymer Gestalt: das, was unmittelbar von Gott an Hilfe und Lebensbegleitung kommt und sich in verschiedenen Menschen auf meinem Lebensweg verwirklicht, ob ich es nun merke oder nicht. Und der Hund, der auch mitläuft? Ist mir nicht im ältesten und treuesten Haustier der Menschen die Treue Gottes nahe und im Symbol greifbar (wenigstens den Kindern)?

Die Aufbruchsstimmung Tobias' zeigt eine Jugend, die der Familie Hoffnung und der Glaubensgemeinde neues Leben gibt – sie, die Jungen werden ihren eigenen Weg schon finden und gehen. Was ich ihnen mitgeben kann, das habe ich ihnen mitgegeben – wenn eine Kirche so zu ihrer jungen Generation spräche?

Tobias und der Fisch

(Tob 6,1–9/3. Bild der 7. Bildreihe)

War das erste Bild ganz dem Problem der älteren Generation gewidmet, so ist das zweite Bild, das eine ungewöhnlich symbolische Verdichtung aufweist, ein Spiegel der Jugend und ihrer Probleme.
Die Reise ist lange und macht müde. Die Jungen haben es auch nicht leicht, denn: sie müssen einen Fluß überqueren, der sie endgültig vom Land und Leben ihrer Eltern trennt. Auch sie erleben nun den Schmerz des unwiederbringlichen Zurücklassens häuslicher Bequemlichkeit und elterlichen Schutzes. Mit der Flußüberquerung lassen sie den Lebensabschnitt der Kindheit hinter sich und treten in das Erwachsenenalter ein. Solche Schwellenüberschreitungen bringen viel Angst mit sich, denn sie schwemmen all das aus der Tiefe der eigenen Psyche herauf, was Kinder in ihrem Leben an Verlassenheitsängsten schon erfahren haben. Nicht jedes Kind geht voll Zuversicht in eine neue Welt, denn für viele waren solche Situationen quälend, todbringend und voll einschnürender Angst (schizoider, paranoider Charakter). Einem Engel verdankt der Junge, daß er all das bewältigt, was aus der Tiefe emporkommt und ihn in die Tiefe ziehen will und was ihn am Weiterschreiten hindern möchte: Stell dich der Angst! Schau ihr in die Augen! Zieh dein Unbewußtes aus der Tiefe ans Tageslicht! Kämpfe mit ihm! Brate sein Fleisch, das heißt: eigne dir seinen Inhalt an, damit du von ihm gestärkt wirst! Behalte dir seine Heilkräfte (Herz, Leber, Galle) für die Zukunft auf (wer denkt hier nicht an den Kampf Jakobs mit dem Engel bei dessen Flußüberquerung!). Ungewiß bleibt: welcher Freund, welche Freundin, welcher Erzieher und Berater werden mir in einer solchen Situation zum Engel?

Die Bedrängnis der Sara

(Tob 7,1–17/4. Bild der 7. Bildreihe)

Das dritte Bild zeigt einen jungen Menschen, der keine so günstigen Startbedingungen hatte wie Tobias. Denn Sara ist ein Menschenkind, das von seinen Eltern oder durch andere Umstände keine Liebesfähigkeit mitbekommen hat. Es ist (wie Schneewittchen) von der Liebesunfähigkeit seiner Mutter (der Königin) eingeschnürt und von ihrer Mitgift (dem Apfel) vergiftet worden. An den Abwehrmechanismen ihres Charakters bleiben alle jene hängen, die sie lieben möchten und sie werden (wie die Freier in Dornröschen) aufgespießt. Ihre Liebesunfähigkeit ist wirklich ein „Dämon“, etwas Zerstörerisches, das nicht ihrer eigenen Schuld, sondern der Familie und dem Schicksal entstammt. Wie schrecklich, wenn jedesmal schon ein Grab ausgehoben wird, wo die Liebe anklopft! Zwanghaft in der sich ständig wiederholenden Abwehr und depressiv in der Resignation vergeblicher Liebessehnsucht kann ein solcher Mensch nie zur Liebe und zum Lebensglück finden – außer ein Liebender begegnet ihm, der ihn erlösen kann. Wodurch aber erlösen? Mit jenen Gaben der Heilung (Herz und Leber), die die Frucht und das Geschenk seiner eigenen Lebenskämpfe sind. Jeder heranwachsende Mensch hat sowohl Defizite und Fehler als auch irgendwelche Gaben der Hilfe und Heilung, die er von den Eltern mitbekommen oder sich durch eigene Mühen erworben hat. Ob eine Partnerwahl auch auf solche Ressourcen achtet? Hoffen wird sie schon darauf, hoffen, daß der Dämon (im hintersten Ägypten) gefesselt wird und so (wenigstens vorübergehend) seine Kraft über Liebende verliert, so daß die Liebe überhaupt beginnen kann.

Die Erlösung von Sara und Tobias

(Tob 8,1–21/5. Bild der 7. Bildreihe)

Das vierte Bild ist ein wahres Bild der Erlösung und der Hohenzeit: Für mich (so mag ein Jugendlicher sagen) ist wirklich ein Mensch da, der sein Herz für mich auf glühende Kohlen legt – was immer das auch bedeuten mag! Ich darf das Abenteuer der Liebe wagen, weil mich jemand dazu ermutigt und an mich glaubte, wo ich den Glauben an mich schon verloren hatte. Aus der Lebensgeschichte und den Kämpfen und Leiden meines Partners strömt ein Wohlduft aus, der alles Dämonische vertreibt. Wir durchbrechen die Mauern unseres Hauses, die uns gegen das „Jenseits“ abschließen und schauen nach Jerusalem. Wir blicken über uns gemeinsam hinaus auf jene Stadt, dem Symbol der Gemeinschaft, die Gott uns Menschen verheißt: eine Gemeinschaft voll Kostbarkeit und Edelsteinen, weil Gott mitgebaut hat und er in ihr lebt. Sollten wir da nicht tanzen? Den Tanz der Erlösung zum Rhythmus unseres Lebens machen? Begleiten uns so nicht die Engel, die uns unsere Eltern mitgegeben hatten als Mittanzende? Ja, ist unser Lebensüberschuß nicht so stark, daß wir nicht auch gern davon unseren Eltern schenken, um ihre blinden Flecken zu heilen? Wie im Märchen kehren die Kinder zu den Eltern zurück, um selbst zu Eltern zu werden und Liebe und Glaube, Glück und Lebensstärke ihren Kindern weitergeben zu können: Es kann von vorne beginnen und in den Lobpreis münden!

Übungen zur Tobiasreise

Das eigene Wachsen zeichnen

Zeichne den Weg deines eigenen emotionalen und sittlichen Reifens und Werdens mit bunten Farben und Symbolen in einer großen Wegzeichnung auf ein Blatt: Wie stellst du deine Eltern dar? Wie die vielen Menschen, die dir als Schutzengel begegnet sind? Mit welchen Schicksalsschlägen mußtest du wie mit Ungeheuern aus der Tiefe kämpfen?

Welche Flüsse hattest du immer wieder zu überqueren? Wie symbolisierst du den Schatz deines Lebens, die eigene Identität ...?

Rollenspiele

Das Gespräch innerhalb einer Geschichte: Sittliches Bewußtsein kann an Erzählungen aus der Literatur oder Alltagswelt gelernt werden, weil sie moralische Probleme konkretisieren und fokussieren. Einzelne Personen der jeweiligen Handlung vertreten auch je eigene Standpunkte. Im Gespräch miteinander wird so Einsicht und Motivation zu sittlichem Lernen gewonnen. Wenn wir von der Tobitgeschichte ausgehen, dann kann sich folgendes Gespräch in der Klasse oder Gruppe ergeben: „Als Tobias möchte ich meiner Mutter Hanna sagen: ... Als Vater sage ich zu Tobias: ... Als Sara sage ich zu meinem Dämon: ... Als Ungeheuer aus der Tiefe sage ich zu Tobias: ..." Werden verschiedene Standpunkte in den Personen und Rollen eingenommen, so wird auch moralisches Handeln wahrgenommen, diskutiert und eingeübt. Den Einzelstandpunkten kann noch eine Verallgemeinerung folgen: Jeder mag zunächst einmal (etwa anläßlich der Tobiasgeschichte) sagen: Für mich bedeutet das vierte Gebot: ... Hier wird dann der Lehrer aus seinem Wissen und aus den Quellen des Glaubens Informationen, Ergänzungen und Korrekturen einbringen. Normen können so gemeinsam gewonnen und eingesehen werden und nicht nur als von oben diktiert gelten.

Eltern-Ich und Kindheits-Ich

Die handelnden Figuren, wie Tobit und vergleichsweise die Hexe beim Märchen „Hänsel und Gretel", sind typische Vertreter von grundsätzlichen Möglichkeiten, Eltern oder Kind zu sein: Tobit erscheint als ein hilfreicher ernährender Vater (das ernährende Eltern-Ich), die Hexe im Märchen als eine kritische, unterjochende Elterninstanz. Hänsel ist der Typ des eingesperrten, angepaßten Kindes, Gretel ein rebellierendes Kindheits-Ich, Tobias erscheint als ein kreatives Kind, das sich von den Eltern löst und mutig seinen eigenen Weg geht.

Jeder trägt grundsätzlich solche Figuren als Introjekte in sich (siehe 5. Kapitel). Die Auseinandersetzung mit solchen Figuren in der Literatur ermöglicht die Erkundung und Auseinandersetzung mit den eigenen Eltern- und Kindheitsintrojekten.

Wir können so neue Familien entstehen lassen, um uns in ihnen vielfältig wiederzuerkennen, etwa: Wenn Tobit mit Tobias und Sara und die Hexe (als Mutterfigur) mit Hänsel und Gretel zusammen eine neue Familie bilden: In welcher Figur sehe ich mich dann als Kind, als Elternteil wieder? Was will ich dann zu meinen so symbolisierten Elternintrojekten sagen?

Weitere neue Familien kann man gewinnen, indem man den Müller („Mädchen ohne Hände") mit Frau Holle heiraten läßt, deren Kinder sind dann: das Mädchen (oder Bübchen) ohne Hände, Pechmarie und Goldmarie: In welchen Figuren sehe ich mich wieder? Was lasse ich die eine Figur zur anderen sagen? Eine andere Familie: Die Stiefmutter mit Schneewittchen als Kind und der Eisenhans als Vater und Hänschen als sein Sohn (seine Tochter) ... In der Zusammenstellung von Märchenfamilien können die Schüler erfinderisch sein, denn schon die Beschäftigung mit den Märchen ist eine Beschäftigung mit der eigenen Lebensgeschichte. Und da Märchen bekannterweise drei Wünsche ermöglichen, kann man an die so gewonnenen oft bitteren Erkenntnisse und Ahnungen die Wünsche der Verwandlung folgen lassen. Auch hier läßt sich in Märchenmanier weiter fabulieren.

Die Stationen des Tobiasweges erzählen („Script-Analyse")

a) Setze dich in entspannter Haltung, zum Schreiben bereit, bei leiser Musik an einen Tisch! Welches war wohl das Lieblingsmärchen deiner Kindheit? Die Lieblingsgeschichte deines Kinderbuches? Schreib die ersten Eindrücke nieder! Die Bilder und Personen, die auftauchen ... die Handlung, wie du sie gerade jetzt in Erinnerung hast ... Ausschnitte aus dem Märchen ... Worte und Gespräche der Figuren ... (so, wie du dich gerade an sie erinnerst, so ist es auch richtig!)
b) Die fesselndste Geschichte aus deinen Jugendtagen: Sie wirst du unmittelbar nach dem Märchen deiner Kindheit schreiben. Sie kann aus einem Buch, einem Film stammen ... Oft genügen Fetzen von Eindrücken, um das Stimmungsbild gegenwärtig zu haben und zu Papier zu bringen. Wieder geht es nicht um die wörtliche Richtigkeit der Erinnerung, sondern um ihre Stimmigkeit damals und heute. Hast du diese zu Papier gebracht, dann lege dich wieder entspannt hin oder lehne dich zurück und höre der Musik zu!
c) Die bewegendste Geschichte meiner Gegenwart: die Szene aus einer Oper oder aus einem Theaterstück ... jüngst Gelesenes oder im Film Geschautes – immer wieder gern gesehene Szenen und Filme ... der Tonfall der Sprechenden ... ihre Partner ... die Stimmung der Landschaft ... einprägsame Worte ... Schreibe spontan, kontrolliere dich nicht, korrigiere nichts, überlasse deine Hand der Stimmung, die Hand wird wie von selbst schreiben!
d) Erklärung: Diese Stimmungsgeschichten fassen die seelische Verfaßtheit wie in einem Brennpunkt zusammen. Sie geben die Grundstimmung des jeweiligen Lebensabschnittes wieder. Gerade die Abweichungen vom „Original" sind aufschlußreich, die Details, die dich verwundern mögen ... Du bringst so in der Sprache des Symbols und der Erzählung zu Papier, was auch auf den Blättern deiner Seele steht.
War das „Märchen" deiner Kindheit traurig? Mußtest du viele Abenteuer durchmachen? Sehntest du dich nach großen, königlichen Gestalten? Welche bösen Mächte mußtest du bezwingen? Welche Glücksbringer oder Helfer waren dir geschenkt? Wie ging das Märchen gerade bei dir zu Ende?
Die Erzählung aus den Jugendtagen fördert gewöhnlich zutage, welche Möglichkeiten gerade damals ergriffen wurden, weil sie dir in der Kindheit nicht so zugänglich waren ... sie zeigen die Richtung einer Lösung oder gar Erlösung an. Sie bilden eine Art Kontrapunkt gegenüber dem Kindsein ... Was fällt dir dabei auf? Welche neuen Ansätze waren damals zu spüren? Griffst du sie so auf, daß sie bis heute wirksam sind? Welche Auseinandersetzungen hattest du? Was wolltest du erreichen und auf welche Weise?
Die Gegenwartsgeschichte, besser: ihre Ausschnitte und Stimmungsbilder mögen wie ein Brunnen zum Ausrasten und Kräftesammeln sein ... oder wie ein versiegtes Quellwasser ... wie eine große Sehnsucht ... Welcher rote Faden zieht sich durch alle deine Geschichten, durch dein ganzes Leben? Welche Namen gibst du deinen drei Erzählungen?

e) Du wirst über deine drei Geschichten sehr nachdenklich werden, da sie dir die Quellen zeigen, aus denen du lebst, die Rinnsale, mit denen du dein Leben fristen mußt ... den Reichtum, der dir geschenkt ist ... Entspanne dich wieder und träume: welche Erzählung aus der Bibel fällt dir ein, die deine Zukunft beschreiben könnte? Was wünschst du dir und was brauchst du? Welche Erzählung mag dir gerade heute Erlösung bringen? Schreibe auch sie auf: die Einzelheiten sind wichtig, die Gesamtstimmung und das, was dir zu Herzen geht ...
Jeder liest seine Geschichten der Gruppe vor und hört auf ihr Echo!

TOB – das Gute aus Gemüt und Gewissen

Die Fähigkeit des Menschen, sich in Freiheit zu entscheiden und als Subjekt sittlich und verantwortlich zu handeln, ist die Frucht aus Gemütsreife und Gewissensbildung. Das altertümliche Wort „Gemüt" meint die persönliche Reife, den emotionalen Reichtum und das affektive Vermögen des Menschen, wie es im Laufe der jeweiligen Entwicklung und unter den so verschiedenen persönlichen Bedingungen geworden ist. Man mag es auch das „Herz" des Menschen als den symbolischen Sitz des Liebens nennen. Aus diesem inneren Mutterboden kann sich dann auch die wache Verantwortung und das Urteil des Gewissens entwickeln, doch ist die Gewissensbildung von der Gemütsreifung abhängig. Dieser Zusammenhang muß ständig beachtet und für die Erziehung und die Erwachsenenbildung fruchtbar gemacht werden.

Die guten Eltern

Das Kind verdankt den Eltern nicht nur das leibliche Leben, sondern ebenso die vorgängige Erfahrung des Guten. Das Kind muß zuerst erfahren haben, daß das Leben ihm gegenüber in der Gestalt der Eltern *gut* ist, ehe von ihm verlangt werden kann, selbst gut zu handeln. So geht auch im Sittlichen das Sein dem Sollen voraus. Da jedes Menschenleben ein Drama eigener Art ist, wird man das Vermögen zur Sittlichkeit bei jedem Menschen als anders geprägt und vorgegeben sehen müssen:
In Tobit und Hanna erleben wir Eltern, denen man zubilligen kann, daß sie *gute* Eltern waren; so „gut", wie man es im damaligen späten Judentum von gerechten Eltern erwarten konnte. Allein schon die Namen „Tobit" und „Tobias" („Tob-Jah" – „Jahwe ist gut") legen nahe, daß die Frage nach dem Guten der Inhalt des Buches ist, denn „tob" heißt eben „gut": Wie können Kinder guter Eltern selbst gut werden – so daß sie Gott gefallen und ein menschenwürdiges Leben führen? Sie erleben das Gute ja zunächst einmal in der Gestalt ihrer Eltern als Vorbild, als emotionaler „Brutkasten", als Quelle von Anerkennung, Zuwendung, Liebe; aber ebenso als Orientierung, Richtmaß und kritische Instanz.
Da schon das Gehirn des Embryo und dann des Säuglings wie ein unbeschriebenes Wachstäfelchen ist, wird es alles, was von den Eltern an Regungen, Gefühlen, Handlun-

gen und dann auch an Worten kommt, wie eine tief eingravierte Spur aufnehmen; wie ein Tonband, in dem alle Eindrücke ein Leben lang aufgezeichnet sind und die Urschrift abgeben.
Auf der Ebene des Bewußtseins erfahren die Kinder das Wollen und die Botschaft ihrer Eltern als von oben und außen kommend wie einen Befehl und Zuruf.

Vom Befehl zur Sachlichkeit

Für das Schulkind ist das gut und moralisch, was seine Autoritätspersonen befehlen. Die Quelle der Moral ist für das Kind also die Autorität. Die Vermittlung des Moralischen geschieht durch den Befehl. Moralisch handeln heißt gehorchen, Übertretung eines Gebotes heißt unmoralisch sein. Das Böse wird durch Strafe und Sühne, die von der Autorität verhängt werden, wiedergutgemacht. Das Kind hat bis zum zehnten Lebensjahr noch kaum einen anderen Zugang zur Welt des Moralischen! Auch die Weisungen Gottes werden als Gebote Gottes vermittelt und durch den Schul- und Beichtunterricht fast für immer auf diese Art im Kind fixiert. Die Befehlsmoral ist aber eine Frühform, ist noch unreif und muß in eine höhere Art des moralischen Bewußtseins und Handelns verwandelt werden. Das unmündige Gewissen muß zu einem mündigen, selbständigen Gewissen heranreifen.
Da das Bild, der Wille und die Worte der Eltern ins Unbewußte absinken und die tiefste Prägung der Speicherungen im Gehirn bilden, leben und wirken sie als „Über-Ich“ (so Freud) oder als „Elternbotschaften“ (so die transaktionale Analyse), als Regulierungsinstanzen ein Leben lang weiter. Und man kann sich mit Blick auf viele Eltern vorstellen, wie sie als gute Mächte, als Hexen und Überwesen, als Ahnengeister oder Götterfiguren das ganze lange Leben eines Menschen, wenn nicht schon beherrschen, so doch unentwegt beeinflussen. Dies einmal als gegeben vorausgesetzt, kann man im Hinblick auf Moral und Sittenlehre das Moralische nicht mehr nur dem Bewußtsein und der Entwicklung des moralischen Urteils zuschreiben. Erziehung und Seelsorge, Beratung und Therapie gehen von einem umfassenden Menschenbild aus, welches das Bewußtsein *und* das Unbewußte als Konstitutiva des Menschseins annimmt und in der Praxis mit ihnen rechnet.

Menschlichkeit und Weisheit

Israel hat die Forderung zum Guten nicht nur im Dekalog als apodiktisches Königs- oder Vertragsrecht unter Völkern (eine Grundlage dazu boten die Hettiterverträge) erfahren, sondern sehr umfangreich in den Sprichwörtern der alten Weisheit, die in der frühen Königszeit aus Ägypten kam. „Lügen haben kurze Beine“, „Freunde sind wie der Wein, erst wenn er alt geworden, trinkt man ihn gern“ – Sprichwörter dieser Art verdichten in ungemein anschaulicher Sprache Erfahrungswissen auf dem Gebiet des moralischen Handelns und geben es als Empfehlung weiter. Jedes Kind versteht solche Sprüche, denn diese liefern in ihrer Bildprägnanz zugleich die Begründung – eben aus der Erfahrung – mit. Wir haben hier eine Moralunterweisung, die mit sich reden läßt, und in der schon unzählige Generationen mit *ihrer* Erfahrung mitgeredet haben. Hier wird nicht von oben befohlen, sondern von unten Lebensweisheit eingebracht, die sich vielfach bewährt hat,

sonst würde man sie ja nicht tradieren. An der Begründung des Moralischen darf jeder mitarbeiten. Hier ist also der Weisheitsschatz vieler Völker aus jahrtausendalter Tradition in die Heilige Schrift eingegangen: Hat er nicht ein Recht, gehört zu werden? Darf hier nicht jede Generation mitarbeiten und ihre Erfahrung so einbringen: „Es geht; es geht nicht; es geht vielleicht so; ja, es geht so!“ – nämlich in Würde Mensch zu sein?
In der Mahnrede des Vaters Tobit wird in Kurzfassung die Wertvorstellung des spätbiblischen Judentums weitergegeben. Es fällt auf, welchen hohen Rang hier Menschlichkeit und Beziehung einnehmen. Schon allein, daß der Vater seinen Sohn unentwegt liebevoll anredet: „mein Sohn” zeigt, wie hier alle Mahnung in Beziehung eingebettet ist. Um die großen Kreise der Beziehung: „Mitmensch, Gott, ich“ sammeln sich auch alle Mahnungen: die Pietät zu den Eltern, deren Alter und Tod; die Solidarität mit den Volks- und Glaubensgenossen; Gerechtigkeit gegenüber den Arbeitern; die reichliche und freigebige Hilfsbereitschaft zu den Armen; Selbstbeherrschung und Redlichkeit; Treue und Liebe gegenüber Gott. Vor ihm ist aller Menschendienst Gebet und Opfer – ein biblischer Humanismus mit den Werken der Barmherzigkeit; auf ihn wird Jesus zurückgreifen.
Das in dieser Weisheitsrede zur Sprache gekommene Gute wird in der Vorbildgestalt der Eltern, in inneren Gewissenssprüchen, in emotionaler Aufladung und Wirksamkeit als Orientierung und Mahnung im Unbewußten der jungen jüdischen Generation jeweils weitergelebt und gewirkt haben. Die Gewissensbildung kann auf diese Gemütsprägung wie auf ihre sprudelnde Quelle zurückgreifen und von ihr immer wieder genährt werden. Diese ist die Quelle der Motivation und der Tatkraft.
Neben oder gegenüber der Moral der Autorität muß also auch die Moral der *Sachlichkeit,* der menschlichen Sachlichkeit entwickelt werden. Die Autorität der Befehlsinstanz muß der Autorität der „Sache“ und ihres Sinnes weichen. Wir dürfen also den Moralunterricht nicht auf infantile Formen aufbauen. Wir sollen nicht sagen: „Das muß man tun, weil es geboten ist“, sondern: „Das ist sachlich so richtig, darum verpflichtend.“ Es gilt auch, durch die Zehn Gebote Gottes selbst auf die Wirklichkeit hindurchzuschauen, die sie meinen. Moralunterricht muß zu einem Sachunterricht werden. Wenn die Zehn Gebote Gottes noch als Einteilungsschema aufscheinen, dann nur deshalb, weil sie Umschreibungen von Wirklichkeitsbereichen sind und als solche ihren Dienst tun. Die Schüler sollen also im Unterricht angeleitet werden, in den verschiedenen Wirklichkeitsbereichen das Richtige, Sinnhafte, Sachgerechte als das Verpflichtende zu sehen. Sie müssen erfahren, daß auch die Autoritätspersonen der gleichen Sachlichkeit als Menschlichkeit verpflichtet sind und diesbezüglich nicht über ihnen stehen, sondern Partner in der Suche nach dem jeweils Richtigen sind. Die Schüler sollen aber auch erfahren, daß das sachlich Richtige in der Wirklichkeit oft nicht auf den ersten Blick erkannt werden kann, sondern oft mühsam gefunden werden muß. Außerdem gibt es in der konkreten Situation nicht nur *eine* Möglichkeit, richtig zu handeln, sondern deren mehrere: es gibt bessere und weniger gute Möglichkeiten, die nicht schon falsch sein müssen. Moralerziehung heißt also, nicht nur nach dem sachlich Richtigen zu fragen, sondern auch das Erfinderische und Schöpferische zu wecken. Im Leben muß man sich immer in einer konkreten Situation zum Handeln entscheiden. Moralunterricht soll Einübung in Sehen, Urteilen und Handeln sein. Im Lauf der letzten Pflichtschuljahre kann der Schüler zu folgender Haltung kommen: Ich darf und muß selbst darüber nachdenken, was im Einzelfall Pflicht und was Schuld ist; ohne auf eine Reglementierung von außen zu warten, muß ich selbst mein Gewissen bilden; verpflichtet bin ich zu etwas nicht deshalb, weil es mir jemand gebietet, sondern weil es einen Sinn hat; da Gebote immer

allgemeinen Charakter haben, muß ich sie immer selbst anwenden; dabei darf ich nicht am Buchstaben hängenbleiben, sondern muß nach dem Sinn fragen und diesen erfüllen.
Schuldigwerden darf dementsprechend auch nicht mehr nur als Übertretung eines Gebotes verstanden werden, sondern als das absichtlich falsche Handeln. Wer die Sache und ihren Sinn verfälscht, lädt Schuld auf sich. Gottes Wille ist, daß wir das menschlich Richtige tun. Sünde ist, wenn wir die Wirklichkeit verfälschen oder auch nur vernachlässigen. Die Schuld aufarbeiten und überwinden heißt demnach auch die sachlich falsche Handlung korrigieren und zu einer neuen Entscheidung ansetzen. Gut ist, wer sich für die Sache der Welt und der Menschen verantwortlich weiß, böse, wer unbekümmert zusieht, wie die Wirklichkeit entstellt wird, oder gar dabei selbst mitmacht. Der Religionsunterricht muß sich deshalb energisch zur konkreten Wirklichkeit hinkehren, wie sie die Schüler umgibt und aus Rundfunk, Presse und Fernsehen erfahrbar wird.

Freunde als Engel

Wenn ein Kind aus dem Elternhaus hinauswächst, werden Freunde und Gefährten zu seinen emotionalen und sittlichen Bezugspersonen. Wenn man bedenkt, wieviele Eltern heute bangen müssen, ob ihre Kinder gute Freunde finden, dann kann man verstehen, daß die Bibel Freunde indirekt „Engel", also „Geschenke von Gott her" nennt. Ist es nicht lustig, wie unbekümmert der Erzengel seine irdische Abkunftsfamilie nennt? Ein kurzer Blick in unser Leben kann uns zeigen, wieviele Menschen als Engel an unserem Wegrand gestanden sind und entscheidende Bedeutung für uns gehabt haben.
Leben die Schüler im Scharalter, dann beginnen sie, sich immer deutlicher als gleichberechtigte Glieder einer Gruppe zu begreifen. Die große Tugend, die von ihnen entdeckt und leidenschaftlich gefordert wird, ist die Gerechtigkeit. Diese ist zwar am Anfang noch sehr schematisch und wird recht undifferenziert auf alle angewendet. Erst mit der Pubertät gelingt es ihnen, den einzelnen nicht nur als Nummer unter Nummern, sondern auch in seiner Eigenart zu sehen. Sie nehmen Rücksicht auf seine individuelle Lage: Sie entwickeln neben der Tugend der Gerechtigkeit die Forderung der Billigkeit. Der Grundsatz, der unter den Schülern angewendet wird, ist der der goldenen Regel: „Was du nicht willst, daß man dir tu', das füg auch keinem andern zu." Weniger selbstverständlich als die negative Formulierung wird die von Jesus geprägte positive Formulierung gehandhabt: „Alles, was ihr also von einander erwartet, das tut auch ihnen!" (Mt 7,12). Zu dieser positiven Haltung muß ständig aufgerufen werden. Aber immerhin, die Schüler entwikkeln in ihrem eigenen Bereich ein sittliches Verhalten, das ihnen nicht von außen auferlegt wird, das nicht mit der Autorität der Erwachsenen und deren Ablehnung steht und fällt. Jeder will nämlich von seinem Mitschüler gerecht behandelt werden und sieht ein, daß er als Preis dafür auch seinerseits bereit sein muß, jedem gerecht zu begegnen.
Einen Schritt weiter in der Richtung sittlicher Freiheit tut die Entwicklung mit der Entdekkung der Freundschaft. Zehn- und Zwölfjährige sind untereinander Kameraden; für echte Freundschaft fehlt ihnen oft das Verständnis für die Innerlichkeit und Persönlichkeit

des anderen. Mit der Pubertät ist aber auch die Entdeckung der Freundschaft gegeben. Die Schüler suchen sich enge Freunde, die ihnen jenen Ersatz affektiver Geborgenheit geben sollen, die sie im Elternhaus immer mehr vermissen. Auch wenn die Schüler keinen Freund haben, so sehnen sie sich nach einem. Sie haben sehr anspruchsvolle Vorstellungen von Freundschaft, sie verlangen oder ersehnen vom Freund eine geradezu ideale Sittlichkeit. Und sie sind auch durchaus bereit einzusehen, daß man auch von ihnen in der Freundschaft einen hohen Einsatz an Solidarität, Treue und Kameradschaftlichkeit verlangen kann. Freundschaft ist also die altersgemäße Erfahrung, in der das Moralische nicht als von außen aufgenötigt erscheint, sondern von den Schülern selbst gesucht wird. Wir haben damit ein altersgemäß vollkommeneres Modell für das Sittliche, als es für die Schüler die heteronome Ethik wäre. Wir werden also in der Schule bewußt die Moral immer weniger als die Unterordnung unter eine Autorität oder gar unter ein anonymes Gesetz verstehen, auch nicht allein als den verpflichtenden Ruf zum eigenen Selbst, sondern als Ruf zum Freund, zum anderen, zum Mitmenschen. Gewissen als Ruf zum anderen setzt allerdings voraus, daß man ihn in seiner Eigenart überhaupt in den Blick bekommt. Es gilt also, die neu gewonnene Fähigkeit, sich selbst in seiner unverwechselbaren Individualität sehen zu können, auch auf den Mitmenschen anzuwenden. Eine weitere Aufgabe ist es, sich von ihm und seinem Schicksal betroffen machen zu lassen. Man muß die Gefühle der Anteilnahme, der Aufmerksamkeit, des Mitgefühles und der Identifizierung entwickeln helfen. Wer sich mit dem anderen nicht identifizieren kann, wird für ihn auch kein Gefühl der Verantwortung entwickeln können. „Im Gewissen werden die im Gemüt erlebten Werte und Bindungen entsprechend den in den Gefühlen liegenden Antriebskomponenten auf unser Handeln bezogen. Sind die Gemütserlebnisse gestört, kann das Bewußtsein wohl ein sittliches Wissen, nicht aber ein erlebtes Gewissen mit seinem Antrieb haben" (U. Lück, Die Funktion des Gewissens, in: F. Schlösser, Moral braucht Normen, S. 97).
Es geht um ein innerliches Wissen um den anderen: „Ich bin von seinem Dasein, von seiner Sehnsucht, seiner Not, seiner mir gleichen Bedürftigkeit betroffen. Er geht mich an. Der andere ist also nicht nur ein Gegenüber, das ich registriere – zu meinem Vorteil oder Nachteil –, sondern ein Mit-mir-Seiender, an dessen Sein, mit all seinen Leiden und Freuden, ich teilhabe. Ich kann mich mit ihm identifizieren, kann seine Not und sein Glück zu meinem machen. Je besser ich das kann, um so betroffener bin ich von ihm, um so intensiver bin ich aufgerufen, für ihn zu handeln, um so wacher ist mein Gewissen: mein Wissen, daß ich nicht für mich, sondern für ihn da bin" (Neuhäusler, Phänomenologie des Gewissens, in: Gewissen und Gewissensbildung, KatBl 94 (1969), S. 25).
Erst wenn in der Freundschaft mit einigen wenigen das Gewissen als der Ruf zum anderen und zum Handeln auf den anderen hin verstanden worden ist, kann der weitere Schritt erfolgen: nämlich diese Erfahrung über Freunde hinaus auf den Nächsten überhaupt, auf den Menschen neben mir auszudehnen. Die Wachheit des Gewissens kann nur mit der Fähigkeit zur Identifizierung Schritt halten, sie kann sie nie entbehren. „So gründet das Gewissen auf der Fähigkeit der inneren Identifizierung mit dem anderen, der so ist wie ich. Ich kann meinen Nächsten erleben wie mich selbst – und nur dann ihm helfen wie mir selbst. Ohne diese Fähigkeit, vom Schicksal des anderen betroffen zu sein wie von meinem eigenen, kann ich vom anderen nicht eigentlich berührt werden. Er läßt mich ungerührt. Der Ungerührte, das ist der Gewissenlose" (ebd.).

Der Kampf mit dem Fisch um Identität

Der Schritt aus der Familie heraus und in das Erwachsenenleben hinein ist der Schritt, ein mündiges sittliches Subjekt mit voller Eigenverantwortung zu werden. Die Pubertät rührt nochmals aus der Tiefe des Unbewußten auf, was an emotionaler Prägung eine Auseinandersetzung braucht, um oft neu gestaltet zu werden. Würden wir schon bei den Kindern die „Trotzphase" die Zeit der „Ich-Entdeckung" nennen, könnten wir der ungeheuren Bedeutung dieser Ablöse- und Neuorientierungsphasen im Leben gerecht werden, denn diese werden immer wieder auftauchen und neue Chancen geben.

Daß Tobias mit den Emotionen aus seiner Tiefe zu kämpfen hat, wird erzählt, worin sie aber bestehen, nicht. Vielleicht ist damit die Anhänglichkeit und der Besitzanspruch seiner Mutter, vielleicht auch das erdrückende Vorbild eines idealen Vaters gemeint – die Bibel psychologisiert hier nicht. Ihre Symbolsprache läßt alles so offen, daß jeder Leser in dem Fisch aus der Tiefe seine eigenen Probleme aus der archaischen Kinderzeit auftauchen lassen kann. Gelingt aber dieses Ringen um die Identitätsfindung, dann werden neue Kräfte geschaffen und vor allem Gaben der Heilung erworben, die jeder für sein Leben und für das Leben der ihm Anvertrauten dringend brauchen wird.

Das Schulkind lebt lange in einem moralischen Realismus. Das Moralische offenbart sich ihm in festen, die Sache genau umschreibenden Geboten und Befehlen. Das Gebot existiert in sich, unabhängig vom menschlichen Bewußtsein. Gut und Böse werden daran gemessen, wie weit jemand Regel und Gesetz übertritt oder wörtlich befolgt. Vor allem wird der Sündenbegriff von diesem moralischen Realismus her geprägt. Selbst Erwachsene fragen noch „Ist das (!) eine schwere Sünde?" Nun muß aber der Schüler die Kategorie der persönlichen Gesinnung lernen. Heranwachsende erfahren dies oft auf schmerzliche Weise. Etwa, wenn jemand durch grobes Verhalten seine Eltern zum Weinen bringt und es ihn plötzlich durchfährt: „Das habe ich nicht gewollt; ich wollte dir nicht weh tun." Er erkennt plötzlich einen Unterschied zwischen einer objektiven Untat und seiner subjektiven Gesinnung. Der Schüler darf und muß erfahren, daß die Größe seiner sittlichen Tat und auch das Gewicht seiner Sünde von seiner Gesinnung abhängig sind. Denn nur durch die Gesinnung kann ein wirklich freies, verantwortliches Gewissen aufgebaut und entfaltet werden.

Der Jugendliche ist geneigt, die einmal entdeckte Subjektivität seiner Moral zur einzigen Richtschnur des Handelns zu nehmen. Er will sich ja aus seinem kindlichen Realismus und seiner infantilen Gebotsgläubigkeit befreien und den Druck der Autoritätspersonen abschütteln. Wir müssen oft zusehen, wie das Pendel auf die andere Seite ausschlägt und fast nur noch persönliche Gründe (die zudem sehr schwankend sind) gelten gelassen werden. Der Religionslehrer wiederum ist versucht, nun um so mehr das Recht der objektiven Norm zur Geltung zu bringen. Ist es aber nicht wichtiger, dem persönlichen Gewissen zur Reifung zu verhelfen und das (wenn auch noch einseitig gebrauchte) Recht auf Gewissensentscheidung anzuerkennen? Im Leben muß der Mensch sich nach seinem persönlichen Gewissen entscheiden – und das sollte er auch in der Schule lernen können. Der Lehrer soll darum bewußt Diskussionen über verschiedentliches moralisches Verhalten und dessen Wertung herbeiführen. Er soll die Diskussion sachlich führen lassen, braucht aber durchaus nicht immer auf die Übereinstimmung der Standpunkte zu drängen. Die Schüler müssen im Pluralismus der heutigen Meinungen ihren eigenen, persönlich verantworteten Standpunkt einzunehmen lernen.

F. Pöggeler bringt am sexuellen Verhalten der Jugendlichen ein Beispiel, wie subjektives moralisches Verhalten und objektive Norm auseinanderbrechen können – und dennoch die Reifung des jugendlichen Gewissens weiterschreitet. Er spricht davon, daß sich viele Jugendliche im Sexuellen eine Art Privatethik zusammenbasteln. „Aber es wäre ungerecht und unpädagogisch, jetzt dem Pubeszenten vorzuhalten, er versteige sich in eine gewollte Amoralität. Ganz im Gegenteil: Er will anerkannt wissen, daß etwa sein Gefühl der Liebe zum Partner ‚hoch und heilig' ist; er sublimiert dabei sexuelle Regungen fast bis in die Höhe des Quasi-Religiösen, und er wehrt sich gegen die Unterstellung, in sexueller Hinsicht ‚niedrig' zu denken. Die überspitzte Empfindlichkeit dort, wo es um die moralische Rechtfertigung ihrer sexuellen Kontakte geht, muß für den verständnisvollen Erzieher ein Hinweis auf die Aktivität des jugendlichen Gewissens sein. Auf dieses nämlich und nicht auf die vorgegebene sittliche Norm vertraut jetzt der Pubeszent. Und selbst wenn sich das Gewissen irrt, eben weil es von den Weisungen der sittlichen Norm getrennt ist, darf man nicht durch falsche pädagogische Maßnahmen die Gewissensregungen unterdrücken. Es liegt im Telos des Gewissens, sich auch dann, wenn es irrig angewandt wird, nach und nach wieder in die Ordnung einzupendeln – vorausgesetzt, daß es der junge Mensch aktiviert und weiter auf es hört" (F. Pöggeler, Das Gewissen aus der Sicht der Pädagogik, in: Gewissen und Gewissensbildung, Donauwörth 1968, S 162). Dieses Beispiel kann gut zeigen, daß Gewissensbildung mehr ist als nur die Einschärfung von objektiven Normen. Freilich dürfen diese vom Erzieher nicht geleugnet werden, aber dem sittlichen Reifen des Jugendlichen ist mit ihrer Einschärfung allein nicht geholfen. Er muß auf seiner neuen Lebensstufe erst das Organ für das Sittliche neu entfalten und schärfen.

Pöggeler schreibt diese Bemerkungen als Pädagoge. Der Standpunkt des Lehrers wird bei Jugendlichen gewiß oft ebenfalls eher der des Pädagogen als nur der des objektiven Moralisten sein. Er muß mit der Jugend so rechnen, wie sie eben ist, und sie auf ihrem Weg begleiten, wenn dieser auch oft „krumm" ist, aber bekanntlich schreibt Gott auch auf krummen Zeilen gerade.

Eng verwandt mit der subjektiven Gesinnung ist die moralisch-subjektive Sinnhaftigkeit. Nur allzu oft versteht man unter Moral das, was einem abverlangt wird, was einem nicht selbst entspricht, sondern als Fremdforderung von außen an einen herantritt. Demgegenüber ist Moral zu verstehen als jenes Handeln und Verhalten, das den handelnden Menschen formt und erst zum Menschen werden läßt. Gewiß ist moralisches Handeln immer sachlich und geschieht an Sachen, dabei wird aber immer die Person mitgeformt und aufgebaut. Die Schüler sollen also deutlicher erkennen, daß Moral ihre eigene Lebensvollendung will. Moral muß so geradezu als Aufruf zur Selbstwerdung verstanden werden. Schuld ist dementsprechend die Weigerung, sich zu entfalten, zu vollenden und zu gestalten. Das eigentliche „Gesetz" der Moral tritt dem Menschen nicht von außen entgegen, sondern diese trägt es zuinnerst in sich: in den Möglichkeiten seiner Person, im Ruf zum Eigentlichwerden, in der Entscheidung zum entschlossenen Ich.

Moral als persönliche Sinnhaftigkeit wird vor allem als projektive Moral erfahren, als Vorschau und Planung für meine Zukunft. Es geht um die Planung der Persönlichkeit, des Berufes, der verschiedensten Fähigkeiten, des eigenen Geschlechts und seiner Rolle, der Stellung in der menschlichen Gesellschaft und in der Hinwendung zur Zukunft, die einem der Glaube an Gott ermöglicht.

Die Sittenlehre und Gewissensbildung sollen ganz personorientiert sein. Sie blicken in das Leben der jungen Menschen voraus und wollen so eine Ethik des Könnens, Wagens

und Planens fördern. Es ist selbstverständlich, daß dies auch im ethischen Bereich nur mit einem gezielten Einsatz von Phantasie und Offenheit für die verschiedensten Möglichkeiten geht.
Schuld wird so als falsche Weichenstellung erfahren, als Fehlplanung aus zu geringer Sachkenntnis und Nichtengagement, als Trägheit;
Sünde ist demnach nicht so sehr das, was man tut, als vielmehr das, was man *nicht* tut, wozu man sich *nicht* aufschwingt.
„Trägheit ist die entschiedene oder laue Weigerung, so zu leben, wie es unser eigentliches Menschsein fordert. Sie ist die stumpfe Entschlossenheit, nicht das volle Menschsein froh zu genießen oder seine Verantwortung auf sich zu nehmen ... Darum ist Trägheit eine so gefährlich furchtbare Sünde. Sie verführt den Menschen zu anderen Formen der Unmenschlichkeit. Sie führt zu dem, was wir heute ‚Entfremdung' nennen" (H. Cox, Der Christ als Rebell, Kassel 1967, S. 27, 31).
Cox kritisiert die theologische Tradition, die in der Sünde fast nur das Element der Auflehnung gegen Gott und des Ungehorsams gesehen hat, nicht aber die Verweigerung der Tat, also die Trägheit. Das Wort Gehorsam will der Jugendliche kaum hören. Seine Aufgabe ist es ja, sich aus dem Elternhaus und aus den affektiven Bindungen an die Eltern zu lösen, was nicht ohne Projektionen, auf fremde Ebenen verschobene Konflikte und Schuldgefühle abgeht. Wenn er die sittliche Verantwortung und Aufgabe aber nicht in der Unterwerfung unter eine Autoritätsnorm, sondern im Aufruf zur Tat, zum Selbstwerden sieht, dann wird für ihn Sittlichkeit neu motiviert und vermutlich auch akzeptiert. Noch dazu, wenn diese von ihm geforderte Entschlossenheit (die er gemessen an unserer Altersstufe natürlich nur ansatzhaft bringen kann) ihn in die Zukunft verweist, in seine eigene Zukunft, die er in die eigenen Hände nehmen will und soll.
Es bahnt sich in der neueren christlichen Ethik eine Auffassung des sittlichen Handelns an, die viel mehr von der Sinnverwirklichung des wahren Menschseins als von der Unterwerfung unter das Gesetz Gottes spricht. Mag das inhaltlich auch zusammenfallen, weil Gottes Gesetz ja nichts verlangt, was nicht zur Sinnverwirklichung des Menschen führen würde, so ist die Sichtverschiebung doch von großer pädagogischer Tragweite. Sittliche Unterweisung in der Jugendzeit hat also pädagogische Hilfe in der Entfaltung und Zielgebung der Affekte zu sein. Sie muß um die Gesetze der psychologischen Abläufe und Entwicklungen wissen, um konkret helfen zu können. Ihre Aufgabe ist es, in der Identitätsfindung des Jugendlichen – die große Aufgabe der Jugendzeit – ratend und steuernd einzugreifen, Sublimierungshilfen zu geben (d. h. reine Triebimpulse in sinnvolles Handeln überführen) und ein Menschenbild als Ziel aufzuzeigen, das die ganze Fülle menschlicher Antriebe in eine glückliche Ich- und Du-Findung hinein verwandelt.
Das ethische Verhalten des Jugendlichen unterscheidet sich auf charakteristische Weise von dem des Erwachsenen. Im ethischen Sinn ist der erwachsen, der für sein Handeln voll die Verantwortung übernehmen kann und will. Der Jugendliche übernimmt fallweise und immer wieder in kleineren Ansätzen die Verantwortung für sein Tun. Die Übernahme von Teilverantwortungen provoziert laufend das Hineinwachsen in die Vollverantwortung: Erst der Kampf mit dem Fisch ermöglicht es Tobias, daß er eines Tages im fernen Medien den „Schatz" findet, d. h. die volle Verantwortung für sich in Anspruch nimmt.
Des weiteren ist aufschlußreich, daß nicht jeder Akt des Menschen den gleichen existentiellen und ethischen Tiefgang hat. Viele unserer Handlungen sind „leichte" Handlungen, eine „moralitas levis" (entsprechend den „leichten" Sünden). Erst wenn alle Kräf-

te zusammengenommen werden, ist dem Menschen eine „durchschlagende" Entscheidung und Tat möglich. Warum kennen wir dafür nur den Negativausdruck „schwere Sünde"? Was wäre demgegenüber eine „schwere", weil gewichtige, positive Tat, eine „moralitas gravis"?
Auf dem Weg zur Vollentscheidung und Vollverantwortung ist der eine schon ein Stück weiter vorne, der andere noch nicht so weit. Diese „Wegmoral" nagelt den Menschen nicht auf die einzelne Tat fest, sondern hält die Tür dafür offen, daß das Ziel angepeilt wird und die Weichen richtig gestellt werden. Erst mit dem Blick auf das Ziel gewinnen die einzelnen Taten ihre Qualität; sie können demnach ein „Fort-Schritt" oder ein „Fehl-Tritt" sein. Die Entfernung oder die Abweichung vom Ziel bestimmt die negative Tat; die positive Tat entspringt aus den Kräften, die jedem gerade jetzt zur Verfügung stehen. Auch ein moralisches „Scherflein der Witwe" wird von Jesus geschätzt – in einer (objektiv) kleinen Tat kann ein Jugendlicher schon (subjektiv) *alles* eingesetzt haben!

Das Gute als Liebe und Freiheit

In dem armen Mädchen Sara wird uns ein Menschenkind vor Augen geführt, das sehr eingeschränkt und in großer Liebesarmut, ja in Liebesunfähigkeit dahinvegetiert. Da es um Typisierungen geht, spielt das Geschlecht keine Rolle. Im Märchen „Hänsel und Gretel" ist der Bub der Eingesperrte und das Mädchen die mutige Jugendliche, da sie den Mut aufbringt, das hexenhafte Über-Ich zu stürzen und den Liebespartner zu befreien. Wenn, wie von Tobias, die Identität als Schatz gefunden und das Leben mit den Werten der Mitmenschlichkeit und Gottesfreude gelebt wird, dann entfaltet es heilende Kräfte. Die „Dämonen" werden hier von Herz und Leber vertrieben, wohl von der Innerlichkeit der jungen Menschen, die zur freudigen Selbstübergabe an den Schöpfer bereit sind. In diesen Symbolen wird geahnt und dargestellt, wie sich das gebrochene Menschsein zum Heil verändert, wenn sich Gott wie ein Sauerteig unter die Menschen mengt. Wenn sein Reich anbricht, dann werden auch die Dämonen der Liebesunfähigkeit und der Angst, der Selbstzerstörung und des Unglücklichseins vertrieben.
Das biblische Menschenbild, das hier zum Ausdruck kommt, lebt von Freiheit und Verantwortung, aus Freude und Liebe. Es gründet sich auf den Schöpfergott und weist durch das „Fenster", (das die Dieseitigkeit aufbricht) auf die himmlische Stadt Jerusalem als unser aller Vollendung. Wie werden diese Schätze und dieser Reichtum des Guten im heutigen Alltag erfahrbar?
Moralische Forderungen, Gebote und Gesetze werden vom Menschen, zumal von den Jugendlichen, gewöhnlich als eine von außen auferlegte Last angesehen, als eine Forderung, die gegen seine Tendenzen geht und der man sich wohl oder übel beugen muß. „Moralisch sein" wird heute geradezu als Schimpfwort gebraucht. Es gibt aber die Erfahrung, die wohl jeder Mensch einmal macht, daß persönlichste Freiheit und moralische Forderung keine Widersprüche sind, sondern Verantwortung als Freiheit und Freiheit als Gebundenheit erlebt werden: das ist die Erfahrung der Liebe. Wenn ich jemanden liebe, so bin ich ihm „von Herzen", das heißt aus innerstem, persönlichem Wollen gut. Ich will,

daß es ihm gut geht, ich handle in Bezug auf ihn hin gut und wünsche, daß die anderen sich ihm gegenüber gut verhalten.
Ja, es kann zu heftigstem Zorn kommen, wenn jemand meinen geliebten Personen gegenüber ungerecht oder schändlich verfährt: Ich setze mich also für das Gute, für die Moral aus innerstem Wollen ein. In diesem Erlebnis wird die Verantwortung für das Gute deswegen als eine von innen und nicht von außen kommende Sache erfahren, weil sie der Ausdruck einer Liebe ist, also dessen, was ich „gern" habe und darum „gern" tue: „Gern" – dieses Wörtchen umschließt aber die ganze Fülle der Freiheit. Was „gern" getan wird, wird aus Freiheit getan und darum auch – in Freude!
Für die Unterweisung in der Moral und für die Erziehung zum sittlichen Handeln ist es nun außergewöhnlich wichtig, daß das Wesen des Sittlichen nicht an seinen minderen, weniger vollkommenen Formen, sondern an seiner Höchstform dargestellt wird. Die unvollkommene Form ist dort, wo das Moralische als ein von außen kommendes Gesetz erfahren wird, ein Gesetz, das etwa die Erwachsenen, Lehrer und Eltern, den heranwachsenden Jugendlichen unentwegt auferlegen und gegen das diese sich ebenso unentwegt wehren. Ein unvollkommenes Modell liegt bereits im Menschen zugrunde: er ist zunächst unvollkommen, aber es gibt doch Augenblicke und Erfahrungen der Liebe, in denen die Unvollkommenheit überstiegen wird, und in solchen Erfahrungen liegt auch ein vollkommeneres Modell für das Sittliche. Die sittliche Unterweisung in der Schule muß also die Erfahrungen von Freundschaft und Liebe als Ausgangspunkt nehmen. Der Pädagoge muß sich deshalb fragen, wo den Schülern Erlebnisse zuteil werden, in denen Freiheit und Verantwortung zusammenfallen.

Weisung als Gnade und Erlösung

Im Alten Testament wird das Gesetz in derart hohen Tönen gepriesen, daß man darüber oft verwundert ist. Man besingt es als Licht und Leben, als Hilfe für das Leben, als Trost und Gnade; es erscheint dem Frommen süßer als Honig, sicherer als alles andere auf der Welt, ersehnenswerter als alle Güter der Erde, es ist dem Frommen sogar zum Lied geworden, zum Überschwang und zur Freude (so vor allem die Psalmen 19 und 119). Man fragt sich verwundert: Welche Haltung steht hinter solchen Ausdrücken? Wie kann das Alte Testament so ganz anders vom Gesetz sprechen als Paulus es tut?
Ist es uns Christen möglich, ein solches Verständnis für die Weisungen Gottes zu bekommen, oder haben wir unter der *Dialektik* von Gesetz und Evangelium zu leiden? Bei näherem Zusehen merkt man nämlich, daß der Jude genau das vom Gesetz aussagt, was wir Christen über die Gnade aussagen. Ist Gnade in der Gestalt des Gesetzes erfahrbar?
Für viele ist das Gesetz, die Weisung Gottes, mit einer Kette vergleichbar, die uns freiheitshungrige Menschen anbindet und einengt. So ähnlich schildert ja auch Paulus das Gesetzesverständnis des unerlösten Menschen. Das jüdische Gesetzesverständnis dagegen könnte man sinnbildhaft vielleicht so umschreiben: Eine Karawane ist in der Wüste vom Wege abgekommen, sie hat sich rettungslos verirrt und ist dem Tod durch Ver-

dursten und Verhungern unweigerlich preisgegeben. Plötzlich taucht ein Beduine auf und weist den Verzweifelten den rechten Weg. Er gibt ihnen Anleitungen und Weisungen, wie sie sich verhalten müssen, um das Leben zu finden. Der Beduine gibt Gebote, an die man sich halten muß – und dennoch greifen die Verirrten begierig danach, weil sie wissen, nur so können sie das Leben retten.

Gebot und Gesetz als Weisung, Weisung als Gnade, als lebenrettende Hilfe – so versteht der Jude das Gesetz Gottes. Ob es uns nicht möglich wäre, ein ähnliches Verständnis für die Weisungen Gottes und der menschlichen Weisheit und Tradition zu wekken? Freilich darf das nicht in theoretischen Sätzen geschehen, sondern muß für die Menschen konkret erfahrbar sein. Sie müssen in einzelnen Lebensbereichen spüren: Wenn ich mich daran halte, dann wird mein Leben heil und richtig. Wir müssen uns darum mit ihnen auf die konkreten Lebenssituationen einlassen und im gemeinsamen Gespräch (nicht in einer autoritären Weisung!) den Weg suchen und finden helfen.

Des weiteren ist noch zu bedenken, daß im mahnenden Zuspruch, in der eingeschärften Norm, Gott selbst am Werke ist, er selbst tröstet, hilft und weiterführt. Auch in der ethischen Weisung und im kirchlichen Ermahnen „spricht sich das zuvorkommende Erbarmen aus, das Gott in Christus Jesus erwiesen hat und das er in dem legitimen, öffentlichen und geordneten apostolischen Dienst der Gnade erfahren läßt. Moralunterweisung heißt darum nicht nur die Bedingungen eines Gott wohlgefälligen Lebens anzeigen, sondern Gott selber nahebringen – gerade auch dort, wo sie zunächst einmal Hilfe für junge Menschen ist.

Das Gesetz Gottes ist Gott selbst in einer besonderen Zuwendung zum Menschen. Das Gesetz Gottes als Sollensatz ist Gott, der sich dem Menschen zu freier Annahme anbietet. Das Gesetz als inneres Gesetz ist Gott selbst, der sich dem willigen Menschen geschenkt hat. Es bringt ihm die erlösende Liebe Gottes zur Erfahrung“ (H. Schlier, Die Zeit der Kirche, Freiburg 1955, S. 89). Das Faszinierende an der Theologie der apostolischen Mahnung und Ermutigung (Paraklese, Paränese) liegt darin, daß die Tora Gottes nun nicht mehr in geschriebenen Gesetzen ergeht, sondern als aktuelle Ermutigung aus dem Munde Jesu, seiner Sendboten und all derer, die uns den Weg zu Gott zeigen.

Sittliche Unterweisung darf sich also als ein Heilstun verstehen: den Menschen, vor allem den Jugendlichen, auf seinem Weg zu begleiten und helfend beizustehen. Seine Taten werden weniger an einem starren Gesetz gemessen, als vielmehr an ihrer Ausrichtung auf das Ziel. Dabei ist weniger ausschlaggebend, wie weit einer auf diesem Weg bereits ist (was er bereits „fassen kann“), sondern ob er sich überhaupt auf dem rechten Weg befindet. Wobei die Richtigkeit des Weges wiederum von dem angepeilten Ziel her zu erkunden ist. Dieses Ziel aber läßt sich als jenes Menschsein umschreiben, das in seinem Tun auf Gottes Absicht und Wollen hin durchsichtig wird.

In einer Zeit der menschlichen Ratlosigkeit und der ethischen Resignation, des affektiven Zynismus und der Verzweiflung gerade auf diesem Gebiet, bekommen die christlichen Normen des Handelns die Aufgabe, die Hoffnung auf jene Ziele und Werte zu heben, auf die diese Normen abzielen. Und es heißt sich an sie zu klammern und sie zu propagieren, weil man aus Gottes Zusage heraus ein heiles Menschsein für möglich hält. Ethische Weisung als Realutopie, als Vorgriff auf das Menschenwürdige, als Festhalten an der Hoffnung – sittliche Weisung als erfahrbare Gnade!

Gestaltpädagogische und gestalttherapeutische Gewissensbildung

1) Das sittlich Gute existiert real nur in konkreten Menschen, sofern sie gut handeln und so mehr oder weniger gut sind. Die mögliche Begegnung mit dem Guten besteht in der Wahrnehmung, Betroffenheit, Bewertung und Reaktion, im Umgang der Menschen miteinander und untereinander. Das Leben selbst liefert so den „Stoff" der Sittenlehre und „Material" für die Gewissensbildung.

2) Jesus sagt zum suchenden jungen Mann: „Warum nennst du mich gut (tob)? Niemand ist gut außer Gott, dem Einen (‚Tob-Jah')" (Mk 18,18). Es darf also angenommen werden, daß jeder gute Mensch in seiner Güte ein Hinweis auf und ein Aufleuchten von Gott ist. So werden Menschen Brückenpfeiler füreinander auf dem Weg zu Gott.

3) Das Gute wird indirekt präsentiert durch Erzählungen, Beschreibungen, literarische Gestaltungen oder geschichtliche Dokumente von guten Menschen und ihrem Handeln. Gestalten wie Tobit (eine literarische Kunstfigur) oder schlechthin Jesus führen das Gute so vor Augen, daß die jeweilige Gestalt immer schon mehr ist als Einzelheiten oder Abstraktionen ihres Tuns. Die Auseinandersetzung mit diesen Gestalten bringt für die Menschen jeder Zeit von je ihrem Standpunkt aus immer wieder neue Entdeckungen.

4) Das Gute kann auf verschiedene Weise präsentiert werden. Es wird so gleichsam aus dem Wirklichkeitsgrund destilliert, also gewissermaßen typisiert, darf aber nie seine Anschaulichkeit verlieren. Zeitungsberichte, Fernsehfilme, Literatur, Tagesereignisse bilden immer wieder den Ausgangspunkt für die Gewinnung des Guten und seiner Beurteilung.

5) In Weisheitssprüchen, Sprichwörtern und Mahnungen, in konkreten Geboten wie in allgemeingültigen Regeln wird die Güte des Menschseins gleichsam wie ein Charakterbild umschrieben. „Charakterizestai" heißt ja: mit dem Stift umschreiben. So erscheint etwa die Bergpredigt wie ein sittliches Selbstportrait, eine Ikone Jesu. Denn er selbst verwirklicht, was er von anderen fordert.

6) Man wird also immer wieder hinter die Regeln zurück auf das konkrete Menschsein schauen und sich mit diesem auseinandersetzen. Wie würde eine Mahnrede (ähnlich der des Tobit) lauten, wenn sie Adolf Hitler an seinen Sohn richten würde? Wie würde ein Antwortbrief an Hitler lauten, wenn dieser Sohn Franz Jägerstätter wäre? Solche Verfremdungen kann man vornehmen und schlagartig wird man von ihrer Aktualität getroffen.

7) Man kann gar nicht anders, als hinter den Kunstfiguren immer wieder konkrete Menschen vor Augen haben. Jeder wird hinter Tobit und Hanna seine Eltern (mehr oder weniger bewußt) aufsteigen sehen. Gestaltet jemand eine literarische Figur, so ist sie immer auch eine Offenbarung seiner selbst und eine Auseinandersetzung mit sich selbst. Man wird Schüler und Klienten zu solchem kreativen Tun ermutigen!

8) Grundsätzliche Fragen entstehen an konkreten Menschen und Ereignissen. Nimmt man die Auseinandersetzung auf, dann ist man bereits auf dem Weg zum Guten. Das

geht von der kritischen Distanz bis zur gewollten Identifikation. Hier wird die goldene Regel Jesu wirksam.

9) Erst aus solchen Prozessen der Begegnung lassen sich allgemeingültige Regeln formulieren und das Gute im Diskurs klar begründen.

10) Die Auseinandersetzung mit dem Konkreten provoziert auch das eigene Handeln oder den Vorgriff auf die Tat. Hier tun sogenannte „Konfliktgeschichten“ einen guten Dienst: Man erzählt ein Ereignis, führt es jedoch nicht zu Ende, sondern stellt es zur Diskussion und zum schöpferischen Weiterdenken. Etwa: Eine Mutter schickt am Freitagabend ihre dreizehnjährige Tochter ins Gasthaus, um den betrunkenen Vater aus der Runde der anderen Männer nach Hause zu bringen – wie wird das Mädchen wohl handeln? Wie würdest du handeln? Läßt man Schüler selbst solche Geschichten erfinden und vorlegen, dann legen sie immer auch ihre eigenen Probleme vor, auch wenn sie sie verfremden. Man wird sie auch oft, ohne den Schreiber zu nennen, vorbringen.

11) Da sowohl das Gewissen wie das moralische Bewußtsein einer ständigen Schulung, Klärung und Erweiterung bedürfen, wird man diese stets hereinholen und abwägen: Was sagt dein bester Freund dazu? Was jene, für die du Verantwortung trägst? Wie würde Jesus handeln? Was sagen große Menschen dazu? Was die kirchliche Lehre (der Katechismus)? Wer könnte anderer Meinung sein und was würde dieser einwenden? Was könntest du entgegnen, was berücksichtigen?

12) Bei aller theoretischer Auseinandersetzung um die Begründung des jeweils konkreten richtigen Handelns (das ja immer mehrere Möglichkeiten zuläßt), verrät die emotionale Betroffenheit, wie der Schüler selbst dadurch auf den Weg geschickt wird. Jede Provokation, jede Heraus*forderung* ist ja auch eine Heraus*förderung* von neuen Kräften.

13) Die Gewissensbildung setzt die Gemütsreife, also die affektive Bildung voraus und baut auf ihr auf. Gerade aber die Emotionalität ist bei vielen Menschen unterentwickelt oder arg gestört. Die Selbsterfahrungsgruppen und die Psychotherapie haben nun die Aufgabe, ein emotionales Nachreifen zu ermöglichen. In diesen Therapiegruppen treten uns die Klienten wie aus allen Lebensaltern entgegen: Als Kinder, Jugendliche, ja vielfach als Säuglinge. Was von der Pädagogik der Gewissensbildung gesagt wurde, wiederholt sich in einer eigentümlichen Dringlichkeit jeweils in therapeutischen Situationen. Sehen sich die Therapeuten auch als Wegbegleiter (Engel) ihrer Klienten auf dem Weg zum Guten, dann wird für sie alles aktuell und brauchbar, was hier für die Pädagogen formuliert wurde.

14) Der Therapeut wird die sittlichen Entscheidungen seiner Klienten (außer wenn unmittelbar drohender Schaden zu verhindern ist) nicht direkt beeinflussen. Er wird aber dafür sorgen und darauf drängen, daß jener Reifegrad an Gemüt und Affekt, jene Klarheit an Bewußtsein und jener Wille zur Verantwortung gegeben sind, die dem jeweiligen Klienten jeweils zur Verfügung stehen.
Therapeutische Vertragsabschlüsse oder Gruppenregeln sind bereits ein unmittelbares Übungsfeld. Überdies mündet jedes Durcharbeiten von Lebensproblemen in Neuentscheidungen, die für den Klienten einen höheren sittlichen Grad beinhalten müssen, als es die „alten“ Entscheidungen waren. Die Frage nach dem Ethos stellt sich also nicht nur bei den therapeutischen Rahmenbedingungen, sondern bei jeder zielgerichteten Arbeit.

15) Ein christlich-orientiertes Lehrertraining orientiert sich bewußt und entschieden an den Werten des Evangelliums, wie es uns aus den beiden Testamenten entgegentönt. Der Trainer stellt sich gemeinsam mit seiner Gruppe unter diese Frohbotschaft und wird darum ständig von ihr beeinflußt. Jedes gemeinsame Tun greift auf die Ressourcen der Religion zurück und hält sich an das Tun und an die Person Jesu.

5. Eltern als Chance und Schicksal

Vorbemerkung: In der Tobiterzählung bezieht die Bibel eine Geschichte voller Märchenmotive in die Heilsgeschichte mit ein. Das ermutigt uns, auch unsere abendländischen Märchen nach ihrem Heilshintergrund zu befragen, der ja (im Unterschied zur griechischen Tragödie) vom Hoffnungspotential der Bibel beeinflußt ist. Wir lesen die Märchen nicht als Ersatz für die Bibel, gehen aber deren Wirkungsgeschichte nach und saugen ihr Heil aus unseren Volkserzählunhen, wie man Honig aus den Waben saugt.

Hänsel und Gretel – Vom Elternbild zum Gottesbild

Märchen sind keine Märchen, wenn man darunter eine Geschichte oder ein Ereignis versteht, das sich so nie zugetragen hat. Gewiß, Märchen hat es in der Geschichte der Menschen so nicht gegeben, daß es in den Zeitungen stehen könnte. Märchen sind aber symbolische Erzählungen von dem, was im Menschen, in der Seele des Menschen geschieht. Märchen bringen auf symbolische Weise das zum Ausdruck, was jeder Mensch in seiner Seele so oder so durchmacht. Man kann sagen, daß die Märchen die vorwissenschaftliche Form der Tiefen- und der Entwicklungspsychologie sind.
Ich wähle ein Märchen, das in erstaunlich prägnanter Weise die Vorgänge und Zusammenhänge zwischen Eltern und Kindern darstellt.
„Hänsel und Gretel" ist ein Kindermärchen, das aber nicht nur die Vorgänge und Zusammenhänge zwischen Eltern und Kindern darstellt und dabei die Phasen des Kleinkindes beschreibt, sondern bis in die Pubertät hinein die Entwicklung des jungen Menschen verfolgt. So können Hänsel und Gretel ein kleines Geschwisterpaar sein, sie können aber genausogut ein Liebespaar darstellen.

Der Weggang aus dem Schoß der Mutter und der Familie

Das erste, was das Märchen schildert, ist ein nächtliches Gespräch zwischen den Eltern im Bett. Die Frau macht den Mann darauf aufmerksam, daß sie die Kinder nicht mehr ernähren könnten und daß sie diese darum fortschicken müßten. Es ist Nacht, es ereignet sich im Bett, im Haus. Hänsel und Gretel hören das Gespräch. Allein diese Situation ist

für ein Kind ein Schock: Meine Eltern verstoßen mich! Dieser Schock geht nicht in erster Linie auf Grausamkeit, sondern eher auf die Weisheit der Eltern zurück! Wie das? Wenn man Vogeleltern bei der Aufzucht ihrer Jungen beobachtet, kann man ihre Liebe und Sorge sehen, mit der sie ihre Jungen ausbrüten und füttern. Genauso wird man sehen, daß sie doch eines Tages sehr brutal ihre Jungen aus dem Nest werfen. Sie helfen ihnen zwar, das Fliegen zu lernen, indem die Vogelmutter vor ihnen herfliegt, sie lockt und auf Gefahren aufmerksam macht, doch ist sie sehr radikal entschlossen, die Jungen aus dem Nest zu werfen. Auch eine Fuchsmutter beißt ihre Jungen aus dem Bau. Wenn wir das Märchen „Hänsel und Gretel“ bei Heranwachsenden, also bei Fünfzehn-, Achtzehn- oder Fünfundzwanzigjährigen spielen lassen, dann ist dieses Gespräch, das die Eltern miteinander führen, gar nicht so grausam. Denn es ist dann wirklich höchste Zeit, daß die Herangewachsenen beginnen, auf eigenen Füßen zu stehen, von zu Hause fortzugehen und selbständig zu werden.
Ähnliches beginnt ja schon bei der Geburt: Wenn auch ein Fötus den Zeitpunkt der Geburt durch ein Hormon selbst auslöst, so glaube ich nicht, daß die Säuglinge immer eine sehr große Freude haben, das Paradies und Schlaraffenland im Mutterleib verlassen zu haben und statt dessen Kälte, Hunger, Verlassenheit und beißende Nässe spüren zu müssen. Man kann also sagen, daß dieses Nachtgespräch der Eltern in märchenhafter Kurzform zusammenfaßt, was jeder Mensch mehrmals durchzumachen hat und zunächst einmal als grausam und unverständlich erlebt: „Kann das sein, daß meine Eltern mich verstoßen?“ So kann ein Geburtstrauma zurückbleiben. Es kann bei aller Neigung des Kindes, immer wieder von zu Hause fortzulaufen, ein bitterer Geschmack zurückbleiben, der dann in allen späteren Ablösungsphasen aufstößt. Der Schoß der Mutter und der Familie, das Elternbett und das Vaterhaus geben Geborgenheit und Sicherheit und befriedigen so das erste Urbedürfnis des Menschen.
Allein die Tatsache, daß ja Vater und Mutter ein Liebespaar sind oder doch sein sollen, ist eine Tatsache, die jedes Kind einmal schlucken muß. Es geht ja nicht an, daß ein Kind der geheime Liebespartner eines Elternteiles ist. Der schmerzliche Abschied ist der jeweilige Schritt in eine größere Freiheit und Eigenständigkeit. Als Isaak entwöhnt wurde, feierten Abraham und Sara ein großes Fest (Gen 21,8). Wenn der Abschied gefeiert werden kann, wird sein Schmerz gelindert und die durch ihn gegebenen Chancen können ergriffen werden. Dieses fortwährende Abschiednehmen ist ein ständiges Hineinwachsen in eine immer größer werdende Freiheit. Zur Erfahrung, Eltern zu haben, gehört der Verlustschmerz und die Verstoßungsangst, die sich rückblickend oft als sehr heilsam darstellen.
Diese Angst, „meine Eltern könnten mich verstoßen“, läßt dann aufgrund der Vermischung zwischen Elternbild und Gottesbild die gleiche Angst vor Gott entstehen. So wie Küken ihre Eierschalen noch an sich kleben haben, wird zunächst keiner von uns frei von der Angst sein: „Gott könnte mich verstoßen.“ Wird diese Verstoßungsangst nicht in ein Fest der Freiheit verwandelt, dann kann das Gottesbild entsetzlich pervertiert werden. Halten wir uns nur vor Augen, mit welchem Sadismus und mit welcher Grausamkeit die Bilder von Fegefeuer und Hölle ausgemalt wurden: Kann das etwas mit einem Gott zu tun haben, der vom Wesen her die *Liebe* ist?

Auf der Suche nach Nahrung

Die Not von Hänsel und Gretels Vater bestand darin, daß er seine Kinder nicht mehr ernähren konnte. Die anscheinend kaltherzige Mutter begründet ihren Vorschlag, die Kinder in den Wald zu schicken und sie so loszuwerden mit dem Hinweis, daß sie so oder so Hungers sterben müßten. Sie gibt ihnen ein Stück Brot als Vorrat mit, um sie im Wald loswerden zu können. Im Wald werden die Kinder umherirren und sich von wilden Beeren ernähren.

Um den Hunger geht es im Märchen und ebenso gleich nach der Geburt des Säuglings. Von Anfang an geht es dem Kind darum, die Brust der Mutter und damit die Nahrung und den Kontakt zu suchen. Die „orale" Phase nennt es Sigmund Freud.

Nach der ersten Nacht glückt es den Kindern, wieder nach Hause zurückzukehren, weil Hänsel Steine ausgeworfen hatte, die ihnen den Weg zurück ins Vaterhaus im Mondlicht zeigten.

Am zweiten Tag legt er Brotkrumen aus, die die Vögel auffressen und ihnen somit die Heimkehr unmöglich machen. Von der Mutter gefragt, warum er immer zurückblicke, antwortete er, daß er auf dem Dach des Vaterhauses ein Kätzchen und anderntags ein Täubchen sitzen sehe – das Kätzchen als ein Bild für alle Zärtlichkeit, die er zurücklassen muß, und das Täubchen ein Inbild von Trauer und Wehmut des Abschieds. Nicht nur, daß die Kinder den Schoß der Mutter und der Familie verlassen müssen, über kurz oder lang müssen sie sich auch selbst ernähren. Die Suche nach Muttermilch ist für den Säugling auch zugleich die Suche nach der Brust und dem Antlitz der Mutter. Das Kind sättigt sich nicht nur mit Nahrung, sondern auch mit dem so gewonnenen Kontakt. Und in der Tat, die Art und Weise, wie dieser frühkindliche Kontakt gelernt und hergestellt wurde, bestimmen auch im späteren Leben die Form der Kontakte und Liebesbegegnungen – voll gelingender Zärtlichkeit, voll melancholischer Trauer oder voll depressiven Mißlingens.

Das Christusbild Michaelangelos in der Sixtinischen Kapelle zeigt weniger einen Jesus aus Galiläa, sondern eher einen griechischen Athleten, einen Muskelprotz, der verstößt und verdammt, was er in Liebe geschaffen haben soll. Zur selben Zeit ist in einer spätgotischen Johanneskirche bei Brixen in Südtirol der richtende Jesus in blauem Gewand dargestellt. Er trägt außen ein Herz – „ein Richter mit Herz"! Es handelt sich hier um eine der frühesten Herz-Jesu-Darstellungen aus der mittelalterlichen Liebesmystik, für die der wiederkommende Richter nicht zugrunde richtet, vielmehr dessen Richten ein Zurechtrichten, ein Wiederaufrichten ist. Wenn die Möglichkeit einer ewigen Verdammnis damit begründet wird, daß Gott ein endgültiges Nein eines Geschöpfes gegen ihn so ernst nimmt, wie er eben die Freiheit seiner Geschöpfe ernst nimmt, so braucht er sie, theologisch gesehen, nicht wie ein Sadist in Ewigkeit neben sich leiden lassen. Er kann dieses Nein eines Geschöpfes damit beantworten, daß er auch seinerseits so Nein zum Geschöpf sagt, daß er seine Schöpfungshand zurückzieht und dieses Geschöpf in das Nichts, aus dem es gekommen ist, zurücksinken läßt. Die Apokalypse nennt dies den zweiten, den endgültigen Tod (Apk 20,14).

Die Vermengung von Elternbild und Gottesbild kann nur so in ständigem Aufblick zur Liebe Gottes, wie sie uns Jesus gezeigt hat, entwirrt werden.

Mit dem Stillen und Abstillen des Kindes ist die Entwöhnung gemeint und verbunden. Entwöhnt zu werden ist weder leicht noch schmerzfrei. Denn etwas, was vorher so zusammengehört hat, wie Mutter und Kind, soll nun aufgegeben werden. Die Ängste, die

hier aufsteigen, sind nicht in erster Linie Verstoßungsängste, sondern Verlassenheitsängste. Ängste, die unendlich weh tun können und irrational aufsteigen: „Meine Mutter verläßt mich!" Manchmal erlebt man, wie in der Stadt Kinder entsetzlich weinen, wenn sie im Gewühl eines Großkaufhauses ihre Mutter aus den Augen verloren haben. Die Kinder haben Angst, *überhaupt* verlassen zu sein. Diese Verlassenheitsängste spielen eine große und unheilvolle Rolle in späteren Liebesbeziehungen und Ehen. Es wird kaum Eheleute geben, die nicht dann und wann ohne äußeren Anlaß von der grauenvollen Angst überfallen werden: mein Partner könnte mich verlassen! Die ursprüngliche Angst des Säuglings, daß er zu wenig Nahrung bekommen könnte, ist zugleich die Angst, daß er zu wenig Kontakt mit Brust und Gesicht der Mutter haben könnte. In unserer Beziehung zu Gott taucht diese Angst immer dann auf, wenn in unserem Leben etwas mißglückt, wenn uns das Nichts zu verschlingen droht. Jesus selbst betet am Kreuz: „Mein Gott, warum hast du mich verlassen?" Selbst ihm, der doch absolut auf seinen Gott vertraute war es nicht erspart, diese grauenhafte Angst durchzumachen, Gott könnte ihn im Stich lassen.
Wie ist es möglich, Gott zu lieben, wenn man in schweren Stunden meint, er hätte einen verlassen? Wie ist es möglich, ihn zu lieben, wenn man in einem Winkel der Seele ‚die Angst' sitzen hat: „Ja, er ist schon liebenswert, aber bin ich es ihm auch? Liebt er mich wirklich so, daß er mich nicht verläßt?" Wir haben von keinem geliebten Menschen die absolute Garantie, daß er uns nicht verlassen könnte – spätestens im Tod verläßt er uns. So müssen wir lieben lernen mit der Vermutung, so oder so einmal verlassen zu werden. Eine Liebe bewährt sich auch darin, daß man grundsätzlich lieben kann, auch wenn man einmal zurückgelassen wird.

Die Auseinandersetzung mit der Hexe

Hänsel und Gretel wissen sich zu helfen. Sie bleiben nicht traurig und tatenlos unter den Bäumen sitzen, sie machen sich auf und suchen sich einen Weg durch den unwegsamen Wald. Ihre Entwicklung stagniert nicht, sondern geht weiter. Sie stoßen auf das Knusperhäuschen. Nun scheinen sie alles zu finden, was sie aufgeben mußten: ein neues Haus und damit eine neue Heimat, ein Haus und Brot, Kuchen und Zuckerwerk – ist nun aller Hunger zu stillen und alle Sehnsucht zu erfüllen? Finden sie anstelle des Verstoßenseins und Verlassenwerdens das unerwartete Glück? Es ist, als ginge ein Traum in Erfüllung. Diese Seite des Märchens spiegelt ja tatsächlich Traummotive, denn jeder, der fastet, träumt von wunderbaren Gelagen und paradiesischen Erfüllungen.
Kleinkinder werden beim Hören des Märchens von diesen Verheißungen fasziniert. Lassen wir dieses Ereignis aber im Leben der Heranwachsenden spielen, dann scheint sich in ihren tatsächlichen Erlebnissen dieser paradiesische Traum zu realisieren – es ist die Zeit der jungen Liebe. Hänsel und Gretel dürfen wir nun als ein Liebespaar ansehen, das darangeht, seine Sehnsüchte nach neuer Liebe, Heimat, Geborgenheit in und durch ihre Liebe zu stillen. Naiv und wie in Unschuld sprechen sie, nach ihrem Tun gefragt, einen Kinderreim: „Der Wind, der Wind, das himmlische Kind."
Dann aber, o Schreck, taucht die Hexe auf. Was ist mit ihr gemeint? Was stellt ihre Gestalt dar?
Die Hexe trägt ohne Zweifel mütterliche Züge, die schrecklichen Züge der *Großen* Mutter (hat sie eine Verwandtschaft mit der alles verzehrenden indischen Kali?): rot glühen-

de, aber zu kurz sehende Augen, gekrümmt und mager, entstellt, auf einem Stock gestützt, den man auch noch fürchten muß. Ihre Stimme ist zunächst einschmeichlerisch, aber verstellt. Sie verheißt nichts Gutes und sie meint und gönnt den Kindern nichts Gutes. Sie lockt sie in eine Falle. Sie sperrt Hänsel in einen Käfig, um ihn zunächst zu mästen und dann zu schlachten. Gretel aber muß harte Dienstarbeit verrichten und an der Bratung Hänsels mitarbeiten, indem sie den Backofen zu heizen hat.
Welches mythologische Bild oder welche psychische Wirklichkeit taucht da mit der Hexe auf? Was stellt sich dem Verlangen der jugendlichen „Kinder“ nach Heimat, Sättigung und paradiesischem Glück entgegen?
Sicher begegnet den Kindern im Märchen und den Jugendlichen im Leben hier die verbietende, drohende und zur Vernichtung bereite Instanz. Ist es die eigene Mutter von ihrer gefürchteten Seite her? Ist es die Gesellschaft, sind es also die anderen, die einem nichts gönnen? Ist es das entstellte Aussehen der Mutter Kirche? Es wird wohl von allem etwas sein, was sich da den Jugendlichen, dem Liebespaar entgegenstellt – aber *wo* stellt sich diese Verbotsfigur entgegen, wo wird sie erlebt?
Dieser Hexe, dieser so gröblich gezeichneten Mutterfigur traut das Märchen nun folgendes zu: Der Junge (ist er der Sohn der Mutter?) soll eingesperrt und später einmal aufgefressen werden – die Liebe einer Mutter, die ihren Sohn zum Fressen gern hat? Er darf nicht entkommen und darum wird ihm die Freiheit entzogen. Sein Käfig ist ein goldener, denn alle Fürsorge und Fütterung dient nur dazu, das Opfer zu mästen. Deutet die Kontrolle nach dem Fortschritt der Mästung, daß er nämlich seinen *Finger* herausstrecken muß, nicht auf sein Geschlechtsorgan, über dessen Gedeihen und Wachstum die Mutterhexe auf dem Laufenden sein will? Hänsel weiß sich wenigstens vor dieser Kontrolle der Mutterhexe zu schützen, indem er nur ein dürres Holzzweiglein herzeigt.
Gretel, die Tochter wird zur Dienstmagd degradiert (auch im Märchen Schneewittchen wird sie zur Konkurrenz der Mutter) und muß den Verschlingungsabsichten der Mutterhexe dadurch dienen, daß sie den Backofen heizt (auch dieser ist ein Symbol des mütterlichen Leibes, in dem die Kinder ausgetragen, ausgebacken werden). Für die Kinder scheint es kein Entkommen zu geben. Erlaubnisse dürfen sie von der Hexe keine erwarten, schon gar nicht, daß ihnen die Hexe ihre Freiheit schenkt (ist eine geschenkte Freiheit überhaupt Freiheit?). Befreien kann solche Menschenkinder der eigene Wille zur Freiheit, die eigene Tat. Worin besteht sie?
Zunächst wird Jugendlichen in ihrem Griff nach dem paradiesischen Apfel dieses Nein von außen entgegentreten: in den tatsächlichen Verboten der Moral und Religion; in der schlechten Nachrede der anderen, der Gesellschaft also; in der eigenen Familie und nicht zuletzt in der eigenen Mutter durch ihre verlockende und ihre verstoßende, ja auffressende Seite. Sind Mütter wirklich so? Reagieren sie auf das frühe Liebesverlangen ihrer Kinder so vernichtend?
Was aber da mit der Hexe auftaucht, lebt mehr im Inneren der Kinder, in ihrem Unbewußten oder in ihrem schlechten Gewissen. Die Figur der Hexe ist wie eine Zusammenfassung aller Verbote, Drohungen, Verstoßungs- und Verschlingungsabsichten, die die Kinder (berechtigt oder ungerechtfertigt) so an ihren Eltern einmal erlebt und gefürchtet haben. Die verbietende Hexe symbolisiert die längst internalisierte Elterninstanz, das Über-Ich als die Summe aller Verbote, die sich in die Seele der Kinder schon in der frühen (analen) Zeit eingenistet haben. Damals waren sie ja den Geboten und Verboten, den Drohungen und Beschämungen der Eltern wehrlos ausgesetzt, als ihr noch kaum erwachter Wille dem mächtigen, ja übermächtigen Willen ihrer Eltern begegnete. In un-

serer Kultur ist diese Zeit vor allem mit der Reinlichkeitserziehung verbunden: Da wollen die Eltern von den Kindern, daß sie anders sind als bisher, nämlich folgsam, rein und selbstbeherrscht, vor allem in den Funktionen ihrer Ausscheidungsorgane. Hier wird mit Lockung und Drohung, mit Lob und Tadel, mit Beschämung und Verstoßung („... dann mag ich dich nicht mehr ...“) gearbeitet. Womit die Geschlechtsorgane als Ausscheidungsorgane belegt werden, bleibt ihnen in der Verinnerlichung aber anhaften und prägt so auch das Geschlechtliche überhaupt. In den Kindertagen verinnerlicht, taucht diese Hexe in der Pubertät aus dem Unterbewußten und im Gewissen auf.

Was aber, wenn aus den Fäden schmerzlicher Erfahrungen mit den Eltern, einer oft ungerechten und schwarzen Pädagogik und aus einer strengen religiösen Erziehung das Gottesbild der Kinder gewoben wurde? Vielleicht ist einem jungen Menschen ein solches Gottes-*bild* nicht unmittelbar vor Augen, um so mehr aber wird es seinen Reaktionen und Gefühlen Gott und der Religion gegenüber spürbar. Die Angst, das Erschrekken und das ständige Mißtrauen richten sich tatsächlich gegen „Gott“.

Viele ablehnende und zornige Reaktionen gegen die Religion werden verständlich, wenn in der Seele eines so betroffenen Menschen ein vermeintlicher Gott wie diese Hexe im Märchen sein Unwesen treibt. Es ist nicht auszuschließen, daß Züge einer archaischen Gottheit ins Bild der Hexe eingegangen sind, etwa einer Göttin ähnlich der indischen, menschenfressenden Kali. Wenn Hänsel eingesperrt wird, um dann später verbrannt zu werden – erinnert das nicht auch an die Kindesopfer, wie sie in Kanaan den Israeliten Grauen einflößten? Kinder dürfen nie und nimmer Opfer werden, ruft die Erzählung von der scheinbaren Opferung Isaaks ins Gedächtnis. Eltern sollen ihre Kinder loslassen, aber nie und nimmer „schlachten“ (vgl. S. 111).

Wenn Kinder die Beichte als Zwang, als Dunkelkammer, als sich in die Knie gezwungen, beschuldigt und angeklagt erlebt haben, dann mag ihr Gottesbild nicht viel anders als das der Hexe sein. So wie Israel die Kindesopfer ablehnen und bekämpfen mußte, so dürfen, ja müssen diese traumatisierten Menschenkinder später einen angstmachenden Moloch-Gott in ihrer Seele ablehnen und mit allen Mitteln bekämpfen. Mythische, angstauslösende Gottesbilder entstehen zwar gemeinhin aus der Angst vor den Eltern, aber jede Religion trägt in ihrer bisweilen verkommenen Art viel dazu bei, daß solche innerpsychischen Götzen verstärkt und sogar gefördert werden. So wird man wohl das Fortleben eines perversen Götzenkultes auch in unseren Tagen annehmen müssen.

Das Märchen wirkt auf die Kinder durch seine gewaltige Botschaft der Befreiung. Kann es auch ein zur Hexe erstarrtes Gottesbild zunichte machen? Als die Philister die erbeutete Bundeslade in den Tempel ihres Gottes Dagon stellten (1 Sam 5,2f.), fanden sie am Morgen das Bild ihres Götzen gestürzt und zertrümmert am Boden liegen. Die Botschaft der Stelle gilt sowohl für die Religion, wie für die Psyche von Kindern und Eltern: Wenn Gottes wahre Gegenwart (dargestellt in der Bundeslade) und sein menschgewordener Liebeswille (symbolisiert u.a. in Gretel) in der Seele Platz gewinnen, dann werden die unheilbringenden Götzenbilder, Elternfiguren, Gesellschaftsmaximen, Religionspervertierungen von ihrem Sockel gestürzt. Das Märchen ermutigt die Liebenden, der Intuition ihrer Liebe zu trauen und den Kampf der Befreiung gegen die Mächte und Gewalten aufzunehmen. Kein Kind soll wie Hänsel im Käfig, im Land der Knechtschaft bleiben und keines darf je geopfert werden.

Der Weg in die Freiheit

Wie finden die Kinder zu ihrer Freiheit? Wie ergreifen die Jugendlichen ihre Freiheit? Der Junge, Hänsel, geht in den Widerstand. Wiewohl eingesperrt, von seiner repressiven Muttermacht gemästet, weigert er sich, Opfer zu werden, indem er seinen Finger (sein Geschlecht?) schützt und nicht zu Markte trägt. Gretel, das Mädchen und zugleich weibliche Figuration der Liebe (ihr entspricht Schulammit, die Braut im Hohenlied ahnt das Unheil, wird zur Wissenden. Sie handelt aus diesem inneren Wissen heraus, indem sie sich zunächst dumm stellt und dann die Hexe in ihre eigene Falle gehen läßt. Das Über-Ich wird gestürzt und in seinem eigenen Feuer verbrannt.
Die gewonnene Freiheit ist das Werk der Kinder selbst: ihre Entschlossenheit zu Widerstand und Umsicht, zur Entschiedenheit und Tat. Welche unberechtigte Machtausübung, welche Pervertierung von Autoritätsinstanzen hinter dieser verschlingenden Frauenfigur der Hexe auch stecken mögen (politische und familiäre Gewalttäter; eine Göttin aus der Urzeit, die auch die verschlingenden Seiten der Religion repräsentiert) – die Freiheit muß man ergreifen! „Zur Freiheit hat uns Christus befreit", wird Paulus sagen (Gal 5,1). Sieht man in Gretel die Symbolisierung der Liebe, dann gewinnt tatsächlich nur der liebende Mensch ein Wissen um Knechtschaft und um den Weg in die Freiheit. Nur er gewinnt Widerstandskraft und die Tapferkeit, die ihn den Weg vom Sklaven zum Freien gehen läßt.
Die Kinder ziehen aus dem Land der Knechtschaft weg, weil die Hexe gestürzt und verbrannt ist. Mögen sie nun auch ihre Kostbarkeiten an Perlen und Gold mit in diese Zukunft nehmen? Das heißt dann, daß sie nun auch die guten Seiten ihrer einstigen Autorität erkennen und annehmen können.
Auf dem Weg in die Freiheit müssen die Kinder (Israels, möchte man sagen) den Fluß überqueren, jene Schwelle, die die Vergangenheit von der Zukunft, die Knechtschaft von der Freiheit und dem gelobten Land trennt. Noch können sie nicht zu zweit auf der Ente den Fluß überqueren; die Entscheidung, an das andere Ufer zu gelangen, muß jedes für sich selbst fällen. Die Ente als Wasservogel gehört beiden Elementen an: dem Himmel und dem Wasser, dem Überbewußten (der Transzendenz) und dem Unbewußten. Sie ist ein Schiff für das Wasser und ein aufsteigender Vogel für den Himmel. Himmlisch ist auch die Rückkehr ins Vaterhaus – freilich wird es nicht mehr das Haus der einstigen Eltern sein, sondern sie selbst werden nun die Rolle von Vater und Mutter übernehmen und wohl aus dem langen und mühsamen Weg ihrer Befreiung und Mündigwerdung gelernt haben. Sind die Märchen die vorwissenschaftliche Sprache der Tiefenpsychologie, dann wird man sich nicht mehr wundern, daß die Entwicklungs- und Tiefenpsychologen jene Phasen des Menschwerdens von Kind auf nicht erfunden, sondern nur entdeckt haben. Frappierend ist dennoch, mit welcher Präzision der Bildersprache die Märchenweisheit die menschlichen Entwicklungsphasen zu beschreiben weiß.

Das Haus meiner Seele – Entwicklungsphasen, Charaktertypen und Neurosenlehre

Märchen beschreiben in bildhafter und erzählerischer Form Phasen, Krisen und Chancen des Kindes auf dem Weg seiner Entwicklung. Die Entwicklungspsychologie unternimmt das gleiche Anliegen durch beschreibende und wissenschaftlich analysierende Sprache. Die Charakterkunde und Charaktertypologien versuchen das zusammenzufassen, was als Ergebnis des Reifens und Werdens vielen Menschen gemeinsam ist. Die Neurosenlehren und die Psychodiagnostik wiederum lenken ihren Blick und ihr Interesse auf die Fehlformen und Defizite der Entwicklung, wie sie manches Menschenkind betreffen können. Ich habe mich schon lange gefragt, ob nicht die Ergebnisse all dieser wissenschaftlichen oder populären Darstellungsweisen miteinander vergleichbar sind. Ein genaueres Hinsehen und wissenschaftliche Kriterien würden, das ist meine Überzeugung, im Menschenkind die jeweils gleiche Wirklichkeit entdecken und je nach ihren verschiedenen Interessensstandpunkten verschieden beschreiben, ob es etwa mehr um die Diagnose des Krankhaften oder um die Chancen der Entwicklung geht.
Ein weiterer Gesichtspunkt scheint mir wichtig: Die Entwicklungs-*phasen* werden zwar hintereinander erlebt und durchlebt, deren Ergebnisse sind aber immer präsent und bestimmen das ganze Leben. Mir steht immer das etwas kuriose Bild vor Augen: Jemand stülpt über einen Hut einen nächsten, dann wieder einen und dann wiederum weitere: Wie in sich aufstülpenden, übereinander gelagerten geologischen Erdschichten ist in allem die ganze Werdegeschichte immer gegenwärtig und wirksam. Ein brüchiger Untergrund läßt auch Späteres leichter mißlingen. Ich stelle meine Zusammenschau sehr vereinfacht so dar: Am Märchen „Hänsel und Gretel“ wurde faszinierend sichtbar, wie hier die Entwicklungsgeschichte des Menschenkindes als Weg vom Verlassen des Elternhauses bis zur Neugründung einer Familie geschildert wird. Die Verlaufsgeschichte der Märchen, so dürfen wir annehmen, entspricht weitgehend den Verläufen des Lebens, wie sie auch von der Entwicklungspsychologie, den von Sigmund Freud skizzierten Stadien der Libido- bzw. der Neurosenbildung, wie auch der psychologischen Typenbildung (wie etwa dem Enneagramm) beschrieben werden. Vermutlich wird hier von verschiedenen Standpunkten aus ein und dieselbe Sache, nämlich der mehr und weniger glükkende Weg des Menschen betrachtet. Der Gegenstand der Betrachtung ist ein und derselbe, der Gesichtswinkel und die Methoden der Betrachtungsweisen sind je verschieden: einmal mehr symbolisch (wie im Märchen), mehr wissenschaftlich (wie in der Entwicklungspsychologie), mehr vom Standpunkt der Gesundheit (wie in der Typenlehre) oder vom Interesse des Arztes aus (wie in der Neurosenlehre). Es müßte an anderer Stelle genauer verglichen und begründet werden, was ich hier in einem ersten Versuch als meine Annahme (oder vorsichtiger formuliert: als meine Vermutung) darlege.

1) Was in den Märchen in Haus und Höhle und an Hand der verschiedenen Mutterfiguren geschieht, beschreibt etwa Erik Erikson als die erste Phase des Lebens im und am Mutterleib. Durch den Mutterleib erlebe ich die Welt mehr oder weniger gut. In und an ihm wird das Urvertrauen grundgelegt. Die Neurosenlehre interessiert sich für die verschiedenen möglichen Defizite und Störungen dieser Phase, wie schizoide, paranoide oder autistische Persönlichkeitsmerkmale. Diese hinwiederum sind unschwer in den

Charaktertypen 5 und 6 zu entdecken, wie sie die vielen Veröffentlichungen zum Enneagramm beschreiben. Abgekürzt könnte man hier von der uteralen Phase des *Hautkontaktes* sprechen.

2) Unmittelbar mit der Geburt setzt auch der Saugreflex ein und die Suche nach Nahrung ist auch die Suche nach dem Antlitz der Mutter, so daß man von der oralen Phase, vom *Ernährungskontakt* sprechen kann. Als defizitäres Erleben zeigt es alle möglichen Formen von Depression und Süchten. In den Enneagrammtypen 2 und 4 wird das Ergebnis dieser Phase beschrieben.

3) Vom *Erziehungskontakt* dürfte man in der analen Phase sprechen. Eltern und Erziehungsberechtigte tragen ihre Forderungen an die Kinder heran. In den Enneagrammtypen 1, 8 und 9 wird deren Reaktion darauf als Anpassung, Widerstand oder Verweigerung beschrieben. Zuviel Anpassung ergibt den zwanghaften Charakter (Enneagrammtyp 1), die Rebellion dagegen den überaus großen Dauerrebellen (Typ 8) oder den gelähmten Verweigerer, der Nein sagen möchte, sich aber nicht aufzubegehren getraut (Enneagrammtyp 9).

4) Was Freud die genitale Phase der Libidoentwicklung nennt, könnte man auch als Phase des *Ich-Kontaktes* bezeichnen, der Ich-Entdeckung (fälschlicherweise Trotzphase genannt). Deren Fehlformen wären die übergroße und darum unecht erscheinende Selbstdarstellung vor anderen (Enneagrammtyp 3), das hysterische Verhalten als Flucht vor sich und seinen Gefühlen (Enneagrammtyp 7).

3	**ICHKONTAKT** – Erste Ablösungsversuche Ich-Entdeckung („Trotzphase") Defizitformen: Angst vor Bindungen und vor eigenen Gefühlen, hysterische Merkmale	**genitale Phase**	7
1	**ERZIEHUNGSKONTAKT** – Aufbau des Über-Ichs Innere Orientierungsstärke Defizitformen: zwanghafte Überanpassung oder Rebellion	**anale Phase**	8/9
2	**ERNÄHRUNGSKONTAKT** – Lernen von Beziehungsaufnahme Zufriedenheit Defizitform: depressive Merkmale	**orale Phase**	4
6	**HAUTKONTAKT** – Geborgenheit im Schoß der Mutter und der Familie Aufbau des Urvertrauens Defizitformen: schizoide und paranoide Merkmale	**uterale Phase**	5

Enneagrammtypen

entwicklungspsychologische Aspekte

Das Haus meiner Seele zeichnen

1) Die Gruppe oder Klasse wird darüber informiert, wie sich in vier Etappen das Leben des Menschenkindes entwickelt – und wie diese vier Abläufe meinen Charakter bilden. Was in diesen Lebensphasen gebaut wurde, *bin* ich mit allen Stärken, Schwächen und oft argen Defiziten.

2) Ich zeichne mich als Haus so, daß jede Entwicklungsphase als Stockwerk meines Ichs erscheint:

a) Keller und Erdgeschoß bilden eine Einheit: Der Keller erinnert an die Zeit im Mutterschoß. (Ist er dunkel und düster? Voll Wärme und Saftigkeit? Voll sicherer Geborgenheit oder unheimlich?). Das Erdgeschoß ist meine erste Verbindung zur Mitwelt und Umwelt. Wie erlebe ich sie heute noch? (Erlebe ich sie feindlich, so daß ich eher einer Burg gleiche mit Wassergräben, Mauern, Zugbrücken und Toren, die mich vor der Außenwelt schützen sollen? Bin ich wie ein Kaffehaus in der Stadt im Frühling, wo die Leute schon im Freien sitzen? Bin ich eine luftige Bambushütte ...?)
b) Das erste Obergeschoß birgt die Küche, das Wohn- und Speisezimmer, die Schlafkammern: Wie erlebe ich heute noch meine Intimräume? (Reich und üppig ausgestattet oder karg und arm? Voll Behaglichkeit und Wärme am Kamin oder leer und kalt? Sehr einsam oder von vielen bewohnt, sogar mit Hunden und Gästen ...? Ein großer, festlich gedeckter Tisch, aber mit leerem Geschirr ...?)
c) Der zweite Stock ist der „Kommandoraum" des Hauses, der Platz meines „Über-Ichs" oder all derer, die dieses gebildet haben: Wie ist dieser Raum ausgebaut? (Klein oder groß? Gleicht er einer militärischen Kommandostation oder dem Wohnzimmer der Großmutter? Ist er ein Planungsbüro oder das Atelier eines Künstlers? Herrscht irgendwer darin oder schläft dort jemand?)
d) Meine Dachkammer und mein Dach versinnbildlichen das Ergebnis der ersten kindlichen Identitätsbildung mit ihrem Freiheitsdrang: Wie ist die Dachkammer? (Ein luftiges Gebilde, wo Tauben hausen oder ein zinnengekrönter Turm voller Schießscharten? Weht ein lustiges Fähnchen? Gibt es einen Wetterhahn oder ein Kreuz? Steigt Rauch zum Himmel ...?)
Es geht um das Haus meiner Seele: Ich zeichne es bei leiser Musik ganz aus meinem Innern heraus. Ich lasse die Zeichnung von anderen betrachten und ihre Meinung darüber macht mich nachdenklich – doch ich sage zunächst nichts dazu. Was erblicken die anderen auf meiner Zeichnung, was ich selbst so noch nicht gesehen habe?

Jesus als Therapeut

„Steh auf, nimm deine Tragbahre, und geh nach Hause!" (Mk 2,11). Jesus sagt dieses Wort zu dem gelähmten Mann, der durch seine Freunde zu ihm gebracht wurde. Auf vielen frühchristlichen Sarkophagen ist an der Stirnseite diese Szene abgebildet – was hat die Heilung des Gelähmten mit den Toten zu tun? Das Wort, das Jesus zu ihm sagte,

heißt auf griechisch: „égeire“ (oder „anaste“) und erinnert an die „Anastasis“, die Auferstehung. So wie der Gelähmte aus seiner Krankheit und aus seinen Sünden (seiner Gottesferne) auferstehen durfte, so werden wir alle (das ist die Aussage der Grabkunst bis ins fünfte Jahrhundert) einmal durch den Ruf des Auferstandenen auferstehen.
Die Heilung und Aufrichtung des Gelähmten hat Markus vor eine Erzählreihe gestellt, in der ebenfalls in mehreren Geschichten davon berichtet wird, wie Menschen, die sehr niedergebeugt waren, durch Jesus wieder aufgerichtet wurden. Markus schrieb ja seine Heilsbotschaft im Namen des Auferstandenen, des Aufrichters der Lebenden und der Toten. Durch diese Erzählung von einst begegnet uns der Christus von heute. Auch in unsere Not und Gottesferne hinein sagt er sein wirkkräftiges Wort: „Steh auf, denn ich will aufgerichtete Menschen!“ Schon der Prophet Ezechiel erzählt: „Als ich diese (Gottes-) Erscheinung sah, fiel ich nieder auf mein Gesicht. Und ich hörte, wie jemand redete. Er sagte zu mir: Stell dich auf deine Füße, Menschensohn; ich will mit dir reden. Als er das zu mir sagte, kam der Geist in mich und stellte mich auf die Füße“ (Ez 1,28–2,2). Gott will aufgerichtete Menschen und läßt sie durch Jesus, seinen Messias, aufrichten. Die vier folgenden Erzählungen der Aufrichtung zeigen eine interessante Abfolge, die den Entwicklungsphasen des Kindes und den Not- und Neurosenlagen des Menschen sehr verwandt sind – ob das nur ein Zufall ist?

1) Ich darf dazugehören

„Als er weiterging, sah er Levi, den Sohn des Alphäus, am Zoll sitzen und sagte zu ihm: Folge mir nach! Da *stand* Levi *auf* und folgte ihm“ (Mk 2,14, wieder eine Auf-er-stehung). Wieder „steht einer auf“ – aus welcher Not? Als Zöllner war Levi im Dienst der römischen Besatzungsmacht und aus dem Volk und seiner religiösen Gemeinschaft ausgestoßen. Für Jesus gehörte er aber zur Herde Israels, die zu sammeln er gekommen war. Und so geschieht es: „Und als Jesus in seinem Haus beim Essen war, aßen viele Zöllner und Sünder zusammen mit ihm und seinen Jüngern; denn es folgten ihm schon viele“ (2,15). Nicht ausgestoßen zu sein, sondern dazuzugehören, das ist das erste Urbedürfnis des Menschen. Wir dürfen und wollen dazugehören: angefangen vom Mutterschoß und vom Schoß der Familie, bis hin zu allen Gemeinschaften, die wir brauchen. Wir erleben nichts schmerzlicher und bedrohlicher, als nicht mehr oder überhaupt nicht und nirgends dazuzugehören. Entsteht nun dieses Trauma bereits in der frühesten Zeit des Lebens, so entstehen die Grundgefühle der Abgeschnittenheit, der schizoiden Notlage. Wir erleben die Welt abweisend und feindlich – unsere Ängste nehmen paranoide Formen an. Aus all dem will Jesus heraushelfen, indem er uns zu sich ruft und uns ein neues Zuhause gibt. Wir finden ein Miteinander mit Menschen, die eine ähnliche Not der Verstoßung erleben mußten. Als Arzt und Therapeut weiß sich Jesus gerade zu jenen gesandt, die „übel dran sind“ (vgl. 2,17). Wie eine Auferstehung ist es, wenn wir um ihn herum ein neues Zuhause finden und das Gefühl von Geborgenheit und Sicherheit überhaupt wahrnehmen können. Das verletzte Urvertrauen kann im Vertrauen auf Jesus geheilt werden. Wir finden durch ihn Gemeinschaft und werden wieder gemeinschaftsfähig.

2) Ich finde Zufriedenheit und Glück

Keiner ist vor Depression gefeit. Sie geht heutzutage wie eine Volksseuche um. Ihre Hauptursache gründet darin, daß die Menschen in ihrer Kindheit nicht oder zuwenig gestillt wurden, zu wenig Zuwendung erfuhren und sich zu wenig Nahrung an Muttermilch und Liebe holen konnten. Ein karges Glücksgefühl, wenig Gestilltheit und Zufriedenheit sind die Folgen. Unzufriedenheit und Unglücksgefühl, die manchmal zu unersättlicher

Sucht führen können, bilden eine existenzielle Kargheit, ein von der Not erzwungenes „Fasten".
Wer aber bei Jesus ist, braucht so nicht zu fasten. Denn er erlebt eine „Hochzeit", weil der Bräutigam da ist (vgl Mk 2,19). Nicht Trauer, sondern Freude, nicht Unzufriedenheit, sondern Gestilltheit, nicht Mangel, sondern Sättigung an Glück will Jesus bringen und bringt sie auch.
„Neuer Wein in neue Schläuche!" (vgl. 2,22) – das ist seine Parole. Er kommt ja aus dem „Land" Gottes, aus der Gotteserfahrung, die von Milch und Honig nur so überfließt.
Es hat darum keinen Sinn, nur das Alte zu reparieren, denn alte Kleider und alte Schläuche müssen und können durch neue ersetzt werden.
Jesus, der Heiler der Depression? Wenn er der Bräutigam ist, dann ist er unser „Liebhaber" – er hat uns lieb und wir dürfen ihn lieb haben. Das menschliche Dasein gewinnt die Qualität einer Hochzeit und spendet Frieden und Glück. So *hat* Jesus gehandelt, so will er hier und heute *auch* handeln. Der neue Wein in neuen Schläuchen und der Bräutigam sind die Quellen, die Ressourcen, aus denen wir leben dürfen und, wenn wir wollen, auch können, weil der „Bräutigam *da* ist".

3) Ich habe die Erlaubnis zu leben
„Sieh dir an, was sie tun! Das ist doch am Sabbat verboten. Er antwortete: Habt ihr nie gelesen, was David getan hat, als er und seine Begleiter hungrig waren und nichts zu essen hatten – wie er zur Zeit des Hohenpriesters Abjatar in das Haus Gottes ging und die heiligen Brote aß, die außer den Priestern niemand essen darf, und auch seinen Begleitern davon gab?"(2,24f.). Es geht um die Frage von Ge-boten und Ver-boten. Die Sabbatnormen stehen seit Jahrhunderten fest, ja sehr fest, und eng ist ihre Auslegung. Jesus hat eine andere: Der Sabbat ist für den Menschen da und nicht umgekehrt. Zielsicher bringt er ein überzeugendes Beispiel aus dem Leben Davids: Weil es um das Überleben ging, durfte er Gebote übertreten. Denn der Sinn aller Gebote ist, daß der Mensch *lebe*.
In der Zwangsneurose ist der Mensch unterwürfig und gefügig oder rebellisch und aufmüpfig. Der freie, der von Jesus befreite Mensch hat die Erlaubnis zum Leben, weil Gott es ihm gönnt. Vom Leben her ist jede Norm zu interpretieren. Weil Gott das Leben liebt, darf der Mensch in der Notlage auch Gebote übertreten. Eine innere Freiheit tut sich auf, ein jesuanischer Maßstab ist die Richtschnur. Ein Aufatmen ist das Ergebnis. Ein freier Mensch ist das Ziel. Wer in der Phase der Über-Ich-Bildung die Freiheit zum Leben als Norm erfuhr, darf sich glücklich preisen, wer nicht, wird bei Jesus Heilung suchen können. Diese Heilung wird ihn von Zwängen befreien, auch vom Zwang des ständigen Aufbegehrens. Er lebt von der Erlaubnis zum Leben.

4) Ich bin zur Freiheit befreit
Die Ich-Findung des Kindes wird leider negativ als „Trotzphase" bezeichnet, so als wären nur die Erwachsenen ein Maßstab. Indem sich das Kind seiner Eigenständigkeit bewußt wird, ist es in der Lage, seinen eigenen Willen zu entdecken und sich zu wehren. Ein gebrochenes Rückrat ist die Folge, wenn jemandem der Wille gebrochen wird. Lebenslange Bindungsscheu oder hysterisches Ausflippen können sich einstellen. Wenn man aber erlebt hat, daß man „trotz" seines Aufbegehrens geliebt bleibt, wird man bindungsfähig und zugleich frei.
Jesus stellt den Mann mit der gelähmten Hand in die Mitte: Er sagt: „Steh auf und stell dich in die Mitte!" (Mk 3,3). Er nimmt sich die Freiheit, auch am Sabbat Gutes zu tun und

Leben zu retten. An anderer Stelle argumentiert Jesus mit den alltäglichen Ereignissen, daß man Ochs und Esel von den Ketten befreit, um sie auch am Sabbat zur Tränke zu führen (vgl Lk 13,15). Oder wieder ein alltägliches Bild für Befreiung und Auferstehung: „Wer von euch wird, wenn ihm am Sabbat sein Schaf in eine Grube fällt, es nicht sofort wieder herausziehen?" (Mt 12,11).
Entkettung und Freiheit, herausgezogen werden und so wieder leben können – muß man dem nicht vertrauen, der so argumentiert? Gebunden an den Gott Jesu, der sich selbst an uns gebunden hat, sind wir frei und haben beides: Mut zur Freiheit und Mut zur Bindung.
Wird diese Entwicklungsphase des Kindes auch „genitale" Phase genannt, so zeigt sich darin, daß die Entdeckung der eigenen Geschlechtlichkeit eine große Rolle spielt. Gelingt dies in der ungebrochenen Sicherheit der Beziehung zu den Eltern, dann wird der Grundstein für die spätere Liebes- *und* Bindungsfähigkeit gelegt. Jesus wird hier als Maßstab gerade der Befreiung der mit allerlei Lähmungen und Krümmungen geschlagenen Menschen entdeckt. Er, der sich uns ganz verbunden weiß, kann uns auch zur Bindungsfähigkeit befreien.

Jesus bei mir zu Gast

Ich habe das zweite Kapitel der Heilsbotschaft nach Markus meditiert: Was gefällt mir an diesen Jesusbegegnungen besonders? Ich zeichne nochmals das Haus meiner Seele – aber so, daß ich Jesus zu Gast lade. Was verändert sich, wenn er von Stockwerk zu Stockwerk bei mir einkehrt? Wie werden Keller und Erdgeschoß, wenn ich Sicherheit und Gemeinschaft finde, so daß ich mich nicht mehr zu fürchten brauche? Wie wird das Speisezimmer oder die Stube, wenn mit Jesus dort Hochzeit gehalten wird? Wie die Kommandostelle im zweiten Stock, wenn er darin residiert, der auch der Herr über den Sabbat ist? Wie will ich meine Dachkammer haben, wenn sie von Jesus besucht wird? Voll schöner Zinnen und Erkern? Mit Efeu umrankt oder gar mit einem Dachreiter als Türmchen?
Erst nachdem ich die Zeichnung vollendet habe, gehe ich den Einfällen nach: Was wird oder kann sich nun in meinem Leben, in meinem Er-leben und in meinen inneren Gefühlen, in meinem Verhalten ändern, weil Jesus da ist?
Wenn ich in jedem Zimmer ein Bild aus den Geschichten von Jesus aufhänge: Welches Bild, welches Ereignis gehört in welches Zimmer? Welcher Jesusspruch paßt dazu? Welche Veränderungen, Heilungen und Entfaltungen gibt es in meinem Enneagramm nach diesem Jesusbesuch?
Das „Haus meiner Seele" kann man von der ersten Klasse Volksschule an bis in eine Therapiegruppe hinein malen. In kritischen und intellektuellen Oberstufenklassen wird man darüber diskutieren und das Haus mehr in der Phantasie malen.

Jesus kehrt in das Haus meiner Seele ein

Das Haus meiner Seele, das bin ich selbst, mit meinem so gewordenen Charakter und mit all den Defiziten eben aus meiner Geschichte. Ich bin vielfach gelähmt und behindert. Freunde bringen mich zu ihm und decken alle Widerstände ab, damit ich vor ihn

komme. Er verbindet mich wieder mit Gott (anders formuliert heißt das: „Deine Sünden sind dir vergeben!“) und heißt mich auf-er-stehen.
Als der *Arzt für die Kranken* schafft er mir die Zugehörigkeit, aus der heraus ich allein angstfrei leben kann. Er holt mich in seine Gemeinschaft und überwindet so meine Abgespaltenheiten und meine schizoiden, paranoiden Ängste.
Als *Bräutigam der Hochzeit* stillt er meine Sehnsucht nach Leben und Kontakt. Er will mich stillen mit neuem Wein. Ich darf in seinem Frieden leben.
Als der *Herr über den Sabbat* weiß er, was mir erlaubt ist, damit ich leben kann. Er gibt die Freiheit, die über dem Gesetz steht.
Als *Sprenger der Ketten* holt er mich auch aus den Gruben herauf, in die ich gefallen bin, damit ich als Kind Gottes in Freiheit und Bindung leben kann.
Erschreckend ist demgegenüber, wie die Schriftgelehrten und die Pharisäer eine Religion darstellen, die gegen all das ist, was Jesus an den Menschen Gutes tut. Eine krankmachende Religion, eine einengende, die nicht nur ihre Anhänger, sondern in letzter Konsequenz auch Jesus selbst töten will (Mk 3,6). Eine Religion zum Tode und nicht zum Leben. Die Entwicklungsstufen des Menschen und die Neurosenlehre samt deren Heilung gewinnen so eine ungeahnte Vertiefung in das Tun Jesu hinein. Und aus seinem Tun und seiner Menschensicht gewinnen auch wir wiederum die Freiheit und die Kraft zum heilenden Handeln.

Wer bewohnt das Haus meiner Seele?

Gestalten, die meine Wiege umstanden

Diese Überschrift dürfen wir zunächst wörtlich verstehen: Wer aller mag auf uns, als wir im Kinderbettchen lagen, herabgeschaut und an uns seine Freude gehabt haben? Wessen Blick hat uns zornig getroffen, wenn wir ihm oder ihr zur Last waren? Als wir aber die Wiege verließen, auf wen krabbelten wir zu? Auf den Großvater oder auf die Katze? Mit wem spielten wir: mit Geschwistern, Plüschtieren oder Nachbarkindern? Fürchteten wir uns vor dem Vater oder vor dem großen Hund? Vielleicht gar vor dem „schwarzen Mann“ , der uns vor die Tür gemalt wurde? Wen dachten wir uns als geheimen Helfer oder Verbündeten aus: einen großen roten Stier oder einen bunten Papagei, die wir in unserer Phantasie zu Hilfe oder als Tröster unserer Einsamkeit herbeiriefen? Wir zeichnen eine Art Sonnensystem mit Planeten: In der Mitte einen großen gestrichelten Kreis, um ihn herum kleinere gestrichelte Kreise verschiedener Größe. Wir betrachten auf der Skizze in der Mitte den Kreis: dieser sind wir selbst. Die kleinen gestrichelten Kreise, die um uns, den größeren, gezeichnet worden sind, betrachten wir als die Personen, Tiere oder Phantasiegestalten, die unsere Kindheit umgeben haben mögen und die so für uns bedeutsam geworden sind: Mutter, Vater, Großmutter, Tante, Nachbarin, Spielgefährte ... Lehne dich zurück, schließe die Augen und lasse solche Gestalten auftauchen ... Hast du eine vor Augen, oder deren Stimme im Ohr, deren Geruch in der Nase oder verspürst du ihre bergende Nähe ganz warm, so daß dir heimelig wird ... Dann wähle für jede dieser Gestalten eine für sie zutreffende Farbe und male sie als einen Kreis um deinen großen Kreis herum, wobei die Größe des Kreises seine Distanz oder Nähe zu dir der Bedeutung entsprechen, die sie für dich in deinen Kinderjahren hatten. Betrachte das Ergebnis nachdenklich und erkläre es deinem Nachbarn!

Gestalten, die in meiner Seele hausen

Wir haben die Gestalten, die meine Wiege umstanden, aus unserem Gedächtnis herausgezeichnet – sie müssen also in unserem Inneren wohnen. Tatsächlich hausen sie noch tiefer als in den Räumen des Gedächtnisses, das ja schon wie eine Bildergalerie ist. Die Tiefenschichten unserer Seele sind wie die Tiefen des Meeres, in denen die Gestalten unserer Kindheit symbolische Formen annehmen, die gleichsam deren wahres Gesicht zeigen: Haben wir eine Bezugsperson häufig oder einmal besonders traumatisch als aggressiv erlebt, so kann sie etwa die Gestalt eines Haies annehmen. So werden Traumgestalten verständlich, die in uns immer wieder auftauchen. Zudem wirken diese Figuren als Sammelbilder, das will sagen, daß sich hinter einem solchen Bild nicht nur eine Person verbirgt (oder, wenn man will: ent-birgt), sondern Menschen, Tiere und Dinge, die eine ähnliche Wirkung auf uns ausgeübt haben, treten bisweilen als eine Symbolfigur auf. Erfahrungen, die sich wie Bildgestalten unserer Seele eingeprägt haben, sind wie Magnete, die ähnliche Erfahrungen anziehen, binden und zur Wirkung bringen. Ein einzelnes Symbol kann dadurch emotional sehr aufgeladen werden, Seelenkräfte binden oder auch zur Wirkung bringen. Die Fachsprache bezeichnet solche Magnete in der Seele als „Komplexe“.
Zeichne nun den großen gestrichelten Kreis nochmals, vielleicht sogar größer, und in ihn hinein jene Kreise, die vorerst außen herum gestanden haben. Gib den inneren Kreisen eine kräftige Farbe und vielleicht eine symbolische Gestalt. Die gestrichelte Linie des Außenkreises deutet die noch dünne Haut, die schwache Ich-Grenze des Kindes an; die Massivität der inneren Kreise verdeutlichen die relative Autonomie der Verinnerlichungen, der „Introjekte“, wie die Fachleute sagen. Die Träume offenbaren uns täglich, von welchen guten und bösen Mächten unsere Seele bevölkert ist.

Scheinwerfer von innen nach außen

Zeichne um deinen mit so vielen Introjekten gefüllten Ichkreis nun kleinere gestrichelte Kreise um dich herum, die wie Planeten dich als Sonne umgeben. Strichle sie in neutraler Farbe. Die farbfrohen Innenkreise, die Introjekte also, haben nun die Eigenschaft, daß sie wie Scheinwerfer nach außen gerichtet sind und all das beleuchten, was dir begegnet. Dabei richtet sich jedes Introjekt auf jene Figuren, die nach Rang und Aufgabe ihm ähnlich sind: Ein Vaterintrojekt wird sich wie ein Scheinwerfer auf Vatergestalten wie Schuldirektor, Pfarrer, Polizist usw. richten; ein angstmachendes Tierintrojekt vielleicht auf alle Hunde. Es genügen schon Ähnlichkeit im Aussehen, in der Stimme, in gewissen Verhaltensweisen und schon werden diese inneren Scheinwerfer als regelrechte Vorurteile tätig, ohne daß wir es merken. Wir erleben und betrachten das, was uns von außen begegnet, mit dem Licht von innen und reagieren dementsprechend. Wir fürchten dann Menschen, die gar nicht zu fürchten wären, aus inneren, uns selbst unbewußten Grün-

den. Und im positiven Sinn kann man sich vorstellen, welche Macht diese inneren Leitbilder für die Partnerwahl in der Liebe spielen (John A. Sanford, Unsere unsichtbaren Partner, Interlaken 1988). Richte deinen Blick nun der Reihe nach auf jedes deiner Introjekte und projiziere sein Licht auf je einen Kreis, der dich umgibt. Ziehe Farben vom Innenkreis auf einen Außenkreis und färbe ihn an: Welche Person aus deinem jetzigen realen Leben mag so mit deinen Projektionen überhäuft werden? Nimm diese Anfärbung (oder gar „Anschwärzung") deiner Mitwelt als vorläufiges Spiel: Doch was dämmert dir? Unterhaltet euch zu zweit oder in der Großgruppe mit der Wortbrücke: „mir dämmert ..."
Lege deine Malerei auf den Boden und stell dich auf die Seite der einzelnen Außenkreise. Denk dich in diese Personen hinein: Was dämmert nun dir als diese Person, mit der du dich gerade identifizierst? Warum diese Person (der innere Kreis, der du selbst bist) sich so zu dir verhält ...? Sprich das mit der Wortbrücke aus: „Mich wundert nicht, daß ..."

Der Schutzgeist oder der mythische Helfer

Die Kinder aller Zeiten und die Anhänger aller Religionen halten sich gewöhnlich an eine innere Helferfigur: an den Schutzengel, den Namenspatron, an verstorbene Ahnen, an das Jesuskind, an Christus ..., auch an mythische Figuren wie an einen treuen Hund, an einen Doppelgänger wie im Sternbild der Zwillinge. Der Psalm 91 ist ein sprechendes Dokument dafür, daß Gott tatsächlich jedem Menschen nahe ist, in welcher Gestalt auch immer diese Gottesnähe je nach Kultur und Religion erfahrbar sein mag. Wir dürfen nun annehmen, daß dieser Schutzgeist, dieser Schutzengel nicht nur real ist, sondern real ist auch mit seinem Beistand zu rechnen, wenn es darum geht, unser Inneres zum Guten zu verändern.
In einer mehr philosophischen Betrachtungsweise kann der Schutzengel auch so verstanden werden: In diesem Doppelgänger meiner selbst begegnet mir gleichsam zweierlei: Als Bild stellt er die Vollkommenheit dessen dar, was ich einmal sein werde, was der Schöpfer mir an Vollkommenheit und Vollendung zugedacht hat. Als Realität an Nähe und Hilfe repräsentiert dieser Bildbote die Nähe und Hilfe meines Gottes selbst. Gott erscheint mir sozusagen in der Zukunftsgestalt meiner Vollendung. Ich wiederum kann mich so als sein Ebenbild und Gleichnis verstehen, dessen Gestalt mir schrittweise in jeder mir je nächstmöglichen Verwirklichung offenbar wird.
Zeichne nun in dein Kreisbild noch die Figur deines Schutzgeistes hinein: Was verändert sich dann für dich und deine Mitwelt, wenn du dein Inneres so betrachtest?

Märchenfiguren und Metamorphosen des Lebens

Es ist offenkundig, daß die verschiedensten Figuren der Märchen Variationen unserer Introjekte darstellen. Als Sammelbilder von Muttererfahrungen sind zu nennen: die gute Mutter und die gute Fee, die Stiefmutter als die „steife", die negativ erlebte Mutter oder Mutterseite, genauso wie die Hexe und das Krokodil; die Großmutter als die archetypisch große Mutter, aber ebenso Korb und Höhle, Apfel und Pflaume, Krippe und Trog und Haus, Wasser und Mond, Baum und Quelle ... Als Sammelbilder für Vatererfahrungen fungieren: der König und der Jäger, der Polizist und der Zauberer, das Pferd und der Wolf, der Fuchs und der Hahn, die Sonne und der Berg, das Gewitter und der Wind, der Turm und das Schwert usw. Eine eigenartige Kombination von Greis und Kind stellen die Zwerge dar und erinnern so wahrscheinlich an die liebenswürdige Art, wie Großeltern erlebt werden: alt im Gesicht und doch in der Größe dem Kind sehr ähnlich.

Weil Märchen keine psychologische Sprache kennen, um psychologische Prozesse zu beschreiben, drücken sie diese in einer Abfolge von Bildern aus. Die negativ erlebte Mutterseite muß als böse Königin sterben, also untergehen, damit die positive Seite in einer anderen Gestalt auftauchen kann, etwa in der neuerwachten jungen Prinzessin. Abrupte Bildübergänge markieren die Stadien der Lebensverwandlungen. Die mythischen Helfer sind überall greifbar. Man könnte sogar meinen, die Märchen wollen gerade die Botschaft verkünden, daß in allen Gefahren und Wandlungen des Lebens mit der Nähe Gottes zu rechnen ist, wie verschlüsselt diese auch immer erscheint: in Gestalten, Verläufen, Fügungen, Erlösungsvorgängen und schließlich im Ausgang der Erlösungsverheißung.

Von der Kraft der Introjekte leben

Tobias

Im Buch Tobit wird eine eigenartige, weil wohl märchenhafte Begegnung erzählt (vgl. S. 119): Der junge Tobias ist auf der Reise, um seine Braut, den verborgenen Schatz zu suchen. Er kommt dabei eines Abends müde an den Fluß Euphrat. Erschöpft von der langen Wanderung setzt er sich an das Flußufer und läßt seine Füße, um sich zu erfrischen, im Wasser baumeln. Da stößt ein riesiger Fisch nach ihm und will ihn in die Tiefe ziehen. Sein Reisebegleiter ist – unerkannt – der Engel Rafael, der ihn auffordert, den Kampf mit dem Fisch aufzunehmen. Nach hartem Ringen gelingt es dem Jungen, den Fisch zu überwältigen und ans Land zu ziehen. Der Engel fordert ihn auf, den Fisch zu zerlegen, sein Fleisch als Abendmahlzeit zu braten, aber Herz, Leber und Galle für spätere Heilszwecke aufzubewahren. Genährt durch die Kraft des Fisches, kann der Wanderer seine lange Reise fortsetzen und später mit den mitgenommenen Innereien Heilungen vollbringen. Dieses Märchenmotiv „vom Fisch aus der Tiefe" spricht offensichtlich von einem Introjekt in der Seele des jungen Mannes: War es ein Muttersymbol oder ein Vaterintrojekt, das in der Tiefe seines Unbewußten (des Flußwassers) geruht hat, ihn bedroht hat und ihm viel Kraft abverlangt hat? Er wagt die Auseinandersetzung mit sei-

nem Unbewußten und macht es so unschädlich. Aber nicht genug damit: Er brät das Fleisch des Fisches und macht sich so die gebundenen Kräfte zunutze, die fortan nicht mehr gegen ihn arbeiten, sondern die Quelle neuer, ihn stärkender Kraft werden.
Diese biblische Erzählung spricht eine allgemein menschliche Erfahrung aus und gibt einen Rat der Weisheit: Wenn wir die Introjekte aus dem Unbewußten in unser Bewußtsein heben, können wir uns mit ihnen auseinandersetzen und uns ihre Kraft so aneignen, daß sie zur Stärke unseres Ichs wird (vgl. das Bild des Umschlags).
Zeichne nochmals, zunächst gestrichelt, jenen großen Kreis, der dich symbolisiert. Blikke auf das Blatt, das innerhalb deines Ich-Kreises die dicken, farbstarken Introjekte deiner Seele darstellten. Dann nimm die Farbe eines jeden deiner Introjektkomplexe und ziehe sie als dicken Außenring um deine gestrichelte Außenseite. Farbe für Farbe deiner Introjekte ergeben nun Ring um Ring deiner Ich-Außenseite – wie stark und farbkräftig wird diese? Die auf dem anderen Blatt dicken und farbstarken Introjekte zeichne nun ihrerseits gestrichelt, offen und innen leer. Was vollzieht sich in deiner Seele, wenn es dem entspricht, was du auf dem Papier machst?
Es ist die Aufgabe unseres Lebens, unserer Identitätsbildung, daß wir unseren Introjekten ihre eigenständige Kraft nehmen, indem wir sie erkennen, uns mit ihnen auseinandersetzen und uns sozusagen ihre Kraft zu eigen machen. Es ist, als würden wir aus einer Bienenwabe den Honig aussaugen. Die Komplexe, die ursprünglich wie feindliche Eigenwesen in unserem Unbewußten Kräfte banden und oft genug gegen uns ausspielten, werden nun so zu Quellen unserer eigenen Identität. Wir brauchen so unsere ehemaligen Bezugspersonen weder ständig bekämpfen, noch verleugnen, sondern können sie als die Reserven (Ressourcen) unserer Ich-Stärke betrachten. Freilich, diese Auseinandersetzung, Aneignung und Integration in das eigene Ich kann viele Jahre beanspruchen; durch gezielte Übungen aber kann sie beschleunigt und in heilsame Bahnen gelenkt werden.
Bearbeite diese Übung mit Hingabe und Nachdenklichkeit! Sprich mit Freunden über das Ergebnis und über die so gewonnenen, neuen Perspektiven deines Lebens.
Die Figuren, Landschaften, Dinge und Abläufe der Märchen sind eine Ansammlung und Durchgestaltung von Introjekten in ihrer typischen wie archetypischen Art. Typisch sind sie, weil sie in dieser und in anderer Variation jedem Menschen im Leben begegnen, besser ausgedrückt: sich in seinem Leben ereignen können; archetypisch sind sie, insofern sie uraltes Menschheitsmaterial aus den archaischen Schichten der Seele in die Oberfläche aufsteigen lassen und wie kollektive Träume dem Bewußtsein zugänglich werden. Sie machen so individuelle Träume kollektiv kommunizierbar und regen hinwiederum zum Träumen jedes einzelnen an. Ich will das noch an einigen anderen Märchen zeigen.

Schneewittchen

Im Märchen „Schneewittchen" wird zunächst die eigene, als gut erlebte Mutter vorgeführt, die sich ein Töchterlein wünscht, es ersehnt und bejaht. Dann aber macht das Märchen einen Zeitsprung und spricht von der Stiefmutter. Gemeint ist keineswegs, daß die wirkliche Mutter gestorben sei. Sondern jetzt wird die eigene Mutter vom Mädchen in ihren „steifen", weil der Liebe unzugänglichen, Seiten erlebt. Welches „Jetzt" ist das? Ganz unverhohlen wird von der Rivalität zwischen Mutter und Tochter geredet. Es wird

wettgeeifert, wer die Schönste im Lande (wohl auch vor dem Vater) sei – wir befinden uns mitten in der Pubertätszeit des Kindes, das die Mutter nun eifersüchtig und lebensbedrohend erfährt. „Mutter“ und „Stiefmutter“ sind die zwei, die ambivalenten Seiten der einen Mutter. Und beide Seiten trägt das Kind als Introjekte in sich. Weil das Gute und das Böse dieser Person aber auf zwei Figuren verteilt werden, kann man von jeder Seite sehr markant und in der typischen Schwarzweißmalerei des Märchens sprechen.
Die rivalisierende Mutter verlangt vom Jäger (wohl vom Vater), daß er ein solches, als Bedrohung erlebtes Mädchen aus dem Weg schaffe („ich könnte dich auf den Mond schießen“ mag dann eine Alltagswendung lauten). Die Pubertierende verläßt das Haus der Kindheit, doch auch „hinter den sieben Bergen“ wird sie von der Mutter heimgesucht – „hinter den sieben Bergen“ meint wohl in ihrem Inneren, in ihrem Unbewußten, wo sie sich schon längst als Introjekt festgesetzt hat. Von innen her übt sie nun ihren vergiftenden Einfluß aus: Sie schnürt Herz und Bauch des Kindes voneinander ab, der Haß der Mutterintrojektion nimmt dem Kind den Atem, die Liebesfähigkeit und beinahe das Leben. Der vergiftete Kamm beherrscht das Gedankengut des Kindes und bringt es von oben her, gleichsam als Über-Ich an den Rand des Lebens. Vollends der vergiftete Apfel der Liebe spricht für all die vielen Geschehnisse, in denen das Kind durch die Mutter nicht Liebe, sondern Haß oder Liebesunfähigkeit verinnerlicht hat. Plastischer könnte wohl das, was der theologische Ausdruck der Erbsünde meint, nicht ausgedrückt werden: die Weitergabe der Liebesunfähigkeit und -unwilligkeit von Generation zu Generation. Solche Introjekte lassen Menschenkinder erstarren und in Todeskälte sinken. Ein Glassarg macht sie zwar als schön sichtbar, aber als lebendiger Mensch bleibt sie unberührbar (schizoid, abgespalten vom Leben, Enneagrammtyp 5).
Auch die Zwerglein sind Introjekte: die Kräfte, die täglich in die Tiefe der Seele steigen, um die Ressourcen des Überlebens heraufzuholen. Die Depression wacht in den Gestalten der Nachteule, des Unglücksraben und der Trauertaube am Scheingrab des kontaktlosen Kindes. Erst ein „Stolpern“ des Leichenzuges (worin mag das im Alltag wohl von Mensch zu Mensch bestehen?) bringt es mit sich, daß der vergiftete Anteil des Liebesapfels ausgespien wird. In der Hochzeit des Lebens und der Liebe erst kann das negative Introjekt solcher mütterlichen Seiten untergehen (was die glühenden Schuhe andeuten). Dieses Märchen hält nicht nur seiner Königin, sondern uns allen den Spiegel der Selbsterkenntnis vor.

Frau Holle

Im germanischen Bereich war „Hulda“ (Hilde) die gute Göttin (christlich würden wir sagen „die Patronin“) der jungen Frauen. Unter ihrem Schutz und durch sie sollten sie Mütter werden und anderen Mutter sein. Die Gestalt dieser Göttin taucht im Märchen als „Frau Holle“ auf. Das Märchen hat vom ursprünglichen Mythos die Einführung oder Einweihung ins Frausein überliefert. An zwei Gestalten wird uns dieses Gelingen oder Mißlingen vor Augen geführt: an „Goldmarie“ und an „Pechmarie“. Die „Goldmarie“ muß soviel spinnen, daß ihr das Blut aus den Fingern springt (ein Hinweis auf die Menstruation und die beginnende Pubertät). Ihr Schmerz und ihre Verwirrung bringen sie dazu, in den Brunnen zu springen, ins Unbewußte einzutauchen, was sie auf die Wiese des guten Lebens mit seinen vielen Quellen (Ressourcen) führt. Dort begegnet ihr im Backofen eine symbolische Muttergestalt, denn im Mutterleib werden ja die kleinen Kinder „ausgebak-

ken" – wie will sie dieser Aufgabe gewachsen sein? Das Mädchen stellte sich seiner Aufgabe beim Herausholen des Ausgebackenen genauso wie beim Schütteln und Sammeln der reifen Früchte des fraulichen Daseins. Die „große", Angst einflößende Mutter begegnet ihr „im Haus". Ihr Bett, also ihr Liebesleben und ihre Geborgenheitskraft hat sie zu unterstützen und damit auch zu erlernen. Sie besorgt alles „zu ihrer Zufriedenheit", zur Zufriedenheit des guten Mutterintrojekts. „Dafür hatte sie auch ein gutes Leben bei ihr" – das Introjekt kann in ihr aufleben und zu ihrer eigenen Gestalt heranreifen. „Da ward es traurig und wußte anfangs selbst nicht, was ihm fehlte" – die Zeit der Ablöse von der Mutter war gekommen; sie konnte heimkehren, heim in ihre eigene Identität.
Frau Holle selbst, die große Mutter, will sie „hinauf" bringen, das will wohl heißen, von einem solchen Mutterbild wird man gleichsam an der Hand genommen. Das Leben wird Glück bringen, was der „Goldregen" ja ausdrücken will. Der „Hahn", (ein typisches Männersymbol) ist es, der dann die Reife des Mädchens sogleich erkennt und lobt. Die „Pechmarie" ist die Gegenfigur, alles schlägt ihr zum Gegenteil aus, und über und über voll von Pech muß sie ihr Leben dahinfristen. Immer „tat sie sich Gewalt an", doch das gute Introjekt, die verinnerlichte gute Mutter nützte ihr nicht – liegt es in unseren eigenen Händen, was wir aus unseren Introjekten machen? „Das Pech aber blieb an ihr hängen und wollte, so lange sie lebte, nicht abgehen."

Das Mädchen ohne Hände

Von einem negativen Vaterintrojekt erzählt das Märchen „Das Mädchen ohne Hände". Auch diese Erzählung faßt den Zeitraum von der Kindheit bis zur Pubertät und Hochzeit zusammen. Der Vater wird auch hier wie die Mutter bei Schneewittchen in zwei Gestalten vorgeführt: Der fürsorgende Teil begegnet im Wald (dem Bereich des Unbewußten) seinem eigenen negativen Schatten. Er wird von der Mutter (!) „Teufel" genannt. Dieser will das Mädchen ganz besitzen: eine Ahnung von Vaterherrschaft, Besitzergreifung bis hin zu (psychischem) Kindesmißbrauch. Einem Kind, das an einen solchen Vater verkauft, seinem Schatten so ausgeliefert ist, bleibt nur ein unentwegtes Trauern und Weinen. Der Dauerversuch, sich von Schuldgefühlen reinwaschen zu müssen (das Kind nimmt die Schuld des Vaters auf sich) und die völlige Handlungsunfähigkeit (ihm werden die Hände abgehackt), sind tragisch genug!
Das Märchen zeichnet die Partnersuche des Mädchens zunächst wie eine Erlösung aus der Vaterbindung, denn der König, der es freit, tut alles für die Frau. Doch gerade dieses erweist sich über kurz oder lang nur als ein Wiederholungszwang, untätig einem besitzergreifenden „Vater-Mann" ausgeliefert zu sein. So wird das Mädchen wieder heimatlos und auf die erbärmlichste Weise zum Weiterwandern genötigt – was ihr allerdings auch den Weg der Erlösung auftut. In der Gestalt des eigenen Kindes findet sie zu ihrer eigenen Wiedergeburt. In der Figur des Engels und hilfreicher Geister wird ihr die hilfreiche Seite der verinnerlichten Muttererfahrung zugänglich. Wer könnte ohne solche Feen und Zwerge überleben? Diese Introjekte und Erinnerungen stammen von wirklich erlebten Menschen und vermitteln zugleich die erlösende Nähe Gottes, ohne daß er genannt werden muß.

Der Eisenhans

Im Märchen „Der Eisenhans“ begegnet uns ein Vaterintrojekt eines Buben zunächst von seiner negativen Seite. Im tiefen Wald und im noch tieferen Wassertümpel haust ein Unhold, eine Art Wassermann, der dem ganzen Land (der Seele des jungen Menschen) alle Kräfte absaugt. Welcher Jugendliche würde bisweilen vor Lehrern oder Autoritäten nicht solchen Kräfteverlust erleiden? Mit viel Anstrengung muß die Figur aus dem Unbewußten der Seele ins Bewußtsein geholt werden, wo sie dann leidlich (wie in einem Käfig) beobachtbar ist. Solches Herausholen aus dem Unbewußten geschieht gewöhnlich über den Umweg der Projektion auf andere vaterähnliche Gestalten. Es muß ja auch „das ganze Land“ mithelfen.
So furchterregend der Vaterunhold auch ist, der heranwachsende Junge kann nur mit ihm zusammen sein Glück finden, das in der Gestalt der goldenen Kugel zum „Vater“ in den Käfig gerollt ist. Sich mit einem gefürchteten Vaterbild wieder anfreunden zu können, ist ein wahres, aber erlösendes Abenteuer des Lebens. Denn der junge Mann braucht den positiven Zugang zu seinem Vater, er muß ihn bewußt oder unbewußt immer wieder herbeirufen können, wenn es gilt, die Aufgaben und Stadien seines Lebens zu meistern. Trotz der minderwertigen Selbsteinschätzungen im Jugendleben bekommt der Jugendliche bei jeder Aufgabe die Kraft des Vaters zur Verfügung gestellt: um sich kämpferisch durchsetzen zu lernen, um liebesfähig werden zu können und in der großen Hochzeit die Integration seines Lebens durch das Erscheinen des Vaterkönigs feiern zu können.
Die Märchen so zu lesen und zu entschlüsseln ist eine wahre Abenteuerreise. Erinnert sei noch an „Das Aschenputtel“, das die älteren Schwestern (Geschwister) als Rivalen introjiziert hat, gegen die das Kind zunächst anträumt, um dann von sich aus genügend Selbstwert zu entwickeln. Die griechischen Tragödien breiten ähnliches Lebensmaterial aus, doch ihnen fehlt der erlösende Ausgang – fehlt ihnen die Botschaft der Erlösung durch den Gott Israels?

Das Märchen meiner Kindheit schreiben

Wir tragen alle Erinnerungen, Bilder und Erfahrungen unserer Kindheit in uns. Sie sind im Gehirn gespeichert. Sie treten in den Träumen als Bilder auf, in den Gefühlen haben sie noch über uns Macht und unser Handeln bestimmen sie ganz nachhaltig. Durch Meditation und Vertiefung in unser Inneres können wir mit ihnen Kontakt aufnehmen und uns ein Wissen um sie erwerben, an das der rationale Verstand allein nie herankommt. Ein Weg dazu ist, das Erleben seiner Kindheit als *Märchen* zu schreiben:
Bereite auf einem Tisch Schreibpapier und einen Schreibstift. Lege den rechten Arm auf den Tisch und deinen Kopf darauf. Höre leise Musik, die sehr eingängig ist. Das Licht ist abgedunkelt. Vor dir oder in der Mitte eurer Tischrunde brennt eine Kerze. Du atmest ruhig und spürst, wie dich der Sessel trägt und der Tisch deinem Kopf Ruhe gibt. Jedes Ausatmen bringt in deinen Arm, mit dem du schreiben wirst, Wärme. Der Leiter geht um euch wie eine gute Fee herum und legt jedem und jeder seine Hand behutsam auf die rechte Schulter, so daß du seine Wärme wie Kraft in deinen Schreibarm einfließen spürst. Er sagt dann: Du greifst jetzt zu deinem Schreibstift und beginnst: Es war einmal ... Als was erkennst du dich? Was bist du: Ein fünfjähriges Kind ...? Ein scheues

Mädchen ... ein kecker Bub ... ein Fuchsjunges ... oder ein Kätzchen ...? In welcher Landschaft befindest du dich: Im Wald ... in einem Schloß ... im Elternhaus ...? Welche Jahreszeit ist gerade: Kalter Winter ... lauer Frühling ...? Welche Personen und Figuren tauchen auf, umgeben dich und beginnen mit dir zu handeln ...? Schreibt und schreibt und schreibt ...!

Nach einer Pause setzt ihr euch in kleine Gruppen auf den Boden mit Kerzenlicht. Jeder liest sein Märchen vor und hört sich dann schweigend an, was seine Zuhörer ergriffen hat. Wie hat das Märchen dir deine Kindheit enthüllt? Welche Schätze und Chancen liegen darin ...? Was dämmert dir ...?

6. Elternschaft und Segen

Die Beschäftigung mit den eigenen Introjekten und mit den Märchen zeigt, wieviel und was die Eltern alles ihren Kindern mitgeben und einpflanzen: das Grundgefühl über die Güte des Lebens, Sicherheit und Angst, Liebesvermögen und Liebesdefizite, Werthaltungen und Einstellungen, die eigene Geschlechtsrolle mit allen Chancen und Grenzen usw. Eigentlich geben die Eltern sich selbst den Kindern mit, sich selbst mit allen verschiedenen Aspekten, die nun einmal jeder Vater und jede Mutter hat: Verschieden wird man je und je von den Kindern erlebt, verschieden eingeprägt und auf verschiedene Lebensjahre hin verteilt. Es erscheint ein sehr buntes, bewegtes und oft widersprüchliches Elternbild. Im allgemeinen darf man annehmen, daß jedermann, der einigermaßen gut und in Frieden lebt, auch genügend Gutes von den Eltern mitbekommen hat.
Wenn die Eltern ihre Kinder jedoch *segnen*, dann geben sie nicht nur sich und das Ihre weiter, sondern auch das, was sie von *Gott* erhalten haben und ihre Kräfte übersteigt. Der Segen gibt Gnade und Hilfe von Gott. Segnend übergeben die Eltern ihre Kinder Gott, der unsere begrenzten, menschlichen Möglichkeiten transzendiert und erweitert, Defizite auffüllt und Fehler korrigiert. Kann auch der Segen zum Introjekt werden? Können Segensträger und Segnende zu einem Introjekt werden, das über sich hinaus zu Gott führt?
Die Bibel beginnt mit den Vätererzählungen. Sie zeigen die Heilsgeschichte noch als Familiengeschichte und so auch jede Familiengeschichte als Heils- oder Unheilsgeschichte. Sie zeigen auch, wie Familiengeschichten, die Unheilsgeschichten sind, zu Heilsgeschichten werden können – darin besteht ihre atemberaubende Aktualität! (vgl. dazu auch A. Höfer, Gottes Wege mit den Menschen, S. 131f.)

Der Vatersegen Abrahams

Abraham ist der große Vater des Glaubens. Lange hat er warten müssen, bis er leiblicher Vater wurde. Gerade dieses Warten und Hoffen hat ihn auf seinen Gott verwiesen. Er vertraute sich ganz Gott an und wurde so zum Inbegriff eines an Gott glaubenden, sich ganz an Gott bindenden, sich auf ihn verlassenden und auf ihn vertrauenden Menschen. Weil Gott es so wollte, wurde er zum Vater all jener, die an den einen und wahren Gott glauben: Juden, Christen und Muslime. Wie Abraham glauben heißt Kind Abrahams werden; Kind Abrahams sein heißt vor Gott ein gerechter, ein vor Gott richtiger Mensch sein – ein Glaubender.
Abraham gibt die Urgestalt eines an Gott glaubenden Menschen ab, des Glaubens, *mit* dem man glaubt (fides qua creditur). Woran aber glaubte Abraham? Er glaubte an den

Gott, der selbst Tote erwecken kann (Hebr 11,19); der Abraham einen „Samen“ verhieß, in dem die ganze Welt ihr Heil und ihre Erlösung finden wird: in Christus, wie der Apostel Paulus sagt (Gal 3,16). In der Zielgeraden dieses Abrahamglaubens liegt Gottes Heil in Christus. Christus ist der Inhalt dieses Glaubens (fides quae creditur).
Wie gelten Gottes Verheißungen für meine Eltern? Wie kann ich diesen Segen meinen Kindern weitergeben? Wie kann ich in die Fußstapfen Abrahams treten, damit auch meine Kinder gesegnet sind? Als Gott Abraham rief, löste er ihn aus den menschlichen Familienbindungen und stellte ihn in den großen Horizont seiner Verheißungen:

> Zieh weg aus deinem Land – *ICH* zeige und gebe dir ein Land!
> Zieh weg von deiner Verwandtschaft – *ICH* werde dich zu einem großen Volk machen!
> Zieh weg aus deinem Vaterhaus – *ICH* werde dich segnen und deinen Namen groß machen (vgl. Gen 12,1-2).

Der Handelnde ist hier Gott: *Er* ruft, führt, schenkt und schafft. *Seine* Gabe ist nicht von den Menschen ableitbar, weder vom Land, weder von der Sippe noch von den Vätern und Müttern.
Was sind nun jenes „Land“ und jene „Nachkommenschaft“, die Gott als Alternative verspricht?
Das verheißene „Land“ ist geheimnisvoll, widerspruchsvoll: Abraham wandert in ihm, doch es gehört ihm noch nicht. Erst am Ende seines Lebens kauft er ein Grundstück, um darin seine Frau Sara zu beerdigen (vgl. die Legende Tolstojs „Wieviel Erde braucht ein Mensch?“). Das Volk Israel wird in das Land einwandern und es im Exil wieder verlieren. Die Seligpreisungen verheißen es nur den Macht- und Gewaltlosen, die oft genug wegen ihrer Armut kein noch so kleines Stück Land bekommen, um von diesem Grund und Boden leben zu können (wie so viele Campesinos Lateinamerikas). Ist dieses verheißene und von Gott mit Recht zugesprochene Land so viel wie das Brot, das wir „täglich“ brauchen? Gibt Gott jedem so viel Anrecht auf ein Land, daß er auf dieser Erde leben und überleben kann?
Und doch sagt der Hebräerbrief: „Nun aber streben sie nach einer besseren Heimat, nämlich der himmlischen“ (Hebr 11,16).
Heißt auf Erden leben die Erde so erfahren, wie man ein Provisorium erfährt? Sie nicht als Endstation sehen, sondern sie als „Übergangsland“ auf der je eigenen Pilgerreise erfahren? Soll man so die Erde bekommen und benützen, daß man über sie den Himmel nicht vergißt?
Gewiß: Für die Altväter war dieses Land wörtlich verstanden der Lebensraum, den die Nomaden und die späteren Siedler nötig gebraucht hatten. Vom einzelnen aus betrachtet, ist dieses „Land“ auch der Lebensraum zur Selbstentfaltung. – Vielleicht ist das „Land“ dies: wieviel einer „Raum“ bekommt, damit er selbst werden kann? Wenn Abraham und Isaak jedoch als Fremdlinge und Jakob als Flüchtling über diese Erde gingen: Wie wichtig ist dann dieses Land? Ist es ein irdisches Stück Erde, das sogleich, wenn man es besitzt, zu einem „mythischen“ Land werden will, zu einem Symbol für ein ganz anderes Land? Was kann ich denn meinen Kindern als Lebensraum mitgeben und versprechen?
Ähnlich in der Schwebe bleibt auch die Verheißung der Nachkommenschaft: „Ich will dich zu einem großen Volk machen, so zahlreich wie die Sterne am Himmel und wie der Sand am Meere“, so heißt es immer wieder. Doch Abraham muß lange Jahre warten, bis

ihm der erste Sohn geschenkt wird, der Sohn von der Magd, in einer Art „Leihmutterschaft“. Als endlich der Sohn der Verheißung kommt, muß er ihn (wie vorher schon Ismael) wieder hergeben. Eine Nachkommenschaft wie der Sand am Meer? Abraham mußte es glauben, denn erleben konnte er es nicht! Was aber konnte er erleben? Die Liebe zwischen Abraham und seiner Frau Sara schien schon wie erloschen (vgl. Gen 18,11). Die Zeugungs- und Gebärkraft war aus menschlichem Können heraus nicht mehr möglich; das erlebte nun Abraham: Gott kann eine schon erloschene Liebe zum Aufblühen bringen und eine Unfruchtbarkeit schöpferisch beleben.
Liegt das auch in der Verheißung der „Nachkommenschaft“ Abrahams: daß wir an die Liebe wieder zu glauben lernen? Daß eine erloschene Liebe wieder erblühen kann? Daß der Weg Gottes über unsere Leiber geht? Daß unsere Sexualität das Gefäß ist, durch das Gott seinen Segen über die Welt ausströmen läßt? Daß alle Menschen, die einmal von einem Vater (welchem auch immer) und von einer Mutter (welcher auch immer) ihr Leben erhalten haben, auch den Segen von Gott über diese Eltern bekommen? Sagt uns diese Verheißung, daß wir an eine Universalität der Liebe glauben dürfen, für die kein Ding unmöglich ist, weil es die Liebe eines Gottes ist? Ja, daß dieser Gott selbst den Weg durch Leib und Geschlecht zu uns Menschen geht? Ein Liebesgott, weil er ein Leibergott geworden ist: „Und das Wort ist Fleisch geworden“ (Joh 1,14). Der „Gesegnete“ (Baruch, Benedikt) wird Abraham von seinem Gott genannt:

> Ein Segen sollst du sein.
> Ich will segnen, die dich segnen;
> Wer dich verwünscht, den will ich verfluchen.
> Durch dich sollen alle Geschlechter der Erde Segen erlangen *(Gen 12,2f.)*

Viele Menschen sind der Menschheit zum Fluch geworden – wie dringend braucht diese die Gesegneten, durch die sie selbst gesegnet wird und den Segen Gottes erhält! Wer kann schon sagen: „Ich bin für dich zum Segen geworden?“ Wenn schon nicht für alle Geschlechter der Erde, so doch für meine Kinder? Für meine eigenen und für jene, die mir anvertraut sind? Dieses tröstet mich und tröstet dich: daß wir einander zum Segen werden! Muß ich wissen, was dieser Segen alles beinhaltet? Kann ich es Gott zutrauen, daß er es schon weiß, was mir zum Segen gereicht? Wenn ein Gott seinen Segen und seine Verheißung an die Liebe zweier Menschen bindet wie an Abraham und Sara, wie an meine Eltern – darf ich dann diesem Segen vertrauen, daß er Liebe meint, weil er aus der Liebe kommt?

> Vater Abraham lege deinen Vatersegen auf mich!
> Mutter Sara, lege deinen Muttersegen auf mich!
> Segne mich, damit auch ich zu einem Segen werde ...
> zu einem Segen für ...
> Gebt an mich weiter, was ihr von eurem Gott empfangen habt.
> Ich will es empfangen und weitergeben an ...

Der Liebe Raum geben

Abraham lebt von den Verheißungen Gottes her und auf seine Zukunft hin. Sein Vertrauen hat die Gestalt der Hoffnung. Sein Glauben heißt: „Hoffen auf das, was noch nicht ist" (vgl. Hebr 11,1).
Er wandert in die verheißene Liebe hinein und indem er ihr in seinem Leben immer mehr Raum gab, gewann er das „Land" , den Lebensraum, der ihm versprochen war. So wurde er in Person ein Segen für seine Familie und für die ganze Menschheit.
Welchen Raum gebe ich in meinem Leben der Liebe? Wie durchsäuert der Sauerteig der Verheißungen Gottes so mein Leben, daß es als Materie dieser Welt zum Brot der Liebe wird?
Jeder Mensch ist darauf aus, Anerkennung, Zuspruch, „Streicheleinheiten" , also Liebe zu gewinnen und auch zu realisieren.
Man kann von sechs sehr typischen Arten sprechen, wie ein jeder auf mehr oder weniger glückliche Weise sich diese Liebeszuwendungen holt.

1) Der Rückzug

Wurde ich als Kind viel allein gelassen oder nicht beachtet, so mußte ich mich mit mir selbst beschäftigen, mich selbst streicheln und trösten. Den Frieden, den jeder braucht, muß sich ein solches Menschenkind selbst geben – sich selbst befriedigen. Rückzug und Einkehr in die Tiefe der eigenen Seele sind eine Qualität, die Zugang zu den Brunnen Abrahams haben, aber eben doch in die Wüste der Einsamkeit führen.
Wer holt mich aus diesen Wüsteneien heraus?
Wer hilft mir, daß dieser Rückzug nicht in Bitterkeit und Groll, ja in Menschenverachtung endet?

2) Der Zeitvertreib

Welchen Sinn hat es, die Zeit zu vertreiben oder gar totzuschlagen? Vertreibe ich damit auch das Gefühl meiner Wertlosigkeit?
Entgehe ich dadurch der bitteren Erfahrung, was es heißt, sich selbst wie in einem Spiegel begegnen zu müssen? Wandert mein Schlendrian am Brunnen Abrahams vorbei? Jage ich von Tätigkeit zu Tätigkeit, um den tieferen Fragen des Lebens keine Antwort geben zu müssen? Welches Stolpern, welche unvermutete Krankheit holt mich daraus weg, so daß ich der Wahrheit standhalte und die Liebe suchen und zu realisieren beginne? Oder ist mein Zeitvertreib wie das Spiel eines Kindes, das den Schmetterlingen nachläuft, um die Buntheit des Lebens zu genießen? Kenne ich die Muße statt des Müßiggangs, die der Natur, der Musik und dem Kinderlachen nachträumt und so mit den Wolken des Himmels zieht?
Betrachte ich wie Abraham den Sternenhimmel, um in die Sehnsucht der Liebe auszubrechen?
Wandere ich von Sternbild zu Sternbild, damit die Möglichkeiten meines Lebens Gestalt annehmen?

3) Das Ritual

Bräuche und Gewohnheiten sind Konventionen, Übereinkünfte, wie wir uns auf dem Parkett des Lebens ein Quentchen Liebe zuwerfen und dabei einige Sicherheit haben. Die anfallenden Geburtstage nicht vergessen, höflich Komplimente austauschen. Wissen, was sich gehört: All das sichert uns Anerkennung und Zuwendung. Diese gelten aber mehr unserem Benehmen als unserer Person.
Wir reichen einander schön verpackte Pakete weiter, ohne sie wirklich zu öffnen. Von ihrem Inhalt kann unsere Sehnsucht nach Liebe vermutlich nicht leben, doch mehr als nichts ist es auch.
Viele Spiele sind allerdings Rituale des Kampfes, denken wir an den Sport oder an das Kartenspiel als ein Symbol des Lebens: Wir zeigen unsere Karten nicht her. Wir haben versteckte Trümpfe, um damit andere zu besiegen. Wir spielen mit Partnern zusammen, aber haben gleichzeitig immer einen Gegner. Der Kontakt miteinander bringt Sieger und Verlierer – ist das der Gewinn unseres Lebens?
Das Kartenspiel als ein Ritual, das unsere Lebenseinstellung und Kommunikationsweisen entlarvt, weil es grundsätzlich um Argwohn, um Trümpfe und Tricks, um Gewinnen und Verlieren geht? Wo bleibt da die Liebe?

4) Die Arbeit

Sich redlich zu mühen, nie zu rasten und ständig Leistungen zu erbringen – wer sichert sich nicht so das Minimum an Liebe, das er braucht? Als artiges Kind folgsam und willig zu sein, hat uns ja die Liebe der Eltern gesichert. Den anderen die Wünsche von den Augen abzulesen, hat uns doch irgendwie liebenswert gemacht – allerdings nur so lange und so viel, als wir eben nützlich waren. Und so sind wir dazu verurteilt, ein Leben lang nützlich zu sein, um dann doch leer auszugehen. Bitter ist der Geschmack im Munde, Liebe nur als Lohn verdient zu haben, denn jeder Mohr kann gehen, wenn er seine Schuldigkeit getan hat. Haben wir denn als Kinder gelernt, nur so auf uns aufmerksam zu machen, daß wir nicht übergangen werden konnten?

5) Die Tricks

Kinder sind Überlebenskünstler. Schon als Dreijährige wußten wir genau, wie wir den schlecht gelaunten Vater besänftigen, die traurige Mutter trösten und von der Großmutter ein Schleckeis gewinnen konnten. Wir lernten mit den Geschwistern zu rivalisieren, Krankheiten als Druckmittel einzusetzen und auf vielen, oft raffinierten Umwegen unser Ziel zu erreichen: bemerkt, gewollt, belohnt und ein bißchen geliebt zu werden. Liebe auf Schleichwegen zu erhaschen, bringt zwar Erfolg, aber nicht Freude, im besten Fall Genugtuung.
Der Preis ist hoch: Anstrengung und Versteckspiel. Nie direkter Kontakt, wenig offener Ausdruck von Bedürfnissen, dauernd auf dem Sprung ... Das Ergebnis kann uns bestenfalls befriedigen, wenig erfreuen, denn der Argwohn nagt weiter: Werden wir wirklich geliebt oder haben wir die Liebe nur raffiniert erkauft? Haben wir diese Früchte geerntet, merken wir schon, daß sie faul sind. Am Ende steht immer wieder der alte Scherben-

haufen der Täuschung, dem wir erliegen, und auf den uns die Enttäuschung aufmerksam macht. Diese krummen Wege der Liebe ist Jakob gegangen und geht der Jakob in uns immer noch. Wie führt Gott mich da heraus? Wie kann ich selbst diese trickreichen Spiele unterbrechen und an ihrer Stelle den direkten Pfad der Liebe einschlagen?

6) Die Intimität

In der Intimität berühren die Seelen einander, spricht das Herz zum Herzen und weiß jeder, wie er „dran" ist – „dran" bei wem? Ich weiß um meinen Selbstwert und bekenne mich zu ihm. Ich gestehe mir und anderen meine Bedürfnisse ein. Ich achte die Menschenwürde und ihre Geheimnisse in den Tagebüchern und Briefen ... Im Bitten und Warten ... Ich nehme auch ein Nein in Kauf, weil es mir die Freiheit des anderen offenbart, die mir mehr wert ist als ein trickreiches Spiel. Die Intimität kommt vom Herzen, geht über den Körper und lebt von der Phantasie und den Träumen. Sie ist verletzbar und auch leidensbereit, weil sie um die Endlichkeit des Lebens und seiner Quellen weiß. Sie kann Abschied nehmen ohne zu grollen und hofft auf das Land der Zukunft. Sie lebt von den Verheißungen des Lebens, die letztlich die Verheißungen Gottes sind. Sehnsucht und Gebet lassen wir wie bunte Drachen in den Herbstwind steigen, denn nur sie zeigen uns den Weg über diese Welt hinaus. Anstatt über das zu klagen, was noch nicht ist, freuen wir uns über das, was schon ist. Die Geste der Dankbarkeit gegenüber Gott und den Menschen macht uns das bewußt und hilft uns, die Hoffnung zu realisieren. So werden wir von Gott nächtens unter den Sternenhimmel unserer Träume geführt, um die Sehnsucht nach der Unendlichkeit nicht zu verlieren. Die Intimität ist die Haltung derer, die ein reines, ein lauteres und ungespaltenes Herz haben.
Sie zeigt das Innere her, wie es wirklich ist und verzichtet so auf Doppelgesichtigkeit, Blenderei und Heuchelei. Intimität ist ein Leben, das mit Kinderaugen gelebt wird, denen man Freude und Trauer unverhüllt ansieht. Denen man auch deswegen die Wünsche ablesen und bisweilen auch erfüllen kann.

Die Torte unserer Liebeskünste

Zeichne einen großen Kreis mit gestrichelter Linie und teile ihn in sechs Segmente, in Tortenstücke also, auch diese gestrichelt. Numeriere sie nach den sechs Arten, Liebe und Anerkennung gewinnen zu wollen.
Wähle für jedes Feld eine ihm entsprechende Farbe. Überlege dann genau: Welche Art beherrsche ich gut? Welche setze ich häufig ein? Welche ist farbenstark, welche farblos? Wie groß muß ich das jeweilige Tortenstück ausmalen und zeichnen, wenn ich allein daran denke, wieviel Raum es in meinem Alltag einnimmt? Betrachte das Ergebnis und sprich mit deinem Nachbarn oder offen in der Gruppe darüber: Bist du damit zufrieden oder erschreckt? Was möchtest du anders haben? Was wirst du anders zeichnen und malen, wenn du den Verheißungen auch deiner Zukunft glaubst und sie vorausahnend realisierst? Wie werden die Menschen dann auf dich reagieren? Welches Grundgefühl wird sich in deinem Leben dann einstellen? Wie wird es sich vom jetzigen unterscheiden? Welche Freude, welche Dankbarkeit ist dir dann möglich? Wie kannst du sie in Worte fassen und zu einem Gebet gestalten? Kannst du dann wie Abraham und Sara am Ende deines Lebens gesättigt an Liebe getrost sterben?

Der Segen des Fremdlings Isaak

Verglichen mit den Vätererzählungen um Abraham und Jakob liegen über Isaak nur einige wenige Geschichten vor, die sich im 26. Kapitel der Genesis befinden – wenige, jedoch für jeden, der nach dem Segen der Eltern fragt, sehr tiefsinnige und trostreiche. Da ist also Isaak, der Abrahamssohn. Er lebt als Gast im feindlichen Land. Wegen einer Hungersnot will er nach Ägypten auswandern, jedoch gebietet ihm Gott: „Bleib in dem Land wohnen, das ich dir verspreche. Halte dich als Fremder in diesem Land auf! Ich will mit dir sein und dich segnen. Denn dir und deinen Nachkommen gebe ich alle diese Länder und erfülle den Eid, den ich deinem Vater Abraham geleistet habe. Ich mache deine Nachkommen zahlreich wie die Sterne am Himmel und gebe ihnen alle diese Länder. Mit deinen Nachkommen werden alle Völker der Erde sich segnen, weil Abraham auf meinen Ruf gehört hat" (Gen 26,2–5).

Gottes Segen über Abraham gibt Land und Leben, Nachkommenschaft und Liebe, Gottessegen für alle: leben, lieben und segnen dürfen!

Leben, lieben und segnen *können*: das ist es, was man von seinen Eltern lernen möchte; was jedes Kind von Vater und Mutter bekommen sollte. Es ist der Abrahamssegen, wie er durch die Geschichte geht „von Geschlecht zu Geschlecht" (die Aufhebung der „Erbsünde"?). Es ist der Segen Abrahams, den dieser selbst von Gott erhalten hat und der auch auf mich übergehen sollte: leben, lieben und segnen können!

Da ist aber auch der „Vaterkönig" („Abi-melech") der „Philister" (diese kamen erst siebenhundert Jahre später ins Land, galten aber als Inbegriff des Gewalttätigen und Feindlichen).

Wie, wenn ich einen Vater hatte, der mir eher feindlich denn freundlich gesonnen war? Wenn die Gewalttätigkeit des Vaters mich aus dem Lebensraum genauso verjagte, wie Isaak von Abimelech vertrieben wurde? Wie, wenn die Kälte einer Mutter meine Lebensbrunnen (Ressourcen) zugeschüttet hat? Ist der Segen für mich so dünn wie die Liebeskargheit meiner Eltern? Schrumpft der Abrahamssegen auf die Segenskraft meiner Eltern zusammen?

„Isaak säte in diesem Land und er erntete in diesem Land hundertfältig. Der Herr segnete ihn" (26,12).

Was nützt es mir, wenn mir der Reichtum des Lebens bestimmt wäre, wenn mich die Philister aber darum beneiden? „Die Philister schütteten alle Brunnen zu, die die Knechte zur Zeit seines Vaters Abraham gegraben hatten und füllten sie mit Erde" (26,15).

Ahne ich, was es heißt, daß alle meine Lebensbrunnen verschüttet wurden? Daß mich ein feindlicher Herrscher aus dem Land des Lebens verjagt hat? Mein Vater ein Tyrann, meine Mutter eine kalte Stiefmutter? Wie kann ein Kind so leben, lieben und segnen? Wie kann ich es? Mit anderen Worten: Welche einschränkende Kraft haben meine Elternintrojekte gegenüber dem Abrahamssegen aus Gott? Wenn Familienzank und viel Streit es mir vergrämten, zu lieben und verhinderten, richtig zu leben – welche Hoffnung gibt mir dann noch die Bibel? „Die Brunnen, die man zur Zeit seines Vaters Abraham gegraben hatten, und die die Philister nach dem Tod Abrahams zugeschüttet hatten, ließ Isaak wieder aufgraben und gab ihnen dieselben Namen, die ihnen sein Vater gegeben hatte. Die Knechte Isaaks gruben in der Talsohle und fanden dort einen Brunnen mit frischem Wasser. Die Hirten von Gerar stritten mit den Hirten Isaaks und behaupteten:

Uns gehört das Wasser! Da nannte er den Brunnen Esek (*Zank*), denn sie hatten mit ihm gezankt“ (26,18–20). Anschließend streiten sie um einen anderen neu gegrabenen Brunnen und er nannte ihn *Streit!* Den dritten Brunnen nannte er *Weite* – „jetzt hat uns der Herr weiten Raum verschafft und wir sind im Land fruchtbar geworden“ (26,22). Da erschien ihm in jener Nacht der Herr und sprach: „Ich bin der Gott deines Vaters Abraham. Fürchte dich nicht, denn ich bin mit dir. Ich segne dich“ (26,24). Dort huben Isaaks Knechte den dritten Brunnen aus!
Seelsorge und heilende Pädagogik wissen, was es bedeutet, verschüttete Lebensbrunnen wieder aufzugraben und zum Strömen zu bringen. Weiß ich es, was es für mich bedeutet? Es sind die Brunnen, die Abraham gegraben und die Gott geschenkt hat – Ressourcen des Lebens, die von dem Urvater Abraham kommen, aber über ihn hinausgehen, da sie Brunnen Gottes sind: in ihnen sprudelt die Schöpferkraft des Schöpfers selbst. Eine Therapie, die sich auf die Kreativität des Schöpfers stützt und mit ihr rechnet, kann das Unmögliche so möglich machen, wie es im Sinn Gottes liegt.
Die Reihenfolge der Brunnen und ihrer Namen war für den Erzähler sicher bedeutungsvoll; wir können ihren Sinn in der Reihenfolge der Schritte des Verzeihens wiederfinden (vgl. S. 167f.)

a) Wenn am Lebensanfang viel *Zank* steht, dann ist dieser Brunnen zunächst meine tiefe Wunde. Auch sie soll strömen. Der Schmerz über all das, was mir angetan wurde, darf nicht verdrängt werden, damit ich nicht versteinere. Viel Zorn und viel Vorwurf mag aus dieser Wunde kommen, wenn ich meinen (vielleicht schon verstorbenen) Eltern vorhalten muß, was sie mir angetan, was sie mir vorenthalten haben; sie, die Geschwister und die Umwelt ...
b) Ich darf dann den zweiten Brunnen graben: *Streit*. Ich darf sagen, wie weh mir das alles getan hat. Die Wasser dieser Brunnen strömen wie Tränen des Schmerzes und der Trauer. Ich darf mir eingestehen, wie verletzt ich bin. Ich darf all das beweinen, was ich nie bekommen habe und mein Leben so armselig gemacht hat.
c) Erst wer diese Brunnen der Trauer gegraben und zum Strömen gebracht hat, kann dann den dritten Brunnen graben: *Weite*. Befreit von Zorn und Trauer, von Anklage und Klage atme ich auf. Ich gebe den Eltern zurück, was ihre Verantwortung war.
Ich nehme an mich, was mein Anspruch auf Leben und Liebe ist. Darauf verzichte ich nicht und darf ich auch nicht, jedoch: ich muß in meine eigene Verantwortung nehmen, was mich befreit. „Weite“ ist bereits in den Psalmen ein spiritueller Wert: „Du schaffst meinen Schritten weiten Raum“ (Ps 18,37). Es ist die Weite dessen, der nichts mehr vorzuwerfen hat, weil das Recht auf Leben und Lieben von ihm ergriffen wurde.
d) Eigenartig folgerichtig ist nun der vierte Brunnen und das letzte Ereignis, der vierte Lebensbrunnen, der gegraben wird und dessen Wasser Abrahamswasser sind: Es ist der Brunnen des Verzeihens und der Versöhnung, des *Friedenseides*! „Eines Tages kam zu ihm Abimelech mit seinem Vertrauten und seinem Feldherrn (die ambivalenten Seiten des Elternbildes!). Isaak sagte zu ihnen: Weshalb kommt ihr zu mir? Ihr seid mir doch feind und habt mich aus eurem Gebiet ausgewiesen. Sie entgegneten: Wir haben deutlich gesehen, daß der Herr mit dir ist und wir dachten: Zwischen uns und dir sollte ein Eid stehen. Wir wollen mit dir einen Vertrag schließen. Du wirst uns nichts Böses zufügen, wie auch wir dich nicht angetastet haben ... wir haben dich in Frieden ziehen lassen. Du bist nun einmal der Gesegnete des Herrn. Da bereitete er ihnen ein Mahl und sie aßen und tranken (ein Abendmahl!). Früh am Morgen standen sie auf (eine Auferstehung!)

und leisteten einander den Eid ... Isaak entließ sie (die „Eltern“!) und sie schieden von ihm in Frieden. Am selben Tag kamen die Knechte Isaaks und erzählten von dem Brunnen, den sie gegraben hatten. Sie meldeten ihm: Wir haben Wasser gefunden. Da nannte er ihn Schiba (Eid – Friedenseid!)“ (26,26–33).

Die Schritte und Brunnen des Verzeihens

Abraham hatte seinem Sohn Isaak die Brunnen des Lebens gegraben und hinterlassen. Eine dazwischengekommene böse Vaterfigur in der Gestalt des Philisterkönigs hatte diese Brunnen zugeschüttet und deren Lebenswasser unzugänglich gemacht. Viele unglückliche Väter und Mütter verschütteten ihren Kindern die Brunnen des Lebens. Viele Vorwürfe und Haßgefühle trennen Kinder und Eltern. Wie ist ein Verzeihen möglich, das die Brunnen des Lebens wieder freilegt? Das Isaakkapitel der Genesis (26) ist diesem Thema gewidmet. In unglaublicher Weisheit werden diese verschütteten Brunnen benannt als:
Streit, Zank, Weite und Friedenseid. Das Wiederentdecken und Freilegen der Brunnen wird so zu einem Weg des Verzeihens.
In den anschließenden Übungen, die die Schritte des Verzeihens darlegen, wenden wir sie aber nicht auf Isaak und Abimelech an, sondern auf Abel und Kain, also auf das verfeindete Brüderpaar. Wir lassen so den getöteten Abel zu seinem Brudermörder sprechen und den Weg des Verzeihens gehen. An diesem sehr markanten Beispiel mögen sich viele Beispiele aus dem Leben eines jeden einzelnen anschließen und in die Tat der Verzeihung umsetzen. Das gilt natürlich für Töchter und Söhne gegenüber den Vätern und Müttern genauso.
Verzeihen ist möglich, denn das Verzeihen kann man lernen. Es gibt Schritte, die man hintereinander gehen muß, damit das Verzeihen möglich wird. Man soll keine Stufe überspringen, sondern sie nacheinander gehen:
a) *Die Anklage:* Abel sagt zu Kain alles, was er ihm angetan hat ... Kain braucht nicht persönlich anwesend zu sein, es hilft schon, wenn man ihn sich vorstellt ... ihn in der Phantasie auf dem Stuhl gegenüber sitzen sieht und ihm laut alles ins Gesicht sagt ... Alle berechtigten oder vermeintlichen Vorhaltungen dürfen, ja müssen einmal aus der Seele heraus, sonst bleiben sie als bitterer Bodensatz in der Seele, der immer wieder auftauchen und vieles vergiften kann.
b) *Die Klage:* „Abel“ klagt seinen Schmerz. Er schüttet seine Seele aus und darf weinen. Er soll seinem Bruder sagen, wo er ihn getroffen hat ... was so weh tut ... Anklage und Klage müssen streng voneinander getrennt werden: Erst der Zorn, dann die Trauer ... erst der Aufschrei, dann die Tränen ... Was habe ich da alles meinem „Kain“ zu sagen ... was mir an Schmerz einzugestehen ...?
c) *Mein unaufgebbares Gut:* „Abel“ darf und soll seinem „Kain“ gegenüber formulieren, was trotz aller Verletzung sein unaufgebbares Recht und Gut ist: „Du hast mich getötet – ich aber habe ein Recht auf mein Leben ... Du nahmst mir ... Ich aber brauche und will nicht darauf verzichten, daß ... Ich als „Abel“ nehme so mein verletztes Menschenrecht wieder an mich. Wenn ich dabei die Hand an meine Brust drücke, dann stelle ich meine Würde wieder her ... ich spüre, wie gut es mir tut, und wie das alte Wunden heilt.
d) *Ich nehme Abschied:* Erst wenn ich als „Abel“ meine Würde und meine Menschenrechte wieder buchstäblich an mich genommen und an mich gedrückt habe, kann ich

darauf verzichten, daß sie mir mein „Kain“ wiederherstellt ... Ich lasse stehen, was einmal war ... Vergangenheit soll vergangen bleiben ... Drücke ich mit der rechten Hand mein Recht und meine Würde an mich, dann kann ich mit der linken Hand nach hinten winken und den alten Täter gehen lassen. Von ihm Abschied nehmen ... Merkst du, wie das befreit? ... Du kannst wieder vorwärts blicken ... in eine neue Zukunft ... und es wird jemand auftauchen, der dein Recht dir gibt ... deine Würde schätzt ... mit seiner Liebe deine Wunden heilt ...

Der Segen des Flüchtlings Jakob

(Zu den Erzählungen um Jakob vgl. auch A. Höfer, Gottes Wege mit den Menschen, S. 131ff.)

Gott hat Abraham gerufen, Abraham hat gehört und ist Gott voll Vertrauen gefolgt – und das ein Leben lang. Der Segen, den Gott für alle Völker vorgesehen hatte, war bei Abraham in guten Händen. Es war ein universaler Menschheitssegen: Alle sollten leben, lieben und segnen dürfen („Land“, „Nachkommenschaft“, „Segen“). Abraham gibt seither von Generation zu Generation weiter, was er selbst von Gott erhalten hat. In dieser Reihenfolge des Segens stehe auch ich: Wie ist der Abrahamssegen durch meine Eltern auf mich gekommen? Wie gebe ich ihn meinen Kindern weiter?
Der Segen Abrahams ruhte auch auf Isaak – er blieb wie Abraham ein Fremdling auf dieser Erde und war zudem angefeindet. Zwischen seinen Vater Abraham und ihn trat der feindselige Philisterkönig – steht zwischen mir und dem Vater Abraham ebenfalls ein dunkles Vaterbild oder ein altes Mutterbild? Das Bild meiner eigenen Eltern? Doch es gelang den Hilfskräften (den „Knechten“) Isaaks, die bereits verschütteten Brunnen Abrahams wieder freizulegen, so daß Frieden und Heil möglich wurden. Wer half oder hilft mir, diese verschütteten Ressourcen des Heiles wieder freizulegen? Ressourcen, die tiefer gehen als Menschenkraft, weil ihr Wasser von Gott kommt?
Wie aber, wenn ich selbst ein Brunnenverschütter bin? Wenn ich meinen Kindern die Brunnen des Heiles zuschütte, ihr Wasser ihnen nicht mehr weitergebe? Wenn die Defizite des Liebens ihr Leben schmälern, weil ich ihnen nicht ein Segen in Person werden konnte? Ist das „Erbsünde“, die ich selbst weitergebe?
In der Gestalt des Urvaters Jakob führt uns die Bibel in der Tat eine Elternfigur vor, die alles an Schuld und Sünde anhäuft, was die Brunnen verschüttet; die die Familie zerstört anstatt segnet, ja die die Existenz und Weitergabe des Abrahamssegens überhaupt in Frage stellt! Wievielen Eltern wird so ein kritischer Spiegel vorgehalten?
Jakob war nicht der Erstgeborene und somit auch nicht der Erbberechtigte, dennoch wollte er dieses Recht, damit ihm der Besitz des Weidelandes und die Herrschaft über alle seine Geschwister zufiele. Daß er auch ein Segen für alle Menschen werden sollte, ein Träger des Gottessegens für alle, war ihm offensichtlich gleichgültig: ein machtbesessener Karrieremann auch im Bereich der Religion, die ihm allerdings nur ein Mittel zum Zwecke war.
Damit nicht genug, betrieb er systematisch das Zerstörungswerk an seiner Familie: Er verbündete sich mit seiner Mutter gegen den alten erblindeten Vater und betrog seinen

Bruder um den Segen Abrahams. Die Familie zerfiel: Isaak starb in Gram, Esau wollte Jakob töten („Kain“) und Jakob mußte (für immer?) in die Fremde fliehen. Da es hier nicht nur um eine Privatfamilie geht, sondern um jene, der das Heil für *alle* Menschen anvertraut war, wuchs dieser Segensraub zu einer Riesenschuld an. Wer von uns trug nicht auch schon oft genug zum Zerfall und zur Schwächung seiner Familie bei? Wie geht es dann weiter? Wie geht Gott mit uns um?
Das Unerhörte geschieht: „Ich bin ja *Gott* und kein Mensch!“ sagt Jahwe ... Dieser Gottesspruch bewahrheitete sich an Jakob. Denn schon in der ersten Nacht seiner Flucht als Sünder, Betrüger und Familienzerstörer erscheint ihm sein Gott im Traum auf freiem Feld und spricht zu ihm: „Ich bin der Herr, der Gott deines Vaters Abraham und der Gott Isaaks ... Ich bin mit dir. Ich behüte dich, wohin du auch gehst, und bringe dich zurück in dieses Land. Denn ich verlasse dich nicht, bis ich vollbringe, was ich dir versprochen habe“ (Gen 28,13.15). Verläßt Gott uns, die Segenszertrümmerer, nicht? Bleibt er an unserer Seite, auch wenn wir krumme Wege gehen? Ja, schreibt er auf unseren krummen Zeilen gerade? Ist das seine Treue? Statt zu drohen und zu strafen, erneuert er auch an uns „Jakobsgestalten“ seine uralten Verheißungen und spricht: „Das Land, auf dem du liegst (der „Lebensraum, die Lebensmöglichkeit“) will ich dir und deinen Nachkommen geben. Deine Nachkommen werden zahlreich sein wie der Staub auf der Erde (die Liebe und das Lieben gehen weiter von Geschlecht zu Geschlecht). ... Und durch dich und deine Nachkommen werden alle Geschlechter der Erde Segen erlangen“ (28,13f.).
Das sagt Gott auch zu mir in all meiner Armseligkeit. Das darf ich auch meinen Kindern weitersagen als ein Vater mit all seiner Kärglichkeit, als eine Mutter mit ihren oft bitteren Grenzen und Defiziten.

> Hoch erhebt meine Seele den Herrn
> und mein Geist freue sich in Gott meinem Retter.
> Denn er hat herabgeschaut auf die Niedrigkeit seiner Magd.
> Angenommen hat er uns als sein Kind Israel,
> weil er an sein Erbarmen denkt,
> das er unseren Vätern versprochen hat:
> Abraham und uns, seinen Nachkommen auf ewig! *(vgl. Lk 1,46f.)*

Wie bleibt aber Gott bei Jakob? Was tut Gott, wenn er nicht von meiner Seite weicht? Die ganze folgende Geschichte Jakobs wird eine Geschichte seiner Verwandlung. Gott an meiner Seite wird zum Garant meiner Verwandlung – und währt dies ein Leben lang: Jakob (mein Ich) lernt die Einsamkeit dessen kennen, der aus der Familie flüchtet. Er (mein Ich) lernt aber auch ganz neu zu lieben: Die Brunnentiefe meiner Seele tut sich auf, wenn mich ein Mensch zu lieben, ganz zu lieben beginnt (Rahel). Lange muß ich oft daran „arbeiten“, dieser Liebe meinerseits zu entsprechen („sieben“ Jahre) – dann aber lerne ich auch, die Schattenseiten meiner Partnerin, meines Partners (Lea) zu bejahen, ja zu lieben, so daß sie erlöst werden können. Ich lerne am Schwiegervater (Laban) die Generationenkonflikte neu zu lösen: in Verläßlichkeit und Treue und nicht durch Betrug; dreimal sieben Jahre prägen mein Leben mit Arbeit, Mühen und einem „sozialen Lernen“. Und wenn „Esau“ auch eine Symbolfigur meiner eigenen animalischen, triebhaften und wilden Schattenseiten ist, dann lerne ich auch diese zu integrieren und mich mit ihnen zu versöhnen.
Gelernt habe ich zu ringen (und nicht mich zu drücken): mit meiner Vergangenheit und Schuld, mit meinem Schicksal und meinem Gott. Ich ringe so lange, bis dieser dunkle mit

mir ringende Gott mich segnet! – Nun kann auch ich ein Segen in Person sein: für meine Kinder und Mitmenschen; ja, ein Segenbringer für die Menschheit als ein Glied in einer langen Kette durch die Jahrhunderte hindurch. Mein Gott, wie unbegreiflich ist dein Erbarmen und deine Weisheit!

„Wo jedoch die Sünde mächtig wurde, da ist die Gnade übergroß geworden", sagt der staunende Apostel Paulus (Röm 5,20). Abraham konnte nur *einen* Sohn segnen, so auch Isaak. Denn für Esau hatte er nur noch einen „Restsegen". Jakob darf aber, alt geworden, *zwölf* Söhne segnen, die bereits die Ahnväter des *ganzen* Volkes sind. Sind diese Zwölf nicht auch wie Aspekte seiner selbst? Wie eine Umkehrung und Aufarbeitung seiner (meiner) Geschichte? Ruben verliert das Erstgeburtsrecht, weil er sich in den Inzest mit einer Nebenfrau seines Vaters eingelassen hatte (Jakobs emotionale Verbindung mit Rebekka?).

Simeon und Levi werden heimatlos wegen ihres scharfen Messers (das hinterhältige Ausstechen des Bruders Esau?) ... Kriegerisch sind die Seiten, die an den Jakobssöhnen gerühmt werden, doch auch voll Rechtssinn und Klugheit, voll Redegewandtheit ... Jesus legt auf seine Zwölf den Segen und die Verheißung des Gottesreiches: Selig die Gewaltlosen, die Barmherzigen, die Friedensstifter, die Lauteren und Gesinnungsgeraden, die Verfemten und Verfolgten:

„*Ihr* werdet das Licht der Welt und das Salz der Erde sein ...!" (vgl. Mt 5,13f.). Die Brudergeschichte von Jakob und Esau zeigt das Gnadenwalten Gottes auf der Höhe des Neuen Testamentes: Ist Jesu Gleichnis vom barmherzigen Vater und seinen Söhnen (das Gleichnis vom verlorenen Sohn) nicht wie eine Kurzfassung der ganzen Jakobsgeschichte?

Gepriesen sei der Gott und
Vater Jesu Christi, unseres Herrn
der Vater des Erbarmens
und der Gott aller Ermutigung.
Er ermutigt uns in all unserer Not,
damit auch wir die Kraft haben, alle zu ermutigen,
die in Not sind,
durch die Ermutigung,
mit der auch wir ermutigt werden. *(vgl. 2 Kor 1,3–4)*

Jakob in uns

Die Bibel erzählt die Geschichte Gottes mit den Menschen, indem sie mit besonderer Liebe davon spricht, wie Gott zu den Menschen ist. Daraus ergibt sich allmählich ein bestimmtes Gottesbild und im Lauf der Zeit auch eine bestimmte Gotteslehre, die allen Glaubenden als gemeinsame Glaubensnorm vorgelegt wird (Katechismus). Weil es aber die Geschichte Gottes mit den *Menschen* ist, steht in der Bibel unendlich viel über den Menschen. Gutes und Schlimmes, seine bewundernswerten Seiten und seine erbärmlichen. Irgendwie zeichnet die Bibel so auch ein bestimmtes Menschenbild, doch ist

dieses weniger eine Glaubensaussage, als vielmehr eine Erfahrungstatsache. In vielen biblischen Menschen und ihrem oft krummen Verhalten können wir uns mehr oder weniger wiedererkennen, denn sie sind ein Spiegel für uns; doch eine Glaubensnorm sind sie deshalb noch lange nicht. Allerdings ist dieser menschliche und allzumenschliche Erfahrungsschatz das Material, das Gott wie Stroh zu Gold spinnt.
Ein heutiger Zugang zur Bibel hat gerade diese menschlichen Seiten entdecken gelernt, um von ihnen aus den Blick auf Gott neu zu gewinnen: „So also geht Gott mit unseren Schwächen um! So also ist Gott!" Würden wir diese menschlichen Vorkommnisse überspringen, würde das Gottesbild abstrakt werden und vielen nichts sagen, weil sie es mit ihrem Leben nicht verbinden können.
Betrachten wir von dieser Sicht aus Jakob: Er kam als der Jüngere auf die Welt und war dazu verurteilt, seinem um ein paar Minuten älteren Bruder ein Leben lang nachzueifern, um ihn mit rechten oder unrechten Mitteln doch einmal einzuholen. Von der Erschleichung des Erstgeburtsrechtes bis zum gemeinen Betrug am blinden Vater, mit dem er sich den Erstgeburtssegen raubte (und sich dabei mit seiner ehrgeizigen Mutter verbündete): Alles geschah wie durch einen Wiederholungszwang, endlich einmal der erste sein zu können. Natürlich bringt hier die Bibel Themen, die allen Familien geläufig sind und darum auch alle Menschen ansprechen.
Nun wird auch die Frage interessant, wie *Gott* darauf reagiert – und so rückt Gott vom Menschen aus in den Blick. Wenn die biblische Erzählung den Konflikt zwischen den beiden Brüdern schon in den Mutterleib verlegt, dann deutet sie wohl darauf hin, wie solche Konflikte im „Schoß" der Menschheit ruhen und zum menschlichen Allgemeingut gehören. Hier trifft sich biblische Menschenkenntnis mit der Psychologie – und kann man nicht von beiden aus gemeinsam Gott suchen?
Die Psychologie kennt sehr genau die Tatsache, daß Menschen immer wieder zu jenen Gefühlen der Unzulänglichkeit zurückkehren, die sie als Kinder eingepflanzt bekommen haben. Sie produzieren sie gleichsam zwanghaft ihr Leben lang, wenn sie daraus nicht erlöst werden. „Viele Menschen legen Sammlungen archaischer Gefühle an ... Wenn jemand so sammelt, manipuliert er andere dazu, ihn zu verletzen, zu verspotten, zu erzürnen, zu ängstigen, seine Schuldgefühle zu wecken usw. Er erreicht das, indem er andere dazu provoziert und verlockt, bestimmte Rollen zu spielen, oder indem er sich vorstellt, daß ihm jemand etwas getan hat" (M. James/D. Jongeward, Spontan leben, 1981, S. 218). Sie erreichen damit eine Bestätigung ihrer alten Erfahrungen, was sie irgendwie befriedigt und ihr Weltbild bestärkt. Natürlich ist das eine Art Selbstbetrug, der an der Wirklichkeit vorbeigeht und nach Erlösung schreit!
Das Anschwellen der unerlösten Situation verläuft nach einem gewissen Muster: Zuerst wiederholen sich die negativen Wahrnehmungen; diese führen dann zu einem Gefühlsknäuel, das ein rechtes Ressentiment ist, eine vergiftete Seele; aus dieser Vergiftung heraus wächst dann die Überzeugung, daß man im Recht ist und schöpft daraus die Rechtfertigung für seine Handlung und seine Verhaltensweisen. Will man nun diese Verhaltensweisen ändern, wird man auf starken Widerstand stoßen, wenn nicht vorher der Kübel der Ressentiments ausgeleert und die Grunderfahrungen des Anfangs in neue, erlöste verwandelt worden sind. Daß Gott an diesem Erlösungsprozeß mitarbeitet, lehrt uns die Bibel: Auch so wird Erlösung konkret, erfahrbar und ungemein spannend! Wir wenden uns darum noch weiteren menschlichen Unerlöstheiten zu, die uns nur zur Genüge plagen. Wie will Gott mit Hilfe seiner Engel und guten Menschen uns da herausführen?

Eric Berne ist der Tatsache nachgegangen, daß alle Menschen destruktive Spiele (rakkets) miteinander treiben, die keinen guten und nutzbringenden Effekt, sondern einen verdeckten, destruktiven Zweck haben. Wie weit wir dabei dem biblischen Jakob gleichen, zeigt die Definition dieses Handelns als „eine Folge von Einzelaktionen, die mit einer Falle, bzw. mit einem trügerischen Trick verbunden sind“ (E. Berne, Spiele der Erwachsenen. Psychologie der menschlichen Beziehungen, rororo Sachbuch 6735, S. 52) und aufrichtige, vertraute und offene Beziehungen zwischen den Menschen verhindern. Wollen wir unser Handeln verbessern und in der Willensrichtung Gottes ändern (also die Wege der Sünde verlassen), dann müssen wir wohl auch unseren angelernten (erbsündlichen) Schlichen auf die Spur kommen und diesen Weg der Reinigung (via purgativa) einschlagen.

Unvermeidlich geben Eltern ihren Kindern ihre eigenen Wertvorstellungen und Lebensmuster weiter, denn diese Atmosphäre atmen die Kinder ein. Was an Segen oder Fluch hätte Jakob seinen Kindern weitergeben müssen, hätte Gott ihn nicht zu einem Segensträger verwandelt?

Das größte Gut, das Eltern ihren Kindern weitergeben können, ist deren menschlicher Wert und deren Würde.

Mein Selbstwertgefühl leitet sich davon ab, wieviel ich meinen Eltern wert war. Die Würde, die ich als unaufgebbare Menschenwürde in mir trage, muß mir anfangs von jemandem erfahrbar zugesprochen worden sein. In Worte gefaßt mag diese Gesamtstimmung lauten:

„Du bist geliebt um deiner selbst willen. Es ist gut, daß es dich gibt und darum bist du zunächst einmal an sich gut, unabhängig, wie gut oder schlecht du handeln wirst. Du hast eine unantastbare Würde, weil du ein Geschöpf Gottes bist. Du bist mehr wert als alles zusammen, was du leistest. Dir gebührt Liebe unabhängig von deiner Leistung, weil dich auch Gott unabhängig von deiner Leistung liebt!“ In unserer heutigen Therapeutensprache werden diese anthropologischen Grundbestimmungen leichthin mit „Du bist o.k.“ bezeichnet.

Das ist leichter gesagt als getan. Viele Kinder wachsen mit dem Erleben auf: „Ich bin nicht o.k.“ Sie können ein Leben lang darunter leiden und sich nicht o.k. fühlen oder sie können (was häufig der Fall ist) den Spieß umdrehen und ihren eigenen Kindern vermitteln: „*Ich* bin o.k., aber du bist nicht o.k.“ Dieser Mangel an Lebenswert und Menschenwürde drückt sich durch viele Verhaltensmuster aus, von denen ich einige aufzeige (ich halte mich dabei an E. Berne: Spiele der Erwachsenen):

Wenn Kinder zwischen Vater und Mutter einen Dauerzwist erleben mußten, dann setzt sich dieser Riß in der eigenen Seele fort und der Mensch leidet u.U. ein Leben lang an innerer Zerrissenheit.

Wurde das Kind aber als dauernder Vermittler gebraucht, so kann daraus eine große Angst vor Konflikten entstehen, die unfähig macht, Konflikte anzugehen und zu lösen. Noch schlimmer ist es, wenn ein Elternteil ein Kind als Parteigänger gegen den anderen Elternteil mißbraucht (Rebekka – Jakob), denn hier liegt ein wirklicher Kindesmißbrauch vor, der für künftige Partnerschaft fast unfähig macht.

Wurde das Kind von den Eltern ständig belehrt, gegängelt und korrigiert, so konnte es sich keine eigene Meinung bilden und sich nicht entfalten.

Es wird sich ein Leben lang gegen alle Belehrungen anderer wehren und alle Ratschläge und Hilfen mit „Ja aber ...“ ablehnen: endlich kann (so die Grundstimmung) ich mich gegen die „Großen“ wehren.

„Warte nur, bis Papa heimkommt, dann wirst du was erleben!“ legt in der Seele des Kindes unbestimmte Katastrophenängste fest, die gerade dann wirksam werden, wenn sich der Erwachsene „gönnt“, was ihm Freude bereitet.
Hört das Kind immer wieder: „Sieh bloß, was du angerichtet hast!“, dann sind Schuldgefühle gerade dort wirksam, wo der Erwachsene überhaupt etwas tut, weil es seinem Grundgefühl nach ein „etwas anrichten“ ist – immer fehlt ihm sein Wertgefühl!
Ganz schlimm ist die oft unausgesprochene und dennoch vermittelte Botschaft: „Wenn du nicht wärst, ginge es mir (als Mutter) besser!“ Einem solchen Menschen kann das Urvertrauen abhanden kommen, weil seine Existenz grundsätzlich in Frage gestellt ist. Depressionen, dauernde Krankheiten, Kriminalität oder Sucht machen darauf aufmerksam, daß ein solcher Mensch auf Umwegen Anerkennung und Beachtung erzwingen will. Arbeitssucht treibt sie oft zu bewundernswerten Karrieren, denen aber die Tragik innewohnt, daß sie jene Anerkennung nicht wahrhaben können, die sie bekommen, und jene ständig suchen, die sie nicht bekommen (weil sie sie ursprünglich auch nicht bekamen). Gerade hier würde deutlich, welche verwandelnde Kraft der Segen haben kann, die die Bejahung von Gott her vermittelt.
Eine Folge nie erlebter oder zu wenig gewährter leiblicher Intimität des Kleinkindes ist die Angst des Erwachsenen vor aller körperlicher Berührung und seelischer Intimität. Diese werden dann verhindert, wenn sie gerade am Platze wären wie am Weihnachtsabend, bei Geburtstagsfeiern ... Ein kleineres Übel dieser Art ist, daß solche Menschen Lob und Anerkennung kaum aushalten und auch kaum geben können. Wieviele Väter können ihren Stolz auf die Leistung eines Kindes nur mit einem Tadel ausdrücken: „Das aber geht noch ab ...“
Die Verheißungen Gottes versprechen das „Land“ und die „Nachkommenschaft“ – den unangefeindeten Lebensraum und die körperlich erfahrene Liebe und Erotik. Bekommen wir nun ein Gespür für das Fehlen oder die Einschränkung solcher Elterngaben? Bekommen wir so auch einen Hunger nach dem Segen von Gott her, den er Abraham in die Hände für alle Völker gelegt hat?
Drehen erniedrigte und ständig beschämte Kinder den Spieß um, so werden sie zu aggressiven Verfolgern, so wie sie es von ihren Eltern erfahren haben. Diese Menschen können oft wie große Spaßmacher voll Witz und Ironie erscheinen, doch haben sie die Lacher immer auf Kosten anderer auf ihrer Seite. Alles Lob hat versteckte Spitzen und jede scheinbare Anerkennung beinhaltet eine neuerliche Herabsetzung des Partners, des Schulkindes oder des Untergebenen.
Ein Dauerargwohn verleitet diese Menschen dazu, im anderen immer etwas Unerlaubtes oder „Verbrecherisches“ zu vermuten, es ständig aufzuspüren und dann anzuklagen: „Jetzt habe ich dich, du Schweinehund!“ Man wird solche Menschen fürchten, sich vor ihnen zurückziehen und dadurch ihre Lebenseinstellung verstärken, daß „ohnedies alle gegen mich sind“.
Ein Grundmuster liegt fast allen Spielen inne: der ständige Wechsel von Opfer – Verfolger und Retter. Fühlt man sich selbst als Opfer, dann sucht man Schuldige; hat man genug angeklagt, dann rettet man diese Leute ... War man ein Verfolgter, dann fühlt man sich bald als jämmerliches Opfer, wenn man für seine Anklagen die Folgen einstecken muß. Wieviele ergreifen Retter- und Helferberufe, um dann enttäuscht sagen und anklagen zu können: „Niemand gab mir Dank!“ Genug mit den Hinweisen längst bekannter Lebenstricks. Wie aber kommt man aus ihnen heraus? Was trägt die Bibel dazu bei?

Bei näherem Hinschauen kann man entdecken, daß das psychologische „ich bin o.k. – du bist o.k." tiefe religiöse Wurzeln in der Rechtfertigungslehre des Apostels Paulus hat. „Bin ich vor Gott recht und richtig (o.k.)", fragen sich Paulus und Luther. „Wie bin ich vor ihm so richtig, daß er mich nicht verurteilt? Was muß ich alles dazu tun, um vor ihm o.k. zu sein?"
Die erstaunliche Botschaft, die Luther bei Paulus neu entdeckt hat war eben: Ich bin vor Gott „o.k.", nicht weil ich mich so benehme und Entsprechendes leiste, sondern weil er mich als „o.k." befand, mich zu erschaffen, und ich bin in seinen Augen deswegen immer noch „o.k.". Sein Blick ist schöpferisch, darum schafft er es, mich als „o.k." zu sehen, und ermöglicht es mir, auch meinerseits in seinem Blick mich als „o.k." zu empfinden. Vertraue ich diesem Vorschuß Gottes, dann bin ich wie Abraham gerechtfertigt, denn: „Abraham *glaubte* Gott, und das wurde ihm als Gerechtigkeit angerechnet" (Röm 4,3).
Man möge mir diese saloppe Psychologensprache in der Theologie verzeihen, vielleicht bringt sie aber ein Verständnis für die Wirksamkeit des Gotteswortes im Alltag dieses so mühsamen Menschenlebens, das nach konkreter Erlösung hungert.
Konkrete Schritte der Erlösung bieten Jesu Weisheitsworte an: Sie sind so psychologisch exakt, wie sie auch theologisch heilbringend wirken – sie überbrücken eben in ihrer einmaligen jesuanischen Art die Kluft zwischen Theologie und Psychologie. Greifen wir einen einzigen Spruch, den vom „Splitter und Balken" heraus; wieder einmal halten wir (pars pro toto) das *ganze* Evangelium in Händen!

Zieht den neuen Menschen an!

Es ist faszinierend, wie Jesus Trickverhalten beschreibt, entlarvt und zugleich die Schritte zu seiner Überwindung angibt. Im Spruch vom Splitter und Balken in Mt 7,3 bringt er für das Ränkespiel „Introjektion – Projektion" einen Lösungsvorschlag, der typisch und hilfreich für viele Erlösungswege sein wird.

1) „Warum siehst du den Splitter im Auge deines Bruders ..."
Ja, warum bin ich so auf diesen oder jenen Fehler eines Menschen fixiert? Warum ärgert mich gerade das so an ihm, wo es doch viele Verhaltensweisen gibt, über die ich mich ärgern könnte? Stelle ich mir diese Frage selbst, dann führt sie mich auf eine Fährte.

2) „... aber den Balken in deinem Auge bemerkst du nicht?"
Gibt es überhaupt in meinem eigenen Auge einen Balken? Steckt das gerade in mir, was mich am anderen so ärgert? Ärgert es mich gerade deswegen, weil es in mir noch gröber vorhanden ist, nur daß ich es noch nicht sehen kann oder will? Bringt mich die Fixierung auf einen Splitter etwa auf den Balken? Ist da etwas in mir, was ich selbst nicht bejahen kann oder will? Schäme ich mich dessen?
Fürchte ich, andere könnten mich so sehen, wie ich wirklich bin? Und wenn ich doch hinschaue? Auf meine Träume achte, die mich schon lang darauf aufmerksam machen? Welcher Schatten wirft sich aus meinem Inneren über mich? Welches Nilpferd begegnet mir dann? Womit müßte ich mich auseinandersetzen? Allein daß ich mich selbst so frage, mir frag-*würdig* werde, weist einen Weg: own your projection!

3) „Wie kannst du zu deinem Bruder sagen: Laß mich den Splitter aus deinem Auge herausziehen ..."
Warum fingere ich immer wieder am anderen herum: nörgelnd, beargwöhnend, kritisierend, anklagend, verfolgend ...? Was bringt mir das tatsächlich? Was hat es mir schon immer wieder gebracht? Ich meinte voll im Recht zu sein, so zu handeln, und doch ist das Ergebnis immer wieder ein Scherbenhaufen an Beziehungen, der immer neue alte Scherbenhaufen! Muß mir dieses unbefriedigende Ergebnis nicht zu denken geben? Ja, was habe ich eigentlich davon? Was möchte ich haben? Was käme heraus, wenn meine wirklichen Wünsche und Ziele in Erfüllung gingen? Was ist mein angestrebter und was mein tatsächlich erreichter Spielgewinn?

4) „Du Heuchler!"
Bin ich wirklich ein Falschspieler, ein Blender und Heuchler? Vielleicht bin ich das nicht aus direkter Absicht, aber aus mangelnder Einsicht? Bin ich doppelgesichtig und doppelzüngig? Habe ich eine Innen- und Außenseite, die nicht zusammenpassen? Verlege ich nach außen, auf die anderen, was zuinnerst meine eigene Sache wäre? Merken die anderen diese Unstimmigkeit nicht schon längst und meiden sie mich deswegen? Wie kann ich geraden, eindeutigen Herzens werden? Wie wird mein Ja ein Ja und mein Nein ein Nein?

5) „Zieh zuerst den Balken aus deinem Auge ..."
Wenn ich mich wirklich zuerst mit mir beschäftige? Wenn ich auf das achte, was in mir ist? Wenn ich meinem Schatten begegnen will, ohne ihm auszuweichen? Wenn ich mich frage: Wie kommt dieser Balken überhaupt in mein Auge? Was hat mich veranlaßt, solche krummen Wege zu suchen und solche üblen Spiele zu ersinnen? Was hat mir dies alles einmal als Kind genützt und schadet mir jetzt? Wie brauchte ich es zum Überleben und wie hindert es mich jetzt daran, voll zu leben?
Was darf ich, wenn ich mich als kleines Kind unter meinen Geschwistern und Eltern sehe, zugeben, ohne mich schämen zu müssen?
Was wird mir an mir selbst verständlich? Wie kann ich mir helfen, diesen Balken herauszuziehen, damit Durchatmen wieder möglich ist? Damit mein Blick auf mich und die anderen wieder frei wird? Wenn ich nun die Spielliste des „Jakob in mir" durchgehe: Was daran macht mich nachdenklich? Wo beginnt mein Herz schneller zu klopfen? Was offenbaren mir die Situationen aus meinen Kindertagen? Was die Mißerfolge aus den vielen Bemühungen meiner Jetztzeit? Was wären meine wirklichen Ziele und wie würde ich handeln, wenn ich sie ohne Umwege erreichen möchte?

6) „Dann kannst du versuchen, den Splitter aus dem Auge deines Bruders herauszuziehen ..."
Will ich das dann überhaupt noch? Sicher nicht auf die alte so ärgerliche Weise. Vielleicht kann ich erst dann dem anderen helfen, sich von seinem Splitter zu befreien, wenn ich meinen eigenen Balken angegangen bin. Wenn ich die Projektionen, die ich auf den anderen geworfen habe, zurücknehme, dann kann ich zunächst sie als meine Introjektionen behandeln. Kann ich die Projektionen dann nicht lassen und meiden, sondern an ihrer Statt wirklich helfen?

Der Weg der Spieldurchbrechung

1) An immer wiederkehrenden Mißerfolgen, Frustrationen und Enttäuschungen (besonders im Beziehungsbereich) werden wir auf ein Fehlverhalten unsererseits aufmerksam gemacht.

2) Wir achten darauf, wie diese Verhaltensmuster ausgelöst werden. Was ist ihr Auslöser und was ist sozusagen mein erster Schachzug?

3) Wir achten auf Alltagssituationen, die uns zu solchen Schachzügen verleiten und vermeiden diese bewußt.

4) Wir fühlen darauf hin, was wir wirklich ersehnen. Welcher Duft zöge uns eigentlich an?

5) Wann habe ich dieses Ziel schon einmal auf direktem und fruchtbringendem Weg erreicht? Was kann ich daraus lernen?

6) Wie werde ich mein Verhalten so ändern, daß schon der Anfangsschritt auf das wirkliche Ziel zusteuert? Welche Verhaltensmuster will ich ablegen, welche mir aneignen?

7) Welche Freude werde ich empfinden, wenn ich das Ziel segensreich erreicht habe? Wie wird diese Frucht schmecken?

8) Was wird sich in meinem Leben ändern? Wie wird die Liebe mehr Raum gewinnen?

9) Wie werde ich dadurch ein Segen für die anderen sein?
Woran werden diese es merken und wie werden sie darauf reagieren?

10) Welches Dankgefühl steigt in mir auf? Wem gilt es?

7. Annäherung an Jesus, den Meister

Vom äußeren zum inneren Meister

Wenn wir einmal auf einen längeren Lebensabschnitt zurückblicken, dann entdecken wir Menschen, die unser Leben wesentlich beeinflußt haben. Unsere Begegnung mit ihnen hat uns aufhorchen lassen: Sie haben in uns in ihrer Art und Person eine Vision aufleuchten lassen, wie wir selbst einmal werden könnten und auch möchten. Sie wurden für uns zum Leitbild für die eigene Zukunft, eine Vision unseres eigenen, noch unentwikkelten Selbst. Es drängte uns, in ihrer Nähe zu sein, denn sie waren uns liebenswert. Was wir so als weichenstellend für unser Leben erkennen, wünschen wir auch unseren Kindern. Gerade dann, wenn der Einfluß der Eltern auf sie zurückgeht, möchten wir, daß auch sie Meistern des Lebens und des Glaubens begegnen, die für sie zur Leitbildspiegelung werden. Wir Menschen brauchen Meisterinnen und Meister, darum benennt Karl Graf Dürckheim sein wertvolles Buch: „Der Ruf nach dem Meister" (Weilheim 1972). Doch was macht einen Menschen zum Meister? Wer ist meine Meisterin?
Wir kennen zwei Wendungen, in denen uns das Wort „Meister" noch gebräuchlich ist. Jemand hat eine Aufgabe oder gar sein Leben *gemeistert* und: Jemand ist ein Meister seines *Faches*. Meister ist offensichtlich kein Beruf, sondern die bestmögliche Weise, seinen Beruf auszuüben. Ein Meister kann eben das alles, was man in einem Beruf ausüben und erlernen kann. Letztlich geht es aber nicht um Berufe, sondern um die große Aufgabe, sein ganzes Leben zu meistern, also es so zu führen, daß es gut ist und glückt. Wir suchen in den Bereichen der Kultur und Moral, der Berufe und der Religion *äußere*, also erleb- und erfahrbare Meister, um selbst in uns den *inneren* Meister ausbilden zu können. Durch Nachahmung zur verinnerlichten Bildkraft geworden, wirken diese Leitbilder in uns: Sie wecken unser eigenes Können und unser eigenes Selbst. Die Vision eigener Möglichkeiten spiegelt sich zunächst im anderen, prägt aber dann ihre eigene Gestalt aus und fängt so von Innen her zu wirken an. Haben wir vorher an einer Quelle außerhalb von uns getrunken, so wird in uns allmählich selbst eine Quelle aufsprudeln. Diese geweckte innere Instanz ist Kompaß, Anruf, Lotse und Ziel zugleich. „Der Gipfel des Berges *über* dem Nebel – wir scheuen die Mühe nicht" (so ein taoistisches Gedicht). Wir nennen diese innere Wirkinstanz das Gewissen, das mehr ist als nur ein verinnerlichtes Über-Ich, denn es hat ja die Tiefen unseres Selbst geweckt. Es ist unsere eigene Tendenz zur „guten Gestalt", unser Telos oder Tao, unser ganz persönlicher Sinn. Es ist aber auch wie ein Fenster über uns hinaus, durch das uns Licht einströmt. Es ist eine Tür in weitere Welten als wir sie selbst darstellen. Durch diese Türen treten gute Geister, En-

gel oder geliebte Personen ein, die mit uns gehen. Der „innere Meister" bin ich selbst und doch ist er mehr als ich. Er markiert den Schnittpunkt zweier Welten. Er ist mein Daimonion (Sokrates), der Rufer in der Wüste meines Unbewußten (der Täufer Johannes in mir), der treue Fuchs im Märchen „Der goldene Vogel". Er ist die Weisheit des Herzens (Pascal), das leitende Licht, die tröstende Stimme einer mich liebenden Person, die Versicherung einer unbedingten Nähe. Liegt die Faszination der buddhistischen Meditation gerade darin, daß sie diesen inneren Meister entdeckt? Die Kraft, die Jesus in sich weiß und wirken läßt, ist beides: Der Geist seines Gottes und sein eigener Geist; der Geist, der vom Vater *und* vom Sohne ausgeht.

Wer ein Meister sein will, muß bei einem Meister in die Lehre gehen. Auch hier sind alle Begriffe aufschlußreich: Es ist ein praktischer Beruf gemeint, den man nur erlernen kann, wenn man in ihn eingeführt wird, wenn möglich von jemandem, der diesen Beruf bereits meisterlich beherrscht. Man geht so bei diesem Meister in die Lehre, daß man mit ihm zusammen arbeitet. Der Meister oder Lehrherr zeigt dem Lehrling, wie *er* es tut, was zu tun ist. Er läßt den Lehrling selbst üben, ermutigt ihn und korrigiert seine Fehler. Wenn der Lehrling dann alles selbst kann, wird er aus der Lehre entlassen. Lehrlinge lernen anders als Schüler durch Lehrer, das gemeinsame *Tun* und das miteinander *Leben* stehen im Vordergrund, nicht hingegen die Belehrung oder das Buch.

Geht es um das Lernen bei Lebens- und nicht bei Lesemeistern (so Meister Eckhart), dann braucht die meisterliche Person manchmal gar nicht darum wissen, daß sie für jemanden zum Meister geworden ist. Jugendleiter und -leiterinnen mögen für eine gewisse Zeit für Jugendliche die Funktion der Meister ausüben, weil sie den Jüngeren vorleben, wie jemand diesen Lebensabschnitt meistert. Haben die Jüngeren selbst diesen Lebensabschnitt gemeistert, dann können sie aufhören, mit ihren Leitbildspieglern zu leben. Sie können auf dem Weg ihres Lebens Ausschau nach neuen Lebemeistern halten. So mögen sie allmählich selbst meisterhaft werden – aber wodurch wurden sie Meister(in)?

Aufgaben des Lebens und des Berufes lassen uns Ausschau halten nach Menschen, die diese verwirklichen und uns darum *zeigen* können, wie man „es" macht. Der Aufmerksame wird hinschauen, um etwas abzublicken, er wird aber auch aufschauen, um einen Kontakt zu gewinnen. Er wird sich auf die Aufgabe einlassen und durch Versuch, Irrtum und Korrektur so lange üben, bis er das Abgeschaute so verinnerlicht hat, daß er es selbst ausführen kann. Der Weg zur Meisterschaft ist zunächst also ein Nachahmungs- und Verinnerlichungsprozeß. Das Innere des Lehrlings wird dabei auf seine Weise aktiv: Seine Talente und Fähigkeiten werden gelockt, sein Einsatz wird gefordert und seine noch schlummernden Möglichkeiten werden herausge*fördert*. Was er von anderen übernommen, wird er mit der Zeit auf *seine* Weise gestalten, um so selbst meisterlich zu werden.

Mehr als der Beruf verlangt das *Leben* nach Meistern, das Leben und das *Glauben*. Wie die Menschen einer Kultur ihr Leben als gutes und geglücktes gestalten, welche Werte sie verkörpern, welches Menschenbild sie ausprägen, das alles kann man schwer im voraus sagen. Menschen sind es, die die Möglichkeit ausloten und ausprägen und Leitbilder, Ermutiger und Helfer werden.

Im Alten, im Ersten Testament beruft Gott die Meister seines Volkes, daß sie von ihm, von Jahwe, künden. Schon ein alltäglich guter Meister wird nie auf sich selbst, sondern stets über sich hinaus weisen, erst recht ein Prophet. Ein solcher bringt den Weg der Meisterschaft wie Mose vom Berg Gottes als die Tora Jahwes. Diese liegt als Steintafeln zunächst im heiligen Schrein (in der Bundeslade) noch vor den Augen der Israeliten, sie soll aber ihnen ins Herz geschrieben und so zum inneren Meister werden (vgl. Jer 31,33).

In Elija sehen wir einen Meister vor uns, dessen Name auch schon seine Berufung ausdrückt: „Gott ist nur Jahwe!“ Seinem Gott gegenüber bleibt Elija zeitlebens ein Lernender: Er soll die Baalspropheten nicht töten, sondern einen Gott des sanften Windhauchs verkünden. Geführt von einem Engel lernt er dies, indem er durch eigene Todesnöte hindurchgeht.

Bileam läßt sich vom machtbesessenen König in Dienst nehmen, ihm begegnet sein innerer Meister in der Gestalt seines Engels, der ihn durch viel Schmerz hindurch auf den rechten Weg zurückbringt.

Die weise Seherin von En-Dor und Samuel als sein innerer Meister bereiten den König Saul auf seinen Tod vor – Leben und Sterben lernen gehören zur bleibenden Aufgabe, die nach helfenden Meistern ruft.

Elischa begegnet in Elija seinem äußeren Meister, der ihm zum Freund wird. Bei dessen Heimkehr zur himmlischen Lichtwelt, fällt die Sendung zur Künder- und Meisterschaft wie ein Mantel auf ihn herab. In der Gestalt dieses liebenswerten Propheten wird uns ein Helfer und heilbringender Meister des Alltags vor Augen geführt, dem die frühe franziskanische Bewegung sehr verbunden war.

Unser Meister ist Jesus. Zunächst wird er wohl in der Art der landesüblichen Meister, der Rabbinen, Jünger in seine Lebensgemeinschaft gerufen und hinter sich herziehen, nach-folgen haben lassen. Das Evangelium spricht davon, daß wir ihm gegenüber immer Jünger bleiben werden; daß er unser einziger wahrer Meister ist, vor dem wir alle Brüder und Schwestern sind. Durch ihn wird jede Meisterschaft in die Vollkommenheit Gottes hineingezogen: Nur Gott selbst kann auf dem Weg zum Göttlichen unser Meister sein und uns den geheimnisvollen inneren Meister, Helfer und Beistand geben, der uns von innen her lenkt (Johannesevangelium).

Jesus als Meister und Pädagoge

Jesus war eine Gestalt der Geschichte, die uns durch geschichtliche Dokumente (die Evangelien) gut bezeugt ist. Man kann ihn und sein Wirken mit dem anderer Menschen vergleichen und von ihm lernen, ohne gleich im christlichen Sinn an ihn glauben zu müssen. Betrachtet man, wie er mit den Menschen umgegangen ist, so fällt folgendes auf:

1) Jesus ist sehr offen und ohne Vorbehalte mit den Menschen umgegangen. Im Unterschied zu seinen männlichen Zeitgenossen hat er vor allem Frauen nicht gemieden oder gar ausgegrenzt. Er sprach mit gelehrten Theologen genauso wie mit den ungebildeten Fischern und Bauern. Er diskutierte mit streng moralischen Pharisäern, kümmerte sich aber ebenso um die sogenannten öffentlich gemiedenen Sünder. Er nahm auch Kontakt mit Heiden auf (obgleich er da von der syrophönizischen Frau einiges dazulernte), am liebsten aber herzte er die Kinder, die unter den Erwachsenen wenig galten.

2) Auffallend ist, daß er sich in seinem Umgang und Verhalten nicht an den „Besseren", „Stärkeren" und „Vorbildlichen" orientierte, sondern offensichtlich genau umgekehrt an den Kranken, Schwächeren, Verachteten, Ruflosen und an den an den Rand Gestellten. Es scheint so, als hätte ihn das Defizitäre an den Menschen mehr herausgefordert als das Perfekte.

3) Ganz augenscheinlich wird das, wenn man seinen Umgang mit den seelisch Kranken betrachtet. Er fürchtete sich nicht vor dem „Dämonischen" im Menschen, sprach es an und nahm den Kontakt mit ihm auf. Er hatte Zugang zu den dunkelsten Schattenseiten im Menschen und nützte ihn, um zu heilen und um Licht in dieses Dunkel zu bringen.

4) Die Grundsätze seines ethischen Handelns waren überaus klar und kompromißlos. Er hatte sich eindeutig für die Gottes- und Nächstenliebe als der Grundlage der Moral entschieden. Das gab ihm in allen konkreten und oft scheinbar verzwickten Fragen des Alltags eine schlafwandlerische Sicherheit in Entscheidungen für sich und die anderen. Was er von den Menschen verlangte, ist wie eine Umschreibung seines eigenen Handelns, seiner Gesinnung und seines Charakters – man lese einmal so die Bergpredigt! Vielleicht gibt sie den deutlichsten Einblick in sein Innenleben.

5) Wenn er handelte, brachte es den Menschen Freiheit, Klarheit und Hoffnung. Mochten seine Ansichten über ein gottwohlgefälliges, moralisches Handeln noch so hoch erscheinen, er machte den Leuten Mut. Er legt eben die Menschen nicht auf das fest, was sie gerade *sind*, sondern nimmt sie so, wie sie mit der Hilfe Gottes einmal sein *werden*. Er sah ihren Jetztzustand im Licht der Verwandlung, die er für sie von Gott erwartete. Nur so ist es verständlich, daß er sein „Joch" der Forderungen als „leicht" und wie zum „Aufatmen" empfand. Er hielt den Menschen trotz ihrer Verstrickung eine Zukunft offen, die sich in seinen Gleichnissen mit ihren immer überraschenden Wendungen offenbart. Nichts Menschliches konnte so unmenschlich und widergöttlich sein, daß es nicht befreit, geheilt und verwandelt werden könnte – so war es jedenfalls seine Überzeugung.

6) Jesus lebte seine Überzeugung ganz auf dem Boden der alten Bibel und aus der Kraft seiner Gottesbildung. Wir können in unserem Umgang mit Menschen viel von ihm abschauen und viel an ihm bewundern. Doch lernen werden wir von ihm nur dann genügend, wenn wir *alle* seine Überzeugungen übernehmen, und zwar gerade jene, die von der Nähe Gottes und dem Anbruch seines Reiches leben. Umgekehrt formuliert, werden wir sagen dürfen: In ihm konnte Gott ganz Fuß fassen. In Jesu Handeln konnte sich Gott Raum schaffen und seiner Gesinnung eine deutliche Gestalt geben. Sollte der „Himmel" (eine Umschreibung für Gott) sich auf „Erden" (in einem Menschen) verwirklichen, dann ergibt dies eben die Gestalt Jesu.

Wie von Jesus lernen?

Wir haben das, was Jesus als „Pädagogen" charakterisiert, in 6 Punkten betrachtet – wir fragen uns nun, wie wir jeweils von ihm lernen können; durch welche Lernprozesse seine Eigenart nachgeahmt und sein Handeln übernommen werden kann.

zu 1) Wahrnehmung der Beziehungen

Der außergewöhnliche und vorbildhafte Umgang Jesu mit den Menschen zeigt sein soziales Verhalten und fällt zunächst in den Bereich des sozialen Lernens, auf das wir uns im Unterricht und in der Erwachsenenbildung einlassen. Zunächst geht es um die Beobachtung und Wahrnehmung dessen, was in den Jesusgeschichten überliefert wird. Zunächst steht nicht die Person „Jesu" im Mittelpunkt unserer Aufmerksamkeit, sondern das soziale Umfeld, in dem das Geschehen liegt; die Struktur des Verlaufes dessen, was geschieht und das jeweilige auffällige Verhalten der Beteiligten. Folgendes kann dabei helfen: Wir suchen mit den Schülern die beteiligten Personen heraus. Wir skizzieren Schaubilder in der Art der Soziogramme, die den Ausgangspunkt festhalten.
Stellen wir die Personen als kleine Kreise, Dreiecke oder Vierecke so dar, wie nahe oder entfernt sie voneinander sind, so können wir zwei Schautafeln machen: Wie ist deren Verhältnis zueinander *vor* dem Handeln Jesu und wie *nach* seinem Handeln?
Sowohl der Ausgangspunkt, wie auch das Endergebnis kann so graphisch festgehalten werden, der Vergleich der Schautafeln öffnet oft schon die Augen (Beispiel: Jesus und die Ehebrecherin, Joh 8).
Je älter die Schüler sind, um so wichtiger ist die historische Information über die zeitgeschichtlichen Hintergründe der sozialen Probleme. Wir heute finden es kaum „sensationell", daß die Schwiegermutter des Petrus nach ihrer Heilung die (sonst von ihr streng getrennte) Männerwelt bewirtete. Diese Informationen und der Vergleich der sozialen Verhältnisse von einst und heute werden Jugendlichen und Erwachsenen wichtige Denkanstöße bringen.
Was als Skizze gezeichnet wird, kann auch körperlich dargestellt werden. Man stellt die sozialen Verhältnisse der Geschichte durch Stühle in verschiedenen Positionen vor Augen und läßt diese Stühle mit Menschen besetzen. Diese können ihre Situation vortragen, miteinander ins Gespräch kommen und Positionen verändern – und schon sind wir mitten im Lernmedium „Rollenspiel". Die Sicherung des Gelernten wird zunächst jeder einzelne insofern suchen, daß er sich fragt: Was ist mir aufgefallen? Welche Problematik habe ich erkannt? Welche Rolle hat Jesus in der Veränderung der Situation gespielt? Wie stehe ich selbst zum Ganzen? Freilich kann dies alles in einer Diskussion erfolgen, in der aber gerade jeder einzelne seine Wahrnehmung, Einschätzung und Stellungnahme definieren können muß, damit er bereit ist, auch von den Einsichten anderer zu lernen.
Prägnante Jesusworte, die die Situation treffen, können wie ein Merksatz alles zusammenfassen, etwa im Beispiel der Rettung der Ehebrecherin (Joh 8): „Richtet nicht, damit ihr nicht gerichtet werdet!" (Mt 7,1).

zu 2) Einfühlung in die Bedrängnisse

Wie kann man diese Einstellung Jesu zum Unvollkommenen lernen? Die Orientierung Jesu nicht am Perfekten, sondern an den Defiziten der Menschen geht zwar allen schnell zu Herzen, solches zu lernen ist aber nicht leicht. Denn wir selbst schrecken vor den Defiziten anderer genauso zurück, wie wir die eigenen verdrängen. Wir ekeln uns vor dem Unangenehmen (den Aussätzigen und vor den ansteckenden Krankheiten). Wir ärgern uns über den lästigen Schüler und Vorgesetzten usw. Unsere Toleranz stößt

schnell an ihre Grenze. Hier kann die Goldene Regel helfen, Lernprogramme zu entwikkeln. Es geht hier um ein wechselseitiges Einfühlen-Können, was wir gern mit dem Wort „sich identifizieren“ ausdrücken. Hier beginnen wir nun, zunächst einmal diese Menschen mit ihren Defiziten und Behinderungen in den Mittelpunkt unserer Aufmerksamkeit zu stellen. Was ist uns möglich, wenn wir in seine Rolle hineinschlüpfen? Wir zeichnen diese besondere Situation des Menschen als eine Karikatur des Menschseins oder symbolisch mit „abstoßenden“ Farben usw.
Wir betrachten die Zeichnungen wechselseitig und äußern, was dabei in uns aufsteigt: „Wenn ich diese Person wäre, dann ginge es mir so ...“ Wir schlüpfen vollends in diese Rolle hinein, indem wir (etwa von einer Bildbetrachtung ausgehend) einen „autobiographischen“ Psalm dieser Person schreiben: „Ich bin der Blindgeborene ... ich ...“ usw. Man wird dabei mit Erstaunen feststellen, wie schnell die Zeitgrenzen ineinander verschwimmen und wie zwischen dem Menschen aus der Zeit Jesu und einem heutigen mit ähnlicher Problematik kaum mehr ein Unterschied gesehen werden kann. Von dieser Person und ihren Problemen aus ist dann erst auf Jesus zu blicken: Wie ist er damit umgegangen? Worin unterscheidet sich sein Verhalten von unserem, von meinem? Was tut mir am Verhalten Jesu so gut? Wie würden mir andere Menschen guttun, wenn sie auf meine Defizite und Leidpunkte ähnlich reagierten? Wir können auch in diese Rollen schlüpfen und dies in einem Rollenspiel ausprobieren.
Oder: Ich greife eine konkrete Situation aus meinem Leben auf: Ich schreibe an eine Person, die mir sehr viel Mühe schafft und gestehe es ihr offen ein. Ich bitte sie um ein Verhalten mir gegenüber, wie ich es an Jesus beobachtet habe ... Ich biete *ihr* ein Verhalten oder Problemlösungen an, wie ich sie meinerseits von Jesus abschaue ... Solche Briefe brauchen nie abgeschickt zu werden, dennoch können sie manches verändern – zunächst bei mir und als Reaktion darauf auch bei anderen (das könnte bei Partner- und Eheproblemen weiterhelfen). Weil es hier darum geht, von Jesu *Verhalten* zu lernen, können Diskussionen und Gespräche zwar zur Problematik hinführen, Lernen im Sinne der Verhaltensänderung wird man aber nur erreichen, wenn man Methoden in den Unterricht einbringt, die das Verhalten der Schüler aktivieren (das kann freilich auch schon in der Phantasie geschehen). Hier ist wiederum in der Lehreraus- und -weiterbildung das soziale Lernen gefordert, mit der Zuspitzung auf die Behinderungen bei mir und anderen, die menschlich sehr schwer, wenn überhaupt, bewältigt werden können. Welche Kräfte und Motive befähigen etwa eine Pflegerin, geistig *und* körperlich unheilbar Behinderte human zu betreuen, ohne daß sie dabei selbst verhärtet wird?

zu 3) Das therapeutische Handeln

Jesu Umgang mit dem Dämonischen im Menschen berührt den psychischen, sozialen, neurotischen und wohl auch kollektiven Bereich des Unbewußten. Das alles ruft bei uns die Kenntnis der Tiefenpsychologie und die Fertigkeiten der Psychotherapie auf den Plan. Wir können zwar dem Schulunterricht und der alltäglichen Seelsorge solche Spezialisierungen nicht abverlangen, wir können uns aber davor auch nicht vollkommen drücken. Krisensituationen (Todesfälle, Schulversagen, von Ehescheidung betroffene Kinder ...) lassen oft im Nu die Stabilität der Seele zusammenbrechen und wir *müssen* darauf reagieren. Wenigstens in der Krisenintervention müssen wir geschult sein. Welcher Beitrag ist da zunächst einmal vom Bibelunterricht zu erhoffen?

In den Jesusgeschichten werden die sogenannten „Besessenen“ so betrachtet und gedeutet, wie sie das damalige Weltbild sehen lehrte (Jesus mit eingeschlossen). Es ist einfach ein Gebot der Redlichkeit, diese Phänomene von allen Seiten her zu beleuchten und mit den Augen heutiger Fachleute zu interpretieren: psychotherapeutisch, als verdrängten Gottes- und Menschenhaß; als Urängste aus der Verweigerung, sich als Geschöpf anzuerkennen; Größen*wahn*; als Sündenbockmechanismen, Rassenhaß, Kollektivzwänge und Verzweiflung aller Art; als Folgen der Gottlosigkeit seit Generationen („Erbsünde“).
Hier von Jesus zu lernen heißt: biblische Menschendarstellungen *auch* tiefenpsychologisch verstehen lernen; Beschreibungen von damals durch heutige Kategorien ersetzen; von anderen Fachdisziplinen lernen; sich auf eigene Selbsterfahrung stufenweise einlassen; tiefenpsychologische Schriftauslegung üben; andere biblische Beispiele heranziehen (die Tobsucht Sauls, die Zerrissenheit des Menschen in Röm 7, die Klagepsalmen); die symbolischmythische Sprache der Bibel und der Religionsgeschichte erlernen ... Gewarnt sei aber davor, den Unterricht zur Selbsterfahrung und die Seelsorge zur Psychotherapie umzufunktionieren.

zu 4) Konzentration auf die Jesusgestalt

Wie kann man von Jesus handeln lernen? Oder biblisch formuliert: Wie kann man wie Jesus die Weisungen Jahwes (die Tora) befolgen und seinen Willen tun? Ausschlaggebend ist, daß wir hier handeln wollen wie einer, der so schon gehandelt hat. Wir gehen seinen Spuren nach (nach-folgen). Vor uns steht nicht die Summe vieler einzelner Gebote und Vorschriften, sondern der Eindruck einer wirklichen Person. Sein Handeln hat eine präzise, unverwechselbare Gestalt. Schüler und Erwachsene gewinnen diesen Gesamteindruck zunächst einmal aus den Jesuserzählungen, aus denen die Umkehr des Zachäus und die Rettung der Ehebrecherin herausragen. Auf dem Hintergrund dieser und anderer Erzählungen sind dann einzelne Jesusworte weniger wie Einzelgebote zu verstehen (das wohl auch), sondern eher wie Brennpunkte, durch die das gesamte Handeln Jesu charakteristisch und für ihn typisch aufleuchtet (fokussiert wird).
Diese Handlungen rücken also *ihn* vor Augen. In diesem Hin und Her von Jesuserzählung und Jesuswort liegt ein Lernprozeß, der eine Gestalt vor Augen rückt, Einzelforderungen als das Merkmal einer Person einprägt, durch die Erinnerung an die Person motiviert und einem „warm ums Herz“ werden läßt. Er hat ein solches Verhalten bereits an den Tag gelegt. Durch ihn ist die Tora des Himmelreiches bereits erfüllt. Die Bergpredigt ist sein „Portrait“! Genauso handelnd lassen wir uns nicht nur auf diese Person ein, sondern *er* läßt uns auch in sich hinein. Jesuanisch handeln heißt Jesusgemeinschaft haben und von ihr her praktisch leben. Weil die Jesusbeziehung das Primäre ist, werden seine Forderungen nicht zu *Über*-forderungen – sein Joch bleibt also leicht und mild. Der autobiographische Charakter der Forderungen, die Jesus vor-gibt und vor-lebt, ermöglicht einen Lernprozeß, der immer innerhalb der Beziehung bleibt und nicht zum tödlichen Gesetzesbuchstaben erstarrt.
Man wird natürlich die Bergpredigt studieren und Aussagen Jesu zu bestimmten Themen zusammenfassen und mit seinem und unserem Leben konfrontieren. Man wird sie alle vom Maßstab der Gottes- und Nächstenliebe her messen und interpretieren. Man wird dabei entdecken, wie schon die frühen Jesusgemeinden seine Worte auf *ihre* Si-

tuationen und Probleme angewendet haben. Und gerade dieses Verfahren hält das „wie Jesus handeln lernen" in Gang.
Die Probleme, die uns angehen, stammen entweder aus dem persönlichen Einzelleben, (Partnerkrisen etwa), aus der Gesellschaft (Umgang mit Geld, Gütern und Arbeitslosigkeit) oder aus der Zeitlage (Fragen zu Manipulationen menschlichen Lebens durch Organverpflanzung, Geburtenregelung usw.). Auch wenn Jesus kaum zu einem konkreten Fall Stellung genommen hat, werden wir *ihn* befragen – aber wie? Ich meine dies sehr wörtlich: Nach dem Prüfen und Abwägen der Sachfragen werden wir immer fragen dürfen: „Und wie hätte Jesus gehandelt? Was hätte er zu meinem Fall gesagt?" Es ist klar, daß wir aus der Bibel keine direkte Antwort erhalten, aber: die Person Jesu und *seine* Gesinnung, *sein* Handeln rücken uns vor Augen. Aus dem Gesamteindruck seiner Gestalt mag uns dann plötzlich auch eine Einsicht kommen, die Evidenzcharakter hat.
Wir können ihn befragen, wenn es um unsere wirklichen Anliegen geht. Wir werden aber auch mit Schülern charakteristische Fälle aus der Presse aufgreifen, selbst entwerfen oder konstruieren. Wird dann, wie oben beschrieben, Jesus befragt, dann wird man darüber erstaunt sein, wieviele Kinder von Jesus wissen. Nicht nur das: Schüler haben ein Gespür für die Jesusart und treffen oft den Nagel auf den Kopf, wo wir Erwachsenen nur debattieren. Vor allem steht im Betrachtungsgespräch und bei autobiographischen (wenn auch oft verschlüsselten) Falldarstellungen der Problemträger „unmittelbar" in seiner Beziehung zu Jesus. Wer Jesus vor Augen hat, wird von ihm auch das „Richtige" zu hören bekommen.

zu 5) Phantasie für die Zukunft

Wie kann man von den Gleichnissen Jesu lernen? Wohlgemerkt: es ist zu wenig, sie nur kennen und deuten zu lernen, wenn es doch darum geht, das zu empfangen, was sie bringen. Sie reden davon, daß Gott jetzt und unmittelbar zum Menschen kommt und dadurch das Unmögliche möglich macht. Sie sind Metaphern, Umschreibungen dessen, was jetzt sein wird, wenn und weil der Schöpfer seine Geschöpfe heimsucht, sich unter sie mischt (wie der Sauerteig), und so ihre Situation verwandelt. Gleichnisse Jesu beschreiben eine Hochzeit, insofern sich nämlich Gott, der Ewige und sein Mensch vereinen. Gleichnisse beschreiben die Wirklichkeit nicht, wie sie *ist*, sondern wie sie demnächst sein *wird*. Ihr Hintergrund ist die Überzeugung von der Zu-kunft Gottes, von seinem Auf-uns-Zukommen.
Wir lernen von den Gleichnissen Jesu, wenn wir ihren Standort einnehmen und damit einen Perspektivenwechsel vollziehen. Wie schaut die Wirklichkeit von dort her aus? Gemeint ist immer unsere menschliche und irdische Wirklichkeit, aber eine solche, die von der Wirklichkeit Gottes erfaßt, durchdrungen und verändert ist – und das nennt Jesus „Reich" Gottes: sein Bereich unter uns, das Herrschen seiner Schöpferwirkung durch unsere Geschaffenheit und Geschichte hindurch.
Eigenartig ist, daß kein Gleichnis von Gott namentlich spricht. Offensichtlich soll von Gott und Mensch nicht mehr gesondert geredet werden, wenn es um den Zustand der Vereinigung geht. Wohl aber wird das Menschliche und Allzumenschliche auf dem Hintergrund des Ewigen, des Schöpfers beschrieben: die Mordlust (der Weinbergpächter) auf dem Hintergrund der unendlichen Geduld, die notorische Unbarmherzigkeit (des hartherzigen Knechtes) auf dem Hintergrund einer unerschöpflichen Liebe, unsere Ver-

lorenheit auf dem Hintergrund eines unermüdlichen Suchens (eines Hirten und einer Hausfrau) ...
Wer diesen Blick vom Kommen her hat (weil er diese Position teilt), sieht das Gegenwärtige im Stadium seiner Verwandlung: Eine erfolglose Aussaat wird zur überreichen Ernte, ein verdorrter Baum neu begossen, ein geplatztes Festmahl „platzt" plötzlich aus allen Nähten ... Das bedeutet, die Gestalt und die Gestalten dieser Welt auf dem Hintergrund der anderen Welt zu erkennen – aber gerade nicht in ihrer Vergänglichkeit, sondern in ihrer Unvergänglichkeit; nicht in ihrer Vergeblichkeit, sondern in ihrem Gelingen; nicht in ihrer Schuld, sondern im Zustand ihrer Versöhntheit ...
Freilich: Die Bilderwelt der Gleichnisse muß man kennen. In ihre Metaphern muß man verliebt sein. Ihre Vorgänge mit ihren überraschenden Wendungen müssen einen immer neu überraschen. Weil es eben eine Bilderwelt ist, läßt sich diese wie eine Folie über jede unserer Wirklichkeiten breiten. Unser Zustand, wie übel er auch sei, wird überblendet. Dann werden einzelne Wendungen dieser seltsamen Geschichten uns die Augen für unsere Situation öffnen: Wenn Eltern oder Pfleger eines debilen Kindes auf einmal realisieren, daß dieses geistig behinderte Wesen (wie die „von den Straßen und Zäunen") ebenfalls mit ihnen zusammen beim himmlischen Hochzeitsmahl sitzen wird; wenn die göttliche Geduld auch einen unrettbaren Rauschgiftsüchtigen nicht aufgibt, bis auch dieser einmal vom „Sauerteig durchknetet" ist; wenn der Habgierigste einmal doch allen alles schenken wird ...
Utopie bleibt nicht Zukunft, die uneinholbar wäre, denn die so Redenden haben sie in ihren Blick, in ihre Überzeugung und in ihr Handeln bereits hereingeholt. Und eigenartig: die Welt bleibt endlich und ihre Gestalt wird vergehen, aber im Bund mit Gott bleibt es eine „unauflösliche Ehe".
Wer die Grundüberzeugung Jesu teilt, wird die Welt mit anderen Augen sehen und mit anderen Händen behandeln. Dann wird es auch möglich sein, im Gespräch mit Hoffnungslosen und Betroffenen Figuren aus den Gleichnissen einzuführen, die auch diese Menschen nachdenklich machen und umstimmen können: „Wie würde hier der barmherzige Samariter handeln?" – wenn man diese Frage den Verfassern von (auch kirchlichen) Gesetzbüchern stellte? „Was könntest du vom Vater des verlorenen Sohnes erwarten?" – das einem Schulabbrecher gesagt? „Du brauchst das Unkraut nicht aus deinem Weizenfeld auszureißen!" – das einem notorischen Süchtigen gesagt? „Der gute Hirte hört nicht auf, sie zu suchen!" – wenn das redliche Eltern hören, deren Tochter in den „Untergrund der Moral" gegangen ist? ...
Gerade weil die Gleichnisse Jesu Gott selbst kaum in den Mund nehmen, ist die Sprache der Hoffnung keine explizit religiöse, wohl aber eine, die verschlossene Mauern aufbricht – und das kraft ihrer treffenden Bilder und unerwarteten Wendungen.

zu 6) Gott ist ein kommender Gott

Sein Reich ist nahe, seine Herrschaft bricht an. Sein Kommen ist nicht wie eine Ortsveränderung eines, der hinkommt, wo er noch nicht wäre. Seine Herrlichkeit erfüllt bereits Himmel und Erde, durchknetet sie aber nun mit seinem Kommen, „bis es ganz durchsäuert ist". Von Jesu Gottesbeziehung pädagogisch lernen heißt demnach damit rechnen, daß in allen Dingen ein Geheimnis schläft, das jeden Augenblick zu singen beginnen kann; daß alle Situationen auf ein Kommendes hin offen sind und somit eine Zukunft haben, die sie selbst noch einmal unendlich übersteigt.

Nichts ist unmöglich, weil *er* immer und überall am Werke ist. Nichts bleibt beim alten, weil alles durch die Ankunft verwandelt wird. Nicht ein Optimismus, sondern eine durchgehende Hoffnung prägt einen so glaubenden Menschen.
Ein geöffnetes Dasein, eine aufgebrochene Existenz, Hoffnung für alle anderen, ein Hinaufschreien auch aus der tiefsten Tiefe – das heißt es auch, von Jesus, dem Meister und Pädagogen, zu lernen.

Der Herr und Meister des Paulus

1) Paulus ist Jesus nie begegnet und hat ihn zu seinen Lebzeiten nie kennengelernt. Er hatte sich durch die „Jesuaner" offensichtlich von seinem pharisäischen Standpunkt aus ein sehr negatives Bild von Jesus gemacht. Daß er nun diesem totgeglaubten „Menschenverführer" als einem Lebendigen begegnete, war für ihn im radikalen Sinn umwerfend: Er selbst wurde vom hohen Roß geworfen, seine Meinungen wurden umgeworfen und sein Leben wurde neu entworfen. Von nun an war Jesus für ihn der lebendige und wirkende Herr und Meister. Er rechnete mit ihm und seinem Wirken mehr als mit dem eines irdischen, noch lebenden Menschen. Er erhielt von ihm Weisungen und Aufträge. Paulus betete zu ihm und wartete nicht vergeblich auf seine Hilfe und sein ständiges Eingreifen.

2) Was Paulus an sich erfuhr, nahm er selbstverständlich auch von den übrigen Christen an. Deren unmittelbarer Partner war der Christus „vom Himmel her". Von ihm bekamen auch sie Hilfe, Weisung und Kraft durch den von innen nach außen wirkenden Christusgeist. Paulus setzte sich keineswegs an die Stelle Jesu. Der gekreuzigte Nazarener lebte und wirkte. Nicht die Erinnerung an Jesu irdische Vergangenheit, sondern die Erwartung seiner ständigen gegenwärtigen Handlungen bestimmte den Apostel.

3) Auch der „Jesus" eines Markus-, Lukas- und Matthäusevangeliums ist niemand anderer als der jetzt lebende und wirkende Auferstandene. Die Erinnerungen an ihn wurden von ihnen gesammelt, die Worte aufgeschrieben – das aber keineswegs nur aus historischem Interesse. Primär erlebten sie Jesus genauso wie Paulus als den gegenwärtigen Christus. Um aber sagen zu können, wer und wie dieser ist, erzählten sie, wer und wie dieser einst war. Jesu Vergangenheit ist in seiner Gegenwart mit präsent. Die Evangelien sind also eine Mischform von Jesusrinnerungen und Christusgegenwart.

4) Der Glaubende erlebt Jesus gegenwärtig – in der Art, wie er *damals* war und in der Wirkung, wie in Paulus *erlebte*. Wollen wir als Lehrlinge in seine Schule gehen (und unsere Schüler in diese Lehre mitnehmen), dann wird diese Zeitverschränkung von Vergangenem und von Gegenwart insofern wirksam, daß wir mit beidem rechnen. Wir arbeiten sowohl historisch (kritisch), als auch gegenwärtig (gläubig) und für unsere Zukunft (therapeutisch).

5) Wenn wir die irdische Gestalt Jesu betrachten, dann begegnen wir dem „äußeren" Meister. Wenn wir wie Paulus mit Jesus als unserem Christus Erfahrungen machen,

dann begegnen wir ihm als dem „inneren“ Meister. Das ist insofern von Bedeutung, als wir vor allem im schulischen Unterricht sowohl „Jesusgeschichte“ (mit all ihrem historischen Material) lehren, wie auch Glaubenssätze vermitteln und auch Glauben wecken wollen. Beide Betrachtungsweisen ziehen je andere Formen der Didaktik und der Methoden nach sich. Erinnerung *und* Vergegenwärtigung; Information *und* Betroffenheit. Aus dieser Polarität entstehen viele Spannungen und Zerreißproben für den „Religionsunterricht“. Suchen wir nach Methoden, die beide Gesichtspunkte zusammenbringen und gleichzeitig vermitteln können.
Hier sind die Arbeitsweisen der Gestaltpädagogik sehr förderlich, weil sie „Äußeres“ (die objektive Information) und „Inneres“(die subjektive Anteilnahme) ständig gemeinsam ins Spiel bringen. Umgekehrt formuliert, findet die Gestaltkatechese in der Verschränkung von historischem Jesus und gegenwärtigem Christus ihre theologische Begründung.

Christus, unser Herr und Meister nach Johannes

Das Johannes-Evangelium – ein Evangelium des Auferstandenen

Auch die synoptischen Evangelien sind Heilsbotschaft im Namen, im Geist und im Auftrag des Auferstandenen. Sie verwenden irdisches Material aus der Zeit Jesu, formen es aber nach der Sprachgestaltung, der Textauswahl, der zusammenfassenden Redaktion so, daß sie eben eine kreative Gestaltung aus der Kraft des gegenwärtig wirkenden Herrn und Menschensohnes zu nennen sind. Gerade die symbolischen und legendären Erzählungen und Wendungen (die „Kindheitsgeschichten“, die „Naturwunder“ u.a.) verwenden alttestamentliches Erzählgut, um die Selbstoffenbarung des Menschensohnes vom Himmel her in die jetzige Gemeinde hinein auszudrücken. Die historisch-kritische Exegese hat gerade jenes Material, das nicht primär auf die Lebenszeit Jesu zurückgeht, als sein „zweites“ Evangelium, sein jetzt vom Himmel her ergehendes Wort entdecken gelernt.
Ganz vom Standpunkt des erhöhten Herrn aus spricht das Johannesevangelium. Allein daß kaum ein Wort auf den historischen Jesus zurückgeht, sondern alles Chritusworte des Erhöhten sind, lenkt den Blick schon auf den in seiner Kirche gegenwärtigen Herrn. Hier geht es nicht primär um historische Interessen. Wir werden darauf hingewiesen, daß wir es mit unserem, auch uns gegenwärtigen Meister zu tun haben, dessen Worte uns jetzt ansprechen. Dies im Auge und im Ohr behaltend, beschäftigen wir uns nun so mit dem Johannesevangelium, daß wir dabei die Gegenwart Christi verspüren und in uns wirken lassen.

Die drei Hauptquellen des Johannesevangeliums

1) Die johanneische Heilsbotschaft ist eine Dokumentation, daß Jesus lebt und als der Christus vom Himmel her zu den Seinen spricht. Die direkten Jesusworte (wie: „Ich bin der gute Hirt ...") sind von urchristlichen Verkündigern mit ihrem Mund und in ihrer Sprache so geformt, wie auch Jeremia sagt: „So spricht der Herr ..." Jahwe spricht eben durch den Mund seines Propheten, seines Künders. Auch die Inhalte dieser Reden beziehen sich auf die Aktualitäten der Johannesgemeinden und nicht auf die einstige Wanderschaft Jesu im Heiligen Land. So etwa die harte und frontale Auseinandersetzung mit jenen, die Johannes „die Juden" nennt. Die Abschiedsreden und das Hohepriesterliche Gebet entspringen der Mystik der Johannesgemeinde und *ihrer* Christologie. Die Rede vom Parakleten, dem Geist, läßt schon die Zeit *nach* Pfingsten erkennen und vieles mehr. Johanneische Christusworte hören heißt: seine gegenwärtige Stimme hören.

2) Die johanneische Gemeinde hält aber unmißverständlich daran fest, daß dieser vom Himmel her Sprechende kein anderer ist als jener, der als Mensch unter seinem Volk gelebt hatte und der das fleischgewordene Wort Gottes in menschlicher Gestalt ist. Diese Glaubenstatsache drückt das Evangelium nun so aus, daß es auf Situationen aus dem Leben des irdischen Jesus zurückgreift, vor allem auf seine Passion. Freilich gestaltet es auch diese Erzählungen im Licht der Pfingsterfahrung so um, daß sie symbolische Züge erhalten, die auf die mystischen und sakramentalen Christusbegegnungen der Jetztgemeinde hin durchsichtig werden: Die Brotvermehrung auf die Eucharistie, die Blindenheilung auf die Taufe, die Auferweckung des Lazarus auf den auferstandenen Hirten, der sein ewiges Leben seinen Schafen gegeben hat. Was der irdische Jesus damals an einzelnen tat, das tut er nach johanneischer Überzeugung heute an all seinen Jüngern. Das Einst wird zum Bild für das Heute.

3) Die Bildersprache und Bilderwelt des Johannesevangeliums ist ganz und gar aus der Erzähl- und Bilderwelt des Alten Testamentes genommen. Schon die ersten Von-Mund-zu-Mund-Erzähler der aramäischen Gemeinden dürften auf Erzählungen aus dem Ersten Testament zurückgegriffen haben, um auszudrücken, mit wem Jesus zu vergleichen sei, ja, wen er überbiete. So läßt die Erzählung der Auferweckung des Jünglings von Naim die ähnlichen Berichte von den Taten des Elija und des Elischa deutlich genug erkennen. Die Bilderwelt des Johannes greift zudem ganz und gar auf die Mose-Tradition zurück, und zwar so deutlich und ausschließlich, als wollte er sagen: Der wahre Mose ist der Christus. *Er* gibt das Brot vom Himmel, ja er ist es in Person. Aus seinem Leib strömt das Lebenswasser mehr als aus dem Felsen in der Wüste. *Er* ist der Hirte, der eigentliche und wahre, der sein Volk durch die Todeswasser geleitet. *Er* ist das einzig wahre Licht von Gott, die göttliche Wahrheit in Person.
All das Gesagte können wir Schülern, Erwachsenen und auch der versammelten Liturgiegemeinde so verständlich machen, daß die Belehrung darüber selbst schon eine Mystagogie ist, eine Christusbegegnung.

Übungen zu: „Christus, der innere Meister“

Bildbetrachtung: Christus – Mose

Betrachte der Reihe nach die Bilder aus dem Mosezyklus:
a) Bild 5, der Durchzug durch das Schilfmeer (Ex 13,17–14,31): Der gute Hirte
b) Bild 7, Wasser aus dem Felsen (Ex 17,1–16): Das Brot des Lebens
c) Bild 8, Mose bringt die Offenbarung (Ex 32,1–20): Das Licht der Welt
d) Bild 9, Kundschafter bringen die Trauben (Num 13,1–33): Der wahre Weinstock

Diese Bilder stellen Mose und sein Wirken dar – sie können aber auch Christus als den wahren Mose zeigen. Was die Bibel vom Handeln des Mose berichtet, wird hier auf Jesus übertragen. In diesen Bildern spiegeln sich sowohl Taten Jesu auf Erden, wie sein Wirken vom Himmel her. Die Mosebilder werden zu Christusikonen. Betrachte das Bild, erblicke aber in dem Abgebildeten nicht Mose, sondern den Christus. Sprich es laut aus: Dieses Bild erinnert mich an Jesus, den Christus ... Diese Christusikone ist mit Motiven aus den Moseerzählungen gemalt, ich denke dabei an ... Ich sehe ...
Oder sprich direkt zu Christus: Christus, du hast das Licht vom Himmel gebracht ... Du bist der wahre Hirte ... Mich erinnert auf diesem Bild an dich ... Wie auf diesem Bild erlebe ich dich vom Himmel her wirkend, denn ...

Die ICH-BIN-Hymnen

Exegeten meinen, daß die großartigen Christusreden im Johannesevangelium von der Predigtsprache herrühren und insofern von der Gemeinde beeinflußt sind. Prediger haben so über Jesus, den Christus gesprochen:
a) *Er* ist der gute Hirte, denn ...
b) *Er* ist das Brot und Wasser des Lebens, denn ...
c) *Er* ist das Licht der Welt, denn ...
d) *Er* ist der wahre Weinstock, denn ...

Die Klasse (Gruppe) hat je ein Christus- bzw. Mosebild vor Augen; der Lehrer liest dazu den Text, der wie ein kleiner Hymnus aus dem Evangelium zusammengestellt ist. Er formt die Sätze aber in die dritte Person um: Er ist der gute Hirte ...

Die Selbstoffenbarung des Christus

Diese „Christusikonen“ vor Augen, spricht oder singt der Leiter Strophe für Strophe den jeweiligen „Ich bin“ -Hymnus. Die Schüler oder die Gemeinde antwortet nach jeder Strophe mit einem „Kyrie eleison“ oder „Halleluja“. Man kann diese Hymnen auch als Eingangsgesang zu einem Gottesdienst verwenden und mit dem „Herr, erbarme dich“ (Kyrie) beantworten. Oder man singt den Hymnus als Evangelium und nach jeder Strophe davon das „Halleluja“. Wie einst der Evangelist das Sprachrohr des Christus war, so jetzt auch der Lehrer oder Sänger: Durch den Mund seines Sängers spricht Christus-Jahwe sein ICH BIN zu uns (vgl. A. Höfer, Gottes Wege mit den Menschen, S. 64f.).

Der gute Hirte

1) Ich bin der gute Hirte:
Ich kenne die Meinen und die Meinen kennen mich,
wie mich der Vater kennt und ich den Vater kenne,
und ich gebe mein Leben hin für meine Schafe. *(Joh 10,14f.)*

2) Meine Schafe hören auf meine Stimme,
ich kenne sie und sie folgen mir.
Ich gebe ihnen ewiges Leben,
und niemand wird sie meiner Hand entreißen. *(Joh 10,27f.)*

3) Ich bin die Auferstehung und das Leben.
Wer an mich glaubt, wird leben, auch wenn er stirbt,
und jeder, der lebt und an mich glaubt,
wird in Ewigkeit nicht sterben. *(Joh 11,25f.)*

Das Brot des Lebens

1) Ich bin das Brot des Lebens;
wer zu mir kommt, wird nie mehr hungern,
und jeder, der an mich glaubt,
wird keinen Durst mehr haben. *(Joh 6,35)*

2) Ich bin das lebendige Brot,
das vom Himmel herabgekommen ist.
Wer von diesem Brote ißt,
wird in Ewigkeit leben. *(Joh 6,51)*

3) Wer Durst hat, der komme zu mir,
und es trinke, wer an mich glaubt.
Denn aus meinem Inneren werden fließen
Ströme lebendigen Wassers. *(vgl. Joh 7,37f.)*

Das Licht der Welt

1) Ich bin das Licht der Welt,
das jeden Menschen erleuchtet,
wer mir nachfolgt, wird nicht in der Finsternis irren,
sondern das Licht des Lebens haben. *(Joh 8,12;1,9)*

2) Ich nenne euch nicht mehr Knechte,
sondern meine Freunde,
denn ich habe euch alles mitgeteilt,
was ich von meinem Vater gehört habe. *(Joh 15,15)*

3) Wenn ihr in meinem Worte bleibt,
dann seid ihr wirklich meine Jünger.
Dann werdet ihr die Wahrheit erkennen,
und die Wahrheit wird euch befreien. *(Joh 8,31f.)*

Der wahre Weinstock

1) Ich bin der wahre Weinstock
und mein Vater ist der Winzer.
Jede Rebe an mir reinigt er,
damit sie mehr Frucht bringe.

2) Bleibt in mir, dann bleibe ich in euch.
Wie die Rebe aus sich keine Frucht bringen kann,
so könnt auch ihr nur Frucht bringen,
wenn ihr in mir bleibt.

3) Ich bin der wahre Weinstock,
und ihr seid meine Reben.
Wer in mir bleibt und in wem ich bleibe,
der bringt reiche Frucht. *(vgl. Joh 15,1–5)*

Freie Gebete formulieren

Die Teilnehmer gehen die Strophen eines Hymnus' durch und formen sie in ein sehr persönliches Gebet um, etwa: Du, Jesus, bist der gute Hirte. Du führst auch mich ... Du gibst dein Leben auch für mich hin, der ich ... Gib mir nun ... Führe mich, denn ... Du bist der wahre Weinstock, doch mein Leben ist so ausgetrocknet ...

Christuswort und Christustat

Die Bilder aus dem Mosezyklus und die Offenbarungsreden „Ich bin ..." sind im Evangelium immer mit einer Christustat verbunden: Die Hirtenrede mit der Auferweckung des Lazarus (Joh 11); die Brotrede mit der Brotvermehrung (Joh 6); die Lichtrede mit der Heilung des Blindgeborenen (Joh 9); die Weinstockrebe verweist auf die Hochzeit von Kana (Joh 2).
Vergleiche die Bilder mit den Erzähltexten: Was wird auf dem Bild sichtbar von dem, was in der Erzählung berichtet wird? Wie erinnern die Taten Jesu von einst an sein Wirken heute? An Taufe und Eucharistie? An Erfahrungen in meinem Leben? Wenn man diese Erzählungen bibliodramatisch spielt, dann wird man das Wirken Jesu heute leibhaftig erfahren. Das Spiel versetzt uns in die biblische Zeit zurück, genauso aber holt sie die Tat von damals in unseren Alltag herein – unsere Gleichzeitigkeit mit Jesus!

Christus und die Grundbedürfnisse des Lebens

Schon von der Zeugung an meldet das Leben seine Bedürfnisse an, die sich dann als Charakterstärke oder als neurotische Schwäche gemäß dem Schicksal in der eigenen Familie herausgestalten. Wir haben oben gezeigt (S. 146ff.), wie Jesus auf diese Grundbedürfnisse als Heiland und Therapeut eingeht. Diese sind:
a) Das Bedürfnis nach Zugehörigkeit und Sicherheit,

b) Der Hunger nach Nahrung und Kontakt,
c) Das Bedürfnis nach Orientierung und Weisheit (Information),
d) Das Bedürfnis nach Liebe und Ichstärke (Bindung und Freiheit).

Auch das Johannesevangelium weiß, daß der himmlische Christus diese Bedürfnisse der Menschen kennt und ernst nimmt (von Exegeten fälschlich das „Johanneische Mißverständnis" genannt). Er überbietet und übersteigt aber die Erfüllung dieser Bedürfnisse in das *ewige* Leben, in Gott selbst hinein.
Zeichne einen großen Kreis (oder ein Quadrat) und teile diesen durch ein Kreuz in vier Felder. Male in diese Felder von links unten ausgehend die Art und Stimmung, wie du deine Lebensbedürfnisse gestillt oder mit Mangel behaftet erlebst. Farben spielen bei diesen Stimmungsbildern eine große Rolle.
Zeichne nochmals diesen Kreis und in jedes Feld hinein ein Symbol für Christus und sein Wirken:
zu a) einen Hirtenstab oder eine Schafshütte (einen Pferch),
zu b) Mannabrot und Wasserquelle,
zu c) Die Sonne als Licht der Welt,
zu d) Eine Weintraube.

Wie wird dann die Stillung deiner Grundbedürfnisse aussehen, welche Farben, welche Formen wirst du ihnen geben, wenn in ihrem „Feld" das Christussymbol steht – in dir also Christus lebt?
Der Hirtenstab in meinem Bedürfnis nach Sicherheit; das Brot in meinem Bedürfnis nach Leben; die Sonne in meinem Bedürfnis nach Orientierung; der Weinstock in meinem Bedürfnis nach Liebe – wie vermag hier das Symbol im Vordergrund den Hintergrund meines Lebensschicksals zu beeinflussen oder zu verändern? Zeige deine Zeichnung der Gruppe und sprecht darüber.

Hymnen

Dem Bringer des Lebens

Christus ist der siegreiche Löwe (1. Str.), er hat aber selbst als neuer Daniel die Todeslöwen zu spüren bekommen (2. Str.), dadurch aber auch den Tod besiegt. In der 3. Str. wird der Auferweckte als unser Auferwecker besungen, der die toten Gebeine nach Ez 36 wieder lebendig macht. Dieser Übergang vom Tod zum Leben geschieht in der Taufe (4. Str.), so daß wir von nun an zum Weinstock, zum Lebensbaum Christus gehören. Ein Lied, das um die Tiefen des Todes, aber auch um das Geschenk des neuen Lebens weiß.

1. Lob sei, Herre, dir gesungen,
Jubel und Triumphgesang:
Löwe aus dem Stamme Juda,
der die Schlange niederrang;
Freude du, die unsre Klage,
unsre Bitternis bezwang!

2. Dich umringten Löwenrachen,
dich, o wahrer Daniel,
schloß der Tod in Grabes Grube;
du indes warst ohne Fehl
und er biß sich aus die Zähne,
Gift trank er am Lebensquell.

3. Siehe, über unsre Wüste,
über unser Leichenfeld
kommest du gleich einem Sturme.
Tote, uns, machst du, o Held,
zu den Gliedern deines Leibes
und zu Freunden auserwählt.

4. Preis dem Antlitz, das sich milde
über alles Elend beugt!
Preis dem Geist, der in die Fluten
unsres Todes niedersteigt
und im Schoße klaren Wassers
uns zu neuem Leben zeugt!

5. O wie schlägst du in den Adern
uns gleich einem Lobgesang.
Wie erfüllest du die Reben,
Herr, mit ungestümen Drang.
Trag und nähre doch an dir uns,
Weinstock, Ewigkeiten lang!

6. Dir, der ist und der gewesen,
der auch wiederkommen wird
und der alles, was da lebet,
aus dem Nichts heraufgeführt:
Dir die Weisheit, Macht und Ehre
in die Ewigkeit gebührt!

Die Geisttaufe Jesu

Der Gerichtspredigt des Täufers (2. Str.) wird das innige Verhältnis zwischen dem Vater und seinem geliebten Sohn (1. Str.) gegenübergestellt und in der 3. Str. durch das Gleichnis vom gütigen Vater auf alle Menschen ausgedehnt. Die 4. Str. zeigt, wie in den Gleichnissen das Pneuma des Vaters wirksam wird. Die 5. Str. bittet um das Pneuma des Sohnes, das sich im kindlichen Vertrauen (Brotbitte) und im selbstlosen Einsatz (Gleichnis von den Talenten) bezeugt und verwirklicht.

1. Bruder Jesus, der zur Taufe
tief sich in das Wasser beugt;
Bruder Jesus, dem sich zärtlich
Gottes Antlitz zugeneigt
und auf den des Vaters Liebe
taubengleich herniedersteigt:

2. Nicht wird jetzt Gericht gehalten,
keine Axt die Bäume fällt,
nicht wird Spreu vom Korn geschieden
Gottes Huld umfängt die Welt,
Gottes Geist die Menschenkinder
jetzt zu deinen Brüdern zählt!

3. Gottes Güte schon von weitem
Fremdlingen entgegeneilt,
ihnen Tisch und Mahl bereitet,
Siegelring und Kleider teilt
und mit ihren sanften Händen
Wunden der Entfremdung heilt.

4. Preis der Huld, die von den Straßen
Bettler zu dem Gastmahl drängt,
die dem letzten Tagelöhner
noch den vollen Lohn geschenkt
und den Geist von dir, dem Sohne,
auch in unsre Herzen senkt!

5. Geist des Vaters, Geist des Sohnes,
Lebenshauch und Sturm und Wind:
Laß um Brot und Fisch uns bitten
arglos wie ein kleines Kind!
Laß uns mit Talenten wuchern,
weil sie Gottes Eigen sind!

6. Dir, der ist und der gewesen,
der auch wiederkommen wird,
und der alles, was da lebet
aus dem Nichts heraufgeführt:
Dir die Weisheit, Macht und Ehre
in die Ewigkeit gebührt!

8. Frauengestalten in der Bibel

Vorbemerkung: Der 7. Zyklus aus den Bilderreihen von Anne Seifert stellt das Büchlein Tobit und Frauengestalten der Bibel, angefangen von der Mutter Samuels bis zur Samariterin am Jakobusbrunnen, vor. Diese Reihe verklammert nicht nur das erste mit dem zweiten Testament, die Bibel Jesu mit den Jesusschriften, sondern führt uns auch den unauswechselbaren Ort der Frauen in der Heilsgeschichte an einigen Gestalten exemplarisch vor Augen. Außerdem will das folgende Kapitel die Aufmerksamkeit auf all jene Frauenbilder lenken, die die Künstlerin in *allen* Zyklen dargestellt hat.

Reich Gottes und Frau

„Höre, Israel ... Ich bin Jahwe, dein Gott ... Du sollst neben mir keine anderen Götter haben" (Dtn 5,1; 6,7). In der Selbstoffenbarung tat sich Jahwe dem Alten Israel als sein einziger und alleiniger Gott kund und verbot ihm, andere Götter *neben* sich zu haben. Offenbar herrschte im Alten Israel die Meinung, daß andere Völker andere Götter hätten. Erst mit den großen Propheten Jesaja und Jeremia setzte sich die Erkenntnis durch, daß es andere Götter gar nicht gibt, daß sie „Nichtse" sind. Allmählich wurde die ganze Geschichte der Völker und die ganze Schöpfung, eben „Himmel und Erde" als der Herrschaftsbereich Jahwes begriffen und bekannt. Von diesem Gedanken waren die Psalmen und Prophetenbücher der letzten Zeit der hebräischen Bibel ganz beherrscht. Gerade die apokalyptischen Propheten, wie Daniel, sahen alle Könige und Völker der Erde der Königsherrschaft Jahwes unterworfen. Was für die gottlosen Reiche eine Gottesherrschaft des Gerichtes bedeutete, war für Israel ein Reich der Rettung aus diesen widergöttlichen politischen Mächten und die Erfahrung des Erbarmens seines Gottes:

> Danken sollen dir, Herr, all deine Werke
> und deine Frommen dich preisen.
> Sie sollen von der Herrlichkeit deines Königtums reden,
> sollen sprechen von deiner Macht,
> den Menschen deine machtvollen Taten verkünden
> und den herrlichen Glanz deines Königtums.
> Dein Königtum ist ein Königtum für ewige Zeiten,
> deine Herrschaft währt von Geschlecht zu Geschlecht.

Der Herr ist treu in all seinen Worten,
voll Huld in all seinen Taten.
Der Herr stützt alle, die fallen,
und richtet alle Gebeugten auf. *(Ps 145,10–14)*

Gottes Herrschen und Walten über die Völker blieb jedoch für Israel nicht ohne konkrete Erfahrung. Denn die Psalmen und Hymnen, die diese Allherrschaft Jahwes besingen, entspringen immer Rettungsgeschichten aus konkreten Nöten. Der Vernichtung der durch Tiersymbole dargestellten gottlosen Mächte steht die Errettung Daniels aus der Löwengrube und der drei Jünglinge aus dem Feuerofen gegenüber, und diese mündet in den herrlichen Lobgesang der drei jungen Männer auf den Gott der ganzen Schöpfung:

Gepriesen bist du, Herr, du Gott unserer
Väter, gelobt und gerühmt in Ewigkeit.

Gepriesen ist dein heiliger, herrlicher Name,
hoch gelobt und verherrlicht in Ewigkeit.

Gepriesen bist du im Tempel deiner heiligen
Herrlichkeit, hoch gerühmt und verherrlicht in Ewigkeit.

Gepriesen bist du, der in die Tiefen schaut und
auf Kerubim thront, gelobt und gerühmt in Ewigkeit.

Gepriesen bist du auf dem Thron deiner Herrschaft,
hoch gerühmt und gefeiert in Ewigkeit.

Gepriesen bist du am Gewölbe des Himmels,
gerühmt und verherrlicht in Ewigkeit.

Preist den Herrn, all ihr Werke des Herrn;
lobt und rühmt ihn in Ewigkeit! *(Dan 3,52–57)*

Nicht nur im Bereich der Weltpolitik, sondern auch im Bereich der jüdischen Familie wurde die Königsherrschaft Gottes erfahren und besungen. Ja gerade aus der liebevollen Führung, die die Familie Tobits spürte, entsteht der prachtvolle Hymnus auf den allwaltenden Gott und seine neue Gemeinschaft auf Erden, nämlich im mystischen Jerusalem.

Gepriesen sei Gott, der in Ewigkeit lebt,
sein Königtum sei gepriesen. Er züchtigt
und hat auch wieder Erbarmen; er führt
hinab in die Unterwelt und führt auch wieder
zum Leben. Niemand kann seiner
Macht entfliehen.

Ich will meinen Gott rühmen, den König
des Himmels, meine Seele freut sich
über die erhabene Größe meines Gottes.

Bekenne dich zum Herrn in rechter Weise,
preise den ewigen König, damit sein

Zelt von neuem errichtet wird, dir zur
großen Freude.

Er mache in dir die Gefangenen wieder froh
und schenke denen, die im Elend leben, seine Liebe,
für alle Zeiten bis in Ewigkeit.

Meine Seele preise Gott, den großen König.
Denn Jerusalem wird wieder aufgebaut aus
Saphir und Smaragd; seine Mauern macht man
aus Edelstein, seine Türme
und Wälle aus reinem Gold;

Halleluja ruft man in all seinen Gassen
und stimmt in den Lobpreis ein: Gepriesen
sei Gott; er hat uns groß gemacht für alle Zeiten. *(Tob 13,2ff.)*

Immer wieder stand vom dritten bis zum ersten Jahrhundert v.Chr. die Glaubensverfolgung im Mittelpunkt, die über das Volk ständig durch die syrischen Könige hereingebrochen war. Auch hier wurden die Menschen durch den Glauben an das weltumspannende Reich Jahwes aufgerichtet – diese Aufrichtung wurde jedoch immer wieder an Einzelereignisse gebunden, in bestimmten Fällen erfahren. Und hier spielen gerade Frauen eine große Rolle: Frauen wie Judit und Ester waren berufen, für das ganze Volk Freiheit von den Feinden zu erwirken und es so die Herrschaft Gottes spüren zu lassen. So, als wollte sich das Königtum und Reich Gottes gerade durch Frauen bezeugen. Vollends ist die makkabäische Mutter mit ihren glaubensstarken Söhnen ein Zeugnis dafür, daß die gottlosen Mächte den Glaubenden nichts anhaben können, weil Gottes Herrschaft über den Tod hinaus geht und sich sein Reich erst in der Auferstehung der Toten vollendet. Die allumfassende, Zeit und Welt umspannende Herrschaft Jahwes manifestierte sich so immer wieder im schmerzlichen Alltagsgeschehen Israels.

Auch die Mutter war überaus bewundernswert, und sie hat es verdient, daß man sich an sie mit Hochachtung erinnert. An einem einzigen Tag sah sie nacheinander ihre sieben Söhne sterben und ertrug es tapfer, weil sie dem Herrn vertraute.
In edler Gesinnung stärkte sie ihr weibliches Gemüt mit männlichem Mut, redete jedem von ihnen in ihrer Muttersprache zu und sagte: Ich weiß nicht, wie ihr in meinem Leib entstanden seid, noch habe ich euch Atem und Leben geschenkt; auch habe ich keinen von euch aus den Grundstoffen zusammengefügt.
Nein, der Schöpfer der Welt hat den werdenden Menschen geformt, als er entstand; er kennt die Entstehung aller Dinge.
Er gibt euch gnädig Atem und Leben wieder, weil ihr jetzt um seiner Gesetze willen nicht auf euch achtet.
Mein Sohn, hab Mitleid mit mir!
Neun Monate habe ich dich in meinem Leib getragen, ich habe dich drei Jahre gestillt, dich ernährt, erzogen und für dich gesorgt, bis du nun so groß geworden bist.
Ich bitte dich, mein Kind, schau dir den Himmel und die Erde an; sieh alles,

was es da gibt, und erkenne: Gott hat das aus dem Nichts erschaffen, und so entstehen auch die Menschen.
Hab keine Angst vor diesem Henker, sei deiner Brüder würdig, und nimm den Tod an!
Dann werde ich dich zur Zeit der Gnade mit deinen Brüdern wiederbekommen.
(2 Makk 7,20ff.)

Die Reichgottesbotschaft Jesu war von dieser Überzeugung durch und durch getragen. Das Königtum seines Vaters umspannte Himmel und Erde, schenkte sich den Unmündigen, Verfolgten und Kleinen. Gerade für die Schwachen und Kranken, für die Kinder und Frauen ist das Reich Gottes schon angebrochen, so wie die Dämonenaustreibung von Jesus als eine Manifestation dafür angesehen wird, daß das Reich Gottes bereits wirklich zu den Menschen gekommen ist. So ist die neue Würde, die die so oft diskriminierten Kinder und Frauen von Jesus erhielten, das Zeichen dafür, daß das Reich Gottes für sie gekommen ist.
Wenn nun die Würdigung der Frau für Jesus ein Zeichen des Anbruches des Reiches ist, dann gilt das für jede Epoche der Kirchengeschichte! Frauen waren gleichberechtigt, zusammen mit Männern eine Schar von Jüngern zu bilden (Lk 8,1f.). Frauen durften wie die Lazarusschwester Maria sein Wort hören und in seine Bibelschule gehen. Er redete Frauen öffentlich an; so die Samariterin, die er trotz ihres turbulenten und unglücklichen Ehelebens zur ersten Sendbotin für die Samariter machte. Maria von Magdala war wohl zusammen mit den übrigen Frauen die erste Verkünderin und Zeugin der Auferstehung Jesu und hätte so wohl alle Bedingungen erfüllt, die die Alt-Apostel von einem Apostel verlangten (Apg 1,21f.). Auffallend ist nun, daß diese Jesustradition in den Dokumenten der judenchristlichen Gemeinden wie dem Matthäusevangelium kaum eine Erwähnung finden, wohl aber in den Lukasschriften, die in heidenchristlichen oder zumindest hellenistisch-jüdischen Gemeinden entstanden waren.

Daniel rettet Susanna

(Dan 13,1–64/9. Bild der 7. Bildreihe)

Es gibt verschiedene Möglichkeiten, an diesen Text aus dem Alten Testament heranzugehen, ihm Aktualität zu geben, denn es sind mehrere Spannungen in ihm enthalten.

Spannungen im Text

Soziologisch-soziale Spannungen

Zuerst werden die Richter geschildert, zwei Älteste aus dem Volke, die ungetrübtes Ansehen genossen, von denen jedoch die Schrift bereits aussagt: „Die Ungerechtigkeit ging von Babylon aus, von den Ältesten, von den Richtern, die als Leiter des Volkes galten" (13,5). Ihnen gegenüber stehen die einfachen Leute, die ihnen glauben, sie werden von ihnen geleitet und sind ihnen ausgeliefert. Dies kommt im Text klar zum Ausdruck, indem es heißt: „Die versammelte Gemeinde schenkte ihnen Glauben, weil sie Älteste des Volkes und Richter waren, und verurteilte Susanna zum Tod" (13,41). Gerade darin liegt die unwahrscheinliche Spannung, daß nämlich Ungerechtigkeit und Unwahrheit von den Richtern, von den Ältesten, von den Führern des Volkes ausgeht.

Die Liebesnot der Ältesten

Eine zweite Spannung in diesem Text liegt in der Liebesnot der Ältesten. Sie waren liebeswund. Sie hatten Liebeskummer, sie sagten es einander aber nicht: „Keiner sagte dem andern etwas von seinem Schmerz. Denn sie schämten sich darüber, daß sie so begierig waren, mit ihr zusammen zu sein" (13,10–11). Aber „stark wie der Tod ist die Liebe" (Hld 8,6), niemand kann ihre Gluten löschen (vgl. Hld 8,7).
Wie aber gehen diese Ältesten mit ihrem Liebeskummer um? Sie suchen nicht einen Weg, die Liebe zu leben, die ein Weg der Gerechtigkeit vor Gott ist, sondern sie greifen zu Mißbrauch, zu Verleumdung und Verurteilung: „Weigerst du dich, dann bezeugen wir gegen dich ..." (13,21), läßt uns der Bibeltext wissen.

Das Volk und Daniel

Eine dritte Spannung liegt beim Volk. Es wird nicht befragt. Das Volk ist bekümmert, es weint mit den Angehörigen mit. Gott aber hört sein Volk.
Ein Junger und nicht ein Ältester, ein Unbekannter und nicht ein Anführer des Volkes wird von Gott gerufen, ein Wehrloser, dem Gott seinen Geist gibt und der in diesem ganzen Geschehen nicht mitspielt. Diese Wehrlosigkeit des Jungen mußte sich durchsetzen gegen die eindeutige Führungsposition der Ältesten, gegen deren unangreifbare Stellung und gegen das Vertrauen des Volkes, mit dem die Ältesten gestützt wurden. Daniel aber wird unterstützt vom Wissen des Volkes, das mit Susanna Mitleid hatte. Im Unbewußtsein des Volkes liegt die klare Antwort auf die Frage der Schuld gegen die Aussage der Ältesten.
Es geht in diesem wahrhaft prophetischen Text um die Rettung derer, die schwach sind, die ausgeliefert sind und die sich weder gegen Verleumdung noch gegen Beschuldigung wehren können.

Susanna als Metapher

Wenn wir nun Susanna als eine Metapher für die Liebe sehen, können wir an diesen Text folgende Frage stellen: Wie wird hier mit der Liebe umgegangen? Sie wird von den Leitern des Volkes, von den Richtern und Ältesten gespürt, aber nicht eingestanden. Sie wird oder sollte auf ungerechte Weise praktiziert werden. Als das aber nicht möglich ist, werfen die Ältesten ihr eigenes Schuldgefühl als Beschuldigung auf die Liebe selbst. Und die Liebe in Gestalt der Susanna soll gesteinigt werden. Weil die Liebe nicht eingestanden wurde, weil sie nicht gelebt wurde auf den Wegen Gottes, wurde sie aus dem

Volk hinausgedrängt, verleumdet, schlecht gemacht und sollte getötet werden, sie sollte sozusagen verschwinden. Was tut nun Gott, wenn die Liebe aus seiner Gemeinde vertrieben wird, wenn die Richter, die Ältesten und Führer des Volkes, die auch Führer in der Liebe sein sollten, die Liebe verleumden und vertreiben, ja steinigen wollen? Er erweckte einen Jungen, Unbekannten, der diesen Schleier der Aporien zerreißt.
Wie geht diese Gemeinde, wie gehen die Leiter und Führer des Volkes mit der Liebe um? Wenn diese Ältesten ihren Liebeskummer, ihre Liebesabsicht, auch um die Ungerechtigkeit ihrer Liebesabsichten wissen, dann können sie zum Handeln schreiten. Und sie tun es auf raffinierte Weise.
Wie aber, wenn die Ältesten den Liebeskummer nicht nur einander nicht mitteilen, sondern auch vor sich selbst nicht wahrhaben wollen und ihn verdrängen? Wenn der Liebeskummer, das Liebesbegehren zwar da ist, aber nicht wahrgenommen wird?
Tiefenpsychologisch betrachtet, fällt ein solcher dann einem Verdrängungsmechanismus zum Opfer. Folglich meint er, daß nicht er begehrt, sondern daß die anderen begehren. Denn alles, was verdrängt wird, wird am anderen wahrgenommen, auf den anderen projiziert. So meinen die Männer, sie seien unschuldig und hätten niemanden verführen wollen.
Aber die Begehrten werden dann zum Opfer, und man stempelt sie zu Verführerinnen. Das, was im eigenen Ich nicht wahrgenommen wird (weil es nicht sein soll, weil man sich schämt, daß man Liebeskummer hat, vgl. 13,10), das wird dann in einem anderen getötet, weil es ja nicht sein darf! Es wird immer mehr ins Unbewußte verdrängt. Die Liebe, das Liebesbegehren, der Liebeskummer wird im eigenen Herzen getötet und tritt als Beschuldigung des anderen ans Tageslicht. Überall sieht man dann die Verführer, überall sieht man die Sünder, die man, wie man meint, töten müsse.
Eine ganze Maschinerie von „Tötung" kommt nun in Gang. Dieser Prozeß, dieses ins Unbewußte Verdrängte des ganzen Geschehens aus der Geschichte von Susanna, spielte sich vom Mittelalter bis in die Mitte des 18. Jahrhunderts in den Hexenprozessen ab.

Wenn die Liebe getötet wird, was dann?

Begehren und Liebeskummer verspürten die Männer, von den Leitern und Ältesten des Volkes angefangen bis zu den Henkersknechten im Mittelalter. Sie konnten oder wollten die Liebe nicht leben und haben sie überall als Feindin gesehen. Überall wo Liebende einander liebten, wurden sie verurteilt. Wo die Liebe als gottesfürchtig auftrat, wurde sie getötet. Die Liebe, die im eigenen Herzen verdrängt wurde, tötete in Hunderttausenden von Frauen die Liebe. Jeanne d'Arc war eines dieser Opfer.
Diese Verurteilung der Liebe ist wie eine Ausmerzung überall dort, wo ein solcher Mann – von der Liebe gelockt – in den Garten der Liebe hätte eingeführt werden können, sich aber dagegen sträubte. Er schämte sich dessen und hatte alles ins Unbewußte vertrieben, statt den Weg der Liebe zu gehen. „*Stört* die Liebe nicht" (Hld 2,7).
Dort, wo Wege der Liebe lockten oder gegangen werden sollten, wurden sie durch die Verdrängung und durch die Entscheidung zur „Nichtliebe" umfunktioniert in Verleumdung, Verurteilung oder Ausmerzung der Liebe.
Man kann die Liebe nicht ausmerzen, indem man Menschen tötet. Unglückliche Leute, die Liebeskummer haben, können gegen Liebende Argwohn hegen und sie schlecht

machen. Auch bei Frauen, die Liebeskummer haben, liegt im sogenannten Tratsch die Beschuldigung. Oder es entstehen oft Tausende von Verboten, weil man überall das wittert, was man bei sich selbst verurteilt. So verurteilt man dann auch den anderen.
Was hier an Susanna geschehen ist, wiederholte sich vom Mittelalter bis zur Barockzeit an Tausenden von Menschen: Die Liebe sollte getötet werden!

Der Beginn der Erlösung

Der Beginn der Erlösung wäre gewesen, wenn jene, die Liebeskummer hatten, sich dessen nicht geschämt, sondern ihn sich eingestanden und anderen mitgeteilt hätten. Gott eröffnet in seiner Schöpfung tausend Wege der Liebe.
Auch wenn es heute nicht mehr zur direkten Tötung Liebender kommt, weil die Zeitumstände es nicht mehr zulassen, so kann dennoch bei Leitern und Ältesten des Volkes eine Maschinerie der Gedanken, eine Akribie der Absichten und eine Strategie der Herrschaft entstehen, die alles unternimmt, „um Susanna aus dem Volk zu entfernen", d.h., um Liebe zu töten, wo sie nur auftritt. Wenn eine Not so groß wird, daß als Endergebnis tatsächlich im Volk die Liebe getötet wäre, dann wird Susanna gesteinigt, dann wird aus den Gemeinden und aus dem Volk Gottes die Liebe entfernt durch Verleumdung, Verbot und Tötung. Dann ist der größte Notstand, den das Volk Gottes überhaupt treffen kann, erreicht, nämlich der Tod der Liebe.
Da Gott selbst die Liebe ist, wird auf diese Weise Gott aus der Gemeinde vertrieben. Und dann kann man nur noch beten: Komm, Herr Jesus, komm in der Gestalt eines Daniel, der dieser Verfinsterung ein Ende bereitet und der den Mut hat, Recht zu sprechen. Gib Recht und Gerechtigkeit dort, wo nur Verurteilung ist. Laß Susanna, die Liebe, wieder leben, wo sie hinausgetrieben und getötet werden soll.

Biblische Frauen in den Bildern von Anne Seifert

1) Eva und Adam im Glück der Liebe, Bild 1 der Bildreihe 1, Albert Höfer, Gottes Wege mit den Menschen (1993), S. 88.
2) Eva und das harte Leben außerhalb des Paradieses, Bild 3 der Bildreihe 1, Gottes Wege, S. 96.
3) Noahs gerettete Frau, Bild 9 der Bildreihe 1, Gottes Wege, S. 104.
4) Sara, mit Abraham wandernd, Bild 1 der Bildreihe 2, Gottes Wege, S. 113.
5) Sara, über die Botschaft der Engel lachend, Bild 6 der Bildreihe 2, Gottes Wege, S. 117.
6) Hagar, vertrieben in der Wüste, Bild 7 der Bildreihe 2, Gottes Wege, S. 119.
7) Rebekka, fragend in ihrer Schwangerschaft, Bild 1 der Bildreihe 3, Gottes Wege, S. 132.
8) Rebekka, zu Jakob haltend, Bild 3 der Bildreihe 3, Gottes Wege, S. 134.
9) Rahel am Brunnen, Bild 5 der Bildreihe 3, Gottes Wege, S. 136.
10) Lea als der Schatten Rahels, Bild 6 der Bildreihe 3, Gottes Wege, S. 136.
11) Die Hebammen Israels, Bild 1 der Bildreihe 4, Ins Leben kommen, S. 43.
12) Die Mutter und die Schwester des Mose, Bild 1 der Bildreihe 4, Ins Leben kommen, S. 43.

13) Die Tochter des Pharao und ihre Gespielinnen, Bild 1 der Bildreihe 4, Ins Leben kommen, S. 43.
14) Erstarrte Frauen beim Auszugspascha, Bild 4 der Bildreihe 4, Ins Leben kommen, S. 50.
15) Mädchen und Buben beim Auszug, Bild 5 der Bildreihe 4, Ins Leben kommen, S. 52.
16) Die tanzende Mirjam, Bild 6 der Bildreihe 4, Ins Leben kommen, S. 55.
17) Frauen, aus der Quelle schöpfend, Bild 7 der Bildreihe 4, Ins Leben kommen, S. 57.
18) Hanna, betend im Zelt, Bild 1 der Bildreihe 7, Ins Leben kommen, S. 19.
19) Michal, David rettend, Bild 4 der Bildreihe 5, Gottes Wege, S. 159.
20) Batseba, Davids spätere Frau, Bild 7 der Bildreihe 5, Gottes Wege, S. 162.
21) Die Seherin von En-Dor, Bild 2 der Bildreihe 6, Ins Leben kommen, S. 82.
22) Die Schunemiterin mit ihrem toten Sohn, Bild 7 der Bildreihe 6, Ins Leben kommen, S. 90.
23) Die Mutter mit den gefährdeten Söhnen, Bild 7 der Bildreihe 6, Ins Leben kommen, S. 111.
24) Die Mutter des Tobias, Bild 2 der Bildreihe 7, Ins Leben kommen, S. 117.
25) Sara ohne Liebeskraft, Bild 4 der Bildreihe 7, Ins Leben kommen, S. 119.
26) Sara, erlöst mit Tobias tanzend, Bild 5 der Bildreihe 7, Ins Leben kommen, S. 120.
27) Die Mutter der makkabäischen Brüder, Bild 6 der Bildreihe 7, Ins Leben kommen, S. 114.
28) Die syrische Mutter der besessenen Tochter, Bild 6 der Bildreihe 7, Ins Leben kommen, S. 112.
29) Die angeklagte Susanna, Bild 9 der Bildreihe 7, Ins Leben kommen, S. 198.
30) Die Braut bei der Hochzeit zu Kana, Bild 9 der Bildreihe 8, Gottes Wege mit den Menschen, S. 184.
31) Die gekrümmte Frau, Bild 3 der Bildreihe 8, Gottes Wege, S. 173.
32) Die Ehebrecherin mit ihrer Tochter, Bild 5 der Bildreihe 8, Gottes Wege, S. 178.
33) Die Witwe von Naim, Bild 8 der Bildreihe 8, Gottes Wege, S. 183.
34) Die blutflüssige Frau, Bild 7 der Bildreihe 7, Ins Leben kommen, S. 206.
35) Maria, die Mutter bei der Hochzeit, Bild 9 der Bildreihe 8, Gottes Wege, S. 184.
36) Die Samariterin am Jakobsbrunnen, Bild 8 der Bildreihe 7, Ins Leben kommen, S. 211.
37) Maria, Jesus salbend, Bild 8 der Bildreihe 7, Ins Leben kommend, S. 209.
38) Maria von Magdala beim Abendmahl, Bild 4 der Bildreihe 9, Gottes Wege, S. 198.
39) Veronika am Kreuzweg, Bild 5 der Bildreihe 9, Gottes Wege, S. 199.
40) Die weinenden Frauen am Kreuzweg, Bild 5 der Bildreihe 9, Gottes Wege, S. 199.
41) Als Kind, als Embryo, mit Jesus sterbend, Bild 2 der Bildreihe 9, Gottes Wege, S. 193.
42) Maria von Magdala am Grabe, Bild 8 der Bildreihe 9, Gottes Wege, S. 210.
43) Kinder, mit dem Auferstandenen tanzend, Bild 7 der Bildreihe 9, Gottes Wege, S. 212.
44) Die Kirche tanzt um den trommelnden Christus, Bild 6 der Bildreihe 8, Gottes Wege, S. 180.

Übungen zu den biblischen Frauengestalten

Den biblischen Text aufnehmen und bearbeiten
Wähle eine Stelle, die eine biblische Frauengestalt zum Inhalt hat. Schlage die Stelle nach und lese sie halblaut vor dich hin. Unterstreiche leicht mit Bleistift die Worte, die dir ins Auge fallen und schreibe sie heraus. Forme aus ihnen Gedankengänge. Schreibe das, was in der dritten Person von der Frau gesagt wird, in die erste Person um, also „Ich ..., mir ..."

Das Gespräch mit der Frau suchen
Stell dir diese Frau vor und sprich zu ihr: Du hast ... Warum hast du? Du gingst ... Wie war dir dabei zumute? Zu dir sprach Gott ... Was regte sich da in deinem Herzen? Du tatest ... Was würdest du mir raten, daß ich tun soll ...

Die Geschichtenerzählerin
Jemand bereitet sich gut auf die gewählte biblische Frauengestalt vor: den Text lesen und studieren; Orts- und Zeitumstände erkunden, die damaligen Sitten, Gebräuche (wie Kleidung ...) und soziale Umstände studieren; den Handlungsverlauf der Erzählung in Akte einteilen; die Tiefendimension des Textes erahnen, also das, was in der Seele der Frau vor sich gegangen sein mag ... Die so vorbereitete Person schafft eine Erzählatmosphäre wie bei einem guten Märchenabend (Kerzenlicht, leise Hintergrundmusik, Sitze und Kissen auf dem Boden ...). Die Gruppe versammelt sich um die Erzählerin, die ihre Geschichte so erzählt, wie man sie in den Zelten Israels unter dem orientalischen Sternenhimmel jahrhundertelang erzählt haben mag. Dasselbe kann aber auch als Bühnenauftritt geschehen.

Rollenspiele und Pantomime
Einfache Bibliodrama-Formen können ohne viel Vorbereitung eingesetzt werden.
(vgl. auch die Hinweise zum Bibliodrama, folgendes Kapitel, S. 215 ff.)

Biblische Puppenfiguren
Handpuppen (wie beim Kasperletheater) kann man so anfertigen, daß sie den Vorstellungen von einer orientalischen Frau entsprechen und so für jede beliebige biblische Frauengestalt verwendet werden können. Man kann außerdem bekleidete Drahtpuppen (mit übergroßen und schweren Bleifüßen) basteln, die man während des Erzählens beweglich verwenden und verändern kann: Aus dem Munde der Puppen können die biblischen Frauen geschützter reden und werden von Kindern wie von Erwachsenen ungemein gern gehört und geschaut. Sie regen die Phantasie sehr an und setzen das eigene Unbewußte mit den Puppen mit den durch sie dargestellten Frauen in Beziehung. Biblische Puppenspiele sind (auch als ein noch so kurzer Auftritt, etwa zu Beginn einer Pfarrgemeinderatssitzung) sehr gesprächs- und handlungsanregend! Der dabei unwillkürlich aufkeimende Humor läßt endlich zu, daß man bei der Frohbotschaft lachen darf.

Die Kritzelzeichnung
Während ein biblischer Text gelesen oder nacherzählt wird, kritzeln die Teilnehmer auf ein Blatt Papier, was ihnen gerade einfällt (etwa wie beim Telefonieren). Was fördert diese aus dem Unbewußten mitgestaltete „Zeichnung" zutage? Was fällt dir oder anderen dazu ein?

Zeichnen, Malen und Plastilinarbeit
Jedes kreative Gestalten von biblischen Figuren und Szenen läßt sie zu meiner Figur oder Szene werden. Ich kann sie wie ein Haus bewohnen und von ihr aus meine Beziehung zu Gott aufbauen.

Kollagen
Schneide aus einfarbigem Papier eine biblische Frauengestalt mit ihren charakteristischen Merkmalen aus, so also, daß man sie daran erkennt (Hagar am Brunnen, Sara hinter dem Zelteingang, Eva und der Paradiesesbaum, die gekrümmte Frau, die Samariterin am Brunnen ...).
Hefte diese auf eine Tafel oder Korkwand (oder lege sie auf den Boden) und um sie herum Bilder aus dem heutigen Leben, die aus mitgebrachten Illustrierten ausgeschnitten oder ausgerissen werden (ebenso Zeitungsüberschriften). Halte über diese Kollagen eine politische Rede, eine charismatische Predigt, eine besinnliche Meditation ...

Ein Gebet schreiben
Frauen wie Männer identifizieren sich mit einer biblischen Frau und schreiben wie aus deren Munde ein sehr persönliches Gebet, z.B. als die blutfließende Frau: „Herr, ich blute aus ..."

Einen Brief schreiben
(Etwa dem eigenen Mann) einen sehr offenen Brief schreiben, weil die biblische Gestalt einen doch auch schützt.

Zur biblischen Frau beten
Die Frauen der Bibel sind ja unsere Heiligen, mit ihnen kann man mündlich und schriftlich sprechen, also zu ihnen beten.

Miteinander einen Dialog führen
Die Mutter Rebekka und die makkabäische Mutter tauschen ihre Erfahrungen mit den Kindern aus ...

Das Tagebuch einer Frau schreiben
Wer in die Rolle der angeklagten Susanna schlüpft, kann ein Tagebuch einer Frau schreiben, die heute in der Kirche tätig ist. Die Probleme werden nicht in eine biblische Vergangenheit hinein verfremdet, sondern beim Namen genannt. Die einzelnen Tagebuchblätter können gesammelt und anonym als *ein* Tagebuch vorgelesen werden.

Eine Uno-Konferenz biblischer Frauen
Jede Teilnehmerin (auch Männer) entscheidet sich für eine biblische Frauenfigur und setzt sich um einen Tisch, um über das Leben, über den Glauben, ja über die Führung Gottes Erfahrungen auszutauschen und sie zu diskutieren.

Kreatives Schreiben
Hefte an die Tafel ein Bild aus einer heutigen (Frauen-) Illustrierten. Schreibe Stichworte an die Tafel, die das Bild bei dir hervorruft (Assoziationen). Schreibe einige von den Stichwörtern auf dein Blatt (was auch schon im vorhinein ohne Tafelanschrift geschehen

kann) und entscheide dich für eine literarische Form: ein Gedicht, einen Aufsatz, ein Manifest, einen Brief, eine Zeitungsnotiz ... Bastle mit den Wörtern herum ... Lies den anderen die Ergebnisse vor!

Das Protokoll einer Pfarrgemeinderatssitzung
Verfasse zusammen mit den anderen ein Phantasieprotokoll, in dem vor allem die Rollen und die Aufgaben der Frauen zur Sprache kommen, die ihnen die verschiedenen Mitglieder zubilligen.

Eine Grabrede halten
Halte oder schreibe auf eine biblische Frau einen Nachruf, der wie ein Lobpreis werden kann.

Tatsachenbericht
Jede verfaßt einen Bericht über ihr Wirken in Familie, Kirche und Beruf. Die Verdichtung in ein sprachliches Dokument mag aufschrecken, aber auch ermutigen, jedenfalls wird es die Phantasie anregen.

Eine Frauenliturgie
Vespern oder Wortgottesdienste können so von Frauen gestaltet werden, daß sie biblische Frauen zu Worte kommen lassen: Psalmen und Lieder aus dem Munde dieser Frauen beten oder solche ihnen in den Mund legen; Fürbitten für Frauen oder von den Frauen für ihre Sorgenkinder ...

Tanz und Pantomime
Freier Ausdruckstanz mag die innere Situation oft besser ausdrücken als die Sprache. Bei anregender Musik kann jede ihre (biblische) Rolle tanzen – ein Tanz vor Gott! Auch Männer sollen in der Rolle biblischer Frauen tanzen und mimen: Sie werden die Frauen um sich und die Frau (anima) in sich besser verstehen und darstellen, ja besser ihnen gerecht werden können. Solche Tänze können Bestandteile einer Frauenliturgie sein.

Christus und die Frauen

(Franz Feiner)

Die Erzählung von der Heilung der blutflüssigen Frau steht nicht zufällig in der Bibel. An dieser Heilungsgeschichte wird grundsätzlich sichtbar, wie Jesus mit Frauen umgeht. Wie Jesus dem Besessenen mit dem Finger Gottes die Dämonen austreibt, ist auch die Heilung der blutflüssigen Frau Zeichen für das Reich Gottes.
An der Geschichte von der Salbung des Messias, die dem Messiasbekenntnis des Petrus vergleichbar ist, ersehen wir, wie die jesuanische Gemeinde mit Frauen umgeht. Wie bei Maria von Magdala, stellt uns Johannes mit der Samariterin am Jakobsbrunnen ein Beispiel vor Augen, welchen Platz Frauen in der nachösterlichen Gemeinde hatten.

Wir fragen uns: Welche Konsequenzen ziehen die Gemeinden *heute* aus diesen Begegnungen Jesu mit Frauen?

Die Heilung der blutflüssigen Frau
(Mk 5,25–34, par: Mt 9,20–22 und Lk 8,43–48/7. Bild der 7. Bildreihe)

Zur Bildbetrachtung:

Sechs Personen füllen das Bild aus, das eine besonders dynamische Bewegung in sich trägt. Diese geht von links unten von der kauernden Gestalt aus, wird weitergeführt über die ganz vorne gehende weiß gekleidete Gestalt und schließt alle weiteren vier Personen des Bildes mit ein.
Die Person, von der die Bewegung ausgeht, ist eine Frau, die am Boden kauert, im Vordergrund links unten. Ihren Blick und die Hände hat sie hilfesuchend zur hellen Gestalt erhoben; eine Hand ergreift das helle Gewand. Diese hell gekleidete Person geht einer Gruppe von vier Leuten voran. Seine Schritte und die Hände sind nach vorwärts gerichtet, der Kopf wendet sich zurück und der Blick zur hilfesuchenden Frau. Die weiße Gloriole hebt sich vom hellblauen Hintergrund ab. Ihr weißes Kleid ist mit Gold gestreift – auch im blauen Kleid der Frau findet sich das Gold, ja sogar auf dem Weg.
Der Person mit heller Kleidung gehen drei Personen in aufrechter Haltung nach, eine vierte Person stützt sich auf eine große Krücke. Ihr Kopf ist mit einer Kapuze bedeckt, ihr Gewand ist ausgefranst, Flecken sind eingenäht. Ihr Blick richtet sich auf den Menschen vorne, auf Jesus. Und auch die Blicke der drei aufrecht gehenden Personen sind auf Jesus gerichtet.

Zur Theologie:

Die Erzählung von der Frau, die schon zwölf Jahre an Blutungen litt, ist eingeflochten in die Geschichte von der Auferweckung der Tochter des Jairus. Auf dem Weg zum Synagogenvorsteher Jairus ereignet sich diese Geschichte, die gleichsam im Vorübergehen erzählt wird, und bei der die Frau sagt: „Wenn ich auch nur sein Gewand berühre, werde ich geheilt" (Mk 5,28).
Man stelle sich vor: Im Alten Orient gab es noch keine Hilfsmittel der weiblichen Hygiene wie Binden oder Tampons; bei den geringen Möglichkeiten zum Waschen und der Hitze am Tag verbreitet Blut einen unangenehmen Geruch. In Israel gab es zudem noch keine Trennung von heilig und profan. Alles, was im Alltag begegnet, hat auch religiöse Bedeutung. Jeder, der Kranke berührt, wird kultisch unrein (vgl. Lev 15,11). In besonderer Weise ist in Israel der Umgang mit Blut geregelt: „Das Blut ist nach Lev 17,10–14 das sichtbarste Zeichen der Lebenskraft überhaupt, ist Eigentum des allein lebenspendenden Gottes" (P. Trummer, Die blutende Frau. Wunderheilung im Neuen Testament, Freiburg – Basel – Wien 1991, S. 115.) Eine Frau, die *zwölf* Jahre, also eine Fülle von Jahren blutet, trägt die Fülle aller Leiden. Sie ist vielfach diskriminiert. Denn: um sozial abgesichert zu sein, braucht sie Nachkommen. Ständige Blutungen bedeuten somit auch Unfruchtbarkeit, keine Zärtlichkeit und Nähe, keine geschlechtliche Beziehung, Eheuntauglichkeit.

Vor allem hier vertritt Evi Krobath eine konträre Position zu Peter Trummer: Sie betont den Schutz der Frau, indem der Mann die Frau in den Tagen der Monatsblutung als sexuell unberührbar respektiert. Krobath spricht von der Problematik der Beziehung der Blutflüssigen zu ihrem Ehemann, als die Regelblutung unregelmäßiger wurde und sich auf zwölf Tage (!) verlängerte. Der Aufsatz in Form eines Briefes der geheilten blutflüssigen Frau an eine weise und gelehrte Freundin ist höchst beachtenswert: (E. Krobath, in: D. Sölle (Hrsg.), Für Gerechtigkeit streiten. Theologie im Alltag einer bedrohten Welt, Gütersloh 1994).

Sie muß sich vom Heiligtum fernhalten, darf nicht an religiösen Festen teilnehmen. „Der Zustand dieser Frau ist dermaßen, daß sie sich nicht einmal einer Jesusbegegnung direkt stellen kann" (P. Trummer, a.a.O., S. 84).

Das Gemeinsame der drei Synoptiker ist folgender kurze Text:

Eine zwölf Jahre
blutflüssige Frau
kam von hinten her,
berührte sein Gewand.
Er aber sagte:
Tochter, dein Glaube hat dich heil gemacht.

Interessanterweise ist der älteste Text, von Markus, auch die ausführlichste Schilderung dieser Heilung. Diese zwölf Jahre lang blutende Frau hatte viel gelitten, für viele Ärzte ihr ganzes Vermögen aufgebraucht, sich total verausgabt und dennoch keinen Nutzen erfahren. In dieser totalen Erschöpfung „hört sie über Jesus" (V. 27). Ein Gerücht um den historischen Jesus bezüglich seines Umgangs mit Frauen muß schon existiert haben, das diese Blutflüssige bewog, zu ihm zu kommen. Sie dürfte in der Menge auch intuitiv Jesus erkannt haben. Diese Frau, die einem totalen Berührungstabu unterliegt, weiß, daß sie nur durch eine körperliche Berührung gegen ihr Leid ankämpfen kann. Und sie wagt es, ihn zwar nicht an der Hand, aber zumindest sein Gewand zu berühren. Doch bedeutet dies für die Unberührbare einen gewaltigen Mut, sie überschreitet gesellschaftliche und religiöse Regeln, sie macht mit ihrer Berührung auch ihn kultisch unrein. Sie, die sich jahrelang be-handeln ließ, handelt jetzt selbst in einer kaum merkbaren Geste; sie ertastet zumindest das Gewand Jesu. Und „sofort hörte die Blutung auf" (V. 29). Sie muß die vielen Jahre lang den Schmerz gehabt haben, auszurinnen, zu verströmen. Auf die Frage Jesu, wer ihn an den Kleidern berührt habe, antworten zunächst die Jünger. Das Geschehen wird in die Öffentlichkeit geholt. Die Frau selbst kann noch nicht in den Dialog eintreten, es geht ja um die Kontakt- und Gesellschaftsfähigkeit der Frau. Jetzt kann Jesus sich gezielt nach der Frau umdrehen. Doch nicht Freude über die Heilung ist die Reaktion der Frau, sondern „Furcht und Zittern". Nach Markus ist Furcht immer eine angemessene Reaktion darauf, wenn die Bedeutung der Person Jesu aufleuchtet. Furcht hat mit Gotteserfahrung zu tun, konkret ging es um das Problemfeld des Gott selbst vorbehaltenen Blutes. Und die Frau „wirft sich ihm zu Füßen, wie es im Grunde genommen nur einer Gottesbegegnung angemessen ist" (P. Trummer, a.a.O., S. 99). Und sie „sagte ihm die ganze Wahrheit" (V. 33), die Wahrheit über sich, die Krankheit und Heilung. Mit dem Wort: „Meine Tochter, dein Glaube hat dir geholfen" (V. 34) nimmt Jesus dem Tun der Frau die Last der Heimlichkeit ab, stellt sich vor der Menge, das heißt öffentlich, ganz auf ihre Seite. Er stößt sie nicht zurück, er reagiert nicht erschrocken, sondern läßt die Berührung der kultisch Unreinen zu, redet sie mit Tochter an, und deutet ihr Tun als Ausdruck ihres Glaubens, der sie heil gemacht hat. Mit dem Wunsch: „Geh in Frieden!" wünscht er ihr den Schalom, Ganzheit und Heil. Mit dem abschließenden Wort

„Du sollst von deinen Leiden geheilt sein" spricht er die Frau auf ihre bleibende Verantwortung für die Gesundheit, ihr Heil an.

Matthäus bringt nur das nackte Gerippe dieser Heilungsgeschichte. Bei ihm nimmt sie sich im Selbstgespräch zwar die Berührung des Kleides vor, beschränkt sich in der Tat aber nur darauf, den Saum seines Gewandes zu berühren. Jesu Zuspruch beginnt mit dem Wort: „Hab keine Angst." Mit seiner Zuwendung will er den Mut der Frau stärken. Mit seinem Wort: „Dein Glaube hat dir geholfen" (V. 22), nimmt er „weder einen Mirakelglauben auf, noch setzt er, wie bei Markus, eine Umkehr auf die Person des Offenbarers hin voraus. Er beantwortet vielmehr eine Bitte, einen Gebetsglauben" (H. Verwejen, Gottes letztes Wort. Grundriß der Fundamentaltheologie, Düsseldorf 1991, S. 430).

Im Unterschied zu Matthäus erwähnt Lukas mit einer doppelten Verneinung, daß die Frau (wörtlich) „nicht vermochte, von niemandem geheilt zu werden" (8,43). Klingt nicht damit an, daß „ihre Nichtheilbarkeit auch mit ihr selbst etwas zu tun hat, in ihrer eigenen Schwäche eine Ursache hat" (P. Trummer, a.a.O., S. 114). Feinsinnig ist im Dialog mit dem Thema Gedränge der „Hinweis auf die Person Jesu: Selbst in der Menge kann Jesus noch eindeutig zwischen dem normalen Gedränge und dieser wichtigen persönlichen Berührung unterscheiden. Nicht schon, wer an Jesus nur anstößt, ist in Berührung mit ihm, sondern erst diese bewußte, wenn auch heimliche Berührung läßt eine Kraft von ihm ausgehen" (P. Trummer, a.a.O., S.107). Muß sich bei Markus Jesus nach ihr umdrehen, ist bei Lukas die Frau selbst die Sehende: Sie sah, „daß sie es nicht verheimlichen konnte". Entscheidend für Lukas ist auch die Anknüpfung an Mk 5,33: „... und sagte ihm die ganze Wahrheit". Offenbar wollte die Frau zunächst verborgen bleiben (V. 47) und „hatte zunächst mit ‚allen' anderen die Tat abgestritten (V. 45). Nun tritt sie zitternd vor den Offenbarer und ‚verkündigt vor dem dem ganzen Volk' den Grund ihres Tuns und das Wunder ihrer sofortigen Heilung (V. 47)" (H. Verweijen, a.a.O., S. 431). Die Frau richtet ihr Bekenntnis also nicht an Jesus selbst, sondern als Verkündigung an das ganze Volk.

Jesus, der sich von einer Unreinen, von einer Unberührbaren berühren läßt, „kann auch selber nicht ganz ‚sauber' bleiben" (P. Trummer, a.a.O., S. 120). Er infiziert sich, gerät selbst in den Bannkreis der Schuld, läßt sich kultunfähig machen. Mit einem absolut sündelosen Messias ist er nicht mehr in Einklang zu bringen. Jesus hielt sich nicht von Frauen fern, er ließ sich auf diese ungemein problematische Berührung ein, bewußt und absichtlich. Er zeigte keine Kontaktängste in Richtung Blut. Mit dieser Berührung wird der Gott in ihm nicht befleckt; mit dieser Tat proklamiert Jesus einen Gott, der mit einer religiös ideologisierten Diskriminierung der Frau nichts zu tun haben will, der sich gegen eine kultische Apartheid der Frau wendet. Denn ein religiös motivierter Unterschied zwischen Mann und Frau darf in Hinkunft nicht mehr gelten. Jede kultische und religiös motivierte Ausgrenzung der Frau wird durch die immer wieder zu erzählende Berührung als Verrat an Gott entlarvt. Die Evangelien erzählen diese Geschichte, nicht um eine ehemalige Heilung zu dokumentieren, sondern um aufmerksam zu machen auf Wunden, die Menschen, vor allem Frauen – auch mit religiöser Motivation – geschlagen wurden und werden. Indem die Jünger und das Volk in die Geschichte miteinbezogen werden, gilt das als Auftrag, die Heilungspraxis Jesu fortzusetzen. Diese Geschichte wird erzählt, damit „Unberührbare" ganzheitlich geheilt werden, nicht durch Medikamente und Operationen, sondern durch Begegnung, Gespräch und leibhaftige Kontakte, die körperlich und seelisch befreiend wirken. Der starke Glaube der Frau ist „ein positives Gegenstück zu dem Verzagen der Jünger beim Sturm auf dem See" (R. Schnackenburg, Das Evangelium nach Markus, 1. Teil, in: Geistliche Schriftlesung, Düsseldorf 1966, S. 134). Für diese Frau und uns alle gilt in der Begegnung mit Jesus: „Denen, die ihn im Glauben ‚berühren', schenkt er Heilung und Heil" (R. Schnackenburg, Das Evangelium nach Markus, a.a.O., S. 135).

Zur Psychologie und Seelsorge:

Auch ist die Heilungsgeschichte allegorisch zu verstehen. Kann ich mich wiederfinden in einer Person oder in mehreren Personen der Geschichte? Nicht nur Frauen, auch Männer können sich „verbluten", im Magen, Darm usw. Wir denken an blutende Herzen und die blutende Seele. Wie geht es Männern mit den weiblichen Anteilen? Verströmt und verblutet nicht häufig die Anima im Mann? Sind nicht die Fähigkeiten zum Fühlen, zur Intuition, zur Emotionalität oft schon ausgeronnen? Ist die Sehnsucht nach Berührung, Kontakt, Streicheln und Spüren eines leibhaftigen Menschen mit Haut und Haar nicht oft übergroß? Erlebe ich mich selbst als unberührbar, weil hart und unnahbar? „Darf ich einen ‚Wundertäter' schon hier erwarten, der mit einem Wort alles verändert, mich gesund an Seele (und Leib) macht? ... Aber wo einen Jesus suchen? ... Wäre mein Jesus überhaupt ein Mann? Und woran sollte ich erkennen, daß er oder sie es wirklich ist? ... Doch er müßte sich von Anfang an von mir ‚berühren' lassen, ohne auf meine Person zu schauen, ohne zu fragen, ob ich ihm ‚zu Gesicht stehe' ... Der Jesus, den ich brauchte, müßte vor allem ein Mensch sein, ganz Mensch sein, kein Übermensch, der über alles erhaben ist ... Verletzlich müßte er sein ... Nichts dürfte ihm zu schmutzig sein, es anzufassen, weder meine Frustrationen, Haßgefühle, ‚unreinen' Gedanken, Samen oder Blut ... Gütig müßte er sein und wohlwollend ... weitherzig und großzügig müßte er sein ... Alles müßte ans Licht kommen, denn nur die Wahrheit, die ganze Wahrheit, könnte etwas zum Heil verändern" (P. Trummer, a.a.O., S. 144–148). So ein Wundertäter ist einer, der Zeugnis gibt von einem Gott, der keine Diskriminierung duldet, der Tabugrenzen überschreiten hilft und der gegen in seinem Namen aufgestellte Tabus ankämpft. Ein solcher Wundertäter bezeugt einen Gott, dem niemand zuwider ist, der ein wahrer Immanuel, ein Gott für und mit den Menschen ist.

Die Salbung in Betanien und die Samariterin am Jakobsbrunnen
(Mk 14,3–9, und Joh 4,5–42, 8. Bild der 7. Bildreihe)

Zur Bildbetrachtung:

Wir sehen eine grüne Landschaft mit blühenden Blumen im Vordergrund, einen Weg zu einer kleinen Stadt, einem See, braunen und grünen Hügeln im Hintergrund vor weißgrauem Himmel.
Drei Personen sind im Vordergrund: ein Mann und eine Frau sitzen an einem Brunnenrand, eine Frau steht aufrecht, mit Händen und Gesicht zum Mann in der Mitte gewandt. Der Mann mit hellem Gewand mit dunklen und goldenen Falten, einer goldenen Gloriole, eine Hand ist zur linken, die andere Hand zur rechten Frau gerichtet. Er schaut nach vorwärts, direkt zum Betrachter des Bildes.

Die sitzende Frau mit Schleier über dem Kopf ist mit ihrem Körper dem Mann zugewendet. Sie hält einen Weinkrug in den Händen. Ihr hellblaues Gewand hat dunkle und goldene Streifen und Falten. Die stehende Frau mit dunkelblauem Kleid und goldenen Falten trägt ihr langes Haar offen und hält ein Gefäß in der rechten Hand, ein helles, goldfarbenes Salbgefäß. Mit ihrer Linken salbt sie das Haupt des Mannes. Die Blumen im Vordergrund haben vom Gold angenommen.

Zur Theologie:

Zwei Erzählungen sind in das Bild verwoben: Die Geschichte von der Salbung im Haus Simons in Betanien (Mk 14,3–9 par: Mt 26,6–13 und Joh 12,1–8; vgl. Lk 7,36–52) und das Gespräch mit der Frau am Jakobsbrunnen.
Alle vier Evangelien erzählen von der *Salbung Jesu durch eine Frau*, und das mit einer seltenen Ähnlichkeit. Bei Lukas findet sich diese Salbung schon im 7. Kapitel, bei allen anderen Evangelisten ist die Salbung in Betanien mit dem Einzug in Jerusalem verbunden. Als Gastgeber wird bei Lukas ein Pharisäer namens Simon, bei Matthäus und Markus Simon der Aussätzige, genannt. Daher nehmen die Exegeten an, daß die Salbung nicht zweimal stattgefunden hat. Die Nähe zum Todespascha geht bei Matthäus, Markus und Johannes aus der Erzählung selbst hervor. Bei Johannes ist die salbende Frau Maria, die Schwester der Marta und des Lazarus. Die anderen Evangelisten nennen nicht den Namen der Frau, bei Lukas ist die Rede von einer in der Stadt bekannten Sünderin. In der katholischen Tradition wurde daher die Sünderin irrtümlich mit Maria von Magdala gleichgesetzt. Auch, weil diese im nächsten Kapitel genannt wird als Frau im Gefolge Jesu, aus der er sieben Dämonen ausgetrieben hat (vgl Lk 8,2).
Beim Gastmahl lagen die Männer zu Tische; es ist undenkbar, daß eine Frau am Gastmahl teilnahm, Frauen waren zum Bedienen da. Und da ist eine Frau so verwegen und unverschämt, sich bei einem Gastmahl Jesus zu Füßen zu setzen. Traditionen und Anstandsregeln verletzt sie unbekümmert, sie bricht das Hausrecht, um Jesus zart und voll Sympathie, mit-leidend, Gutes zu tun.
Markus macht seinen Lesern das Messiasgeheimnis Jesu deutlich. Um den messianischen Proheten zum messianischen König zu salben, ist das Beste gerade gut genug. Das Zerbrechen des Salbgefäßes läßt uns erkennen: Es soll zu keinem anderen Zweck mehr benutzt werden. Die Salbung trägt den Stempel einer königlichen Verschwendung. Der Wert eines Jahresgehalts eines Arbeiters wurde hier „verschwendet“ : Die murrenden Jünger sprechen von einer anderen, besseren Verwendung des Geldes. Die Frau ahnt das Geheimnis Jesu und bezeugt dies durch ihr Tun; die Jünger haben keinen Sinn für diesen Liebesdienst. Jesus genießt die wohltuende Salbung. Dieses konkrete Handeln der Frau wird von Jesus höher geschätzt als bloße Geldspenden. Denn der Abschied rückt nahe heran. Bevor harte Hände ihn packen und schlagen, „darf noch einmal vorher eine zarte Hand seinem Leibe Gutes tun“ (W. Trilling, Das Evangelium nach Matthäus, 2. Teil, in: Geistliche Schriftlesung, Düsseldorf 1965, S. 289). Hier sind nicht die Apostel, sondern die Frau ist unauflösbar mit der Guten Botschaft, dem Evangelium verbunden. Als ein Messiaszeichen wird das Tun dieser Frau gewürdigt, für immer in die Verkündigung der Kirche aufgenommen zu werden. Nicht erst nach Tod und Auferstehung ist Jesus als Christus, als Messias (= der Gesalbte) zu bezeichnen, sondern schon die Salbung durch die Frau ist „Zentrum und Ausgangspunkt des Christus-Titels“ (Ch.

Mulack, Jesus – der Gesalbte der Frauen. Weiblichkeit als Grundlage christlicher Ethik, Stuttgart [2]1990, S. 104). Eine unbekannte Frau ist es, die „die leibliche Solidarität und die heilende Gemeinschaft als neue messianische Ordnung ankündigt" (E. Moltmann-Wendel, Ein eigener Mensch werden. Frauen um Jesus, Gütersloh [6]1987, S. 104). Sie tut etwas, was in Israel nur Männer tun konnten: Gleich einer Prophetin salbt sie den Messias, den König, der allerdings unter fremder Besatzung ein Todeskandidat ist. Mit diesem Bruch mit der Vätertradition kündigt sich eine neue Zeit an, in der die alten Werte auf den Kopf gestellt werden.

„Die Unbekannte taucht wie eine weise Frau auf, weiß mehr und deutlicher als alle andern über die Zukunft ... Sie tröstet und labt mit heilender Salbe. Und sie übernimmt zudem noch eine politische Rolle: sie kürt den König ... eine Frau hat vor allen Jüngern um das Messiasgeheimnis gewußt" (E. Moltmann-Wendel, a.a.O., S.102f.).

Den dunklen Kontrast bildet vor der Erzählung der Todesbeschluß und nach dieser Erzählung das Trachten des Judas Iskariot, Jesus auszuliefern. Für Judas, den Dolch-Mann, kam nur ein politischer Messias in Frage. Er setzte sich gegen die römische Besatzungsmacht mit ganzer Kraft dafür ein, ein messianisches Reich auf Erden zu errichten. „Ein Befreier Israels, der sich von Frauen salben ließ, muß für ihn das Letzte gewesen sein! Er fühlte sich und seine Hoffnungen verraten und wurde selbst zum Verräter" (Ch. Mulack, a.a.O., S. 117).

Was Jesus von der Frau erfahren hat, vollzieht er selbst beim letzten Beisammensein an seinen Jüngern. Mit fast gleichen Worten wie bei der Salbung wird bei der Fußwaschung das Handeln Jesu beschrieben (Joh 13,5; vgl. Joh 12,3). Er gibt als Vermächtnis an die Jünger weiter, was die Frau an ihm getan hat. Wie bei der Salbung das Weitererzählen ihrer Tat mit der Erinnerung an diese Frau verbunden ist (vgl. Mk 14,9), so fordert Jesus beim Abendmahl auf: „Tut dies zu meinem Gedächtnis!" (Lk 22,19).

Die Samariterin am Jakobsbrunnen (Joh 4,5–42)

Zu einer vollkommen unüblichen Zeit kommt diese Samariterin zum Brunnen, um Wasser zu holen. Nicht am kühlen Abend zusammen mit anderen Frauen, sondern in der sengenden Mittagshitze. Damit ist sie, die Samariterin und Frau, ein doppeltes Symbol für Unreinheit und Verachtungswürdigkeit, auch noch als Ausgestoßene ihrer Gesellschaft charakterisiert.

Jesus – von der Reise müde – auf dem Brunnenrand sitzend, erwartet sie. Verständlicherweise ist sie als Samariterin verwundert, als er, ein Jude, sie auffordert, ihm zu trinken zu geben. Es scheint ihr schwerzufallen zu glauben, daß sein Durst größer ist als der Stolz eines jüdischen Mannes. Doch mit ihrer Verwunderung scheint sie seinen Stolz gerade zu schüren. Denn würde sie ihn bitten, gäbe er ihr lebendiges Wasser. Dies wirkt auf sie, als spiele er sich auf, sein Wasser sei wertvoller als das ihre. Darauf beruft sie sich auf die gemeinsame Vergangenheit, auf den Vater und Brunnenbauer Jakob, der auch ihr etwas Selbstbewußtsein gibt. Jesus beharrt auf seinem Wasser, das den Durst auf Dauer stillt. Darauf erbittet die Frau solches Wasser, „damit ich keinen Durst mehr habe und nicht mehr hierher kommen muß, um Wasser zu schöpfen" (V. 15). Sie kann nicht der Hintergründigkeit Jesu folgen, sondern bleibt also beim Konkreten. Darauf verlangt Jesus sehr konkret, sie solle ihren Mann holen. Damit trifft er ihren wunden Punkt. „Der Lebenswandel der Frau wird von Jesus nicht ... verurteilt, sondern als Ausdruck

eines tiefen Verlangens nach Halt, einer unendlichen Sehnsucht nach Annahme und Geborgenheit, als Ausdruck eines ungestillten Durstes nach Liebe begriffen" (H. Fischedick, Aufbrechen. Schuld als Chance, München 1988, S. 149). Jesus macht ihr bewußt, „wie unerfüllt die Sehnsucht nach dieser Liebe geblieben ist, obwohl oder gerade weil sie ihre unendliche Sehnsucht immer wieder auf menschliche Partner gerichtet hat. Solche Versuche müssen zu einer unentwegten Kette von Enttäuschungen werden, da kein Mensch in der Lage ist, diesen Durst wirklich zu stillen" (H. Fischedick, a.a.O., S. 149).
Die Frau begreift, daß er ihr das Leben und ihre menschliche Not durchsichtig macht. Sie fühlt sich zutiefst verstanden. Er muß also ein Prophet sein. Ihr Leben wird geöffnet auf den Grund, der wirklich tragfähig ist: auf Gott. Die Frau spürt, daß dies anders geschieht „als auf den amtlichen Wegen herkömmlicher Religion. Die Frau spürt diesen Widerspruch: ‚Unsere Väter haben ... und ihr sagt ...' (4,20). Darum versucht Jesus, sie behutsam aus der Abhängigkeit von Autoritäten zu lösen, damit sie statt dessen ‚im Geist und in der Wahrheit' (4,23) unmittelbar und aufrichtig Gott begegnen kann. Die Erzählung von der Frau am Jakobsbrunnen ist eine wundervolle therapeutische Erlösungsgeschichte, in der einem Menschen durch gütiges Verstehen und Durcharbeiten seiner Lebenssituation ermöglicht wird, anders zu handeln, als er bisher glaubte, handeln zu müssen" (H. Fischedick, a.a.O., S. 150).
Und diese dreifache diskriminierte Person: Frau, Samariterin und aufgrund ihres Lebenswandels von ihrem Volk Ausgestoßene, wird zur Künderin: „Kommt her, seht, da ist ein Mann, der mir alles gesagt hat, was ich getan habe: Ist er vielleicht der Messias?" (4,29). Und ihre Volksgenossen hören auf sie. Als er auf ihr Bitten zwei Tage bei ihnen bleibt, kommen die Menschen aus Samarien zur Überzeugung: „Wir selbst haben ihn gehört und wissen nun: Er ist wirklich der Retter der Welt" (vgl. V. 42).

Übung:

Denke und fühle dich in eine Frau, die Jesus begegnet, hinein, z. B.: in die blutflüssige Frau, und schreibe in der Ich-Form:
„Ich bin ..."
Oder tritt in den Dialog mit Jesus wie die Samariterin:
„Ich ..., du aber ..."
Oder sprich zu Deinem Messias, wie die Frau, die Jesus gesalbt hat:
„Du, Jesus ..."

Gebet der salbenden Frau:

Du, Jesus, bist es, der mein Leben geändert hat. So ganz anders schaust Du mich an. Wieviel Güte und Liebe liegen in Deinem Blick! Ich habe Dich beobachtet und gesehen, daß Du den feinen Herren nicht nach dem Mund redest. Nein! Du spürst Leute wie mich direkt auf, ich bin Dir wichtig. Ich sehe, daß Du ganz anders bist, redest und handelst, anders als die anderen Männer. Und da hat es bei mir geklingelt: So, nur so, kann man leben, wenn man so angenommen wird wie von Dir. Du hast mir Mut gegeben, Sinn für den Mut. Wie hätte ich mich denn anders als durch den Glauben an Dich trauen können,

hier herein zu kommen? Ganz tief in meinem Herzen spüre ich, daß Du gekommen bist, mir und den Menschen um mich Leben zu geben. Wie kann ich anders, als dieses neue Bewußtsein aus mir heraussprudeln zu lassen, es aller Welt mitzuteilen und Dir die Ehre und den Dank zukommen zu lassen, die Dir gebühren. Alle sollen es sehen, die noch blind sind, daß Du der Messias bist! Wovor soll ich mich in dieser Männergesellschaft fürchten? Du bist ja da! Es sollen sich die Leute wundern über eine solche „Närrin", wenn sie nur begreifen, warum das geschehen mußte, wenn sie begreifen, daß es auch um ihr Heil geht! Ach, die Menschen sehen nur das Geld, das in dem Öl steckt. Warum sind sie für den Dienst dieses Öles blind? Für das Größte, Wertvollste und Mächtigste?
Mein Jesus, ich danke Dir, daß mir Deine Güte zuteil wurde!

Hymnen

Dem Heiland der Menschen

Das Lied bezieht das heilende Tun Jesu auf unsere Gegenwart und beschreibt es mit den Bildern seiner Gleichnisse und der Psalmen: Den Krüppeln menschlicher Not, ihrer Wüste und ihren leeren Zisternen steht er als der Adler mit seinen rettenden Fittichen, als Arzt und Quelle des Heiles gegenüber. Der Heilandsruf Jesu (Mt 11,25 ff.) gilt den Mühseligen und Beladenen, die Endzeit wird im Bild des hochzeitlichen Kleides und Mahles beschworen. Die Erlösung wird hier als gegenwärtige und zukünftige Heilung verstanden.

1. Herre Christ, in deiner Schwingen
Schatten alle Wesen fliehn.
Kranke eilen wir und Krüppel
noch an deine Wege hin.
Wollest du, der Menschen Heiland,
heilend doch vorüberziehn.

2. Arzt bist du, des Lebens Spender,
der im Land des Todes weilt
und Gebeugte uns besuchet.
O gepries'ne Hand, die heilt,
die Betrübter Tränen trocknet
und das Brot mit Armen teilt!

3. Kehre ein bei den Verlass'nen
und verleihe guter Gast,
den Bedrängten deinen Frieden.
Trage du der Müden Last
und gewähre Heimatlosen
stets in deinem Hause Rast.

4. Wüsten sind wir und Zisternen,
die nur karges Wasser füllt,
Herzen, die im Wind verdorrten:
du, der Born, der immer quillt,
du gepriesne ew'ge Fülle,
die der Bettler Darben stillt.

5. Heilen wirst du und vollenden,
kleiden uns in Glanz und Licht
zu dem hochzeitlichen Mahle.
Neige denn das Angesicht,
füll die Krüge unsres Sehnens:
komm, o Herr, und säume nicht.

6. Dir, der ist und der gewesen,
der auch wiederkommen wird
und der alles, was da lebet,
aus dem Nichts heraufgeführt:
Dir die Weisheit, Macht und Ehre
in die Ewigkeit gebührt!

Dem erhöhten Herrn

Die Strophen sind ein großer Hymnus auf Christus, ihre Bilder sind aus der Thronvision und aus der Verherrlichung des Lammes nach dem 4. und 5. Kapitel der Apokalypse genommen. Das Danklied feiert die Erlösung nach den Worten von Apk 1,4f.: das königliche und priesterliche Volk der Erlösten.

1. Christus Jesus, Ruhmes König,
herrlich bist du anzusehn:
dich umwallt dein Purpurmantel,
deine Pracht ist flammend schön.
Tausend und zehntausend Sänger
selig deinen Thron umstehn.

2. Sie lobjauchzen deiner Stärke,
ganz geblendet von dem Licht.
Ruhelos und ohne Ende
jeder dir den Hymnus spricht
und die Könige der Erde
beugen tief ihr Angesicht.

3. Rauschend schlagen sie die Harfen,
wundersam erschallt ihr Ton:
Herr, du hast uns ausgesondert,
uns gerufen vor den Thron
aus den Völkern und Geschlechtern,
jede Zunge und Nation.

4. Du hast uns geliebt, o Christus,
und von Sünden uns befreit
durch die Ströme deines Blutes.
Hast zu Priestern uns geweiht
und gehüllt in Pracht und Prangen
königlicher Herrlichkeit.

5. Nimm hinweg den Geist der Knechtschaft, der noch immer Furcht einflößt;
gib den Geist uns deines Sohnes:
Frei sei jeder und erlöst,
denn befreiend deine Wahrheit
in die Nacht der Knechte stößt!

6. Dir der ist und der gewesen,
der auch wiederkommen wird
und der alles was da lebet
aus dem Nichts heraufgeführt:
Dir die Weisheit, Macht und Ehre
in die Ewigkeit gebührt!

9. Das Bibliodrama – sein Reichtum, seine Methoden

Das Bibliodrama

Biblische Erzählungen wollen Gegenwart werden. Wie radikal das gemeint ist, zeigt uns die Feier der Eucharistie: Die Rezitation der Abendmahlserzählung über Brot und Wein inmitten der Gemeinde ist die intensivste Form der Verkündigung, eine wortwörtliche Vergegenwärtigung des Einst im Heute. Vergegenwärtigt will die Heilsbotschaft im Leben eines jeden Glaubenden werden, indem dieser zu einem „zweiten Christus" wird, der in ihm Gestalt annimmt:
„So sollen wir alle zur Einheit im Glauben und in der Erkenntnis des Sohnes Gottes gelangen, damit wir zum vollkommenen Menschen werden und Christus in seiner vollendeten Gestalt darstellen" (Eph 4,13).
Er wird uns immer mehr in seine Christuswirklichkeit hineinverwandeln – was sich dann freilich in unserem Leben auswirken und zeigen wird.
Zwischen Sakrament und Existenz mag die *Dramatisierung* biblischer Texte irgendwo in der Mitte liegen. Gerade sie ist ein Medium, das dem Unterricht und der „Bibelstunde" hilfreich sein kann.
Schon die Lernpsychologie zählt Dramatisierungen zu den effizientesten Lernmethoden, zu den ganzheitlichen, leibhaftigen und geschehenden (nicht nur gedachten) Aneignungen von Wirklichkeit. Da der Schöpfungslogos ja auch in einem jeden von uns nach wie vor Fleisch werden will, bringt die Dramatisierung biblischer Worte ein Geschehen in Gang, das unsere „Einverleibung" in den Text bewirkt. Da nie nur eine einzelne Rolle, sondern immer der gesamte Text und sein Erzählverlauf dargestellt werden, ist jeder Mitspieler in einer jeden Rolle und in dem, was mit ihr geschieht, mit enthalten. „Text" und „Kontext" werden kraft der Rollenübernahme und der Rollenwirkung ein Moment an uns selbst (Samuel Laeuchli, Das Spiel vor dem dunklen Gott, Neukirchen-Verlag 1987, S.167). Das gespielte Wort wird wie eine Partitur „aufgeführt". Die biblische „Melodie" in uns und aus uns erklingt. Theologie und Lernpädagogik erreichen hier gemeinsam ein Ziel, das nur noch mit dem Sakrament vergleichbar ist.
Unsere Zeit ist der Vergänglichkeit unterworfen: Der kurze Augenblick der Gegenwart ist in sich brüchig und wird von der nicht mehr zurückrufbaren Vergangenheit verschlungen. Die Zukunft steht aber noch aus, ist voll Ungewißheit und wohl auch von den Mächten des Unheils schwanger. Wenn der Messias „aus dem Weib geboren, dem Gesetz

untertan ist" (Gal 4,4), auch dem Gesetz der *Zeit*, so ruht seine Zeit doch in einem tieferen Sinn in der Ewigkeit Gottes.

Als der „Ursprung" unseres geschöpflichen Daseins ist er uns immer gegenwärtig. Seine eigene Geschichte ist mit all ihren einzelnen Geschehnissen im Tod zusammengefaßt worden und so in die Auferstehung hineingenommen, daß sie im Auferstandenen immer als gegenwärtig, uns zugänglich und abrufbar bleibt. Vollends ist die Zukunft des Christus sein ständiges Auf-uns-zu-Kommen als Heil und als sichere Verheißung. Jesu Geschichte ist im Auferstandenen zusammengefaltet und immer gegenwärtig. Auch wenn wir uns mit einem einzelnen, vergangenen Abschnitt (einer „Perikope") der Heilsgeschichte beschäftigen, ist diese als ganze gegenwärtig. Wie weit wäre davon die historisch-kritische Exegese entfernt, wenn sie beanspruchen würde, *die* adäquate Auslegung der Bibel zu sein!

Doch selbst die tiefenpsychologische Deutung kommt aus dem Gefängnis unserer Zeit nicht heraus. Wenn sie auf das kollektive Unbewußte und seine Archetypen zurückgreift, wird das vermutlich auf eine Wiederkehr der „Götter" im psychologischen Kleid hinauslaufen.

Was kann nun alles „Bibliodrama" genannt werden? Die Bibel selbst *ist* Bibliodrama, denn sie ist das Zeugnis von der durch Gott in Gang gesetzten Heilsgeschichte. Nicht *wir* machen aus der Bibel Bibliodramen, sondern wir besinnen uns auf ihre dramatische, weil heilsgeschichtliche Dynamik. Wir müssen uns nur mit unseren Auslegungs*methoden* von der Heilsgeschichte erfassen lassen, die Gott mit *uns* durchführt.

Eine biblische Hermeneutik findet ihre Nachbarinnen in einer Musikpartitur, die aufgeführt werden will; in Gesetzesbüchern, nach denen Recht gesprochen werden soll; ja selbst in Kochbüchern, die zur Nahrung hinführen – das Wort Gottes als unser „Brot" – ist das so fremd?

Der dramatische Bogen der Bibel spannt sich von der Schöpfungstat Gottes „am Anfang" bis zur Apokalypse, die dramatisch abrollen läßt, was „bald" geschehen soll. Besondere Dramatik verraten die großen Erzählzyklen des ersten Testaments. Man bedenke, daß das große und wunderbare Davidsepos lange vor den Epen Homers niedergeschrieben wurde! Psalmen verraten eine innerseelische Dramatik und wollen immer und immer wieder als Gebet „aufgeführt" werden. Nicht nur die Jesusschriften (die Evangelien) sind Heils*geschichte*, auch die Paulusbriefe geben einen Einblick in die innerseelische Dramatik dieses Mannes, da Christus mit ihm und er mit Christus ringt.

In Didaktik und Methode umgesetzt ist eine *Nacherzählung* biblischer Texte mit ihren Verläufen, direkten Reden und menschlichen Schicksalen reinstes Bibliodrama; außerdem: natürlich auch alle Formen von Spiel und Spielen als sogenannte Kleinkunst – bis hin zur Matthäuspassion J.S. Bachs und den Oratorien Händels. Man vergesse nicht, daß in der Weihnachtszeit von der Herbergsuche über die Hirtenspiele bis zu den Tausenden von Kindern, die als „die Drei Könige" übers Land ziehen, wochenlang das Evangelium in Bibliodramen umgesetzt wird: „Christus, der Retter ist da!" wird in jeder Familie, in allen Rundfunksendern ständig verkündigt, wenn das „Stille Nacht" gesungen wird.

Es ist verwunderlich, wie wenig das Bibliodrama in der Verkündigung bekannt ist. Der gegenwärtige Anstoß aus dem Psychodrama hat zwar auch das Bibliodrama neu belebt, doch dürfte der theologische „Gedanke" immer noch höher eingeschätzt werden als eine Vergegenwärtigung – wenigstens bei uns Europäern, denn die Inder oder Afrikaner z.B. *müssen* die Bibel tanzen.

Im folgenden werden nun einige Methoden für bestimmte Formen von bibliodramatischer Vergegenwärtigung mit genauer Methodenangabe angeführt. Als Exempel dienen Erzählungen aus dem Johannesevangelium.

Die biblische Nacherzählung

Der biblische Text und seine Dramatik

Die Struktur einer Erzählung ist nicht anhand ihrer Gedanken oder inhaltlichen Aussagen zu finden, sondern entlang ihres dramatischen Verlaufes. Dieser gliedert sich gewöhnlich so, wie auch Dramen und Theaterstücke im wörtlichen Sinn strukturiert sind: nach verschiedenen Orten, Zeiten, auftretenden Personen, Einblendungen, Rückgriffen, Monologen usw. Wer sich vorbereitet, einen biblischen Text in der Schule frei mündlich nachzuerzählen, ist gut beraten, wenn er diese Vorbereitung ebenfalls entlang der Dramatik des Textes macht. Wir gehen von einer Annahme aus, die fragt: Wenn ich diesen Erzähltext in ein Theaterstück umformen möchte – wieviele Akte werde ich haben? Welche Schauplätze kommen vor? Welche Personen treten jeweils auf? Wie stehen sie zueinander? Was wollen sie voneinander und mit welchen Mitteln wollen sie dies erreichen? Wie erreichen sie dies schlußendlich oder wie auch nicht?
Wenn wir die Erzählung von der Heilung des Blindgeborenen (Joh 9) wählen, dann ist in diesem Text folgende dramatische Struktur zu finden:

Die Heilung des Blindgeborenen
(Joh 9)

Die großen Reden und Diskussionen des Christus im Johannesevangelium sind Selbstoffenbarungen des Auferstandenen in seine Kirche hinein. Daß dieser Christus aber der irdische Jesus war und ist und bleibt, dokumentiert Johannes dadurch, daß er diese Offenbarungsreden mit Erzählungen aus dem irdischen Wirken Jesu verklammert. Freilich tragen auch diese Erzählungen Züge der Osteroffenbarung und der gegenwärtigen Kirche. Sie binden aber die gegenwärtige Selbstmitteilung Christi an den Menschgewordenen, der einst war und heute noch ist. So ist die Brotrede an die Brotvermehrung gebunden (Joh 6); die Rede vom Gericht und der Totenerweckung an die Heilung des Gelähmten am Teich, der wieder „auferstehen“ konnte (Joh 5); die Rede vom guten Hirten, der sein Leben hingibt, damit er es seiner Herde als ewiges Leben gebe, ist wohl mit der Auferweckung des Lazarus verklammert (Joh 10 und 11) usw. (vgl. auch die Ausführungen auf S. 225ff.).
Der Rückgriff auf Heilung aus der Lebenszeit Jesu stellt überdies sein gegenwärtiges Wirken an uns vor Augen. Ganz augenscheinlich ist das bei der Heilung des Blindgeborenen zu beobachten. An ihm manifestiert sich Christus als das Licht der Welt gerade insofern, als er jeden, auch diesen Menschen erleuchtet. Es geht um die existenzielle Er-

leuchtung, die zum Glauben führt und in der sich Christus selbst als das Licht der Menschen offenbart. Dieses Exempel ist weit mehr als nur die Veranschaulichung eines theologischen Sachverhaltes; es ist auch mehr als nur der Bericht eines Einzelfalles: Es meint diesen und uns zugleich. Hier kommt die biblische Typologie zum Tragen, die Zeiten und Personen ineinander verschränkt, und die das vermag, weil Christus selbst die Verklammerung ist. Er ist derselbe: gestern, *heute* und immer (Hebr 13,8).

1. Akt: 9,1–7a

Der Ort:	„unterwegs" (9,1);
die Personen:	Jesus, der Mann (seit seiner Geburt blind), die Jünger;
die Handlung:	ein Gespräch, Jesu Heilungshandeln (dann machte er mit dem Speichel einen Teig, strich ihn dem Blinden auf die Augen und sagte zu ihm: Geh und wasch dich!).

2. Akt: 9,7b–12

Der Ort:	ein freier Platz;
die Personen:	Nachbarn, der Geheilte und andere;
die Handlung:	ein Gespräch mit dem Blinden und ein Streitgespräch unter Nachbarn.

3. Akt: 9,13–17

Der Ort:	„bei den Pharisäern";
die Personen:	die Nachbarn, der Geheilte und die Pharisäer;
die Handlung:	ein Verhör, die Kritik an Jesus und das Bekenntnis des Geheilten: „Er ist ein Prophet!"

4. Akt: 9,18–34

Der Ort:	wieder bei den Pharisäern;
die Personen:	wie oben, dazu die Eltern des Geheilten;
die Handlung:	Verhör der Eltern, neuerliches Verhör des Blinden und seine Hinausstoßung.

5. Akt: 9,35–41

Der Ort:	dort, wo die sind, die hinausgestoßen wurden;
die Personen:	Jesus, der Geheilte und die Pharisäer;
die Handlung:	die Selbstoffenbarung Jesu vor dem Geheilten, dessen Glaubenswort, Kritik der Pharisäer an Jesus.

Auffallend ist, wie oft der Satz wiederholt und abgewandelt wird: „machte einen Teig, bestrich damit meine Augen ... ich wusch mich und konnte wieder sehen" (Verse 6, 7, 11, 14, 15, 17, 18, 20, 25, 27, 30, 32, 39 – dreizehnmal!).
Da dies kein Zufall sein wird, werden wir hier ein *Leitmotiv* vor uns haben, das von der äußeren Handlung bis zum Gleichnissatz Jesu „damit die Blinden sehen und die Sehenden blind werden" (V.39) eine je tiefere Bedeutung gewinnt. Vermutlich haben wir als Hintergrund auch den Verlauf einer Ausstoßung aus der Synagoge vor uns, die zur Zeit des Evangelisten manchem Juden widerfahren ist, der ein Christ wurde. In der Person Jesu werden sowohl sein irdisches Wirken, seine Selbstoffenbarung in die Kirche hinein, das Sehend-Werden als Erleuchtung durch die Taufwaschung und Jesu Ansinnen an

uns vereinigt, sein Ansinnen, daß er uns hier und jetzt ebenfalls erleuchten will. So können auch wir uns zu ihm als dem Licht der Welt bekennen. Wer diesen Text, der aus der Vergangenheit kommt, liest oder Kindern frei nacherzählt, ist Zeuge und Mitspieler seiner neuerlichen Vergegenwärtigung – eine Vergegenwärtigung, die eine weitere neue Zukunft auftut.

Das gelenkte Rollenspiel

Nacherzählung und gleichzeitiges Rollenspiel

Diese Form ist die unbekümmertste, sowohl in der Volksschule wie auch bei Erwachsenen, denen das Spielen noch fremd und neu ist. Der Text wird vom „Evangelisten" (gewöhnlich von der Lehrperson) Satz für Satz frei nacherzählt. Dabei ruft der Lehrer Schüler (oder eben Erwachsene) zum Mitspielen auf, die ihm für geeignet erscheinen (lehnt jemand ab, wird weitergesucht). Die Spieler stellen das Geschehen mit viel Ausdruck und Pantomime dar. Die von den handelnden Personen gesprochenen Sätze werden von den Spielern laut ausgesprochen, so allerdings, daß der „Evangelist" sie jedem vorspricht, sie ihnen gleichsam in den Mund legt. Der „Evangelist" ist zugleich Spielleiter und wandert so mit der Spielgruppe durch den Raum. Man kann durchaus den Erzählfaden ein wenig ausschmücken, indem man neue Personen erfindet, Sätze spontan vorspricht und Nebenhandlungen ein wenig ausweitet (Orte, Dinge, Tageszeiten besonders hervorhebt ...).
Als Beispiel nennen wir die Brotvermehrung nach dem Johannesevangelium (6,1–15).

Passionsspiel mit Requisiten

Zur Vorbereitung auf Ostern wählte ich für eine Gruppe behinderter Jugendlicher, die ich einige Zeit in Religion unterrichtete, das gelenkte Rollenspiel. Im Bemühen, die Jesuspassion anschaulich und lebendig zu vermitteln, nahm ich für das Rollenspiel folgende Requisiten mit: eine Priesteralbe (das weiße Untergewand), einen Kleiderbügel und einen kleinen Koffer. Ich erzählte die Passionsgeschichte stark gekürzt, nach dem Muster des schmerzhaften Rosenkranzes und verwendete dabei mein Priesterkleid, es sollte Jesus darstellen:
Ich nahm das Kleid in den linken Arm und vollführte mit der rechten Hand an „Jesus" das andeutungsweise, was die Menschen an ihm taten. Zum Kreuztragen legte ich „ihm" den Kleiderbügel auf und bei der Kreuzigung steckte ich den Bügel in die Albe und hängte sie so an die Schultafel. Ich ließ dann die Jugendlichen die Frauen und Johannes unter dem Kreuz spielen, die sich vor dem Gewand niederknieten und zur Trauer ihr Gesicht in das Gewand drücken konnten. Wir spielten die Kreuzabnahme, „trugen" den Leichnam Jesu (das Gewand) durch die Klasse und legten ihn (das Kleid) schließlich ins Grab – in den Koffer, den wir versperrten. Indem ich von der Auferstehung Jesu erzählte, holte ich das

Kleid aus dem Koffer hervor und zog es einem Jugendlichen über. Als die Frauen am Morgen zur Salbung und Beweinung kamen (von den Schülern gespielt), öffnete ich als Engel den Koffer und zeigte so das leere Grab. Die Beteiligung der Schüler war so tief, daß zwischen Spiel und wirklichem Erleben kaum zu unterscheiden war. Ergreifend war, was dann geschah: Der mit der Albe bekleidete Schüler trat unter die (von den übrigen Jugendlichen gespielten) Jünger und begrüßte sie mit unbeholfenen und stammelnden Worten als der Auferstandene – jeder und jede wollte dann Jesus und den ungläubigen Thomas spielen, so daß das Priesterkleid von Behindertem zu Behindertem wanderte. Sind dem Ernst und der Freude dieses Spieles gegenüber nicht eher wir „gesunden" Erwachsenen die Behinderten?
Sind denn die Osterbräuche bei uns zulande nicht auch ein großer Bogen von Bibliodrama und Ritual: die von vielen Kindern und Erwachsenen freudig mitvollzogene Palmprozession, der Osterputz des Hauses (der unbedingt *vor* Ostern geschehen muß) – symbolisiert unbewußt das gereinigte Haus nicht die gereinigte Seele? Das neu entflammte Osterfeuer: tagelang tragen Jugendliche und erwachsene Männer Holz und Gerümpel zusammen, um ein Osterfeuer in der Osternacht (und sonst zu keiner anderen Zeit!) entzünden zu können.
Wenn der Diakon die Osterkerze in die Kirche trägt – ist dieses Feuer „mehr" als jenes, das die Männer im Freien entzünden? Gewiß, das religiöse Bewußtsein um das Tun ist bei den Liturgen stärker vorhanden – ist der Auferstandene aber bei den Kindern und Jugendlichen weniger gegenwärtig? Welche Antwort würde er wohl unserer Frage geben? Das Ritual und das Bibliodrama drängen über den Kirchenraum hinaus!
Im gelenkten Rollenspiel übernimmt der Lehrer zugleich die Aufgabe des biblischen Erzählers, wie auch die des Spielregisseurs, was den Schülern das Einsteigen und Mitspielen sehr erleichtert. Dies alles bringt gegenüber dem freien, gesprochenen Rollenspiel viele Vorteile für die Schüler: Ruhe, Entlastung, Sicherheit im Spielverlauf, Konzentration auf die eigene Rolle und eine gruppendynamische Ausgewogenheit.

Das Einpersonenstück als Pantomime

Das Bibliodrama vergegenwärtigt die biblische Heilsgeschichte kraft des Spieles. Jeder Schüler, welche Rolle er immer spielen mag, ist in das jeweilige Heilsgeschehen miteinbezogen – und das als er selbst, in seiner/ihrer Individualität. Nicht allein seine Rolle, sondern er als Person ist gemeint. Die Rolle teilt ihm einen Platz innerhalb eines Ganzen des Geschehens zu, an dem er ganz und gar Anteil hat. „Die *mimetische Arbeit* beruht auf der Voraussetzung einer somatisierten Menschlichkeit. Die Erkenntnis wird Seele, Körper, physisches Geschehen. Sie wird Gebärde. Sie wird also nicht nur als Gebärde illustriert, also so dargestellt, daß sie besser verstanden werden könnte. Somatisierung ist nicht lediglich Dokumentation oder Illustration, sie ist die Übermittlung und Verwandlung der Idee. Es handelt sich also nicht um übertragene, dargestellte *Gedanken*, obschon solche Übertragung durchaus geschehen kann und uns manches illustriert. Es geht um vielmehr: um eine Metamorphose der inneren Erfahrung, um Verwandlung der

Gefühle und Einsichten, die in uns wachsen und wirken, um Kräfte, Spannungen und Widersprüche, die sich sowohl durch Gedanken als auch durch Gebärden übermitteln und weder durch das eine noch durch das andere erschöpft werden“, sagt Laeuchli. „Das körperlich integrierte Geschehen kann nur durch die Bewegung des Körpers selbst, durch sein Spiel, seine Spannung und sein Geheimnis berührt werden“ (Laeuchli, a.a.O., S.159). Das Spielen greift eine tiefe Seite unseres Menschseins auf und bringt sie zum Klingen (vgl. Hugo Rahner, Homo ludens).
Der Lehrer kann das Spiel nur geschehen lassen, „indem nicht nur erklärt wird, sondern indem die Erklärung mit einem Gestus des erklärenden Subjekts verbunden ist“ (Laeuchli, a.a.O., S. 161). Die Spannung zwischen der Verkündigung und dem Leben, zwischen Intellekt und Gestalt „nehmen wir als konstituierende Gestalt unserer Menschlichkeit auf und spielen sie daher auch aus“ (Laeuchli, a.a.O., S. 163).
Aus all dem ergibt sich, daß wir die Schüler langsam, aber sorgfältig in die Kunst der Darstellung einüben müssen – und dies geschieht zunächst einmal im geschützten Raum des Einzelspieles, des Einpersonenstückes, das in jeder Schulklasse mit noch so vielen Schülern, ja auch in einem Saal mit vielen Erwachsenen möglich ist.

Das Handpuppenspiel

Wenn ich über die Bedeutung des körperlichen Ausdruckes und über den Wert des Bibliodramas vor einem noch so großen Auditorium zu referieren habe, dann gehe ich sehr schnell in die unmittelbare Erfahrung über und sage:
„Denken Sie an den Gelähmten in den Hallen des Betesdateiches ... 38 Jahre lag er dort ... ein Gefangener seiner Krankheit ... um ihn herum Blinde, Krüppel, Hautkranke ... jedesmal, wenn das heilende Wasser aufsprudelte, kam er zu spät ... und nun kommt da einer daher ... Jesus – beugt sich zu ihm nieder ... fragt ihn voll Anteilnahme ... alles kann er nun sagen, sich von der Seele reden ... diese 38 schrecklichen Jahre ... Lassen Sie nun eine Ihrer beiden Hände Jesus sein, die andere den Kranken ... welche ist wer? Die Hand, die der Kranke ist, wird voll Gefühle ... die Gefühle dieses Mannes ... Wie krampft sich die Hand zusammen?
Ich trage mit langen Pausen Satz für Satz diese Erzählung aus dem 5. Kapitel des Johannesevangeliums vor (Joh 5,1–18) und Sie spielen die Geschichte dieser beiden Männer mit ihren Händen ... voll Gefühl ... voll Zärtlichkeit ... Wenn Sie die Geschichte bis zu ihrem trostvollen Ende gespielt haben: Wie zeigt der Kranke Jesus seine Dankbarkeit? ... umarmen sich etwa beide? ... Sie lassen dann die Hände eine Zeitlang in ihrem Schoße ruhen, dann spielen Sie nochmals und ich werde dabei schweigen ... ich werde selbst mit meinen Händen die Geschichte spielen ...“
Nach langer Pause: „Was haben Sie jetzt erlebt? Nun haben Sie selbst erfahren, was ein Bibliodrama sein kann, was nur ein Spiel mit dem Körper (und das ohne Worte!) zuwege bringt.“
Vielleicht schreiben die einzelnen unmittelbar anschließend oder zu Hause ihre Erfahrung nieder, in der Ichform: Ich bin dieser Kranke beim Teich ...

Mirjam von Magdala vor dem leeren Grab (Joh 20,11–18)

Diese Erzählung vom Ostermorgen, von der großen Liebenden, die die erste Apostolin, die Apostolin der Apostel geworden ist, mag noch tiefere und zärtlichere Erfahrungen einer unmittelbaren Jesusbegegnung ermöglichen. Man kann sie auch mit einer Gottesdienstgemeinde nach der Kommunionspende spielen – ein Spiel mit Händen, das heilige Wirklichkeit wird. Was hindert uns, solches oft im Bibelunterricht zu üben?

Ein Körper und mehrere Rollen

Man denke an die Stelle oder an das Bild, auf dem Jesus mit der Ehebrecherin dargestellt ist, hinter ihnen die Pharisäer, bereit, die Steine zu werfen ... Stelle nun nacheinander mit deinem ganzen Körper diese drei Rollen dar: die Frau, einen steinigenden Pharisäer und dann Jesus, dann nochmals die Frau ... verharre lange schweigend in einer Rolle, spann die Muskel überstreng an ... was steigt in dir an Gefühlen, an Gedanken, an existenzieller Haltung jeweils auf? Wie ver-„stehst“ du die handelnden Personen? Was könnte jede aus ihrer Position heraus sagen?

Der Körper in Bewegung

Wir spielen mit einer Gruppe, Gemeinde oder Klasse den ganzen Erzählzyklus des Exodus. Wir können dazu die Stellenauswahl, die die Serie 4 der Anne-Seifert-Bilder als Grundlage hat, übernehmen. Nur als erste Stelle nehmen wir anstelle der Rettung des Mosekindes die Zwangsarbeit der Israeliten in Ägypten. Der Spielleiter ist in der Kirche auf einer gut sichtbaren Stelle mit einem großen Gong und einem Blasinstrument (Flöte oder Saxophon ...) postiert, vielleicht vor dem Mikrophon. Die Teilnehmer verteilen sich als Einzelpersonen über den ganzen Kirchenraum, denn jeder spielt das Stück für sich allein. Der Spielleiter sagt nur die Überschriften der einzelnen Erzählabschnitte an wie: „Mose vor dem brennenden Dornbusch ...“ Alles weitere „sagt“ der Gong und abwechselnd mit ihm das Blasinstrument. Jeder Spieler spielt die Rollen, die ihm aus der Erzählung zufließen und setzt sie in Bewegung um. Es mag durchaus sein, daß sich spontan mehrere Spieler zu einer Spielgruppe zusammenfinden. Man kann mit dem Freudentanz der Mirjam aufhören oder einen solchen Tanz zum Einzug in das gelobte Land wiederholen. Diese und noch andere, ähnliche Bibliodramaformen, in denen zunächst jeder für sich alleine spielt und seine Erfahrungen macht, kann man mit stillen oder mit liturgieartigen Gebeten beenden. Man mag anschließend in kleinen Gruppen auch die Erfahrungen austauschen, zerreden soll man sie nicht. Die Reflexionen über diese Spielarten sollte man grundsätzlich nach einer längeren Pause folgen lassen.

Die Erzählung mit der Pantomime

Gelesener Text mit pantomimischer Darstellung

Im religiösen Bereich ist alles Tun bereits *Einübung* in den göttlichen Bereich (milieu divin). Wenn wir in den Überlegungen zu den verschiedenen Möglichkeiten des Bibliodramas die Schritte der Vorbereitung und Hinführung genau darlegen, so wollen diese nicht als Vorstufen *vor* einer „Aufführung“ verstanden, sondern eben bereits das Geschehen selbst sein, ein Geschehen allerdings, das sich in Schritten vollzieht, die genau beachtet werden wollen und meistens nicht umkehrbar sind.

Der Spielort: Er kann (wie etwa in einer Kirche) bühnenartig oder (wie in einem Gruppenraum) arenaartig sein (hier bilden die Zuschauer einen Sesselkreis, in dessen Mitte gespielt wird). Die Hauptperson ist der Evangelist, der (oder die) den biblischen Text wortwörtlich liest. Die Personen der Handlung (u.U. auch Tiere oder wichtige Dinge) werden von einzelnen Menschen dargestellt und gespielt. Sie spielen die Handlung wortlos als Pantomime im Zeitlupentempo (auf die Langsamkeit wird der Spielleiter immer wieder drängen müssen).

Der Ablauf: Das Vorlesen des biblischen Textes und die Darstellung durch die Personen sind verschränkt und greifen ineinander. Die Teilnehmer melden sich freiwillig für die vorgesehenen Rollen. Sie treten erst in den Spielraum, wenn sie im Text genannt werden. Der Evangelist liest betont Satz für Satz (oft sogar Wendung für Wendung). Nach jedem Satz hält er inne, denn das Gelesene wird nun von den betreffenden Spielern unmittelbar dargestellt. Ohne vorhergehende Probe tritt jeder in die Mitte des Kreises und vollzieht mit langsamer Geste das, was der Evangelist gerade gelesen hat (vergißt jemand ein wichtiges Detail, dann wiederholt der Evangelist dies mit Nachdruck in der Stimme). Auch die Worte und Sätze, die die Personen zu „sagen“ hätten, werden vom Evangelisten vorgesprochen und von den Darstellern nur pantomimisch (wortlos!) ausgedrückt (vielleicht sogar wiederholt). Dieses langsame Lesen, Satz für Satz, macht eben eine vorhergehende Probe überflüssig, ermöglicht aber eine ungeheure Intensität. Der Evangelist verfolgt selbst mit großer Aufmerksamkeit die Gesten der Spieler und lernt dadurch, seine Worte noch intensiver auszudrücken. Mit deutlich gedämpfter Stimme kann er „Regieanweisungen“ dazwischen sagen: „Der Pharisäer tritt ab“ .

Das Ende des Spieles ergibt sich einerseits aus dem Verlauf der Erzählung (etwa der Lobpreis des Volkes nach einer Jesusheilung), andererseits muß das Spielen selbst ebenfalls eine deutliche Zäsur bekommen: Die Spieler treten bewußt ab und begeben sich auf ihre ursprünglichen Plätze (wenn der Spielort ein Kreis ist), oder sie setzen sich auf die Bühnenrampe (wie immer diese angedeutet ist).

Das Gespräch danach: Nach einigem Schweigen äußert sich jeder Spieler und später auch jeder Zuschauer, was er erlebt und durch das Spiel und das laute Lesen des Bibeltextes neu erfahren hat. Ein Teil des biblischen Textes kann auch in einer Art Psalm (mit Du-Anrede an Gott) laut gelesen werden.

Beispiel: Wir stellen als Beispiel die Heilung des Blindgeborenen aus dem Johannesevangelium vor. Entsprechend der Textstruktur (S. 217f.) wissen wir bereits darüber Bescheid, wieviele handelnde Personen, Akte und Schauplätze erforderlich sind. Wir haben bereits oben darauf hingewiesen, wie häufig das Bestreichen und Waschen der Augen, das Blindsein und Sehendwerden erwähnt wird. Diese Wiederholungen kommen nun in der Pantomime unwahrscheinlich zur Geltung, weil sie von Person zu Person wandern und je verschieden darzustellen sind: Wir haben außerdem bereits darauf hingewiesen, wie häufig (13 mal!) die Tat der Heilung erwähnt wird: Zunächst tun es Jesus und der Blinde (S. 218). Wenn Jesus den Blinden auffordert, zu gehen und sich zu waschen, dann muß Jesus dies durch Gesten an sich selbst vormachen und ausdrücken. Der Blinde wiederum muß das, was Jesus an ihm tat, an sich selbst zeigen, wenn er es den Nachbarn oder Pharisäern „sagen“ will. Auch die Pharisäer müssen das an sich mimen, was sie den Geheilten fragen – wir ahnen jetzt, wie das Schlüsselgeschehen von Person zu Person wandert und bei jedem seine Spur hinterläßt!

Als Abschluß kann der Evangelist oder jener, der Jesus gemimt hat, das Offenbarungswort „Ich bin das Licht der Welt ...“ mit allen Strophen in die Gruppe hinein sagen (S. 190).
Ein Psalm: Anstelle einer Diskussion kann jeder Teilnehmer für sich eine Art Psalm schreiben, in dem er sich mit dem Geheilten identifiziert: „Ich bin der Blindgeborene ... Mir fällt es wie Schuppen von den Augen ... Nun kann ich endlich sehen, daß ...“ (viel Zeit und Stille, leise Musik und Rücksicht gewähren!). Einige Texte können vorgelesen werden.

Das Melodrama und das Tanzspiel

Diese feierliche, weil symbolische Form ist dennoch sehr einfach zu spielen, selbst mit Kindergartenkindern und Senioren. Die Handlung wird ganz vom Text geleitet, aber ins Symbolische erhoben: mit „symbolisch“ sind die Spielorte gemeint; die Bewegungen werden zum Ausdruckstanz; die Rollen können von mehreren Personen gleichzeitig dargestellt werden – alles hat Ähnlichkeit mit dem Ballett und findet auch im sakralen Raum seinen Platz – warum nicht auch beim Gottesdienst!

Der Ort wird durch Kreidestriche, durch auf dem Boden liegende Tücher oder andere Requisiten auf seine symbolische Bedeutung hin skizziert: der Ort des Todes oder der Auferstehung, des Hasses oder der Liebe (etwa bei Kain und Abel) ...

Die Musik wird charakteristisch entsprechend der Handlung oder der Rolle eingesetzt. Ein Gong kann das Ganze tragend untermalen, ja er kann selbst eine „Rolle“ übernehmen: Als Zorn Gottes, als die Schritte beim Exodus, als Seesturm ... Er markiert die Übergänge von Szene zu Szene, die Stimmung der Personen bei langen Sprechpausen, innerseelische Vorgänge ... Orff-Instrumente können für jede Person wie ein Leitmotiv eingesetzt werden: bevor die Person auftritt oder spricht, während sie spricht oder handelt ... Hier werden die Rollen doppelt besetzt, nämlich einmal durch das sie spielende Kind und dann durch das Kind mit dem dazugehörigen Instrument.

Die Tücher sind durch ihre betonte Farbgebung bedeutsam, müssen aber keine Seidentücher sein (doch kann man sich auch solche anschaffen), es genügen Decken, Tischtücher, Vorhänge, Halstücher ... Gewisse Tücher teilt man schon am Anfang besonderen Personen zu: „das“ ist Christus, „das“ stellt den Lazarus dar ... andere wiederum überläßt man der Phantasie der Schüler, die ihr spontanes Mitspielen dadurch signalisieren, daß sie sich ein Tuch und damit eine Rolle nehmen.

Die Bewegungen können wie bei einer Pantomime sein, die sich an den Text und seine Aussagen hält („und er beugte sich zur Erde“). Sie können auch weit ausladend sein, symbolische Gesten beinhalten oder zu spontanem Tanz führen: Wie „gehen“die Jünger etwa zum Ölberg? Wie „erhebt sich“ Lazarus aus dem Grab? Wie „nehmen“ ihn seine Schwestern in ihre Mitte? Wie „schreitet“ Jesus über das Meer? Am Ende kann sich die Spielgemeinde in ein getanztes oder bewegtes Gebet verwandeln ... (warum nicht auch von Jazzinstrumenten getragen?)

Die Auferweckung des Lazarus
(Joh 11)

Bei solch langen Texten muß man vorher zusammengehörige Passagen der Handlung auch in Erzählabschnitten zusammenfassen (die Bibel kennt manchmal Nachträge wie: „Denn er hatte vorher zum Dämon gesagt, daß er ausfahren solle ...“). Die *Vier Orte* haben eindeutig symbolischen Charakter: Jesus in der Ferne; Jesus herbeigerufen; der Ort des Todes; der Ort der Auferstehung. Rollt sich Lazarus in eine dunkle Decke ein, die zugleich sein Grab ist?
Der Evangelist trägt und treibt mit seiner über allem schwebenden Stimme das Geschehen voran. Er bleibt aber immer im Blickkontakt mit den Tanzenden, so daß beider Rhythmus eine einzige Bewegungseinheit wird.
Das Melodrama mündet in einen Hymnus, den alle hören, mitsingen, tanzen: ein Halleluja als Antiphon, wenn ein „Ich bin“-Hymnus vom Vorsänger gesungen wird: „Ich bin der gute Hirte“ (S. 190).

1. Akt: im Haus der Trauer
In dem Dorf Betanien wohnten Maria und ihre Schwester Marta – ihr Bruder Lazarus war krank. – Daher sandten die Schwestern einen Boten zu Jesus – mit der Nachricht: „Herr, dein Freund ist krank.“ – Als Jesus das hörte, sagte er: „Diese Krankheit wird nicht zum Tod führen, sondern dient der Verherrlichung Gottes. Durch sie soll der Sohn Gottes verherrlicht werden.“ – Der Bote kehrte heim – Lazarus aber starb. – Juden kamen in das Haus. – Sie umwickelten Lazarus mit Binden – und bedeckten sein Gesicht mit einem Schweißtuch. – So wurde Lazarus begraben. – Vor den Eingang des Grabes wälzten sie einen großen Stein. – Im Hause trösteten die Juden Maria und Marta.

2. Akt: auf einem Platz außerhalb Judäas
Jesus war mit seinen Jüngern auf einem Platz außerhalb Judäas („Jesus in der Ferne“): Jesus liebte Marta, ihre Schwester und Lazarus. Als er gehört hatte, daß Lazarus krank

war, blieb er noch zwei Tage an dem Ort, wo er sich aufhielt. – Danach sagte er zu den Jüngern: „Laßt uns nach Judäa gehen." – Die Jünger entgegneten ihm: „Rabbi, eben noch wollten dich die Juden steinigen, und du gehst wieder dort hin?" – Jesus antwortete: „Lazarus, unser Freund schläft, aber ich gehe hin, um ihn aufzuwecken." – Da sagten die Jünger zu ihm: „Herr, wenn er schläft, dann wird er gesund werden." – Jesus aber hatte von seinem Tod gesprochen, während sie meinten, er spräche von einem gewöhnlichen Schlaf. Darauf sagte ihnen Jesus unverhüllt: „Lazarus ist gestorben. – Und ich freue mich für euch, daß ich nicht dort war, denn ich will, daß ihr glaubt. Doch wir wollen zu ihm gehen." – Da sagte Thomas zu den anderen Jüngern: „Dann laßt uns mit ihm gehen, um mit ihm zu sterben." Sie brachen auf.

3. Akt: in der Nähe von Betanien
Jesus und seine Jünger gingen nach Betanien. – Als Marta hörte, daß Jesus komme, ging sie Jesus entgegen: – (Maria aber blieb im Haus). Marta sagte zu Jesus: „Herr, wärst du hier gewesen, dann wäre mein Bruder nicht gestorben. – Aber auch jetzt weiß ich: Alles, worum du Gott bittest, wird Gott dir geben." – Jesus sagte zu ihr: „Dein Bruder wird auferstehen." – Marta sagte zu ihm: „Ich weiß, daß er auferstehen wird bei der Auferstehung am Letzten Tag." – Jesus erwiderte ihr: „Ich bin die Auferstehung und das Leben. – Wer an mich glaubt, wird leben, auch wenn er stirbt. – Und jeder, der lebt und an mich glaubt, wird auf ewig nicht sterben. – Glaubst du das?" Martha antwortete ihm: „Ja, Herr, ich glaube, daß du der Messias bist, der Sohn Gottes, der in die Welt kommen soll." Nach diesen Worten ging sie weg, rief heimlich ihre Schwester und sagte zu ihr: „Der Meister ist da, und läßt dich rufen." – Als Maria das hörte, stand sie sofort auf – und ging zu ihm. Die Juden, die bei Maria im Haus waren, sahen – daß sie plötzlich aufstand und hinausging – da folgten sie ihr, weil sie meinten, sie gehe zum Grab, um dort zu weinen. – Als Maria dorthin kam, wo Jesus war – und ihn sah – fiel sie ihm zu Füßen – und sagte zu ihm: „Herr, wärst du hier gewesen, dann wäre mein Bruder nicht gestorben." Jesus sah, daß sie weinte – und auch die Juden weinten, die mit ihr gekommen waren. – Jesus war im Innersten zornig – und erschüttert –. Er sagte: „Wo habt ihr ihn bestattet?" – Sie antworteten ihm: „Herr, komm und sieh!" – Da weinte Jesus. – Die Juden sagten: „Seht, wie lieb er ihn hatte!" – Einige aber sagten: „Wenn er dem Blinden die Augen geöffnet hat – hätte er dann nicht auch verhindern können, daß dieser hier starb?" – Da wurde Jesus wieder innerlich zornig – und er ging zum Grab.

4. Akt: vor dem Grab
Jesus kam zum Grab. – Es war eine Höhle, die mit einem Stein verschlossen war. – Jesus sagte: „Nehmt den Stein weg!" – Marta, die Schwester des Verstorbenen, entgegnete ihm: „Herr, er riecht aber schon, – denn es ist bereits der vierte Tag." – Jesus aber sagte zu ihr: „Habe ich dir nicht gesagt: Wenn du glaubst, wirst du die Herrlichkeit Gottes sehen?" – Da nahmen sie den Stein weg. – Jesus aber erhob seine Augen – und sprach: „Vater, ich danke dir, daß du mich erhört hast; denn sie sollen glauben, daß du mich gesandt hast." Nachdem er dies gesagt hatte, rief er mit lauter Stimme: „Lazarus, komm heraus!" – Da kam der Verstorbene heraus. – Sein Gesicht, Füße und Hände waren mit Binden umwickelt, und sein Gesicht war mit einem Schweißtuch verhüllt. – Jesus sagte zu ihnen: „Löst ihm die Binden – und laßt ihn weggehen!" – Viele der Juden, die das gesehen hatten, was Jesus getan hatte, kamen zum Glauben an ihn.

Die große Passion

Die Kirche kennt das heiligste Drama der Weltgeschichte und führt es auch jährlich an hunderttausenden Orten auf: „Das Leiden und Sterben unseres Herrn Jesus Christus nach Markus, nach Matthäus, nach Lukas und nach Johannes." Diese Leidensgeschichte ist eine wirkliche Tragödie, denn der „Held" – Jesus als der Verkünder und Bringer des Gottesreiches – scheitert, menschlich gesprochen. Und würde Gott diese Tragödie nicht durch sein Eingreifen in der Auferweckung Jesu zu einem Heilsdrama verwandeln, würde in der Passion Jesu die Tragödie der Menschheit nur ihr letztes Siegel bekommen.

Der Mythos lebt

Worin besteht nun die Menschheitstragödie? Vom Brudermord Kains bis in die unzähligen Kriege unserer Tage herauf schreit das Blut der Ermordeten zum Himmel und ruft: Die Liebe ist das Schwächste auf Erden. Sie ist schwach, denn sie verzichtet auf Macht, sonst wäre sie keine Liebe – das ist der Mythos der Menschheitsgeschichte. Wie dieser Mythos lebt, bezeugen die großen Opern und Dramen der Weltliteratur. Verdis Opern kennen nur ein einziges Thema: das Scheitern der Liebe! Immer geht es um zwei verfeindete Parteien und um Liebende, die aus je einem Lager kommen und gerade durch ihre (politisch verbotene) Liebe die Feindschaft überwinden könnten: Romeo und Julia (von Berlioz); Othello und Desdemona, Don Carlos und sein Vater Philipp ... Man sehe sich Verdis Operntexte durch, von Rigoletto bis Aida – immer scheitert die Liebe. Selbst in die Verbannung Israels, in Nabucco, ist der Versuch eines Liebesdreieckes als politisches Bindeglied tragisch hineinkomponiert.
Sollten wir der Leidensgeschichte Jesu nicht auch diese mitreißende Kraft zutrauen? Ist sie, als die vermutlich älteste Niederschrift aus den Evangeliumsüberlieferungen, nicht das Drama schlechthin? Gehen wir von der großen Matthäuspassion J. S. Bachs zu den einfacheren Passionen von Heinrich Schütz zurück, so merken wir bald, daß die Erzählung selbst spricht und auch ohne große Zutaten an Arien ergreift. Ich will noch einen Schritt näher in den Alltag der Gemeinden zurückgehen: Wie kann man die dramatische Kraft der Evangelien zur Geltung bringen? Wohl so, daß man sie selbst zur Geltung kommen läßt, denn dramatische Kraft wohnt ihnen genügend inne: in den Rollen, im Aufbau, in den Kontrasten der Szenen, im Hinscheiden Jesu ...
Die *Proben* für die Liturgie sind bereits Ernstfall und „Aufführung", wenngleich es solcher guter Proben bedarf. Überraschen kann man jährlich durch die Rollenzuteilung: Für Jesus eine Frau, für den Evangelisten ein Kind, nur Frauen ... Die ersten Leseproben müssen in der leeren Kirche so gehalten werden, daß die Leser weit auseinander und sich gegenüberstehend postiert sind: So können sie sich gegenseitig hören und korrigieren: „lauter!", „langsamer!". Die Positionen werden ständig während des Lesens gewechselt ... Die großen Szenenabschnitte lese man auch während der liturgischen „Aufführung" an verschiedenen Stellen: vor dem Altar, an seinen Stufen, von einem Seitenschiff heraus ... Wenn die Gruppe der Leser an einen anderen Ort „geht", dann „geht" auch die Gemeinde mit. Jesus kann sich während der Szene des Petrus mit dem Kohlenfeuer zur Wand drehen ... Große Sätze „stelle" man Wort für Wort mit Pausen in den Raum hinein: „und – sie – legten – ihm – sein Kreuz – auf ..."

Eine buchstäblich atemberaubende Erfahrung gewinnen unsere Gemeinden dann, wenn wir die Passion mit einem Gong unterstreichen: ein größerer Gong unterstützt die Stimmen, bleibt aber sehr im Hintergrund. Er teilt die wichtigen Sätze voneinander dadurch ab, daß man ihn nachklingen läßt und die Gemeinde auch seinem Verklingen lauscht. Er kann die Hammerschläge der Kreuzigung oder den Verrat des Judas zum Tönen bringen ... das Erdbeben, die Trauer ... das „Kreuzige ihn!" ... Er überbrückt den Ortswechsel der Leser ... Unsere Erfahrung ist: Die gesamte Gemeinde wird in einer unheimlichen Spannung zusammengehalten, aus der die Worte des Evangelisten, die Worte Jesu und der anderen um so stärker, eigenmächtiger hervortreten (Orff-Instrumente tun den gleichen Dienst.).

Warum nicht ein *Schattenspiel?* Nicht die Kreuzigungsszene, wohl aber Jesu Verhaftung (Joh 18,1–11) und seine Verurteilung vor Pilatus (Joh 18,28–19,16a) können bei einem Schulgottesdienst oder bei einer Abendandacht zum Lesen des Textes hinzugenommen werden. Das Wort wird so „scharf", wie das Bild scharf geschnitten die Figuren zeigt.

Weitere Leidensgeschichten

Die Bibel kennt noch andere „Leidensgeschichten", die gelesen und mit verteilten Rollen wie eine Jesuspassion vorgetragen werden wollen, sind sie doch deren literarische und theologische Vorläuferinnen: die Leidensgeschichte des Propheten Jeremia, die Verfolgung Davids durch Saul, die Josefsgeschichte, in der die Erniedrigung und Erhöhung unseres Herrn schon erahnt wird.
Können solche Leidensgeschichten nicht wie eine Jesuspassion einen Wortgottesdienst ausfüllen?
In diesen Vorschlägen geht es nicht darum, durch zusätzliche Mittel der Jesuspassion mehr Kraft zu geben, sondern darum, ihre ihr selbst innewohnende dramatische Kraft herauszuschälen und ihr die Geltung mit einfachsten Mitteln zukommen zu lassen, die ihr gebührt. Wenn der Passion am Karfreitag die Kreuzverehrung folgt, dann wird sonnenklar, daß die Botschaft als Heilsbotschaft vergegenwärtigt wurde – und Gegenwart ist.

Die reine Pantomime

Das Bibliodrama wird dann als reine Pantomime gespielt, wenn *jedes* Wort weggelassen und der Erzähltext ausschließlich mit der Körpersprache ausgedrückt wird. Die unwahrscheinlich tiefe Wirkung eines solchen Spieles erklärt sich durch mehrere Faktoren: Der ausgewählte Text wird genau nach all jenen Handlungen untersucht, die vorkommen: „Er nahm ... Sie griffen ihn ... Er bückte sich ... Er blickte auf ... Sie rief aus ... Er drehte sich um ..." Was sonst im Text mehr als selbstverständlich überlesen wurde, weil

es die Handlung wie von selbst weitertrieb, steht nun im Mittelpunkt der Suchaufmerksamkeit.
Die Phantasie muß lernen, alles, was der Text mit Worten sagt, in Handlungen umzusetzen, ja dafür überhaupt erst Handlungen zu erfinden.
Die biblische Erzählung vor dem inneren Auge, wird zu einem *Körper*-Bild vor Augen – die Aufmerksamkeit verlegt sich von den abstrakten, theologischen Gedanken auf die Körperlichkeit und die Somatisierung, also die Umsetzung in die Körpersprache.
Die Verlagerung auf den Leib und seinen Ausdruck aktiviert die rechte Gehirnhälfte mit ihrem unmittelbaren Zugang zum Zwischenhirn, also den Bereichen der unmittelbaren Emotion. Dies mobilisiert wiederum viel unbewußtes Material aus der Lebensgeschichte, was unerwartete und ungeahnte Gefühlsstürme hervorrufen kann. Durch die Aktivierung des Unbewußten werden die spontanen und nicht geplanten, dem Spieler überhaupt nicht bewußten Körpergesten in den Mittelpunkt rücken – dem Betrachter aber durchaus sichtbar! Weil Gott auch die uns verborgenen Tiefen des Herzens kennt, treten auch diese ins Licht des (gespielten) Evangeliums und können erleuchtet und erlöst werden.

Die genaue Erkundung des Textes: Die Begegnung mit dem Auferstandenen (Joh 21,1–14)

Wir wählen die Begegnung der Jünger mit dem Auferstandenen am See Gennesaret Joh 21,1–14. Allein dadurch, daß wir bei der Wiedergabe des Textes alle Zeitwörter fett gedruckt hervorheben, werden die vielen Handlungen und die auf Handlungen aufgebaute Struktur des Textes ins Bewußtsein gerufen.

> Danach **offenbarte** sich Jesus den Jüngern noch einmal. Es war am See von Tiberias, und er **offenbarte** sich in folgender Weise: Simon Petrus, Thomas, genannt Didymus (Zwilling), Natanaël aus Kana in Galiläa, die Söhne des Zebedäus und zwei andere von seinen Jüngern waren zusammen. Simon Petrus sagte zu ihnen: Ich **gehe fischen**. Sie **sagten** zu ihm: Wir **kommen** auch **mit**. Sie **gingen** hinaus und **stiegen** in das Boot. Aber in dieser Nacht **fingen** sie nichts. Als es schon Morgen wurde, **stand** Jesus am Ufer. Doch die Jünger **wußten** nicht, daß es Jesus war. Jesus **sagte** zu ihnen: Meine Kinder, habt ihr nicht etwas zu **essen**? Sie **antworteten** ihm: Nein. Er aber **sagte** zu ihnen: **Werft** das Netz auf der rechten Seite des Bootes aus, und ihr werdet etwas **fangen**. Sie **warfen** das Netz aus und konnten es nicht wieder **einholen**, so voller Fische war es. Da **sagte** der Jünger, den Jesus **liebte**, zu Petrus: Es ist der Herr! Als Simon Petrus **hörte** , daß es der Herr sei, **gürtete** er sich das Obergewand um, weil er nackt war, und **sprang** in den See. Dann **kamen** die anderen Jünger mit dem Boot – sie waren nämlich nicht weit vom Land entfernt, nur etwa zweihundert Ellen – und **zogen** das Netz mit den Fischen hinter sich her. Als sie an Land **gingen**, **sahen** sie am Boden ein Kohlenfeuer und darauf Fisch und Brot. Jesus **sagte** zu ihnen: **Bringt** von den Fischen, die ihr gerade **gefangen** habt. Da **ging** Simon Petrus und **zog** das Netz ans Land. Es war mit hundertdreiundfünfzig großen Fischen **gefüllt**, und obwohl es so viele waren, **zerriß** das Netz nicht. Jesus **sagte** zu ihnen: **Kommt** her und **eßt**! Keiner von den Jüngern wagte ihn zu **fragen**: Wer bist du? Denn sie **wußten**, daß es der Herr war. Jesus **trat** heran, **nahm**

das Brot und **gab** es ihnen, ebenso den Fisch. Dies war schon das dritte Mal, daß Jesus sich den Jüngern **offenbarte**, seit er von den Toten **auferstanden** war.
(Joh 21,1–14)

Die Rollenwahl

Sie hat freiwillig, doch durchaus mit Impulsen und Ermutigungen des Lehrers zu geschehen. Sie löst einen gruppendynamischen Effekt aus, weil in jeder gewählten oder abgelehnten biblischen Rolle auch eine persönliche und innerhalb der Gruppe bedeutungsvolle Rolle steckt. Dieser Prozeß beansprucht viel Zeit, weil durch ihn einerseits gruppendynamische Klärungen, Auseinandersetzungen und Neuverteilungen der Positionen (ein unterdrückter Schüler spielt etwa die Jesusrolle!) vor sich gehen, andererseits der einzelne in eine biblische Rolle hineinwächst, die sein persönliches Rollenpotential erweitert und in eine Heilsrichtung stellen kann.

Der Ablauf des Spieles

Man wähle ein Zeitlupentempo, das immer noch langsamer ausfallen kann, als es bei ersten Vorproben erscheinen mag. Gerade das immer langsamere Wiederholen ein- und derselben Gesten läßt in sie die eigene Tiefe der Gefühle einströmen, wie man sie sonst nicht erreichen und erkennen würde.
Weil das rein pantomimische Spiel so unerhört große Betroffenheit auslöst (eine Betroffenheit, die sich durch Lachen der Spieler eher dokumentiert und darum nicht als Abwertung angesehen werden darf), wird hinterher viel Schweigen nötig sein. In dieses Schweigen hinein wird erst der biblische Text gelesen.
In meinem ersten Bibelwerkbuch (Gottes Wege mit den Menschen, S. 186ff.) lassen sich weitere Anweisungen für ein großes Bibliodrama in reiner Pantomime nachlesen, das auch Nähe zum Psychodrama aufweist.

Freies Rollenspiel und der große Monolog

Die Frau am Jakobsbrunnen
(Joh 4)

Unter dem freien Rollenspiel verstehe ich ein Stegreifspiel hergebrachter Art: Schüler studieren eine biblische Erzählung, suchen sich die dramatische Form und die Rollen und spielen frei von der Leber weg. Die Proben werden eher eine Absprache oder eine Stellprobe und nicht eine genaue Vorwegübung des Spieles sein. In der Spontaneität und im Ungeplanten liegen dann auch die wertvollen Überraschungen, die persönliche Betroffenheit und die neue Erkenntnis der biblischen Botschaft, sowohl für den einzel-

nen wie für die Gruppe. Der Nachteil liegt darin, daß Schüler *und* Erwachsene sehr schnell über all das hinwegspielen, was sie zuinnerst berührt, ihnen unbekannt ist und ihre Gefühle nach außen bringen will.
Wir schlagen hier besonders für Erwachsene und Jugendliche eine Kombination von verschiedenen Arten des Bibliodramas vor und wählen Joh 4: Die Begegnung Jesu mit der Frau am Jakobsbrunnen.

Die Gliederung des Textes in wenigstens vier Akte:
1) Die Begegnung mit dem Lebensspender: 4,4–15.
2) Der Prophet akzeptiert die diskriminierte Frau: 4,16–19.
3) Der Messias relativiert jede hergebrachte Religion: 4,20–26.
4) Die diskriminierte Frau wird zur Apostolin: 4,27–42.

Zunächst werden der erste und der zweite Akt wie ein *freies Rollenspiel* vorgeführt: Die Spieler treten auf und sprechen ähnlich, wie es in der Bibel steht, aber durchaus auch mit eigenen Worten die Bibelsätze erweiternd.

Die Wiederholung der ersten beiden Akte als *Pantomime:*
Dieselben Spieler spielen alles noch einmal, aber in Pantomime und im Zeitlupentempo. Man kann darauf schon zu Beginn des Spieles hinweisen oder dieses unterbrechen und den Vorschlag einbringen. Was wird dadurch erreicht? Das Geschehen verlagert sich von der Oberfläche der Textstruktur in seine Tiefe *und* in die Tiefen der Spieler. Die Zuschauer werden von diesem Wechsel der Tiefen genauso betroffen sein. Man lasse das Stück bei dem Bekenntnis der Frau: „Ich sehe, daß du ein Prophet bist!" – also gewissermaßen auf seinem Höhepunkt – enden.

Der große Monolog

Die Weltliteratur kennt in ihren großen Dramen auch den großen Monolog. Er treibt die Handlung nicht weiter, sondern bringt zum Ausdruck, was gerade im Helden vor sich geht (ähnlich den großen Arien in den Barockopern). Die Spieler gehen nach der Pantomime auf ihre Plätze zurück. Sie wie auch die Zuschauer erwählen sich eine Rolle (die Frau, Jesus, den Brunnen als Zeugen) und schreiben einen solchen Monolog, wie wir ihn von Hamlet oder dem König Philipp in Schillers Don Carlos kennen: „Ich bin die Samariterin ... Ich ..." Neben den biblischen Gedanken und Inhalten wird auch viel Persönliches miteinfließen, was unter Umständen auch geschützt sein will.

Das Spiel von Beginn an wiederholen

Die Bühne ist bereitet. Alle haben eine Rolle ergriffen und zu einem persönlichen Monolog umgeschrieben. Mit wenigen Worten und wenigen Gesten können nun der Reihe nach Teilnehmer auf die Bühne gehen, sich an den Brunnenrand setzen; sie steigen jeweils dadurch ins Spiel ein, daß sie ihren Monolog lesen. Die Handlung wird dann von diesem weg weitergespielt – als Pantomime oder in freien Worten. „Jünger" und „Samariter" können dabei spontan auf die Bühne gehen und auf die Monologe antworten. Sie geben so den Protagonisten ein Echo ihrer Betroffenheit. Wenn mehrere Personen hin-

tereinander die Samariterin oder Jesus mit ihrem Monolog spielen, verlassen ihre Vorgänger jeweils den Spielort.
Diese Spiele verlangen oft nach einer klärenden Diskussion der aufgetauchten und im Lichte Christi zur Sprache gebrachten Probleme.

Das Psychodrama im Bibliodrama

Unter „Psychodrama" versteht man die Darstellung menschlicher Probleme auf dramatische Weise, was zur Bewußtwerdung und Klärung dieser Probleme führen soll. Als „Bibliodrama" versteht man Spiele biblischen Inhaltes, die der Botschaft dieser Bibelstellen nachgehen. Einerseits will die biblische Botschaft immer schon die menschlichen Probleme heilen, andererseits werden diese gerade auch dann ins Bewußtsein gehoben, wenn sie von konkreten Menschen gespielt werden. Denn wer würde dabei nicht vom Unbewußten her gelenkt werden, wenn er seine Rolle wählt, darstellt und über sie reflektiert? Es ist also innerhalb eines Bibliodramas immer schon ein mitlaufendes Psychodrama anzunehmen. Wir wählen nun eine Verschränkung beider Spielformen: Innerhalb eines Bibliodramas soll bewußt ein Psychodrama eingebaut und mit all seinen Problemen zur Sprache gebracht werden. Seine Lösung wird es dann auch, so hoffen wir, aus dem Gesamt der Einbettung ins Biblische erhalten.
Gott bietet seine Erlösung uns Menschen für unsere alltäglichen und erfahrbaren Nöte an: Adam und Eva macht er Kleider aus Fell; dem Kain gibt er das schützende Zeichen auf die Stirn; die geknechteten Hebräer befreit er aus dem Sklavenhaus Ägypten. Vollends befreit Jesus die Krüppel und Lahmen, die Einsamen und Verzagten aus ihren so niederdrückenden Leiden. Gottes Erlösung meint also den Menschen in der Not, in der er gerade steckt, und vertröstet ihn nicht auf eine innerseelische Erlösung, die erst im Jenseits voll wirksam und spürbar würde. Das Bibliodrama umfaßt also immer schon den ganzen Menschen und impliziert per definitionem auch das Psychodrama: die Erlösung der Seele und des Lebens durch Gottes Eingreifen. Es ist darum biblisch nur folgerichtig, wenn das Bibliodrama und seine Aufarbeitung auch die konkrete Erlösung hier und heute wirksam macht und zur Sprache bringt.

Die Hochzeit von Kana
(Joh 2)

a) Man kann das Bibliodrama zunächst rein spielen und erst bei seiner Auswertung auf die Psyche der Beteiligten und den psychodramatischen Aspekt zur Sprache kommen und diesen dann wieder in das biblische Geschehen integrieren.
b) Man kann aber zunächst auch rein menschliche Probleme psychodramatisch durchspielen und mit einem Bibliodrama (korrelativ) beantworten.
c) Wir wählen hier einen Vorgang, der beide verschränkt und das implizite Psychodrama expliziert.

1. Akt: Joh 2,1–3a

Die Hochzeit beginnt, der Evangelist wird zum Ankündiger des Spieles: er stellt die Rollen und ihre Darsteller vor – festlich, feierlich, aber auch humorvoll, als geschähe hier wirklich eine Hochzeit. Während seiner Ansage treten die Spieler auf und die Bühne wird mit allen nötigen Requisiten bereitet: der Tisch, die Geschirre (durch einige Beispiele wie Papierbecher oder rein angedeutet), Blumen, die Sitzordnung, auch Musik usw. Ein signifikanter Unterschied zur Bibelstelle liegt aber darin, daß nicht eine Hochzeit, sondern ein silbernes Hochzeitsjubiläum gefeiert wird, was bedingt, daß neben Jesus und seinen Jüngern auch die vielleicht schon erwachsenen Kinder und Verwandte des Ehepaares anwesend sind. Das Spiel kann lustig zugehen, teils pantomimisch, teils ausgespielt mit Tischreden, Austausch von Erinnerungen, mit einem Fotografen, der ein Gruppenbild macht usw. Die Kellner schenken unermüdlich Wein nach, bis – ja bis der Wirt auftreten muß und dem Brautpaar (!) laut mitteilt, daß der Hochzeitswein ausgegangen ist. – Wie peinlich reagieren die Gäste? Verlassen sie nach und nach den Saal?

2. Akt: Psychodrama

Das Ehepaar, ein paar Kinder, Gäste und Verwandte und Maria. Der Wirt (zugleich der Evangelist und Ansager) stellt die Frage in den Raum: „War euer Hochzeitswein nicht das Symbol eurer Liebe? Wo ist eure Liebe? Wer hat sie verwässert, vergeudet? Sind die Krüge eurer Herzen leer?"

Hier schlägt das Bibliodrama voll in ein Psychodrama um. Wohlgemerkt: das Ehepaar wird von zwei Personen gespielt, die selbst kein Paar sind – um so unbefangener können sie Eheprobleme zur Sprache bringen.

Nach anfänglicher Betretenheit sollen sie dann darüber sprechen, daß sie sich keiner Täuschung hingeben können: Werden sie einander Vorwürfe machen? Werden die Kinder eingreifen und parteiisch sein? Aus dem insgeheimen Wissen der Spieler um die Verhältnisse der Ehen werden sie vieles zur Sprache bringen, was in der Luft liegt, wovon viele wissen, worüber aber kaum gesprochen wird – schon gar nicht in der Gemeinde. Wie kann das aber die Zuschauer betroffen machen, wenn ihre offenen und versteckten Probleme einmal offen, aber durch die Fremdrollen geschützt, ausgesprochen werden! Die Zuschauer können sich insofern in das Spiel einschalten, daß sie hinter Braut oder Bräutigam treten, sie doubeln, ihnen dabei die Hand auflegen und aussprechen, was ihnen zur Problematik einfällt. Es geht zunächst darum, das Problembewußtsein zu wecken und die verborgenen Nöte vieler auszusprechen.

Wenn die Not oder Ratlosigkeit am größten sind, tritt Maria auf und schaltet sich wie eine bekannte Freundin des Paares ein. Sie sagt zu ihnen: „Ich werde euer Anliegen und eure Not meinem Sohn vortragen!" Im Klartext heißt das, es gibt eine Freundin der Familie und des Paares, die für sie betet. Der Vorhang fällt, das reine Psychodrama schwenkt wieder in das Bibliodrama ein.

3. Akt: Joh 2,3–11, Das Eingreifen Jesu

Maria wendet sich an Jesus und spricht mit ihm – Wo ist er gerade? Was sagt er nach anfänglichem Zögern? Sagt er dies zu Maria oder zum Ehepaar? „Füllt die Krüge mit Wasser!" – Heißt das: Beginnt wieder von vorne! Füllt eure Herzen mit dem, was ihr beisteuern könnt, dann werde ich tun, was ich kann – nämlich euren Anteil verwandeln!

Geht das freie Rollenspiel in eine Pantomime über? Wird mit den Krügen symbolisch gehandelt oder berühren sich die Spieler sehr persönlich, körperlich? Was geht in den Zuschauern vor sich? Was, wenn in diese Situation Christus hineinspricht: „Ich bin der Weinstock – ihr seid die Reben ..." (S. 191).

Die *Nachbesprechung* soll in kleinen Kreisen, vielleicht nur zu dritt geschehen, damit der Raum der Intimität gewahrt bleibe. Ein solches Biblio-Psychodrama könnte den Beginn für eine Gemeinde oder eine Gruppe, den Beginn zu einer christlichen Paar- und Eheberatung darstellen, Tabus brechen und zugleich auf die Quelle verweisen, die Ressourcen der Kraft, die das Evangelium bereithält.

Das Spiel danach

Es gibt eine Bibliodramaform, die zunächst wie eine Reflexion über ein schon abgelaufenes Stück aussieht. Die Rollenträger der Erzählung versammeln sich um einen Tisch und sprechen über das vergangene Ereignis. In Wirklichkeit wird aber durch dieses Gespräch die biblische Erzählung aus der Vergangenheit in die Gegenwart heraufgeholt. Sie involviert Spieler und Zuschauer und führt sie weitere Schritte in das Mysterium hinein.

Die Passionsspieler vor dem Engel des Gerichtes

Die Gruppe oder Klasse liest eine Jesuspassion und jeder Schüler wählt sich eine handelnde Person als seine Rolle aus: von den großen Rollen wie Petrus oder Pilatus bis zu ungenannten Nebenrollen wie eine Frau aus dem Volk oder ein zufälliger Jerusalempilger ... Jeder Rollenträger sucht in dem Text die Passagen, in denen er vorkommt, und schreibt dann eine Art Psalm in Ichform, der die wichtigsten Aspekte dieser Rolle beinhaltet: „Ich bin der Hauptmann unter dem Kreuz ...". „Ich bin Maria von Magdala ..." Diese Aufgabe mag schon eine oder mehrere Stunden beanspruchen.
Alle Teilnehmer bilden dann den „himmlischen Gerichtshof", dem der Engel des Gerichtes vorsitzt. Jeder Rollenträger tritt auf und liest zuerst seinen Text: „Ich bin ... Anschließend können die übrigen Teilnehmer an ihn Fragen stellen, wie er zu Jesus steht; ob er sein Tun bereut; wie er sich rechtfertigt ... Der Engel des Gerichtes (der abwechselnd von verschiedenen Teilnehmern dargestellt werden kann) treibt das Geschehen weiter und kommt immer wieder auf die Beziehung zu Jesus zu sprechen. Jesus selbst wird von keinem Spieler dargestellt, ist aber immer unsichtbar anwesend, weil sich alles um ihn dreht.
Wichtig ist, daß jeder Spieler seinen Platz vor dem Forum verlassen und sich von seiner Rolle distanzieren kann. Da keiner seine Rolle wie zufällig, sondern aus tiefen inneren Verbindungen heraus wählt, ist auch jeder von der Befragung und Rechtfertigung (oder Bekümmerung) sehr betroffen. Auch dieses Bibliodrama beansprucht viel Zeit. Es bringt die Leidensgeschichte Jesu und die an ihr einst und heute beteiligten Personen nicht nur ins Bewußtsein, sondern vergegenwärtigt sie.

Abraham und seine Familie

Dieses Spiel, dieses Bibliodrama, setzt nicht voraus, daß ein bibliodramatisches Spiel vorausgegangen ist, wohl aber, daß sich die Teilnehmer mit der Abrahamsgeschichte und mit ihren Texten beschäftigt haben: Sie haben sie allein oder in Gruppen gelesen. Jeder Teilnehmer entscheidet sich für eine Hauptperson und identifiziert sich mit ihr. Besetzt müssen folgende Rollen sein: Abraham und Lot, Sara und Isaak, Hagar und Ismael, sowie der Engel des Herrn.

Jede Rolle kann von mehreren Personen besetzt sein. Die Teilnehmer lesen ihre Rolle im Text sehr aufmerksam nochmals durch und beginnen sie dann als Psalm in der Ichform zu schreiben: „Ich bin Hagar ..." Es ist gut, wenn dies am Vorabend geschieht, damit die Rollen über Nacht in die Träger einwirken.

Die Aufstellung zum „Spiel danach" : Für jede Rolle wird ein Stuhl aufgestellt, und zwar immer paarweise in einer Hufeisenform: an der Stirnseite Abraham und links neben ihm Lot; links von diesen an der einen Seite Hagar und dann Ismael; rechts von Abraham an der anderen Seite zuerst Isaak und dann neben ihm Sara. Der Engel des Herrn sitzt etwas außerhalb an einem beliebigen Platz.

Das Spiel beginnt damit, daß die Plätze mit Schildern versehen werden, die die Namen der Rollen tragen. Die Spieler sitzen im Umkreis. Wer mit seinem Spiel beginnen will, besetzt (mutig) den Rollenplatz. Erst wenn alle Rollen besetzt sind, beginnt das Stück. Es sei gleich erwähnt, daß jeder Spieler zu jeder Zeit seinen Platz verlassen kann, der dann von einem anderen Rollenträger eingenommen wird. Auch können während des Fortganges des Spieles Teilnehmer vom Außenkreis die Rollenträger auf den Stühlen doubeln, indem sie hinter sie treten, ihnen ihre Hand auflegen und ihre eigenen Gedanken wie in deren Namen sprechen.

Das Spiel kann zu einer harten Auseinandersetzung führen, zumeist zu einer Abrechnung mit Abraham; diesem aber kann und soll Lot hilfreich an die Seite gehen. Der Engel des Herrn greift ein, wenn es gilt, Rollen und Rollenträger zu schützen oder die Auseinandersetzung wieder auf den biblischen Boden zurückzuführen. Der Engel vertritt sozusagen die Intentionen Gottes.

Dieses Bibliodrama soll man mit einzelnen Bibelsätzen abschließen, die die Spieler von sich aus sagen, weil sie ihnen auf dem Herzen liegen. Eine psychodramatische Aufarbeitung in Kleingruppen scheint angebracht. Ein solches Bibliodrama kann am Vorabend beginnen und den ganzen nächstfolgenden Tag beanspruchen.

Man kann aus allen möglichen biblischen Erzählreihen ein solches „Spiel danach" gestalten, z. B. mit Menschen, die von Jesus geheilt wurden oder mit Gegnern.

Anhang

Lehrgang für Gestaltpädagogik und Beratung – Christlich orientiertes Lehrertraining

1) Der Verlauf des Lehrganges

Die Veranstaltungen finden in Blöcken von drei bis sechs Tagen statt und umfassen insgesamt 32 Arbeitstage (zu je sieben Stunden) verteilt auf ca. zwei Jahre.

2) Die Art des Lehrganges

Der Lehrgang findet auf der theoretischen Grundlage der Gestaltpädagogik und Integrativen Therapie statt. Er geht vom praktischen Prinzip der Selbsterfahrung aus – „learning by doing". Die Teilnehmer verstehen sich grundsätzlich als Lernende. So können sie das angebotene Lernprogramm persönlich durcharbeiten, die Lernprozesse an sich erfahren, darüber reflektieren und sie schließlich in eine theoretische Gesamtschau integrieren.

3) Die Ziele des Lehrganges

Der Lehrgang verfolgt die Förderung und Erweiterung der persönlichen und beruflichen Kompetenzen des Lehrers und der Lehrerin (die so auch zu Multiplikatoren herangebildet werden):
die *fachliche* Kompetenz: die Einsicht in die Komplexität der Lernvorgänge und die sich daraus ergebenden didaktischen Konsequenzen für einen ganzheitlichen und persönlich bedeutsamen Unterricht;
die *persönliche* Kompetenz: die Vertiefung der Selbsterkenntnis und die sich daraus ergebende Möglichkeit der Selbstveränderung in Richtung einer heileren christlichen Existenz;
die *soziale* Kompetenz: die geschärfte Wahrnehmung der Prozeßverläufe in den sozialen Gebilden wie: Gruppe, Klasse, Schule und Kirche; die sich daraus ergebenden Möglichkeiten einer zielbewußten und verantwortlichen Interaktion für Gerechtigkeit, Frieden, Beziehungskultur und Liebe;
die *beratende* Kompetenz: die Wahrnehmung der menschlichen Grenzen, Nöte und Schwierigkeiten bei Kindern und Erwachsenen und die Einübung in eine verantwortliche Hilfeleistung;

die *religiöse* Kompetenz: die Vertiefung religiöser Erfahrung und theologischer Einsicht für einen mündigen Glauben, eine kreative Hoffnung und eine konflikt- und wachstumsfähige Liebe.

4) Das Curriculum

– Selbsterfahrung	125 Std.
– Methodenlehre	20 Std.
– Methodenschulung	50 Std.
– Theorie und Theologie	30 Std.
Gesamtstundenzahl	225 Std.

Zusätzlich empfohlen:

– Einzelberatung oder -therapie	15 Std.
– Supervision über eine lehrgangsgemäße Berufspraxis	15 Std.

5) Vermittelte Methoden und Inhalte

Die christliche Gläubigkeit wird vertieft durch:

- das Entdecken biblischer Erzählstrukturen als eigener Heilsweg;
- die Bildbetrachtung und das Bibliodrama als Aneignung und Verinnerlichung des Heils;
- die Identifizierung mit biblischen Rollen und Gestalten als Einübung des Glaubens;
- das Nachvollziehen von Verwandlungsprozessen in den Psalmen und Heilungsgeschichten;
- die Einübung in das meditative Gebet wie Antiphonen (*Mantra-*) singen;
- das Einführen in die Schritte des Verzeihens (*Trauerprozeß – Neuentscheidung*);
- Aufarbeitung von Schuld (*Reue als Trauerarbeit*);
- die Kontemplation biblischer Visions- und Hoffnungsbilder;
- Reinigung des Gottesbildes am Gottesbild Jesu (*Religionskritik*);
- Gemeindeerfahrung dadurch, daß einer die Last des anderen mitträgt;
- Übung der Danksagung als Echo (*Verankerung*) der Gnadenerfahrung;
- Erleben der Taufgnade durch das alltägliche Sterben und Auferstehen mit Christus in den Leid- und Erlösungserfahrungen (*Bußrituale, Heilungscharismen*);
- Besinnung auf die Christusgestalt als das Zentrum der Gestaltarbeit (*Gleichzeitigkeit*);
- die Erweckung zur Kreativität neuer Lebensgestaltung kraft des Schöpfergeistes;
- wie Jesus ethisch handeln lernen (*Reich-Gottes-Praxis*);
- das Sehen und Nachvollziehen von Beruf und Berufsrollen im Sendungsauftrag Jesu.

Die persönliche und soziale Kompetenz wird erweitert durch:

- die erhöhte Selbstwahrnehmung und Anwendung der Fremdwahrnehmung (*Feedbackübungen*);
- Aufweichung der Verhärtungen (*Maske-persona*) durch Rollenexperimente;

- Angstabbau und Vertrauenseinübung durch sensible Gruppenerfahrung (*Synergie*);
- von der Dyade bis zur Großgruppe gruppendynamische Prozesse besser erkennen und handhaben (*Phasen des Gruppenprozesses, Sündenbockmechanismus*);
- Einsatz von Soziogramm, Psychodrama und Rollenspiel;
- die eigene Charakter (*Neurosen-*) struktur auf dem Hintergrund der (*systemisch gesehenen*) Familienstruktur und individuellen Lebensgeschichte entdecken und verbessern (*Reframing*);
- Auseinandersetzung mit Elternbildern und Elternbotschaften (*Elternintrojekte, Über-Ich*);
- Zugang zu den Abwehrmechanismen (*vergessen, verdrängen, verleugnen, verschieben, rationalisieren, projizieren, regredieren, psychosomatisieren ...*);
- Tag- und Nachttraumarbeit (*Entdämonisierung und Integration des Schattens*);
- Sichaneignen der Symbolsprache der Träume (*Metapher*);
- Mobilisierung der eigenen Kreativität (*Ressourcenarbeit, Zugang zum Kindheits-Ich*);
- das Herstellen der Verbindung von der Gemütsbildung zur Gewissensbildung (*Anima, Selbst, Person, Freiheit*);
- Einüben von Schritten zur Wertebildung und Entscheidungsfähigkeit;
- Unterscheidung von Schuld und Schuldgefühlen (*Grundformen der Angst*);
- Förderung der Verantwortung für sich und andere im Hier und Jetzt;
- das Praktizieren von aktivem Symbolisieren für neue Lebensentwürfe;
- die Förderung von Nachreifen von Persönlichkeitsanteilen;
- die Leiblichkeit als Ausdruck der seelischen Befindlichkeit leben und erleben;
- die Eroskräfte als Quellen der Kreativität aktivieren und die Sexualität als Ausdruck der Liebe gestalten (*Plastizität der Sexualität, Partnerstile, Interpersonalität ...*).

Die Erweiterung der didaktischen und beraterischen Kompetenz geschieht durch:
- die Entdeckung und Beachtung der rechts- und linkshemisphärisch verschiedenen Gehirnfunktionen (*animus-anima; Yin-Yang*);
- das Einsetzen des Reichtums der Sinneskanäle in ihrer Verschiedenheit und Integration;
- das Schätzen von Pluralität der Unterrichtsstile (*fachspezifische Lernprozesse*);
- den Unterricht nach gestaltpädagogischen Prinzipien durchführen und supervidieren (*Übersummativität oder Ganzheitlichkeit, Figur-Hintergrund, Transformation ...*);
- kreative Medien wie das Tanzen, Singen, Zeichnen, Malen, Schreiben, Gestalten ... einsetzen und ihre persönlichkeitsfördernde Kraft auswerten;
- die Rolle des Lehrers, Beraters oder Seelsorgers vertiefen und stärken;
- aktives Zuhören einüben und sich in andere (*durch Rollentausch*) einfühlen;
- das Praktizieren von alltäglicher Krisenintervention;
- in Schulen und Seelsorge die Meditation, das rechte Zeitmaß, die Stille, die Körperhaltung und Körpersprache wahrnehmen und praktizieren;
- eigene Verletzungen, Defizite und Schädigungen erkennen, lindern und heilen;
- Begleiten lernen von Trauer- und Heilungsprozessen;
- sich dabei richtig an- und abgrenzen (*Distanz und Nähe, Übertragung, Gegenübertragung, Supervision*);
- Lernen einer Beziehungsstruktur für Familie und Partnerschaft, Schule und Kirche, die Gerechtigkeit, Frieden und Liebe ermöglicht ...